明德并购重组前沿丛书

铁血并购

从失败中总结出来的教训

罗伯特·F. 布鲁纳（Robert F. Bruner）著

沈国华 译

DEALS FROM HELL

上海财经大学出版社

图书在版编目(CIP)数据

铁血并购:从失败中总结出来的教训/(美)罗伯特·F. 布鲁纳(Robert F. Bruner)著;沈国华译. —上海:上海财经大学出版社,2021.6
(明德并购重组前沿丛书)
书名原文:Deals from Hell:M&A Lessons that Rise above the Ashes
ISBN 978-7-5642-3633-5/F·3633

Ⅰ.铁… Ⅱ.①罗… ②沈… Ⅲ.企业兼并-案例 Ⅳ.①F271.4

中国版本图书馆 CIP 数据核字(2020)第 165605 号

图字:09-2007-325 号

□ 责任编辑 李成军

□ 封面设计 贺加贝

铁血并购

——从失败中总结出来的教训

[美] 罗伯特·F. 布鲁纳 (Robert F. Bruner) 著

沈国华 译

上海财经大学出版社出版发行

(上海市中山北一路 369 号 邮编 200083)

网 址:http//www. sufep. com

电子邮箱:webmaster @ sufep. com

全国新华书店经销

上海华业装璜印刷厂印刷装订

2021 年 6 月第 1 版 2021 年 6 月第 1 次印刷

787mm×1092mm 1/16 18 印张(插页:2) 352 千字

印数:0 001—3 000 定价:89.00 元

作家选择故事不会像故事选择作家那样再三斟酌。我知道很多故事，但由于某些原因，只有少数几则能够吸引我，令我着迷、揪心、割舍不下、思绪万千……

——罗伯特·佩恩·沃伦(Robert Penn Warren)

同学们：

但愿这些故事也能令你们着迷、揪心、割舍不下、思绪万千！

序

学生有时会提一些令人非常诧异、困惑的问题，而他们的纯真和在课堂上直率的提问常常不会白白浪费，反而能够引出非常有意义的回答。如果能碰上一名优秀的老师，就能得到同样令人愉快、见解深刻的回答，特别是如果这位优秀的老师对学生的提问刚好进行过几十年漫长和艰辛的思考。本书就是作者长期深思熟虑的产物。

我本人很荣幸向您介绍弗吉尼亚大学达顿管理学院罗伯特·布鲁纳教授。他给这本书取了一个“呆伯特”（Dilbert）* 式或者天启式的书名（具体取决于读者的看法）——《铁血并购》，旨在赋予并购艺术和科学以及金融市场更多学科性的东西和更加敏锐的思想。

无论您是投资者、交易人、公司经理，还是志向远大、期待到华尔街一显身手的工商管理硕士，肯定会觉得这本书既令人讨厌又令人鼓舞，而伟大的教诲总是如此。在从与布鲁纳教授相同的视角仔细审视一系列并购失败的案例以后，就不可能产生其他的感觉。布鲁纳教授是一位在并购研究领域颇具独创性的教授，他善于从这些并购灾难中总结出富有教益的教训。本书这方面的知识来自对失败和成功的艺术性对比，而更多的历练和投入会导致不同的结果。

在我看来，这次特殊的（并购）“地狱”之旅，很可能使我们想起 1986 年 1 月 28 日“挑战号”航天飞机爆炸和机上全体宇航员遇难以后所发生的一切。没有人愿意回忆这段辛酸的往事，但我们又难以忘怀。伟大的科学家理查德·费因曼（Richard Feynman）很不情愿地接受了参加美国航空航天局任命的罗杰斯委员会并调查那场特殊灾难的关键角色。当时，就连费因曼本人也不可能知道他将是发现和令人信服地解释造成那场灾难的原因和未来如何避免这种灾难的人。

通过费因曼的例子，我们只想说，航天是一种有风险的商业飞行事业。据他估计，航天飞机失事的概率竟然几近百分之一，而不是美国航空航天局官员所采用的万分之一的概率计算值。他还了解到火箭助推器的一个 O 形橡胶密封圈在低于华氏

---

* 呆伯特是美国漫画家斯科特·亚当斯（Scott Adams）创作的一个有名的职场卡通人物，一个在工作上被主管过分要求、被主管亏待或利用的形象。——译者注

32 度——正好是挑战号航天飞机起飞时的温度——时就不能膨胀。他用一把 C 形钳取下了一块 O 形圈的材料，把它放入一杯冰水中，模拟航天飞机的实际飞行条件。通过模拟，他向世界揭示了这次失事的原因。据费因曼解释，由于这种 O 形圈不能在华氏 32 度以下的气温中膨胀，因此，燃气从助推器接缝中渗出，从而导致助推器爆炸和航天飞机坠落。

费因曼始终是一个令人难以置信的沟通者，而布鲁纳也同样如此。为了探明并购失败和成功的原因，他深度挖掘了经历过失败并分析过原因的人士和相关的原始资料。他为我们总结出了（有时是令人痛苦的）结论，但有望在将来带来更大的成功，而不是造成更惨重的失败。

正如布鲁纳所指出的那样，并购固有的巨大财务风险——就如同空间探索那样——是经商成本的一个组成部分。我们可以停止行动，但有可能给社会造成更大的损失，或者是学会如何以正确的方式采取行动，并提高成功的概率。

正如本书所表述的那样，不利的交易给股东造成了巨大的损失。但是，成功始终属于那些善于寻找失败的原因以争取成功的人。只要从事并购活动，总会出现大赢家和大输家，而知识加历练就能创造较好的结果。事实上，从 1982 年到 2003 年，沃伦·巴菲特（Warren Buffett）的伯克希尔·哈撒韦公司（Berkshire Hathaway）收购了价值 450 亿美元的公司，这令很多投资者不敢相信。他是一个伟大的投资者，还是更加伟大的并购专家？2004 年 9 月，伯克希尔·哈撒韦公司的股价已经达到了每股 86 650 美元，实现了 27%的复合年增长率。

只要把未来的并购交易推上“发射台”并投入更多的关注和智慧，就能为社会和投资者创造更多的财富。现在，我们大家都应该认真读书学习，让布鲁纳教授来指导我们。

阿瑟·小莱维特
（Arthur Levitt，JR.）
2005 年 2 月 18 日
于康涅狄格州韦斯特波特城

致谢

一个学生的提问孕育了本书的研究成果。12 年前，有一个学生问我“什么才算是最坏的合并”，我为他问这么肤浅的问题而感到惊讶。不过，我没有忘记这个问题，后来把它从“什么”扩展为“为什么”和“怎样”。最终，我斗胆肯定并购失败的故事必然大有教益。一些值得注意的案例总会浮出水面而成为新的教训。我相信这些故事会改变读者考虑并购的方式，并帮助读者理解——或者更理想地帮助读者预期——未来可能会发生的这类失败。

我要感谢在这段时间里为这本书稿的问世做出过贡献的同事、朋友、助手和学生。本书的每一个章节都浸透着我的研究助手和同事们的心血。我要特别感谢安娜·布坎南（Anna Buchanan）、肖恩·卡尔（Sean Carr）和杰西卡·钱恩（Jessica Chan）。我的研究合作者塞缪尔·博迪利（Samuel Bodily）、肯尼斯·伊兹（Kenneth Eades）和罗伯特·斯皮克曼（Robert Spekman）直接或间接为本书的出版做出过贡献。本人还在很大程度上受益于米歇尔·希利（Micheal Schill）、唐·丘（Don Chew）、萨拉·萨拉维斯（Saras Sarasvathy），以及弗吉尼亚大学（达顿管理学院）、哈佛大学和印第安纳大学研讨会与会者发表的评论意见。此外，达顿管理学院的工作人员也曾给予我有力的支持，我要特别感谢弗兰克·薇尔莫特（Frank Wilmot）、斯蒂芬·史密斯（Stephen Smith，达顿管理学院出版社的优秀编辑）、谢里·奥尔斯顿（Sherry Alston）以及我的行政助理贝蒂·斯普劳斯（Betty Sprouse）。他们的耐心、照顾和贡献令我感激不尽。要不是罗伯特·S. 哈里斯（Robert S. Harris）院长的鼓励以及弗吉尼亚大学达顿管理学院基金会、巴滕学院和哥伦比亚商学院的资助，这个项目就不可能顺利完成。

我当然还要感谢约翰·威利兄弟出版公司负责本书编辑工作的资深编辑比尔·法隆（Bill Falloon）、编辑计划助理卡伦·卢多克（Karen Ludke）、制作经理罗宾·法科特（Robin Factor）和资深制作编辑托德·泰德斯科（Todd Tedesco）。执行编辑帕梅拉·冯·吉森（Pamela Van Giessen）、发行人琼·奥尼尔（Joan O’Neil）和总裁威尔·珀斯（Will Pesce）对于我投身这个项目起到了决定性的作用。

路易斯·奥布莱恩（Lewis O’Brien）审阅了整部书稿，提出了编辑方面的建议，并替我向其他作者征得了容易疏忽的援引材料的许可。

我的朋友和导师在本书写作的关键时刻曾给予我鼓励。马克（Mac）和埃尔茜·托普森（Elsie Thompson）在10年前的一次欢快的晚宴上催促我尽快启动这个项目。约翰·H. 麦克阿瑟（John H. McArthur）和小戴维·W. 马林斯（David W. Mullins，Jr.）唤起了我对并购问题的兴趣。

要说绝对的奉献，任何人都无法跟我的妻子芭芭拉·麦克蒂格·布鲁纳（Barbara McTigue Bruner）以及我的两个儿子乔纳森（Jonathan）和亚历山大（Alexander）相提并论。本书显然是他们对我的信任、信赖和关爱的产物。我将永远铭记他们这份关爱的情感。

尽管我要感谢那么多人，但最终文责由我自负。

罗伯特·F. 布鲁纳
2004年10月31日
于弗吉尼亚州夏洛茨维尔

目录

第二篇 失败案例研究

第一章 引 言

从法律的角度看，“合并”就是联合两家企业以创造一个新的实体。法语有一个很好的词可用来表示这种意思：“熔合”(fusion)——让一个新的组织从两个旧的组织中脱颖而出。

简单地说，“收购”就是购买。在律师、会计师和税务专家的眼里，“收购”与“购买”具有重要的区别，但就经济效果而言，两者的区别并不是很大。实业家交替使用“合并”和“收购”这两个词，而这两个词的首字母缩写词“M&A”(并购)则完全印证了这一点。

就如图 1.1 所显示的那样，并购以波浪的形式进入并留在了公众的脑海里。

这些并购浪潮大致与股票市场同步，因此在股票市场繁荣时期会变得过度膨胀、亢奋和激动。随着时间的推移，并购活动会彻底改变某些产业，通常会减少市场主体的数量，扩大那些留在市场上的主体的规模，并且激发公司对社会权力的渴望。每一次并购高潮过后，都会出现严重的萧条，通常还会引发一些被合并企业遭遇戏剧性崩溃的事件。这些失败事件会严重影响公众舆论，尤其会影响企业战略和公共政策。我们应该把失败的并购不仅作为茶余饭后的谈资，还要作为未来并购浪潮敏感的政策和实践基础来研究。

失败遍布商界，而且大多数企业最终都会因失败而破产。风险资本家通常会拒绝90%～95%向他们推荐或他们了解的项目。有 90%[1] 的新企业在创立后不久就遭遇了失败。即使成熟的企业也难免一死：1925 年，有 501 家公司在纽约证券交易所挂牌交易，可到了 2004 年只有 13%作为独立公司生存了下来。对于健康成长的企业来说，失败与它们同行。大多数专利发明没能成功地转化为商业成果；大多数新产品上了试验台以后不久就中途夭折。不可思议的是，资本主义的成功和复兴就是要依靠这方面的极高失败率，也就是经济学家约瑟夫·熊彼特所谓的“不断的创造性破坏”。并购领域的大多数交易都没能按计划完成。我们洽谈的交易也许有 1/10 的概率能够完成；那些完成的交易，虽然平均而言是盈利的，但通常没能实现最乐观的预期。

研究失败的并购案例，既能够像《时尚》(*Cosmopolitan*)、《国家调查者》(*National Enquirer*)或《我的天地》(*Geraldo*)那样带来令人刺激的乐趣，也是获得经商真谛的途

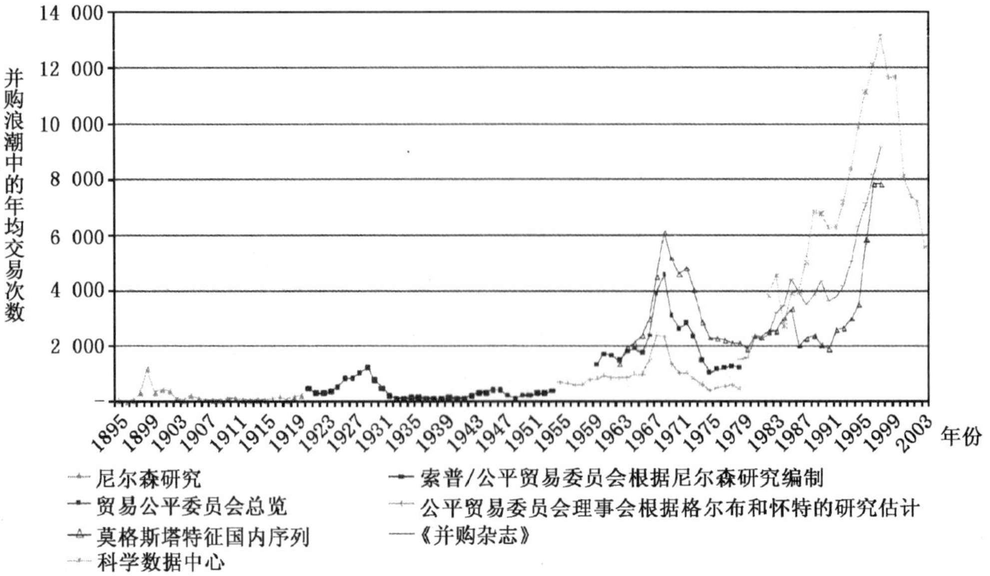

资料来源:作者根据标明来源的数据分析整理而成。

图 1.1 年均并购行动

径。各行各业的从业人员都懂得研究失败是思想进步之源泉的道理。学医从研究病理学开始,工程师要研究机械故障和结构缺陷,心理学家要研究人类行为的过失、异常和偏差。在商学院里,案例研究既要考察成功的案例,也要分析失败的案例。据我所知,这是第一本专门研究并购失败案例的专著。

本书的主要见地也许就是:并购失败有复杂的原因,是多种因素集中作用的结果。不过,传统的观念并不这么认为,倾向于匆匆做出鄙视性的解释,如认为合并失败是由经理班子中的几个坏家伙作祟所致,他们没有遵循一条重要的金科玉律("他们没有把注意力放在顾客身上"),或者应验了坊间流传的某个不祥诅咒("技术型合并绝不会成功")。虽然这些也许都是至理名言,但是,它们更多是凭借被它们忽略而不是它们所警示的东西出名的。最重要的是,它们对于指导在生意场上处境尴尬的男女毫无用处。这些陈词滥调令人想起了伍迪·艾伦(Woody Allen)* 说过的一句话。艾伦只上过速读班,就读托尔斯泰的《战争与和平》(*War and Peace*)。关于这部著作,艾伦能说的就是"这是一本关于俄国的书"。

我写这本书是为了填补我们认识上的空白。本书主要谈以下四个问题:(1)何谓"合并失败"?如何衡量"合并失败"?(2)在并购案例中,失败有多普遍?(3)是什么原

---

* 1894—1956 年,美国幽默作家,以其在综艺表演、广播和早期电视节目中冷静并具讽刺性的作品而著称。——译者注

因导致了合并失败？(4)我们的回答对于经理人和政策制定者具有哪些意义？

本书梗概

本书分三篇回答以上四个问题。第一篇(第二、第三和第四章)介绍已有研究关于合并失败的不同观点。第二章根据130多项企业和财务经济学研究成果来概述我们对合并失败和成功的认识。研究表明，并购领域呈高度分割的状态，既不乏令人神往的成功案例，也有不堪回首的失败教训。这就是本人认为任何并购案例都有其特殊性，因而不能无条件推广的依据。第三章评介了1985～2000年发生的最佳和最差并购案例。第四章通过分析真实的灾难性案例和借助包括认知心理学、社会学和工程学在内的多个学科的概念剖析了失败过程。因此，本书的第一篇构建了据以观察合并失败原因的视角。

本书的第二篇构建了通过分析10个重大失败案例来理解并购失败原因的架构。笔者逐一为这10个失败案例匹配了对照或补充案例。因此，第二篇的每一章其实都是对失败原因和过程的配对比较。对照案例未必就是“天作之合”，只是在某些具有教益的方面有所不同。比较证明，“条件失之毫厘，结果谬以千里”。

就绝对意义而言，这10个案例未必就是最差的案例。不过，按照共同的评判标准将其归入为数不多的糟糕交易，可能还会引起一定的意见分歧。有人会举出一长串候选案例名单供我们挑选，而笔者则由于以下原因选择了它们：

1. 损失规模。重大失败交易当然会唤起人们的注意，而且也有其表面有效性。笔者发现它们造成了高达数十亿美元的亏损，还导致了裁员、撤换首席执行官，玷污了公司的声誉，甚至还引发了破产。

2. 涉及产业、交易类型和挑战的多样性。我本可以挑选其中一个产业的失败案例来填满整本书。不过，我还是认为，产业条件会对合并成败产生很大的影响。因此，背景多样性能帮助我们理解产业会产生怎样的影响，并且以其局部特殊性激发我们的兴趣。

3. 信息的可获得性。对其中的一半案例，我有幸能够采访一些内部人或者知识渊博的外部观察家，并搜集到讨论所需的资料。但是，大多数接受访谈的人士都不愿谈自己的并购失败经历。对于其中的5个案例，我只能求助于一些有价值的档案材料来了解一些高管的观点。对于其他案例，我只能依靠搜集来的各种调查性新闻报道、证券分析和公开评论。不论信息来源如何，我都想用经济学知识和科学的态度，为读者提供观察这些案例的全新视角。

笔者尽量避免采用那些主要由犯罪、掠夺、欺诈和破坏所导致的并购灾难。这样的案例更适合用来写一本关于白领犯罪的书籍。这种案例在我们能够搜集到的很多乱七八糟的案例中只占一小部分，并且由于臭名昭著而失去了对于首席执行官和公众的更重要的教育意义。即便如此，本书所介绍的案例有两个还是涉及了刑事诉讼。

第一篇的研究和构建的架构以及第二篇的案例研究，是为第三篇做铺垫的。在第三篇里，笔者简要阐述了这些案例对于首席执行官、投资者以及与公共政策相关的人的意义。

本书介绍了一种归纳研究的训练方法，通过研究和详细考察案例来提出一种关于并购失败的思维方式。这些失败本可以完全避免或者大幅减少损失。我希望能够向读者说明其中的原因和方法，结果就写了这么一本书，但愿它能产生一定的教育意义。不过，我绝无慷慨陈词刺激读者或羞辱当事人的意思。凡是事实不适合进行同情性解释的地方，我都会加以说明。不过，一般而言，我更倾向于把经理人面对的挑战看作极其艰难的竞技场。在这个竞技场上，学者和读者不经意的表现可能会更加糟糕。其他分析人士也许会要求以不同的方式阐释某些并购案的具体事例，或者这里所讲的研究股市的复杂要点。然而，这些分歧不应该掩盖以下这个更重要的问题：失败的合并案例彼此有很多相似的地方，而且它们能够揭示失败的原因以及对经理人的意义。

结论概述

本书所传递的重要信息就是：合并会由于遭遇由各种相互交织在一起摧毁新企业的因素所掀起的“完整意义上的风暴”而以失败告终。这个信息要求我们思考失败的定义、频率、状态和过程。

何谓合并失败？

这个问题具有定义性质。尽管“失败”一词的含义一般都能理解，却有多种不同的用法。《牛津英语词典》(*Oxford English Dictionary*)对“失败”一词是这样定义的：(1)指没有发生、完成或做成的事；忘记做应该或被要求做的事；未履行……责任。(2)指变得无用或欠缺，退出试验，健康恶化，实力或活力等的下降。(3)指未能实现的目标、未能如愿的意愿等。(4)指事业失败、破产、丧失偿还能力等。[2]

根据《牛津英语词典》的释义，“失败”既指过程(“没有发生……忘记做……退出……恶化……”)，又是结果(“未能实现的目标……愿望”，以及破产)。在本书中，我打算同时讨论并购失败的过程和结果。我的方法是先讨论可识别的结果，然后归纳若干有关失败过程的洞见。

那么,什么是并购失败的结果呢?请至少考察以下六个维度:

1. 破坏市场价值。从资本提供者的视角出发,我们用扣除某种基准(如某个很大的股票组合)变动以后的每股市值变动百分率计量价值遭破坏的程度。

2. 财务不稳定性。某些最糟糕的并购交易非但不能使收购公司变得强大起来,反而导致收购公司财务不稳定。在这类并购交易中,收购公司大多透支自己的财力。财务稳定性用债务评级、收益偿债能力比率、违约率和其他计量企业风险承担能力的指标来反映。

3. 战略地位的削弱。很多并购交易受旨在改善企业竞争地位、掌握新的能力、提高敏捷性或获得为未来发展所必需的资源的战略目标所驱动。测度这个维度的失败指标,可以包括市场份额损失、产品和地域市场或研发计划的非自愿放弃。

4. 组织脆弱性。把两家企业合并在一起,从组织的角度看,特别有挑战性。大多数首席执行官会赞成这样一句老话:"员工是我们最重要的资产。"其实,我们可以用才能、领导力水平、业务流程的有效性以及文化和价值观传播等测度组织能力。人力资源的不利变化出现在非预期裁员、高级管理层和董事会的领导力发生非自愿变化,以及有才干的员工倒向竞争对手等情况中。

5. 声誉受损。并购交易理应改善收购公司和收购交易策划者的声誉,并购目标的实现通常应该做到这一点。不过,我们可以想象一些凭借狠毒的欺骗手段和"不胜即输"的心态完成的并购交易。在一个重复博弈的世界上,经理人必须认真考虑有关声誉的品质在未来会如何影响并购交易的成功。这个维度可测度的结果,包括名誉公认度、声誉、分析师情绪和媒体覆盖率。

6. 违反伦理规范和法律。我们可以通过违反诸如公平、责任、诚信和守法等规范来实现财务和组织方面的目标。近几年发生了那么多的公司丑闻,如果不考虑伦理和法律因素,无论采用什么结果评价指标,都是不完整的。虽然刑事和民事诉讼败诉通常是伦理道德堕落的结果,但是,不利的刑事和民事诉讼判决只是评价并购失败的一个粗糙指标。

笔者在选择收入本书的10个案例时受到了上述各种因素的影响。不过,其中某些指标是很难或不可能作为基准的。因此,以下的讨论在一定程度上比较侧重于(但未必是比较重视)财务维度。

并购失败有多普遍?

失败的并购案例只占并购总量很小的百分比,并购的投资收益似乎与其他形式的公司投资相当。大量的研究表明,平均而言,收购公司能获得相对于所承担的风险而言比较合理的收益。并购绝不是"注资机",但也不是输家的游戏。传统的观点似乎并不这么认为，尽管它缺乏经验根据。

更值得关注的是，富有创见的实践者获得的并不是平均结果，而是围绕这个结果的分布。关于并购利润率的结论大相径庭，这说明某些因素会影响成功和失败的概率。第二章将考察 18 个显著影响收购公司收益的并购市场相邻因素或维度，例如，收购公司收购上市公司的利润率通常大大低于收购私人公司的利润率。

存在影响收益率的相邻因素这本身就说明，任何并购案例都有其特殊性，不能无条件地推广，即管理层选择会严重影响并购的结果。更简单地说，我们做出并购决策的环境会影响并购的成败。

哪些因素会造成并购失败？

“任何并购案例都有其特殊性，不能无条件地推广”这一点同样意味着我们也许能够发现管理层选择的建设或破坏性范式，而这两种不同的范式会导致所谓的“地狱之炼”和“天作之合”式的并购交易。第三章将证明成功和失败的极端案例至少在四个方面彼此不同，并且也有别于中间案例。

首先，第一个方面关系到战略。在最成功的并购交易中，收购公司在相关产业领域收购目标公司；而在最糟糕的交易中，目标公司位于相差较大的领域。这也许反映了做自己熟悉的事的好处：越了解相关产业，发生意外的可能性越小，而成功的概率就越大。

其次，收购公司与目标公司之间的匹配具有重要的意义。在成功的并购交易中，收购公司凭借实力实施收购——收购公司优于目标公司的绩效特征说明：在成功的并购交易中，收购公司为新公司的成功带来了某种重要的东西。在失败的并购交易中，收购公司是为了弥补自己的缺陷而收购；而目标公司明显强于收购公司，因而不难想象收购公司希望通过收购解决自己的某些问题。

再次，那些最糟糕的并购交易反映了一种出现在“发热”市场条件下的倾向。经营史上著名的发热市场，就是与互联网问世相关的 1998～2000 年间出现的股市泡沫。不同的产业都可能因突然取消监管、技术变革、消费者需求变化等成为催生并购活动的温床。最近的研究显示，很多并购交易由相关产业发生的战略性突变所驱动。最佳并购交易发生在比较冷清的市场条件下。第二章和第三章将讨论造成这种差别的可能原因。

最后，为并购案量身定制支付条件。一种尺码不可能适合所有的人。比较成功的并购交易总是统筹考虑付款计划、现金和收入计划以及专门交易条件的使用。最糟糕的并购交易总是与单一的股票支付方式联系在一起。

第二章和第三章将阐述管理层选择的重要意义。不过，正如《牛津英语词典》的“失败”定义所显示的那样，故事总会节外生枝，即管理层选择与结果之间总会出现某些问题。这就是对失败案例的研究变得至关重要的原因。第四章将提供一种观察这些案例的视角。在第四章里，笔者将着重研究真正的灾难(导致人身伤亡和财产损失的灾难)，并且强调便于理解并购失败的六个因素：(1)并购这种买卖和/或交易是复杂的，因此，局中人很难知道哪个环节会出错，或者说难以采取快速、有效的行动。(2)灵活性处于最小极限，稍有松懈或不适当的安全缓冲，就意味着整个交易过程中的某个环节出现问题，就会影响其他环节，最终导致麻烦不断。(3)无论是有意还是无意，管理层的某些决策会增加新企业的风险暴露程度。(4)决策者的思想会受新近获得的成功、沉淀成本、骄傲情绪、盲目乐观等因素的影响。(5)商情不会一成不变，经营环境中的某些因素会偏离预期，从而导致失误或问题。(6)运营团队会发生分歧。收购公司与目标公司之间的文化差异、未解决的政治问题和一般人难以承受的压力，会妨碍运营团队面对危机做出适当的反应。

第五章到第十四章中的案例研究，将阐述这6个对并购失败"完整意义上的风暴"的出现起作用的因素。每一个案例着重强调这种"风暴"的某个或某些特殊方面。第十五章和第十六章讨论失败并购对交易人、运营经理和首席执行官的重要意义。

结论：失败预测能提高成功概率

笔者撰写此书，是为了推动并购实践。鉴于并购交易的绝对复杂性，最佳实践不可能轻而易举地简化为新闻报道中使用的"原声摘要播放"。由于这个原因，案例研究是帮助富有创见的实践者预见哪些方面会出问题和应该有针对性地采取哪些措施的绝好方法。更重要的是，本书认为，成功严重依赖于把并购作为企业成长路径的正确态度。成功没有固定的模式可循，收益在时间上是难以持续的，而风险倒是很大。我们只有进行周密的筹划和充分的准备，才能从容面对风险。并购工作应该在正确的价值观和尊重投资者的态度的驱动下进行。正如威廉·布莱克(William Blake)说的那样："执行是天才的战车。"

注释：

[1]关于创业失败研究的概述，请参阅沙拉瓦迪和曼侬(Sarasvathy and Menon，2002)以及加特纳(Gartner，1998)。关于新创企业失败率的研究表明，不同案例之间差异很大。这极有可能应归因于企业创立后测度失败的时间长度不同。

[2]*Oxford English Dictionary*(Oxford, England: Oxford University Press, 2d ed. 1989, volume Ⅴ, 667).

第一篇

并购失败的基本原因

- 关于并购创造收益和偏离目标的情形:调查研究
- 题外并购案例简介
- 大灾难与并购失败

第二章　关于并购创造收益和偏离目标的情形：调查研究

如何评价一起并购交易或整个并购活动流，这取决于您所使用的参考系和能帮助您决定特定交易是否达到平均水平或统计学家所谓的“分布尾端”的观点。这个参考系是根据各种个人经验、轶闻趣事、传统观点和事实建立起来的，它对于决策者及其顾问来说，是一个非常重要的过滤器。本章旨在根据现有的科研结论[1]丰富评价并购成败的参考系。

我们将从两个方面批判大多数人的并购思维方式。首先，传统观点缺乏有关这个主题的科学依据，而当前流行的观点似乎认为：并购是一种输家游戏。然而，在阅读了有关130多个案例的研究文献之后，笔者得出了并购能够创造收益的结论。[2]这些研究表明，被收购公司的股东能够通过并购交易获得很高的收益；收购公司和目标公司股东在公司合并以后都能获得可观的正收益，收购公司的股东通常都能获得其所要求的投资收益率。

其次，传统观点似乎认为，失败是各种类型的并购的平均结果，因此，并购令人遗憾的是具有同质性。然而，研究证明，无论是同一研究还是不同的研究，其所考察的并购收益具有很大的离散性。收益变异说明，就如同平静的河面会突然出现湍急的水流一样，并购世界也会出现一些导致不同并购结果以及事先决定其成败的因素。就如同河面下的水流会发生变化一样，并购世界也不是同质的。在这一章里，我们将阐明这样一种观点：观察并购世界不断变化的状态，就是为了寻找可更方便地识别决定成败的相邻因素的方法。

蒂普·奥尼尔(Tip O’neill)这个升任美国国会众议院发言人的波士顿政客，曾经解释说，要想了解美国国会的运行方式，就必须关注国会环路以内的重大国事和政策辩论。其实，他是想说：“任何政策都有其特殊性，不能无条件地推广。”成功的政客的精神状态取决于他们的选民以及在市政厅、校务委员会和管辖区内表达的希望和忧虑，并购也同样如此。追逐并购成功和避免失败的根本，就在于观察各个并购个案之间彼此不同的重要方面。换言之，任何并购都有其特殊性，不能无条件地推广。

关于并购失败的传统观点:经历了这么多年仍然模糊不清

一种颇有市场的观点认为,并购是一种输家游戏,即并购多以失败告终。以下是从最近出版的一本书中摘引的一段很有典型意义的话:

令人清醒的现实就是:只有20%的合并交易实际获得了成功……大部分合并交易常常是侵蚀了股东的财富……令人战栗的残酷现实就是:大部分合并交易没能取得任何实际财务收益……居高不下的失败率……愈加严重的失败……[3]

我不知道这个20%成功率的来源——报纸专栏、杂志或咨询师报告:无论这个成功率有多么低,可还是超过了通常受到赞美的包括创建新企业、导入新产品、开拓新市场以及进行研发和新技术投资在内的其他商业活动的成功率。凡是商业活动都有风险,我们研究失败的目的应该是更好地管理风险,而不是消灭风险。然而,迄今仍没有很多经验研究能够像这个结论那样严谨、一致地证明并购活动如此低的成功率。一般研究都没有对传统意义上的并购失败进行严格的定义。在这个问题上,作者们也倾向于含糊其词地谈论并购目标与结果之间的差距,而没有考虑并购目标或一般并购条件的适宜性问题。

这里举一个例子来说明关于合并失败的传统观点是如何形成的。2002年12月,一位专栏作家在《华尔街日报》(*Wall Street Journal*)上撰文写道:"大多数合并交易没有取得成功……大量的学术研究表明,大多数收购交易以股东蒙受损失而告终……"[4]后来,他在给我的来信中援引《商业周刊》(*Business Week*)中一篇题名为《为什么大多数重大交易都没能创造收益?》的文章作为证据。这篇文章称,"有61%的收购公司破坏了股东的财富"。[5]这篇文章研究了1995—2001年间发生的302起上市公司重大合并案,并且考察了因同类企业股价或行业平均股价变动而调整收购价1年以后收购公司的股价变动。

这个例子揭示了多个并购利润率推断方面的问题。首先,传统观点过分随便地推广一项研究(上述专栏作家使用了"大多数合并案")的结论。其次,存在一种夸大失败程度的倾向。按照以上援引的《商业周刊》发表的那篇文章的说法,股价下跌1美分,就算是"失败"。不过,鉴于股价波动大多受一定数量噪声的影响,另一种比较敏感的方法更加关注"严重"的失败,并且排除了噪声的干扰。更严重的是,该项研究的观察期是资本市场表现"平生就遇到一次"的特殊时期,因此不能推广到其他时期。在这个观察期里,有些行业的狂热并购活动特别值得关注。例如,该样本的许多重大交易都涉及高技术或与互联网相关的公司。这项研究的一般结论受到从2000年开始的技术一媒体一电信部门价格暴跌的影响有多大？该样本中的并购交易大多采用了换股的形式。正如以往的研究所证明的那样，与现金交易相比，这种形式的交易对收购公司更加不利。该样本清一色由重大交易构成。这类交易因其性质而会遇到更多的整合和管制问题。此外，该研究集中考察了两家上市公司之间的并购交易，而对于收购公司来说，私人公司收购交易——远比上市公司并购交易更加普遍——往往利润率要高出许多。

那么，《商业周刊》的研究样本是否能够代表全部并购交易呢？显然不能！它只能告诉我们“市场发热”时的大型上市公司并购交易的利润率。因此，就此断言“大多数合并案没有取得成功”是没有根据的。[6]

最近两项（由同一批作者完成的）研究表达了不同于《华尔街日报》和《商业周刊》上述两篇文章的观点，很有告诫意义。在其中的一项研究中，作者运用 1980—2001 年间公布交易的大样本考察了收购公司的 2 日（指并购交易公布后 2 天）异常股市收益。[7]他们发现，1980—2001 年间，按美元（而不是百分率）计算的经调整的收购公司平均收益显著为负（－2 520 万美元），这与“大多数合并案没有取得成功”的论点相一致。不过，作者还报告了另外三个重要细节。首先，经调整的收购公司平均收益（按百分率计算）显著为正（1.1%）。他们的研究表明，美元收益和百分率收益的不一致性是由少数几起无利可图的重大交易造成的。其次，在他们的第二项研究中，作者报告了 1980—2001 年大部分亏损主要是由 12 023 起合并交易中的 87 起造成的。如果没有这 87 起合并案，那么整个样本会出现显著为正的美元收益。最后，这 87 起导致亏损的合并交易集中出现在 1998—2001 年并购市场发热时期。因此，如果在一个较短时期考察相对较少的并购交易，就可能得出截然不同的并购交易利润率的结论。

因此，有关并购的传统观点往往不是论据不足，就是即便论据可靠，也倾向于根据基于局部条件得出的结论来进行一般化。有关并购成功和失败的故事更是不能脱俗。只有在掌握了科学的并购利润率结论，并且明白利润率因并购交易和公司类型发生变化的机理以后，才能够提出见多识广的观点。

并购利润率测量：好于利润率的概念界定？

在考察结论之前，有必要先界定测量标准。测量绩效的基准就是投资者所要求的收益，通常被定义为投资者在风险相似的投资机会上能够获得的收益。根据这个基准，我们能够得出三种可能的并购结果：(1)并购破坏了价值。在这种情况下，投资收益小于投资者所要求的收益。投资者本可以更好地投资于风险相似的其他投资机会，因此,我们有理由认为他们是不幸的。(2)并购创造了价值。投资获得了好于预期的收益率,因此,投资者应该算是幸运的。(3)并购保住了价值。投资仅获得了所要求的收益率。从经济学的角度讲,投资者获得了正常收益率,理应感到满意,因为财富正好以投资者所要求的公允收益的比率增长。如果投资者要求并实际获得了15%的收益率,那么投资价值在5年以后将会翻番。不过,就投资者只获得了自己所要求的收益这一点而言,他们仅仅是保住了价值。

并购交易成败的评判,应该与这些可测量的经济结果联系起来。按照经济学术语,如果一项投资获得了除破坏价值以外的结果,就算是取得了成功。

我们为什么要严格局限于经济分析呢?要知道,有很多经理人讲述了一大堆复杂的并购动机:并购收益难道就不应该对照并购动机来测量吗?在一个理想的世界上,当然可以令人愉快地罗列一连串人们所关心的问题,就像现在公司采用平衡记分卡那样。但是,经理人的动机也许与股东收益或者构建有助于股东在长期内获得收益的能力没有什么关系。我们经常听说一些为了获得某些说不清的战略利益、掌握某种专门能力、达到竞争规模,或者仅仅是因为两个组织或其首席执行官特别友好而发生的并购交易。我们能够证明这种利益附加值的唯一方法,就是根据一种全部并购交易通用的指标严格测量其经济结果。此外,特定的交易专用性成功定义会限制我们根据研究结论来进行一般化的能力。增加股东财富是全部企业的基本目标。当然,在美国,公司董事被要求执行符合股东利益的政策,而股东利益通常就是创造价值的同义词。[8]幸好,把创造价值作为测量基准的做法允许我们进行一般化。下面,笔者将集中考察并购的经济结果,以便根据科学研究结论来讨论一些有意义的东西。

经济学的基本结论之一是:只要市场适度竞争,市场主体就能够获得公允的收益率,也就是说,市场主体获得的报酬仅仅相当于而不会超过他所承担的风险。这一点很容易理解:只要信息能够自由流动,而且进出市场方便、获得很高收益的企业就会像花粉吸引蜜蜂那样引来竞争对手。竞争对手的进入会把收益率降低到边际投资者只能获得公允收益率这个点上。这种观点在金融市场上得到了广泛的验证,并且直接导致了有效市场理论。有效市场理论认为,价格会毫无偏差地迅速反映信息。并购领域是否存在免费的午餐,这要取决于投资者收益。而且,就如同资本市场有效性检验那样,这个假设也可采用以下三级测量指标来检验:

首先,弱式检验。股价是否上涨?股东收益在并购交易发生之后是否好于之前?更简单地说,收购公司股价在并购交易之后是否高于之前?这种前后比较法主要是在记者和证券分析师的著述中得到了广泛的应用。不过,就这种方法不能控制其他与交易无关但有可能引发价格变动的因素而言,是一种弱式检验法。

其次,半强式检验。企业的收益是否超过基准?股东的收益是否好于可比投资的收益？引入诸如标准普尔 500 指数收益或者同类未合并匹配样本收益之类的基准，可以提高分析的可信性。这类检验方法经常应用于科学研究，比弱式检验法更加可靠，因为它能控制所观察到的收益实际由产业或整个经济的因素而不是合并所致这种可能性。不过，这种检验法充其量也只能算半强式，因为它所采用的基准并非完美无缺。

最后，强式检验。股东的事后收益是否超过了并购交易倘若没有发生的收益？这是一种实际检验机会丧失成本的方法——经济学家心目中的比较“金本位”。大多数学者在考察弱式和半强式检验结果时都认为自己发现了这个问题。不过，真正的强式检验能够告诉我们截然不同的情形。我们来考察 2001 年 1 月实施的美国在线(America Online，AOL)—时代华纳公司(Time Warner)合并案。弱式检验和半强式检验都证明美国在线公司的股东在合并后的头两年里蒙受了损失。正如本书第十二章所报告的那样，美国在线—时代华纳公司的绩效好于一个纯粹由互联网股构成的基准资产组合，但差于标准普尔 500 指数和媒体娱乐股指数。由于互联网泡沫的破裂，如果没有实施合并，美国在线公司股东的收益很可能远远差于现在。对于美国在线公司来说，收购时代华纳公司似乎是明智和成功的举措(尽管时代华纳公司的股东似乎减缓了互联网泡沫破裂给美国在线公司股东造成的冲击)。现在的问题在于：强式检验的结果即使不是不可能的，也至少是难以观察到的。

我们必须牢记，区分这三种检验方法具有很重要的意义。本章所介绍的各项研究充其量只能算半强式检验。因此，我们必须谦恭地根据经济机遇来判断有关绩效的结论。我们将透过玻璃朦胧地观察。

有两种研究方法可帮助我们形成关于并购利润率的看法。第一种就是所谓的事项研究法。这种方法通常用于考察并购交易公布前后非正常的股东收益。某日的“正常”收益就是股价变动加上已付股利，再除以前一交易日的股票收盘价。“非正常”收益就是正常收益减去投资者当天所要求的基准收益。通常，这个基准收益就是资本资产定价模型所确定的收益，或者更简单地说，就是像标准普尔 500 指数那样的主要市场指数。这类研究基于股市具有前瞻性和股价就是股东预期的未来现金流现值这一假设。自 20 世纪 70 年代以来，这类研究占据了该研究领域的主导地位。

而所谓的会计学研究，一般考察收购公司在收购交易前后报告的财务结果(如会计报告)，以观察财务绩效的变动状况。这种研究方法主要关注诸如净收益、股本或资产收益率、每股收益、杠杆化倍率和流动性之类的变量。这类研究的典型例子就是围绕匹配样本开展比较研究，对收购公司的绩效和同行业规模相似的非收购企业的绩效进行配对比较。这类研究要回答的问题，就是收购企业的绩效是否好于同行业相似的非收购企业。

如果说科学研究具有什么意义的话，那就是提出假设，并且根据结果偶然发生的可能性严加验证，因此，研究者必须检验结果的统计显著性。不过，统计显著性并不等于经济重要性。下结论说“平均而言，并购交易创造或破坏价值”，不但需要证明显著性（也就是证明某个结果不是偶然发生的），而且要非常有说服力地证明其重要性，即证明并购交易的财富效应大到令股东或社会为其感到担心的地步。事项研究所报告的很多显著异常收益小到只有 1%或 2%。不过，由于这些异常收益仅仅出现在短短的几天内，因此，如果将其转化为年化收益率，就会大到令机构或其他见多识广的投资者感到担心或兴奋的地步，因为他们的投资绩效有可能受这类事项的严重影响。

主要结论：并购产生收益

通过事项研究，有可能得出有关目标公司股东、收购公司和合并实体市场收益的洞见。

目标公司股东的异常收益。25 项研究[9]的结论表明，无论交易时期和种类（合并或要约收购）以及观察期如何变化，目标公司股东获得了显著并实际为正的收益。简言之，并购交易为目标公司股东创造了溢价收益。

收购公司股东的异常收益。关于收购公司股东市场收益的研究结论就没有那么明朗。

在总共 50 项研究中，大约有 40%报告了收购公司的交易为负收益，60%报告了正收益。倘若考虑统计显著性，那么，关于收购公司股东收益的研究揭示了一个甚至较强的正偏差：26%的研究（14 项）表明收购交易破坏了价值（收益显著为负）[10]；31%的研究（17 项）证实收购交易保住了价值（并不显著，有别于 0）[11]；而 46%（23 项）的研究证明收购交易创造了价值（收益显著为正）。[12]

16 项关于并购交易完成多年以后收购公司收益的研究[13]得出了远没有那么乐观的结论，其中的 11 项研究报告了显著为负的收益。这些结果的一种可能解释，就是收购公司股东也许根据有关并购交易的新信息（通常具有负面性质）重新考虑。不过，一个有头脑的研究数据使用者可能会由于无法区分与交易几乎或完全无关的事件而不相信这些研究结论。我们来考察以下三个具体案例：

首先，瑞士联合银行（UBS）和瑞士银行公司（SBC）是两家瑞士银行，于 1998 年 6 月实施合并。当年 7 月，俄罗斯不能如期偿还其国际债务，从而导致长期资本管理公司（Long Term Capital Management）破产。合并后的新瑞士银行瑞士联合银行集团（UBS A. G.）对这家公司进行了相当可观的投资。瑞士联合银行公布注销其在长期资本管理公司的 9 亿美元投资，辞退了首席执行官，并且重组了管理层。在不知情的股价走势观察者眼里，瑞士联合银行股价在合并后的几个月里大幅下挫，看来是印证了关于并购不会创造收益的传统观点。但是，更周密的考察显示，该银行股价大跌与合并没有多大关系，而同外部因素关系更大。

其次，美国在线公司宣布收购时代华纳公司的时候，正逢其股价处于最高价位。从事后看，我们知道美国在线公司的股票价格被市场高估了。因此，这起收购交易对于时代华纳公司的股东来说可是一起可怕的交易，而对于美国在线公司来说则是一起了不起的交易。正如本书后文所要讨论的那样，大幅度的价值蒸发部分是由市场纠正美国在线公司被高估股价所致。无论美国在线公司是否收购时代华纳公司，市场纠偏总会发生。个别研究者得出了与下列说法一致的结论：当收购公司认为其股票价格被高估时，会倾向于用股票支付收购价款。[14]

最后，高级微处理设备公司（Advanced Micro Devices，AMD）于 1995 年收购了励进公司（NextGen）。在随后的几年里，高级微处理设备公司的绩效不及半导体制造业对照组企业的绩效。不过，这起收购交易为高级微处理设备公司开辟了新的发展前景，使它得以把速龙（Athlon）芯片导入市场，并且保持作为英特尔公司（Intel）竞争对手的地位。这是快速技术创新导致必然的产业冲击的一个例子。我们无法知道，高级微处理设备公司倘若没有收购励进公司会取得什么样的绩效。不过，我们也许会一致认为，如果高级微处理设备公司没有实施这起收购交易，就不可能生存到今天。1996 年的一项研究[15]表明，高级微处理设备公司实施的收购交易是一个典型案例，并且支持了收购后绩效低下常常由相关产业经济动荡（而不是由收购案本身）所致的观点。换言之，当管理层预计问题将以解除监管、技术变革、人口迁移或其他动荡的形式出现时，他们就会采取行动（例如，收购）减轻动荡造成的危害。在这种情况下，后续问题与所预见到的动荡之间的关系要比跟收购本身的关系更加密切。

总而言之，具有危害性的事项、价格被高估的股票和产业冲击等，都很可能错误地引导有思想的实践者相信：即使这些因素与并购交易本身毫无关系，并购交易基本上也无利可图。更重要的是，收购公司通常要比目标公司大很多，这就意味着规模较小的交易的影响很难精确计量。例如，根据 1983 年的一份研究报告，在目标公司的市值相当于收购公司市值的 10％或以上的并购交易中，收购公司获得了 4.1％的（显著为）正收益率；而在目标公司市值占收购公司市值不到 10％的案例中，收购公司收益率只有 1.7％。[16]换言之，我们所知道的并购利润率是噪音和大规模交易的混合物。然而，从上述事项研究中可得出这么一个合理的结论：收购公司基本上既不赔也不赚。这个结论说明，收购交易通常就是大约能获得所要求收益率的投资。

收购公司和目标公司合并的异常收益。目标公司的异常正收益以及收购公司不赔不赚的结论，提出了有关并购交易净经济收益的问题。关于这个问题，最大的挑战来自收购公司与目标公司之间的规模差异。由于收购公司通常远大于目标公司,因此,目标公司股东获得的大比例美元收益,有可能抵消收购公司股东的小比例损失而有余。

大量的研究通过构建收购公司和目标公司组合考察了以上这种可能性,并且考察了它们的加权平均收益(根据收购公司和目标公司的相对规模加权)或用美元表示的绝对收益。一组关于合并收益的 24 项研究[17]几乎全部报告了正收益,其中 14 项研究报告了显著为正的收益。这些结论表明,既然并购活动能为合并(收购和目标)公司的投资者创造净收益,想必也能为整个经济创造净收益。

收购公司的报告财务绩效。关于并购收益的占据第二位的研究是基于一组(15个)关于利润率、增长率以及资产、资本和权益收益率的研究项目。[18]其中,有 2 项研究报告了显著为负的合并后绩效,4 项研究报告了显著为正的绩效,而其他研究处于不显著的中间状态。

在这些研究项目中,有 3 项是基于合并前后报告财务绩效的比较。一组有关 7 个国家并购利润率的早期研究得出了这样的结论:合并交易对合并 3～5 年的公司的利润率产生“不大的影响”。[19]1987 年的一项关于 1950—1977 年间实施收购交易的 471 家收购公司的研究得出的结论是:这些收购公司的利润率比对照组公司低 1～2 个百分点。这个差异具有统计显著性。[20]另一组 5 项研究表明,收购公司的绩效并非截然不同于非收购公司的绩效。

不过,一项关于 50 家美国最大公司 1979—1984 年合并后运营绩效的更新——无疑更有意义——的研究得出了这样的结论:收购公司的资产生产率在并购以后得到了显著的改善,因为其运营现金流收益高于同类非收购企业。[21]该项研究表明,与产业平均水平相比,收购公司保持了资本支出和研发支出比率。而且,这项研究还显示,绩效的改善并没有影响企业的基本投资。不过,更重要的也许是,该项研究关于合并企业股票的并购公告收益显著与合并后运营绩效改善相关的结论。也就是说,市场对给定交易公告的反应往往是预测未来运营绩效改善的相当可靠的因素:市场的正面反应强烈,预示着运营现金流的大幅增长。

对经理人的调查。学者们开展的小样本研究,是对他们的大样本调查的补充。这些较小的样本往往部分或全部直接根据经理人问题的结论来抽取。1992 年的一项对英国 146 家大公司首席执行官的调查表明:77%的被调查首席执行官认为,合并以后,利润短期内会有所增长;而 68%的被调查首席执行官则说利润率的提高会延续很长时间。[22]

实践者所做的调查报告往往相当随便,影响了我们复制研究以及理解方法论优缺点的能力。不过,他们的调查结论与学者们的调查结论仍有惊人的相似之处。在 12

项由实践者完成的研究中[23],6 项报告了负的结果,而其余各项不是报告了中性结果,就是报告了正的结果。实践者和学者的研究似乎就"并购虽然不会产生异常收益,但投资于收购交易往往至少能够收回投资成本"的观点达成了一致。

关于并购利润率的结论。根据很多大观察样本研究得出的结论唯一能站住脚的是:平均而言,并购会产生收益。[24]并购明显能为目标公司的股东创造收益。大多数有关目标公司和收购公司的合并研究表明,并购交易创造了净价值。最后,有 2/3 的研究认为,对于收购公司而言,即使并购不能创造价值,至少也能保住价值。事实看来是:大多数并购交易产出了至少能够补偿投资者机会成本的财务绩效,收购公司通常能够获得适当(而不是更多)的收益。因此,就如同我们对竞争市场上任何形式的公司投资所预期的那样,公司投资于并购交易的平均基准收益接近于零。不过,虽然并购收益平均为零,但是,研究结论的分布仍然比较广泛。这就意味着很多并购交易的收购公司应该做好失望的准备。

任何并购都有其特殊性,不能无条件地推广

很多研究结论要求我们认真审视收购公司的收益。鉴于方差很大而平均数接近于 0 的收益,我们很想知道哪些因素会导致并购交易盈利或亏损。如果我们像赌赛马的人那样,在并购收益方面处于不利的地位,那么多半会输。我们必须有识别并购利润率基本驱动因素的眼力,才能做出明智的推测。学术界研究并购利润率驱动因素已有多年,并且已经获得了一些重要的洞见,能够帮助赌赛马的人练就一双犀利的眼睛。

约瑟夫・熊彼特曾经指出,企业必须忍受由经营环境动荡所导致的无情变迁,精明的企业家和经理人善于捕捉由经营环境动荡所孕育的机会来创造盈利。并购就是利用环境动荡来进行资本化的一种手段。例如,1985 年的一项研究考察了 1894—1904 年出现的并购浪潮。当时,有 1 800 家企业因组建 93 个"托拉斯"而消失。[25]作者发现,大多数并购活动发生在以资本密集、大批量生产为特点的产业里。而且,一些新企业带着具有破坏性的新技术刚进入这些产业不久。这个时期的并购浪潮通过转移这些产业比较老、效率比较低的剩余产能惠及整个经济。同样,据一项研究报告,1890—1930 年间发生的并购交易与电力和内燃机的普及显著相关,而 1971—2001 年间发生的并购交易则涉及信息技术的传播。[26]

迈克尔・詹森(Michael Jensen)在他 1993 年向美国财务协会(American Finance Association)发表的主席献辞中指出,20 世纪 80 年代的结构调整,不仅受到信息技术进步的刺激,而且受到组织机构创新(如沃尔玛和引入新的零售模式的批发合作社的

崛起)的影响。詹森还谈到了新市场(如高收益债券市场)的形成推动了敌意接管和杠杆收购。

有一项与詹森观点一致的研究认为,在 20 世纪 80 年代的并购浪潮中,发生接管活动最多的产业就是那些经历了诸如解除管制、技术创新、人口变化之类的基本经济冲击和投入品价格冲击的产业。[27]该项研究提到了银行业和广播业由放松管制驱动的并购活动,以及纺织业为回应贸易自由化政策、能源产业为应对石油价格变动和食品加工业因人口低增长而发生的并购活动。

这些学术研究得到了著名并购咨询专家布鲁斯·瓦瑟斯坦(Bruce Wasserstein)的多方面支持。瓦瑟斯坦在他 1998 年出版的一本书中罗列了 5 种驱动并购过程的主要因素:监管和政治改革、技术变革、金融市场波动、领导作用以及规模与焦点之间的张力。[28]

如果产业和总体经济动荡会驱使并购交易的发生,那么并购的成败在很大程度上有可能取决于并购交易的背景。就此而言,正如前文所指出的那样:“任何并购都有其特殊性,不能无条件地推广。”这一观点鼓励我们去考察各种在特定商业背景下起作用的因素。关键的驱动因素因背景不同而异,因此,推广成功的并购案例不会产生很大的实际意义。关于有可能提高并购利润率的因素的洞见,必然要在并购的特殊性上寻觅。

并购在什么情况下带来收益,又在什么情况下偏离目标?

如果任何并购都有其特殊性,不能无条件地推广,那么并购的成败将取决于每起并购的内情。我们必须在表现科学研究观点倾向的时候观察某些影响并购盈亏的相邻因素。了解这些相邻因素能够帮助经营实践者利用机会来进行在经济上具有成功可能性的交易。在下面的论述中,笔者将从收购公司的视角考察四个不同方面的子相关因素:战略、投资机会、交易策划和治理。

相邻因素 1:战略

一些关于并购利润率决定因素的最早研究主要关注战略选择问题。战略选择的内容包括企业在聚焦化或多元化、成长、扩大市场份额、利用战略协同效应、利用剩余现金和发起收购计划等方面做出的努力。

聚焦化或多元化。战略聚焦化或者战略多元化是否会影响收购公司利润率的问题,一直是众多研究的主题。传统的观点认为,收购相关领域公司的战略(即所谓的

“聚焦化收购”)是发现和开发利用协同效应的最可靠途径。经理人凭直觉就能明白,收购同行业的竞争对手就有机会节约成本、缩减资产,并产生其他方面的功效。早期的一些研究表明,并购的聚焦化或相关性策略能比多元化策略带来更多的收益。[29]

而多元化的典型动机就是创建现金流不完全相关的业务组合,从而提高公司经受逆境的能力。但是,既然股东自己也能实施多元化组合,那么又何必要出钱聘用经理人来代理呢?

很多学者指出,若不相关业务在单一实体内部的组合有利于知识在不同业务单位之间转移、降低融资成本和形成关键的组合竞争力,且能通过内部资本市场实施监控,那么多元化就能够创造收益。[30]有一项研究考察了 21 家具有多元化混合结构的公司,结果显示,这些公司通过非协同型收购获得了 18%～35%的年收益率。[31]在当地资本市场缺乏效率,或产品市场经历了放松管制或其他动荡的情况下,多元化也能创造收益。[32]

有证据表明,当收购公司和目标公司同属于信息密集型产业时,多元化也能创造收益。不过,一般而言,相关研究倾向于认为,战略相关性可解释收购公司的收益。有 8 项研究表明,相关性是一个影响收购公司收益的显著因素[33];而 4 项研究没有显示这种显著性[34]。对公开披露的财务结果进行的研究,就多元化企业的绩效好于还是差于同类聚焦化企业这个问题得出了不一致的结论。[35]如果考察大量的相关性研究,那么合理的结论似乎是多元化能够创造收益。但是,相关性创造收益的方式要比多项不同的研究所反映的复杂。

然而,按照这个逻辑推导,就连有关收购、合资、资产剥离、分拆和股权分割的研究一般也表明,聚焦化能比多元化创造更多的收益。[36]此外,个别研究还显示,多元化公司的市值往往低于聚焦化公司,尽管对造成市值差异的原因及其性质仍然存在争议。有 8 项研究证明“多元化折价”在 8%～15%[37];而另有 9 项运用更加详尽的资料和对照组进行的研究[38]则表明,多元化对于企业的市值产生中性甚至积极的影响。这些作者认为,公司数据具有支持多元化折价的自然偏差,被多元化企业收购的业务单位在被收购前价值就打了折扣。关于合并后运营绩效和生产率的研究,也得出了相互冲突的结论。[39]

总而言之,有关这一主题的不同研究揭示了一些有关并购相邻因素“战略”的重要思想。首先,在其他条件相同的情况下,聚焦化和相关性作为收购战略,能比不相关多元化创造更多的收益。简单地说,专注于自己擅长的业务,就比较容易发现和创造并购收益。其次,限制条件“其他条件相同”,也承认不相关多元化战略在拥有诸如经营杠杆收购共生体[例如,科尔伯格—克拉维斯—罗伯特公司(Kohlberg Kravis Roberts & Co.)]或进行价值投资(例如,伯克希尔·哈撒韦公司)之类的不寻常技能的情况下创造收益的可能性。

总而言之，特殊经营管理技能的作用胜过战略相关性。但是，请务必记住：对经营管理技能的极高要求很多是经不起仔细推敲的。大型多元化混合公司[例如，美国ITT公司(ITT)、威斯汀豪斯公司(Westinghouse)、海湾西部公司(Gulf+Western)和凌—特姆科—沃特公司(Ling-Temco-Vought，LTV)]就是建立在上述技能假设上的，后来却进了"恐龙化石馆"。再者，即便是实施相关性和聚焦化收购战略，也必须保证必不可少的认真分析。产业是动态变化的，它们吸引投资的魅力是随时间而变化的，并且会使多元化收购战略成为产业进入和转移的潜在宝贵机制。正如公司有可能由于多元化而破坏价值，也同样有可能因为长期实施聚焦化战略而破坏价值。总而言之，不用心的聚焦化和相关性收购战略并不是成功的保证。在某些情况下，产业吸引力要胜过战略关联性。

战略调整有利于创造收益。强调产业吸引力是很多研究的共同点。这方面的研究表明：出售或重振低绩效业务会受到投资者的积极支持。关于资产剥离公告收益的研究[40]表明，资产剥离毫无例外地会为目标公司股东创造价值，能创造1%～3%的显著异常收益(尽管没有就收购公司的收益得出一致的结论)。一般而言，有关结构调整的研究[41]表明，不光出售资产，就连资产重组也似乎具有重要的意义。具体而言，有证据表明，市场会对旨在聚焦于企业核心业务的资产剥离做出积极的反应。[42]股权分割、分拆和追踪股票(tracking stock)对股东来说收益中性，通常会产生异常收益：分拆的收益率是2%～4%，股权分割的收益率是2%～3%，而追踪股票的收益率是3%。与资产剥离相同，把资金用于这些不同的交易也会导致不同的收益率。[43]

关于重组收益来源的假设主要有：(1)聚焦化程度的提高有利于提高效率，并增加资本运营收益；(2)市场交易会纠正市场对混合公司的价值低估。这两种可能性并不相互排斥，而有关研究都支持这两种假设，但又因大量的研究只证实了聚焦化的价值而更加重视混合型公司无效率的论点。不过，无论怎样，这些研究的启示意义就在于：不断调整业务以适应竞争性环境的变化是有利的。

发起并购计划。当公司公布它们正在为实现某些战略目标而实施一系列收购交易时，其股价会显著上涨。[44]市场对这类公告会做出系统的积极反应，这说明大多数公司的并购计划倾向于在长期内创造价值。投资者对发起并购计划的反应与他们对重组的反应是相同的，两者都会鼓励公司对演化条件做出敏捷的回应。

战略协同性。收购公司通常受到并购交易可利用协同效应的激励。协同效应包括节约成本、增加收入和财务方面的协同性。在投资者眼里，这些协同效应能够产生的收益往往在可靠性上有差异。有些研究表明，成本降幅非常有限；而另一些研究则证明，成本降幅较大。[45]正如1996年的一项银行合并案研究所总结的那样："市场很容易相信合并的节约成本动机，而非常怀疑其他根本性原因。”[46]总而言之，如果并购交易能产生比较可靠的协同效应，那么必然会创造收益。

扩大市场势力。市场份额与投资收益之间的正向关系是很多经济学家的信条，并且得到了经验研究的支持。[47]因此，应该说，能增加公司份额的收购交易也会增加股东收益。而实际上，收购公司的收益是随着市场份额的扩大而增加的。[48]不过，就像1992年的一项研究所证明的那样，股东的并购收益更应该归因于效率的提高，而不是产品价格的提高。[49]横向兼并（扩大市场份额的那种兼并）通常由节约成本的前景以及前面提到的其他协同效应所驱动。换句话说，扩大市场份额以增加股东收益，有可能不是一个值得关注的兼并动机。市场份额越大未必就越好，提高效率才能更好。

价值型收购能创造价值，而魅力型收购则不能。据1998年的一项研究报告，魅力型收购公司（指账面价值—市场价值比率高的公司）收购后绩效偏低，而价值型收购公司（指账面价值—市场价值比率低的公司）收购后绩效则较高。[50]价值型收购公司在合并和要约收购中都获得了显著为正的异常收益，前者是8%，后者是16%；而魅力型收购公司在合并交易中获得了显著为负的收益（−17%），在要约收购中获得了不显著的正收益（4%）。

旨在利用剩余现金流的并购通常会破坏价值，除非能够有利可图地实现资产重组。现金富裕的公司可以选择通过分红把现金作为收益分给投资者，或者通过像并购这样的活动来再投资。很多研究[51]报告了与现金富裕公司公布并购交易有关的价值破坏现象。不过，笔者在1988年完成的一项针对这个问题的研究表明，“现金宽裕”型公司与“现金匮乏”型公司配对进行的并购交易往往是价值增长型交易。[52]正如笔者的研究所证明的那样，在合并之前，收购公司往往比非收购公司拥有更多的现金，而且债务比率也比较低。收购公司的股东收益与其收购后的债务比率正相关。

相邻因素2：投资机会

第二类研究显示，市场条件和目标公司的性质会影响收购公司的并购利润率。这种观点强调并购市场的细分性质。对收购公司来说，有利可图的并购细分市场通常是由私人目标公司和低绩效目标公司构成的市场，而外国目标公司和市场“发热”时期完成的并购交易则成本较高。

可重组目标公司。能够重组目标公司、让其改营有利可图的业务，看来是进行有利可图的合并的比较重要的机会。敌意要约收购是利用这种机会的重要手段。有些研究显示，敌意要约收购的目标公司是一些绩效和股价相对较低的公司。[53]在这种情况下，要约收购公司希望通过改善目标公司的绩效来获得利润。而另一些研究则支持“目标公司是健康的，有可能非常符合收购公司的战略”的观点。[54]因此，有关被接管目标公司是否常常是低效率公司这个问题的证据并不一致。被接管目标公司似乎并非是一些无药可救的企业,但也不是一流的高绩效企业。被接管目标公司总体上绩效处于中等偏下的水平,而接管公司从它们身上看到了获利的机会。

对很多这类研究项目进行的快速浏览显示,收购交易较少出于对效率的考虑,而更多地关系到重要的治理问题(即目标公司管理层“负隅顽抗”)。收购公司通常是在目标公司管理层拒绝了善意的并购请求以后才采取比较强硬的措施。

私人资产。有研究者比较了在规模、产业和被收购时间方面匹配的上市公司和私人公司收购案,发现与被收购的美国上市公司相比,被收购的美国私人公司收购价格平均要低 20%~28%,而被收购的外国私人公司收购价更是要低 44%~54%。[55]另外几项研究得出了与此相同的结论:收购公司收购私人公司,而不是上市公司,在交易公布日可获得相当高的收益。[56]研究者们的解释是:私人公司的信息难以获得;私人公司证券因不可交易而出现折价现象;实施收购的上市公司相对于私人公司具有讨价还价的优势;缺乏竞争性收购要约,导致有利于收购公司的收购价;收购公司内部形成新的实力群体,有利于促进收购公司改善绩效。

跨国并购。跨国并购能创造收益,这与有关美国国内并购的研究结论相一致。[57]也就是说,目标公司能获得巨额收益,收购公司基本上能够保本;而合起来看,则股东受益。跨国并购的主要区别在于:外国收购公司的出价似乎高于国内收购公司。有两项研究报告了美国目标公司实际获得的收益大于国外目标公司的现象。根据另外 5 项研究,美国目标公司的收益在由外国收购公司实施收购的案例中要高于由国内收购公司实施收购的案例。[58]有些研究者认为,这个溢价相当于外国收购公司支付给提供特殊本土化知识和市场进入便利的目标公司的收益。[59]同样,收购交易为外国公司提供了符合美国法律制度的途径,这本身有助于创造价值。20 世纪 90 年代的一组研究表明,外国法律制度会对估价产生显著的影响。[60]

发热和冷清的并购市场:收购公司估价失误。市场这个“机会窗口”时而开启,时而关闭,从而导致不同类型的市场细分。市场变化的两个著名因素就是监管变化和出现市场泡沫。有研究证实了收购公司收益随时间的推移而下降的轻微趋势。[61] 20 世纪 90 年代,在高科技和银行业进行并购交易的收购公司实现了收益增长。除此之外,收购公司的收益在 20 世纪六七十年代出现正值的概率大于八九十年代。政府监管变化会影响并购市场的人气。这方面的变化表现为反托拉斯行动、法院判决和立法[例如,1968 年《威廉姆斯法案》(Williams Act)]等形式。

并购浪潮在股市活跃时期达到巅峰。股价处于比较高的水平时,就会导致市场“发热”。最近的股市巅峰出现在 1998—2001 年间,这与美国历史上最多的并购活动联系在一起。收购者或许在发热的并购市场上出价过高，具体可能表现为市场狂热或收购者私下里承认其股票价格被高估。

就如本书前文所指出的那样，2003 年的一项研究表明，1998—2001 年间完成的 87 起重大并购交易导致大规模的价值破坏，具体表现为对收购公司“无与伦比”的出价进行了重估。[62]根据另一项同年发表的研究报告，收购公司估价越高（或者高估程度越严重，表现为高股票价格—账面价值比），投资者对收购公告的反应就越消极。[63]发热的并购市场给价值被高估的公司的首席执行官们提出了一个严重的两难问题：如果实施收购，公司的股价就会下跌；如果不实施收购，股价也有可能下跌。在这种不可能赢的背景下，并购也许还有机会把部分可能发生的亏损转嫁给目标公司的股东，而不是让收购公司的股东来消化。

相邻因素 3：交易策划

第三类研究表明，交易条件会显著影响收购公司的并购利润率。重要的交易条件包括支付方式、融资、基于财务表现的额外对价条款和价格上下限的使用、税收待遇以及社会问题。

支付方式：现金还是股票。不同的研究表明，基于股票的交易会导致收购公司股东在交易公告日获得负收益，而现金交易的收购公司股东在交易公告日可获得零收益或略微为正的收益。[64]这个结论符合管理层会把股票发行时间安排在公司财富周期或股市周期的高点的观点。因此，关于以股票付款的公告，就如同宣布增发新股一样，会被看作收购公司管理层认为他们公司的股票定价过高。[65]

这些研究的一致结论可概述如下：首先，尽管目标公司股东获得了巨大的交易公告收益，但是，它们的收益会因实际支付方式不同而大相径庭。在现金支付的情况下，目标公司股东的收益明显要高得多。当用股票支付时，目标公司股东的收益显著为正，但大大低于现金交易收益。其次，虽然收购公司股东基本上能够保本，但平均而言，在交易公告日，支付方式会导致严重的收益差异。也就是说，当用现金支付时，收购公司股东的平均收益估计值在 0 与正值之间，在某些案例中甚至显著为正；而当用股票支付时，收购公司股东的收益显著为负。要约收购会扩大现金支付和股票支付的影响：在现金支付的要约收购案例中，收购公司的收益更高；而在用股票支付的要约收购交易中，收购公司的收益更低。同样，规模较大的现金并购交易会带来更多的正收益，而规模较大的股票并购交易则会导致更多的负收益。研究还显示，股票支付这种方式往往被用于规模较大，收购公司股价相对较高、股权不集中、拥有现金较少的善意收购交易。[66]

杠杆收购。在杠杆收购中，目标公司的股东可获得巨额异常收益，大致与各种并购交易一般研究得出的目标公司收益相一致。[67]目标公司与收购公司股东的巨额收益预示着运营效率的提高。[68]杠杆收购交易会伴随着与销售相关的运营现金流的大幅增加和资本支出的大幅减少。与某些批评者认为杠杆收购主要受税收因素的刺激,并且会把财富从公共部门转移到私人部门的观点不同,有研究还表明,杠杆收购的收益并不会影响政府的税收。按净值计,杠杆收购由于以下几个因素而增加税收收入:目标公司股东缴纳的资本利得税、运营所得税增加,贷款人缴纳的利息所得税和出售资产所缴的资本利得税都会有所增加;资本使用效率的提高也会增加税收收入。[69]

对价条款的使用。据两项研究报告,当支付方式能根据未来的绩效基准进行权变性调整时,收购公司就能获得较高的收益。[70]权变型支付方式能为收购公司带来高于现金或股票并购交易所能创造的收益,也大于目标公司管理层继续留任的并购交易所能创造的收益。就此而言,对价条款和其他权变型支付方式可被视为激励目标公司管理层的较强因素和收购公司管理风险的工具。

价格上下限机制的使用。价格上下限是另一种风险管理工具,常用于股票换股票型并购交易,以抵补收购公司价值所面临的不确定性风险。如果收购公司的价格跌破或者涨破事先确定的触发点,就改变支付方式;价格上下限机制一旦被启动,就赋予并购双方或其中的一方以重谈并购交易的权利。就此而言,价格上下限机制实际上是一种取消并购交易的期权。

2003 年的一项研究表明,收购公司股东的交易公告收益不会受使用价格上下限机制的明显影响。[71]同时,采用浮动型价格上下限机制的交易其公告收益和目标公司收益分别低于和高于采用固定型价格上下限机制的交易。[72]规定价格上下限机制的股票型要约收购的成功(即完成)概率显著大于单一股票或现金型要约收购。

社会问题:实力相当型合并。大量的非正式记载证据表明,像首席执行官、董事会和高管等的人事安排,总部地点选择和薪酬这样的“社会”(或“管理层”)问题,能够对并购交易定价和收购公司收益产生巨大的影响。最近有关“实力相当型合并”交易结构的研究证实了这种影响。[73]这类合并交易涉及实力大致相当的伙伴,并且互不支付溢价。这类合并通常采用换股的方式完成,而且只产生较低的或者零收购溢价。相关研究表明,虽然实力相当型合并交易的溢价因时而异,但通常大大低于其他形式的并购交易。同样,虽然目标公司股东在实力相当型合并交易项下能获得的异常收益显著为正,但也低于其他形式的并购交易。2004 年的一项研究表明,在实力相当型合并交易中,“首席执行官会‘以权利换取溢价’,具体而言,他们会拿目标公司(董事会和管理层)的控制权,为他们的股东换取较低的溢价”。[74]另有研究显示,实力相当型合并通过发出没有一方控制对方的信号来减轻来自目标公司的抵制,提高完成交易的概率,树立团队工作意识,从而能够通过合并后比较迅速的整合来创造收益。

税收风险。税务规划当然是并购从业人员要煞费苦心考虑的一个关键问题。[75] 1989 年的一项研究表明,大约有一半的收购交易是为了获得“免税”或部分“免税”而策划的。[76]重组型并购与交易公告日的异常收益强相关。在应税交易中,收购溢价要高出 2 倍以上。以下两种效应能够解释这种现象(尽管没有一种能令人完全满意):(1)在应税交易中,目标公司股东必须立即缴纳应纳税款,而不能递延缴纳,是货币的时间价值要求支付较高的溢价;(2)在应税交易中,收购公司获准提高收购资产的税基,从而能享受较高的折旧避税额,并支付它承担得起的价格上限。净运营亏损延后和债务避税,能够产生相似的效果。

也许,由于目标公司的讨价还价实力,又由于“赢家诅咒”效应,收购公司会在应税交易中支付较高的价格。有证据表明,甚至有较大比例的私人公司收购交易往往把推迟缴税作为一种控制个人股东或家族集团财产的工具或投资策划手段。不过,虽然税收会明显影响某些并购交易的方式,但是研究者们仍在热烈讨论税收因素是否会引发收购这个问题。

相邻因素 4:治理

研究表明,治理实践比较有力的公司,其估值也较高。[77]因此,在有关收购公司收益的并购图中,我们应该注意到较高的与股东导向型管理层、股东权利和少数权益投资者权利保护相关的收益。这一点可扩展到治理结构、董事会独立性、反接管防御措施运用和投资者行动主义。

机构投资者行动主义。1993 年,机构投资者阻止了沃尔沃集团(AB Volvo)与雷诺公司(Renault)之间的一起合并交易,而这一行动的主要结果就是为沃尔沃集团的股东恢复并创造了价值。像养老基金和人寿保险公司这样的机构,由于规模大、绩效导向引人注目,以及密切关注市场、有能力承担交易成本和精通业务而不同于个人投资者。研究显示,大多数机构投资者表现积极(即设法影响董事会和管理层)的并购交易,往往与创造股东价值联系在一起。[78]有关杠杆收购[79]、撤换低绩效公司的经理人[80]和公司重组[81]的研究表明,股票价值在实施公司重组和改进公司治理以后明显增加。

经理人的利害关系。研究表明,收购公司股东的收益是与经理人和员工持有较大的股权联系在一起的。[82]1997 年的一项研究在评价与交易特点相关的绩效模式时指出:“虽然收购交易通常是一些保本投资,但具体到单项交易的利润率相差很大……(而且)交易受管理层控制的特点持续影响收购案的最终收益。”[83]这类特点还包括目标公司与收购公司的相关性、交易支付方式以及交易性质(善意还是敌意)。

到目前为止,关于公司治理影响并购绩效的最显著表现,就是杠杆收购公司实现的价值显著增长。在杠杆收购交易中，经理人往往为了取得交易成功而投入很大一部分自有净财产。正如詹森1989年在美国国会作证时指出的那样，杠杆收购交易平均每4年使私人公司的企业价值翻一番，而且债务—总资本杠杆比率平均达到85%，杠杆收购公司的股权收益率中值高达785%。[84]尽管其中的部分收益应该归因于债务和折旧避税带来的节税收益，但经济学家还是认为，杠杆收购的大部分收益来自杠杆收购以后实现的效率提高和运营改善。

如何接近目标公司：善意还是敌意。收购公司与目标公司打交道的风格受目标公司管理层自我保护程度的影响。合并通常是善意交易，由兼并公司与目标公司最高管理层商谈完成；而敌意收购往往采取直接向目标公司股东建议“要么接受，要么放弃”方案的方式，并且在目标公司管理层看来是强制性的。

不同的研究[85]都报告了要约收购公司高于善意谈判达成的交易的公告日收益，而且成功的敌意收购者估计可获得2%～4%的异常收益。要约收购收益较高，也许反映了有利于卖方的交易价格以及撤换公司管理层和改变公司战略的预期经济收益。

目标公司股东在敌意收购中也能获得高于善意交易的收购溢价。一家目标公司成功地拒绝要约收购以后，其股价就会下跌，但通常仍高于此前的价格水平，其部分原因是未遂的收购企图通常会导致向股东释放价值的调整。而在敌意收购公司发出现金收购要约时，收益为正的可能性仍然较高，这也许可用目标公司状况不佳和/或投资吸引力不足来解释。如前所述，抵御收购的目标公司往往充其量也只是一些绩效平平的企业。这种情况必然与无效治理和解除受“堑壕”保护的无效率管理层的职务联系在一起。

反收购防御。防御措施可通过提高管理层讨价还价的实力，并从要约收购公司那里获得高价，而有利于治理有方的公司的股东。但是，防御措施也能够通过保护无视自己对股东义务的管理层来危害经营不善的公司的股东。

要想使市场对反收购防御公告的反应具有意义，我们必须审视目标公司的效率和治理状况。一种测量防御措施经济效果的指标，就是投资者对反收购防御公告的反应。有研究表明，目标公司的治理机制优势是决定市场反收购防御反应的重要因素。[86]如果公司董事会效率高、独立性强，首席执行官的利益与股东收益强相关，那么，市场倾向于做出积极的反应；如果公司治理无方，或者首席执行官薪酬与股东利益毫不相关，那么市场倾向于做出消极的反应。

结论：各相邻因素的意义

任何并购交易都有其特殊性，不能无条件地推广。并购研究的实际价值，就在于能够洞察与创造或破坏价值相关的局部条件。由于这个原因,像一般并购失败的理性观点那样具有普遍适用性的论断,对于实践者或者致力于这个问题研究的学者来说,并不是非常有用。关于成功和失败的论据,传统的观点往往比较模糊,并且倾向于把一些适用于某种相邻因素的结论作为适用于全部相邻因素的典型结论。关于并购的批判性思想,完全超越了只关注局部盈利和亏损典型的传统观点。表 2.1 总结了以上考察的研究文献的观点。

表 2.1　　并购创造收益和偏离目标的情形:根据相邻因素调整的收购公司收益

收购公司收益较高时需具备的条件	收购公司收益较低时遇到的情况
1. 战略动机	1. 投机动机
2. 价值型收购	2. 动能增长/魅力驱动型收购
3. 聚焦/相关型收购	3. 缺乏焦点/不相关多元化
4. 有可靠的协同效应	4. 不可靠的协同效应
5. 能有利可图地使用剩余现金	5. 只是为了使用剩余现金
6. 协商收购私人企业	6. 上市公司竞拍
7. 为了获得特殊优势而进行跨国收购	7. 幼稚的跨国并购
8. 成为敌意收购公司	8. 与抵制性目标公司进行并购谈判
9. 在并购市场冷清时进行收购	9. 在并购市场"发热"时实施并购
10. 用现金收购	10. 用股票收购
11. 收购公司可获得高税收优惠	11. 收购公司只能享受低税收优惠
12. 债务融资适中	12. 债务融资过度
13. 分期付款(对价条款)	13. 一次性付清
14. 并购双方实力相当	14. 并购双方实力悬殊
15. 管理层有明显的利害关系	15. 管理层只有很少甚至没有利害关系
16. 股东导向型管理层	16. 受"堑壕"保护的管理层
17. 积极的投资者	17. 消极的投资者

各盈利和亏损相邻因素向首席执行官们提出了警示。他们更有可能遭遇失败,如果:

1. 他们的组织涉足一个基本上无利可图的产业,或者拒绝退出这样的产业。从预期收益的角度看,即像投资者那样思考,涉足健康产业是并购取得成功的必要前提。调整结构和推出并购计划,理应反映把企业定位于最高利润水平的深思熟虑和努力;而某些用"战略盈利性"这样的豪言壮语粉饰的并购计划,常常隐藏着危险的局部陷阱,如动能和魅力驱动型收购,应该用怀疑的目光去审视这样的收购计划。首席执行官在倾听关于并购交易“战略”价值的陈述时，必须准备一个敏感的“骗局探测器”。

2. 他们的组织根本就不了解自己的长处。一般来说，聚焦化和相关多元化能比非相关多元化创造更多的收益。在自己熟悉的领域里，更有可能发现并开发利用合并交易的协同效应。不过，有些企业的核心能力就在于管理不相关业务组合。因此，盈利性这个关键的驱动因素与聚焦化和相关性的关系，不如它与知识、掌握知识的熟练程度和胜任力的关系那么密切。他们的公司能做什么、擅长什么，才是最重要的。

3. 并购交易不可能每起都创造或增加经济收益。资本市场总以怀疑的态度评判并购交易的协同效应。最佳并购实践的核心就是愿意为股东做他们自己无法做的好事。不过，就某些收购公司的内部协同效应而言，最重要的是：无论是否进行收购交易，很多项目最终都能够完成，也就是不要“不着边际”地考虑一起收购交易能够创造多少新的现金流，就如想象极不可能产生的收益，又把想象中的收益当作可实现的收益这种倾向那样糟糕，跨国销售的收入增长型协同效应，众所周知是难以获得的。而且，研究显示，这种协同效应会被投资者严重低估。

4. 他们无法找到一定的经济利益。竞争会把收益率降到最低限度。收购公司在竞拍和收购上市公司时会遇到竞争对手。而且，一般来说，收购公司总得与很多竞争对手角逐。在这样的背景下，收购公司就得支付很高的价格。在竞争不太激烈的细分市场上，尤其是涉及私人公司和资产的细分市场上，收购公司更有可能发现异常收益，而主动向目标公司董事会和股东发出收购要约，能够抢在竞争对手之前出手，并提高与受“堑壕”保护的管理层谈判的讨价还价实力。不过，在其他场合，讨价还价的实力往往在目标公司这一边。一个最典型的例子就是收购位于某个外国的目标公司。由于存在进入壁垒、不了解当地市场和习俗，以及市场势力等问题，收购公司有可能要支付溢价。

5. 他们的组织在并购策划方面并非很有创意。即使是一起很一般的并购交易，收购公司也能够通过富有艺术的策划来增加并购收益。现金交易、债务融资、合理避税、分期付款、实力相当型合并和对价条款激励组合，都是与收购公司取得较高的收益联系在一起的。

6. 他们的组织在控制、平衡和激励方面能力平平。这首先表现在公司最高层次，如董事会构成及其运行过程以及董事会成员倾听他们所代表的股东的意愿等方面，然后扩展到首席执行官监管公司以及把决策权授予公司其他员工方面。从运营经理到一线交易员的全体公司员工都必须像投资者那样考虑问题。道理很简单：首席执行官及其下属是否具有一定的“竞争意识”？

以上对科学研究的总结告诉我们：经理人拥有并购决策权。如果并购交易是经过深思熟虑以后完成的，那么，他们就能够获得有利于自己的成功概率。这是一种截然不同于传统思想的观点。

注释：

[1]关于这一章的有益评论，笔者要感谢《应用公司金融杂志》(*Journal of Applied Corporate Finance*)的编辑唐·丘。有关评论以基本相同的形式发表在该杂志上。准备过程得到了安娜·布坎南、杰西卡·钱恩和查德·莱恩布兰多(Chad Rynbrandt)在研究方面的帮助。评论的某些内容取自笔者的《应用并购》(*Applied Mergers*, New York: John Wiley & Sons, 2004)。

[2]请参阅拙著《应用并购》第三章"并购能否创造收益"。

[3]T. Grubb and R. Lamb, *Capitalize on Merger Chaos* (New York: Free Press, 2000), 9, 10, 12, 14.

[4]Gregory Zuckerman, "Ahead of the Tape," *Wall Street Journal*, December 30, 2002, C1.

[5]"Why Most Big Deals Don't Pay Off: A Business Week Analysis Shows that 61% of Buyers Destroyed Shareholder Wealth," *Business Week*, October 14, 2002, 60.

[6]除了像《商业周刊》刊登的文章更多地讨论样本和方法论以外，笔者并没有批评研究的实施问题。笔者能说的就是，研究者们采用了一种传统上用于学术研究的方法。

[7]请参阅莫勒、施林格曼和舒尔兹(Moeller, Schlingemann and Schulz, 2003, 2004)。

[8]为了简要起见，笔者模仿大多数学术研究者的做法，主要关注对收购公司和目标公司股东造成的经济后果，尽管对其他利益相关者的影响肯定也值得关注。这也与董事首先要向股东负信托责任的事实吻合。

[9]报告目标公司股东收益的研究包括：Langetieg(1978); Bradley, Desai and Kim(1988); Dennis and McConnell(1986); Jarrell and Poulsen(1989); Lang, Stulz and Walking(1989); Franks, Harris and Titman(1991); Servaes(1991); Bannerjee and Owers(1992); Healy, Palepu and Ruback(1992); Kaplan and Weisbach(1992); Berkovitch and Narayanan(1993); Smith and Kim(1994); Schwert(1996); Loughran and Vijh(1997); Maquieira, Megginson and Nail(1998); Eckbo and Thorburn(2000); Leeth and Borg(2000); Mulherin and Boone(2000); Mulherin(2000); DeLong(2001); Houston et al. (2001); Kuipers, Miller and Patel(2003); Renneboog and Goergen(2003); Billett, King and Mauer(2003); Beitel et al. (2002)。

[10]报告收购公司股东显著为负的收益的研究包括：Dodd(1980); Asquith, Bruner and Mullins(1987); Varaiya and Ferris(1987); Servaes(1991); Jennings and Mazzeo(1991); Bannerjee and Owers(1992); Byrd and Hickman(1992); Kaplan and Weisbach(1992); Sirower(1994); Mitchell and Stafford(2000); Walker(2000); DeLong(2001); Houston et al. (2001); Kuipers, Miller and Patel(2003)。

[11]报告收购公司股东不显著为负的收益的研究有：Langetieg(1978); Morck, Shleifer and Vishny(1990); Franks, Harris and Titman(1991); Healy, Palepu and Ruback(1992); Berkovitch and Narayanan(1993); Eckbo and Thorburn(2000); Mulherin and Boone(2000); Ghosh(2002)。报告不显著为正的收益的研究有：Asquith(1983); Malatesta(1983); Wier(1983); Lang, Stulz and Walkling

(1989);Smith and Kim(1994);Schwert(1996);Lyroudi,Lazardis and Subeniotis(1999);Beitel et al.(2002);Billett,King and Mauer(2003)。

[12]证明收购公司股东显著为正的收益的研究有:Dodd and Ruback(1977);Kummer and Hoffmeister(1978);Bradley(1980);Jarrell and Bradley(1980);Bradley,Desai and Kim(1982);Asquith,Bruner and Mullins(1983);Eckbo(1983);Denis and McConnell(1986);Jarrell,Brickley and Netter(1987);Sicherman and Pettway(1987);Bradley,Desai and Kim(1988);Jarrell and Poulsen(1989);Loderer and Martin(1990);Maquieira et al.(1998);Eckbo and Thorburn(2000);Leeth and Borg(2000);Mulherin(2000);Kohers and Kohers(2000);Kohers and Kohers(2001);Floreani and Rigamonti(2001);Fuller,Netter and Stegemoller(2002);Renneboog and Goergen(2003);Moeller,Schlingemann and Stulz(2003)。

[13]证明收购公司股东获得长期收益的研究有:Mandelker(1974);Dodd and Ruback(1977);Langetieg(1978);Asquith(1983);Bradley,Desai and Kim(1983);Malatesta(1983);Agrawal,Jaffe and Mandelker(1992);Loderer and Martin(1992);Gregory(1997);Loughran and Vijh(1997);Rau and Vermaelen(1998);Louis(未注明年份);Pettit(2000);Moeller,Schlingemann and Stulz(2003);Ferris and Park(2001);Kohers and Kohers(2001)。

[14]Shleifer and Vishny(2001);Moeller,Schlingemann and Stulz(2003);Dong,Hirschleifer,Richardson and Teoh(2003).

[15]Mitchell and Mulherin(1996).

[16]Asquith,Bruner and Mullins(1983).

[17]24 项报告正收益的研究是:Halpern(1973);Langetieg(1978);Firth(1980);Bradley,Desai and Kim(1982);Bradley,Desai and Kim(1983);Malatesta(1983);Varaiya(1985);Bradley,Desai and Kim(1988);Lang,Stulz and Walkling(1989);Franks,Harris and Titman(1991);Servaes(1991);Bannerjee and Owers(1992);Healy,Palepu and Ruback(1992);Kaplan and Weisbach(1992);Berkovitch and Narayanan(1993);Smith and Kim(1994);Leeth and Borg(2000);Mullherin and Boone(2000);Mulherin(2000);Houston et al.(2001);Fan and Goyal(2002);Kuipers,Miller and Patel(2003);Gupta and Misra(未注明年份);Beitel et al.(2002)。

[18]15 项报告财务绩效的研究是:Meeks(1977);Salter and Weinhold(1979);Mueller(1980);Mueller(1985);Ravenscraft and Scherer(1987);Ravenscraft and Scherer(1987);Herman and Lowenstein(1988);Seth(1990);Healey,Palepu and Ruback(1992);Chatterjee and Mecks(1996);Dickerson,Givson and Tsakalotos(1997);Healy,Palepu and Ruback(1997);Parrino and Harris(1999);Parrino and Harris(2001);Ghosh(2001);Carline,Linn and Yadav(2001);Sharma and Ho(2002)。

[19]Mueller(1980).

[20]Ravenscraft and Scherer(1987).

[21]Healy,Palepu and Ruback(1992).

[22]Ingham,Kran and Lovestam(1992).

[23]12 项实践者完成的研究是:Johan Brjoksten,1965[cited in Lajoux and Weston(1998)];

McKinsey & Co. ,1987[cited in Lajoux and Weston(1998)];PA Consulting[cited in Lajoux and Weston(1998)];McKinsey & Co. [cited in Fisher(1994)];Mercer Management and *Business Week*, October 1995[cited in Lajoux and Weston(1998)];David Mitchell of Economists Intelligence Unit, 1996[cited in Lajoux and Weston(1998)];Kenneth Smith,in research for Mercer Consulting,1997, and for Mitchell Madison Group,1998[cited in Lajoux and Weston(1998)];Michael Mayo,Lehman Bros. [cited in Lajoux and Weston(1998)];Andersen Consulting[cited in Bahree(1999)];KPMG LLP[Kelly,Cook and Spitzer(1999)];Chaudhuri and Tabrizi(1999);Booz-Allen & Hamilton(2001);Adolph et al. (2001)。

[24]这也是此前研究文献中 5 项重要研究报告的结论。这 5 项重要研究包括:Dennis Mueller (1979);Jensen and Ruback(1983);Weidenbaum and Vogt(1987);Datta,Pinches and Narayanan (1992);Caves(1989)。

[25]Lamoreaux(1985).

[26]Jovanovic and Rousseau(2002).

[27]Mitchell and Mulherin(1996).

[28]Wasserstein(1998).

[29]例如,请参阅鲁梅特(Rumeelt,1974,1982)的研究。鲁梅特发现,实施相关多元化战略的公司获得了较高的权益收益。鲁梅特的研究批判性地重新评价了 20 世纪 60 年代和 70 年代初的混合多元化运动。

[30]例如,请参阅索尔特和温霍尔德(Salter and Weinhold,1979)。不过,有关内部资本市场有效性的研究结论并不一致。例如,一项关于 20 世纪 80 年代中期石油价格暴跌期间石油公司行为表现的研究证明,“大型多元化公司投资过度,并且对低绩效细分市场业务实施了补贴”(Lamont, 1997: 106)。

[31]请参阅安斯林格和科普兰(Anslinger and Copeland,1996)。他们解释了这些公司获得较好绩效的以下 7 个原因:坚持运营战略创新;没有找到合适的领导人,就别做并购交易;大力激励高管;薪酬必须与现金流变化挂钩;实施变革;构建所有权人、经理人和董事会之间的动态关系;聘用最佳收购公司。

[32]比较研究发达国家和发展中国家在多元化战略方面的差别,可能是一个值得关注的焦点问题。哈伯德和帕利亚(Hubbard and Palia,1999)研究发现,20 世纪 60 年代期间(这两位作者认为,当时美国的资本市场在配置资本方面还不如现在有效),混合多元化收益显著为正。这个结论与钱德勒(Chandler,1977)的结论一致。虽然钱德勒也极力批评混合型组织形式,但他证明了现代公司的崛起,并且指出,改进以后的监督和信息传输方法使得高级经理人能够有效管理规模更大、种类更多的业务。卡恩和帕勒普(Khanna and Palepu,1997,2000)在对印度的混合经营公司进行研究后提出了类似的论点。这两位作者断言,这些工业集团凭借其优于该国资本市场的资源配置能力提高了效率。福威尔、休斯敦和纳兰霍(Fauver,Houston and Naranjo,2002)对 35 个国家 8 000 家公司进行了考察,并且认为,产生于公司多元化的内部资本市场,在这些对股东保护不力、企业较难筹措到外部资金的国家中,显得更有价值(或者成本较低)。林斯和瑟韦斯(Lins and Servaes,1999,2002)

的研究进行了这方面的比较，并且报告了德国(0)、日本(10%)、英国(15%)的多元化折价。不过，他们在7个新兴市场发现了大约7%的多元化折价，并且断言折价集中出现在工业集团公司的成员企业中间。这说明不同国家之间的公司治理和/或法律法规差异可能会对多元化战略产生实质性的影响。

[33]请参阅莫克和尤恩(Morck and Yeung，1997)。

[34]没有发现相关性的收购公司收益效应，或者只发现低效应的研究包括：Leeth and Borg(2000)；Switzer(1996)；Lubatkin et al. (1997)；Linn and Switzer(2001)。最近完成的一些研究报告了相关性对收购公司收益的显著影响，它们分别是：Healy，Palepu and Ruback(1992)；Datta and Puia(1995)；Weech-Maldonado(2002)；Lubatkin and O'Neill(1987)；Loree et al. (2000)；Flanagan(1996)；Scanlon et al. (1989)；Chatterjee and Lubatkin(1990)。

[35]考察账面绩效的研究表明：虽然账面运营成果很容易被经理人操纵，并且容易受与多元化不相关的外生效应的影响，但它们是一个便于考察的焦点问题。有4项研究(Rumelt，1974，1982；Ravenscraft and Scherer，1987；Kaplan and Weisbach，1992)表明，奉行不相关多元化战略的企业，其绩效低于更倾向于聚焦化的企业。但是，也有4项研究(Kruse，2002；Healy，Palepu and Ruback，1992；Parrino and Harris，1999；Cornett and Tehranian，1992)发现了通过实施多元化收购改善绩效的情形。此外，安斯林格和卡普兰(1996)研究发现，有意奉行非相关多元化战略的企业同期实现了高异常收益。

[36]7项关于收购的研究(Morck，Schleifer and Vishny，1990；Sicherman and Pettway，1987；Morck，1990；Maqueira et al.，1998；Nail，Megginson and Maqueira，1998；Delong，2001；Megginson，Morgan and Nail，2002)显示，多元化交易的交易公告日累计平均残值较之聚焦化交易显著为负。这些研究表明，聚焦化合并较之多元化交易能提高收购公司每股价值1～3个百分点。然而，另外6项相关研究(Carow，2001；Hubbard and Palia，1999；Schipper and Thompson，1983；Elgers and Clark，1980；Matsusaka，1993；Ferris et al.，2002)证明了多元化收购交易显著为正的累计平均残值。不过，这些研究大多是考察20世纪60年代的混合型收购(Hubbard and Palia，1999)，或者与放松多元化收购监管约束有关(Carow，2001)。总的来说，关于收购公告的事项研究表明，聚焦化能比多元化创造更多的收益。

有3项关于合资与联盟的研究考察了聚焦化或者横向合资效应。费里斯等(Ferris et al.，2002)研究发现，聚焦化—增长型合资的累计平均残值大大超过了多元化合资的累计平均残值。成等(Chan et al.，1997)报告了涉及技术转让的横向联盟获得了实际较高的累计平均残值。而格利森等(Gleason et al.，2003)发现，金融服务业的横向并购交易获得了远远高于多元化并购交易的累计平均残值。有关合资和联盟公告的事项研究显示，聚焦化能比多元化创造更多的收益。

在一般情况下，资产剥离、分拆和股权分割对于投资者来说是利好消息。这些交易都会分离一部分资产，结果似乎大致是支持聚焦化。但是，问题的关键在于被处置的是哪种性质的资产。2项有关股权分割的研究表明，当股权分割单位不属于母公司核心业务的某个相关产业时，股权分割公告会大幅度增加累计平均残值(Hurlburt et al.，2002；Vijh，2000)。有3项分拆研究显示，当有关交易属于聚焦化—增长型时，交易公告会大幅度增加累计平均残值(Veld and Veld-Meruklova，2002；

McNeil and Moore,2001;Johnson et al. ,1996)。关于资产剥离,唐纳森(Donaldson,1990)报告了公告日非核心资产出售交易比核心资产出售交易实际大得多的累计平均残值。据迪特马和谢达斯尼(Dittmar and Shivdasani,未注明年份)报告,资产剥离当年过后,成为单一业务企业的公司收益仍比多元化企业的公司收益高出 3%。简言之,关于资产剥离、分拆和股权分割的 10 项研究得出了有利于聚焦化而不利于多元化的结论。

[37]"多元化折价"(Berger and Ofek,1995)按照公司股票市值加上账面负债值,再除以公司推算价值(用各单一业务同行估值倍数——总资本除以资产、销售额或运营收益乘以各业务单位的账面价值——的积来估计的各业务单位价值总和)计算。有 8 项研究(Berger and Ofek,1995,1999;Lang and Stulz,1994;Servaes,1996;Comment and Jarrell,1995;Lins and Servaes,1999;Mansi and Reeb,2002;Denis,Denis and Yost,2002;Lamont and Polk,2002)证实了多元化折价,并且报告了多元化企业位于 8%~15%的负价值余额。有研究证明多元化公司的市值较低:托宾 Q 值(资产市值除以账面价值的比率)是一个测量经济效率的指标。Q 值越大,效率就越高。以上研究一般根据包括多元化和聚焦化指标在内的各自变量对 Q 进行回归分析。有 3 项研究得出了有利于聚焦化的结论。朗格和斯塔尔茨(Lang and Stulz,1994)研究发现,多元化企业的 Q 值低于单一业务企业。穆尔和尤恩(Moore and Yeung,1997)研究发现,除了信息密集型产业以外,多元化是与低 Q 值联系在一起的。据阿加沃尔和萨姆韦克(Aggarwal and Samwick,2003)报告,多元化会对 Q 值产生显著为负的效应。

[38]有 8 项研究没有发现多元化折价:Chevalier(2000);Hyland and Diltz(2002);Klein(2001);Graham,Lemmon and Wolf(1998);Campa and Kedia(1999);Villalonga(1999,2003a);Mansi and Reeb(2002);Whited(2001)。

[39]考察合并后生产率的研究有:利希腾贝格(Lichtenberg,1992)发现全要素生产率随多元化程度的提高而下降。不过,肖勒(Scholar,2002)报告了多元化企业的工厂生产率比单一业务企业的工厂高出 7%。然而,多元化程度的提高是与生产率净下降联系在一起的。被收购的工厂实际提高了生产率,而在位工厂却遭遇了生产率下降。不过,由于被收购工厂少于在位工厂,对生产率的总效应为负。她写道:"多元化企业遭遇了一种很小的新影响,管理层凭它集中转向新的细分市场,而不惜损害现有业务分部。总体而言,这些结论表明,多元化企业相对于单一业务企业而言具有生产优势,甚至能够提高其收购资产的生产率。不过,每一次多元化变迁都会使这些企业丧失一定的生产率优势。"

[40]关于资产剥离公告收益的研究有一项报告了显著为正的收益(Hite et al. ,1987),另一项报告了不显著的正收益(John and Ofek,1995),还有一项报告了收购公司不显著的负收益(Allen and Phillips,2000)。

[41]关于结构调整的研究:朗格等(Lang et al. ,1995)发现了 4%的交易公告收益(当企业承诺——譬如说以减少企业债务的形式——把资产剥离交易的收益返还给投资者时)。相比之下,当企业计划再投资于本业时,公告收益并不显著有别于 0。关闭工厂的公告(Blackwell et al. ,1990)常常是资产剥离或清算的前奏,并会产生不大但显著为负的股东收益。某种业务的非自愿清算作为最终资产剥离计划,会带来 12%~13%的最高股东收益。

[42]有关市场收益聚焦化资产剥离的证明：约翰和奥费科(John and Ofek，1995)证明了资产剥离公告收益与资产剥离后企业战略聚焦化程度提高之间的显著关系。在一项关于通用面粉公司持续20年的调整计划的研究中，唐纳森(Donaldson，1990)发现出售非核心资产公告与较高的异常收益联系在一起，而且异常收益较出售相关资产为高(＋2.03％对－0.43％)。凯泽和斯托蒂斯(Kaiser and Stouraitis，2001)对Thorn-EMI的聚焦化努力进行了研究，并且报告了显著为正的异常收益。

[43]艾伦和麦康奈尔(Allen and McConnell，1998)研究发现，投资者会对那些能产生偿还债权人的现金的股权分割做出积极的反应，但对资金再投资于本业的股权分割持中性态度。

[44]证明系列战略收购股价上涨的研究包括：Asquith，Bruner and Mullins(1983)；Fuller，Netter and Stegemoller(2002)；Gregory(1997)；Schipper and Thompson(1983)。

[45]有研究显示，成本节约导致的折价最小，而其他形式的协同效应则略多：休斯敦、詹姆士和赖恩格雷特(Houston，James and Ryngaert，2001)研究了银行合并交易中成本节约预期与收入增长之间的相关性，并且发现这些收益现值与公告日收益之间的显著关系。不管怎样，看来市场会折减这种收益，并且对收入增加型协同效应采取较大的折扣，而对成本减少型协同效应采取较小的折扣。德朗(Delong，2003)对银行合并交易进行了研究，并发现投资者对合并一方缺乏效率的交易以及地域、活动和收益聚焦化合并做出了积极的反应：各项交易都因协同效应而创造了收益。

[46]Houston and Ryngaert(1996：76).

[47]证明旨在增强市场地位的并购努力并没有改善绩效的研究有：Ravenscraft and Scherer(1987)；Mueller(1985)；Eckbo(1992)。关于竞争对手股价波动的研究有：Stillman(1983)；Eckbo(1983)。

[48]Ghosh(2002).

[49]Eckbo(1992).

[50]Ran and Vermaelen(1998).

[51]报告拥有剩余现金的企业公告并购交易而导致价值破坏的研究有：Servaes，Lang，Stulz and Walkling(1991)；Harford(1999)；Jensen(1986)。

[52]Bruner(1988).

[53]有研究证明敌意要约收购的目标公司绩效低下、估价相对较低：敌意收购的目标公司显示了较低的销售增长率、权益收益率、内部人产权和市盈率以及较少的债务，同时又有较高的流动性和闲置产能。施韦(Schwer，1997)写道，绩效差异是与“敌意要约收购的目标公司通常严重受累于受‘堑壕’保护的管理层……对公司资产的低效使用的观点相吻合的”。在敌意收购之前，机构投资者会撤离目标公司(Ambrose and Megginson，1992)。关于接管可能性的研究揭示了多个与低绩效相吻合的预测因素。哈斯布鲁克(Hasbrouck，1985)研究发现，市值—账面价值比率高和规模大，会降低接管概率。帕勒普(Palepu，1986)认为，高销售增长率、高杠杆化倍率和规模大，会降低接管概率。莫克等(Morck et al.，1988)证实了规模和市值—账面价值比率效应。如果相关企业实施市场跟进或者处于由规模导致的竞争劣势，中小规模可能预示着接管的发生。特里巴斯(Trimbath，2002)断言“企业效率越低，被接管概率就越高”。对敌意和善意收购目标公司的比较显示：前者的

管理层更换率较高,利润率较低,负债较少。管理层和董事会更替就如同企业调整一样,其频率会随着敌意收购而上升(Dahya and Powell,1998;Shivdasani,1993)。

[54]有些研究支持目标公司本身很健康,但碰巧与收购公司的战略非常契合的观点:有些证据表明,目标公司与其他企业并没有很大的不同,也不比其他企业低效(Ravenscraft and Scherer,1987;Schwert,2000)。弗兰克斯和迈耶(Franks and Mayer,1996)研究发现,"在要约收购之前并没有什么低绩效的证据"。麦克威廉斯(McWilliams,1990)也发现,对协同效应的利用比替换目标公司受"堑壕"保护的管理层或改造低绩效企业,更能够解释接管收益。试图预测接管可能性的模型并没有把市值—账面价值比或市盈率作为评估指标(Ambrose and Megginson,1992;Shivdasani,1993;Comment and Schwert,1995)。

[55]关于上市公司收购交易与私人公司收购交易的比较:凯普林、萨拉姆和夏皮罗(Koeplin,Sarm and Shapiro,2000)采用一种倍数法,对1984~1998年间84家美国私人公司和108家外国公司的收购交易进行了"如果是上市公司"的估价估计,然后根据实际交易价格计算上市公司的价值折扣。布鲁纳和帕拉希斯(Bruner and Palacios,2004)把所谓的私人公司可交易性折扣作为一种转换证券的期权来建模,并且得出了与观察折扣一致的结论。

[56]有研究报告,要约收购私人公司的收购公司获得了可观的公告日正收益:常(Chang,1998)研究发现,用股票要约收购私人公司的收购公司获得了2.64%的正累计平均收益。在收购导致一个新的重要股东问世的收购案中,正收益达到了4.96%。常假设新的大股东有助于对上市公司管理层的监督。据汉森和洛特(Hansen and Lott,1996)报告,要约收购公司收购私人公司要比收购上市公司多赚2%的累计平均残值。富勒、内特和斯蒂格莫勒(Fuller,Netter and Stegemoller,2002)报告了收购私人公司可多赚3.08%的收益。据莫勒、施林格曼和斯塔尔茨(2004)报告,在一个很大的收购交易样本中,收购上市公司的等量加权(价值加权)累计平均残值是+0.76%(-1.24%),而收购私人公司的等量加权(价值加权)累计平均残值则为+2.318%(+1.272%)。

[57]关于跨国并购交易,目标公司股东的收益显著为正[Conn and Connell(1990);Biswas et al.(1997);Wansley et al.(1983);Shaked et al.(1991);Harris and Ravenscraft(1991);Marr et al.(1993);Kang(1993);Pettway, Sicherman and Speiss(1993);Servaes and Zenner(1994);Dewenter(1995);Eun,Kolodny and Scheraga(1996);Kiymaz and Mukherjee(2000);Kuipers,Miller and Partel(2003)]。

[58]据万斯利等(Wansley et al.,1983)以及马尔等(Marr et al.,1993)报告,美国目标公司获得了远高于外国目标公司的收益。在5项研究中,由外国公司收购的美国目标公司收益大于美国公司收购的美国目标公司的收益[除了万斯利和马尔以外,请参阅:Shaked et al.(1991);Harris and Ravenscraft(1991);Kang(1993)]。

[59]Kohers and Kohers(2001)。

[60]La Porta et al.(1998,1999,2000);Bris and Cabolis(2002);Rossi and Volpin(2001).

[61]有研究证实了要约收购公司的收益尤其因监管变化而随时间的推移而下降的趋势:据布拉德利、德塞和金(Bradley,Desai and Kim,1988)报告,要约收购人的平均公告收益从1963—1968年的4.1%下降到了1981—1984年的-2.9%。莫勒等(Moeller et al.,2003)报告了1997—2003年

间要约收购人的收益大幅度下降。范和戈扬(Fan and Goyal,2002)研究发现,要约收购公司和目标公司的合并平均收益在1962—1996年间有所增加。关于并购收益因时而异的一种解释是企业监管变化的影响。雷尔(Wrer,1983)和埃克伯(Eckbo,1983)发现了能够证明联邦贸易委员会反托拉斯行动有利于收购公司和目标公司的竞争对手的证据。贾雷尔和布拉德利(Jarrell and Bradley,1980)以及阿斯奎思和马林斯(Asquith and Mullins,1983)也发现,合并企业的收益在实施1968年《威廉姆斯法案》之前显著高于之后。斯基帕和汤普森(Schipper and Thompson,1983)考察了1968—1970年的四次监管变化,结果发现了与监管日益严格相关的财富减少效应。

[62]Moeller,Schlingemann and Stulz(2003).

[63]Dong,Hirschleifer,Richardson and Teoh(2003).

[64]关于股票和现金交易的研究有:Asquith,Bruner and Mullins(1987);Huang and Walkling(1987);Travlos(1987);Yook(2000);Heron and Lie(2002)。

[65]与收购支付方式相关的收益证据:埃默里和斯威泽(Emery and Switzer,1999)研究发现,税收、规模、托宾 Q 值和现金额或未使用举债能力是重要的驱动因素。海恩(Hayn,1989)对应税和非应税交易的要约收购公司和目标公司的收益进行了比较。应税交易常常采用现金支付方式,而非应税交易则常用股票来支付收购价款。海恩发现,要约收购公司的收益格局非常接近与支付方式相关的格局,并且导致税收成为一种影响支付方式选择的因素。尤克(Yook,2000)发现,企业的信用评级结果与这类收益显著相关,并且非常强调选择支付方式的融资维度。2项聚焦于报告财务成果的研究没有发现任何财务绩效随支付方式变化的证据。不过,洛克伦和瓦吉(Loughran and Vijh,1997)着重对投资者收益进行了研究,结果发现不同支付方式在5年内存在可观的差异:股票换股票收购交易平均为投资者带来了14.5%的异常收益,而现金交易则为投资者带来90.1%的异常收益。以上两组研究所解释的差异说明股票支付主要旨在利用市场对收购公司股票价格的高估。

[66]善意收购交易采用股票支付:张(Zhang,2001)研究发现,现金支付与要约收购强相关,因为要约收购常常是敌意收购。当收购公司股价处于高位时,收购公司的股票表现越好,股票换股票交易的可能性就越大。这里典型的衡量指标是企业的托宾 Q 比率(市值除以账面价值)。有好几项研究证实了这种效应(Zhang,2001;Heron and Lie,2002;Chang and Mais,2000;Martin,1996)。卡尔顿等(Carleton et al.,1983)以及马丁(Martin,1996)研究发现,收购企业的投资机会是决定支付方式的重要决定因素:Q 值高的收购企业发行股票的可能性显著大于现金支付或混合支付方式。有2项研究(Chang and Mais,2000;Yook et al.,1999)发现,当目标公司或收购公司股权集中时,并购交易倾向于用现金结算。收购公司不采用股票支付方式,就可能避免引入新的重要股东,进而避免内部股权政策的不稳定。时代华纳公司用股票收购特纳企业(Turner Enterprises),从而使得泰德·特纳(Ted Turner)成了时代华纳公司的第一大股东。特纳凭他的脾气和坦率出名,想必一定为活跃董事会的气氛做出过贡献,直到他因意见分歧而辞去董事会的职务。在规模较大的交易中,相对于收购公司而言,目标公司的规模越大,收购公司用股票支付的可能性就越高。这也许能够很好地反映收购公司只有“开支票”的能力而已[Hansen(1987);Zhang(2001)]。

张(2001)、赫尔和莱(Heron and Lie,2002)以及常和梅斯(Chang and Mais,2000)都发现,当收购公司现金不足时,它支付现金的能力(用收购公司相对于目标公司规模的现金余额来衡量)是决定用现金支付还是股票支付的重要因素。

[67]杠杆收购案目标公司股东的收益：迪安杰洛、迪安杰洛和里斯（DeAngelo，DeAngelo and Rice，1984）发现了公告前40天到公告后40天期间25%的异常收益。马雷、斯基帕和史密斯（Marais，Schipper and Smith，1989）报告了公告日13%的异常收益。而李（Lee，1992）发现了14.9%的异常收益。收购公司股东甚至获得了更高的收益。詹森（1989b）援引了史蒂文·卡普兰（Steven Kaplan）关于收购公司在其权益投资寿命期间净市场收益总额高达785%的结论。根据收购目标公司所使用总资本基数来估计，净市场收益为42%。

[68]杠杆收购导致的运营现金流和资本支出变化：有批评者指出了杠杆收购案目标公司几起著名的违约事件，并对杠杆收购能提高效率的观点提出了质疑。卡普兰（Kaplan，1989a）以及卡普兰和斯坦（Kaplan and Stein，1993）研究发现，杠杆收购浪潮的早期阶段，违约事件不常发生，大约占2%。但是，到了20世纪80年代末，差不多27%的杠杆收购都拖欠贷款不还。詹森（1989a）曾经说过，“杠杆收购常常会陷入困境，但很少会正式破产，而短期（通常是几个月）内往往是在新的管理层的策划下，以明显低于诉请法院处理的成本重组”。他把这种现象称为“私下处理破产案”。卡普兰和安德雷德（Kaplan and Andrade，1997）研究了遭遇财务困难的高倍率杠杆收购交易，并且发现有关企业的经营都能够维持下去，而且其运营利润率要高于所在行业的平均水平。这些企业遇到了财务困难，但在经济上并没有什么困难。他们还发现，从高倍杠杆收购前到解决财务困难，目标公司的价值实际有所增加。李（1992）以及埃姆斯（Ames，2002）报告了显著的效率改善。史密斯（1990）发现，在杠杆收购以后，由于更加严格地管理运营资本（而不是裁员），或者削减广告、研发和维护支出或资本支出，运营收益持续增长。奥普勒（Opler，1992）考察了在20世纪80年代末杠杆收购利润率被认为有所下降时期所发生的杠杆收购交易，结果发现，即使在这个时期，杠杆收购的运营利润率也像早期的交易那样有所增长。利希腾贝格（1991）和詹森（1989b）报告了生产率显著提高。

[69]请参阅詹森、卡普兰和斯图格林（Jensen，Kaplan and Stuglin，1989）。

[70]对价条款收益：科哈和安杰（Kohers and Ang，2000）研究了利用对价条款完成的收购交易，并且发现了对价条款交易公告日的收购公司收益是（显著为）正1.4%。同样，管理层留任并实际采取对价条款形式的收购交易中，收购公司收益更是显著为正。看来这些收购案的收益大多是在公告日获得的，因为在交易发生3～5年以后，收购公司的股票表现与大盘旗鼓相当。采用对价条款的交易其收购溢价大于单一现金或股票交易；目标公司为私人公司的对价条款交易，其收购溢价大于目标公司为被剥离子公司的对价条款交易。对价条款主要用于两种交易情形：剥离公司分支机构和收购私有目标公司（后者占样本的2/3）。规模较小的收购公司比规模较大的收购公司更有可能采用剥离方式。普通法传统的国家（类似于美国）的外国收购公司比民法传统的国家（如法国）的外国收购公司更有可能采用剥离。当收购公司与目标公司分属不同的产业时，收购交易就更可能使用对价条款。科哈和安杰认为，对价条款的使用是与以下两种现象相容的：对价条款有助于（1）管理收购公司风险以及（2）挽留和激励管理层。达塔、弗兰科尔和沃尔夫森（Datar，Flankel and Wolfson，1998）报告了一个对价条款样本的类似情况和结论。

[71]Fuller（2003）.

[72]浮动型价格上下限机制允许收购公司股价在一定的幅度内浮动,但硬性规定了交割给目标公司股东的价值上下限。只要收购公司的股价维持在预定的区间,固定价格上下限机制就给目标公司股票设定一个固定价值。一旦股价超过这个区间,就调整交换比率。有关价格上下限机制的详细讨论,请参阅布鲁纳(2004b)。

[73]实力相当型合并交易对其他类型合并交易的溢价:伍尔夫(Wulf,2001)以及比彻和坎贝尔(Becher and Campbell,2002)指出,实力相当型合并交易可赚取零到正的异常收益,而其他合并交易则只能获得显著为负的收益。

[74]Wulf(2004:60).

[75]有研究者继续在激烈争论税收因素是否会引发收购交易:斯科尔斯和沃尔夫森(Scholes and Wolfson,1992)对 1981 年和 1986 年税法改革前后的并购活动变化进行了分析,并得出了证据"非常充分地"证明 1981 年和 1986 年的税法改革对并购活动产生了影响的结论。并购与三种可能的税收好处正相关,包括利用净运营亏损税收结转和其他税收抵免、"提升"或增加可计算像折旧这样的税盾的资产基数或价值,以及利用提高财务杠杆倍率可产生的债务税盾。斯科尔斯和沃尔夫森认为,这每一种税收好处都能够通过并购以外的其他手段,甚至有可能以更低的交易成本实现。此外,奥尔巴克和莱舒斯(Auerbach and Reishus,1988a,1988b,1988c)的定向研究表明,净运营亏损税收结转、基数提升和杠杆倍率变化很可能只对为数甚少的合并交易具有重要意义。

[76]Hayn(1989).

[77]研究显示,治理有方的企业价值较高:施雷弗和维舍尼(Shleifer and Vishny,1997)以及马厄和安德森(Maher and Anderson,2000)对美国和经合组织的新近文献进行了考察。冈珀茨、伊什和梅特瑞科(Gompers,Ishi and Metrick,2001)研究了美国企业特有的治理实践。在世界范围内,治理有方的企业往往以较高的市值交易。对股东的保护在国家之间差异显著。法律和执行方面的差异与估价变化相关。拉·波特等(La Porta et al.,2000)指出,投资效率、资本市场宽度和深度、股利政策、产权结构以及新证券发行与法律制度保护股东和债权人的力度相关。即使治理法律健全、执行有力的国家,其企业也能够通过修改企业章程和规章制度来"选择"规避某些治理规定。最后,通过综合考察企业和国家的总体情况,克拉珀和洛(Klapper and Love,2002)发现了企业治理力度与估价之间的显著关系。这个结论甚至可扩展到国家层面治理制度建设相对比较薄弱、但企业层面治理有力的新兴国家。研究同样显示,在法律制度建设薄弱的国家,企业层面的治理比较脆弱;加强法律制度建设仍然应该是政策制定者优先考虑的问题。

[78]研究表明,积极投资者与股东价值创造相关:布莱克(Black,1992a,1992b)指出,由于某些人需要监督公司经理人,制度话语权具有潜在的价值,它能通过提高公司董事的独立性阻止不良接管、鼓励更加有效的治理规则、阻止窖藏现金和制定更加完善的首席执行官薪酬设定程序来增加价值。经验研究的结论也支持话语权重要的假设。内斯比特(Nesbitt,1994)研究发现,大型养老基金加州公务员退休基金(CalPERS)的干预与干预后 5 年 41%的异常收益联系在一起。阿格拉沃尔和曼德尔克(Agrawal and Mandelker,1990)发现,高制度化产权的公司在回应反接管修改方案时获得了多得多的事项收益。庞兹德(Pound,1993),贾雷尔和波尔森(Jarrell and Poulsen,1987),布里克利、利斯和史密斯(Brickley,Lease and Smith,1988)以及戈登和庞德(Gordon and Pound,1993)提供

了制度化产权的存在与持不同意见者赢得代理权争夺战的较高概率、价值减少型反敌意接管方案的较低采纳率以及改革公司治理结构的股东回应型方案的成功相关。

[79]几项关于杠杆收购的研究是:Kaplan(1989);Muscarella and Vetsuypens(1990);Smith(1990);Opler(1992);Andrade and Kaplan(1998)。

[80]重新安排低绩效公司经理人的研究:沃纳、沃茨和拉克(Warner,Watts and Wruck,1988)发现糟糕的股票表现与管理层更替频率之间存在显著的相关性,但没有发现管理层更替公告日异常收益。其他研究[Bonnier and Bruner(1988);Furtado and Rozeff(1987);Weisbach(1988)]证实管理层更替的收益显著为正。

[81]关于公司结构调整的研究有:Denis and Denis(1993);Denis(1994);Donaldson(1990);Holderness and Sheehan(1991);Murphy and Dial(1992);Wruck(1994)。

[82]请参阅这一期 *JACF* 刊载的苏迪普・达塔(Sudip Datta)、梅・伊斯坎达—达塔(Mai Iskandar-Datta)和卡迪科・拉曼(Kartik Raman)的论文。

[83]Healy,Palepu and Ruback(1997:55).

[84]请参阅詹森(1989)。

[85]有关敌意接管与善意接管要约收购公司收益的研究:詹森和鲁巴克(Jensen and Ruback,1983)对有争议的善意交易收益进行了考察。众多研究报告了敌意交易要约收购公司显著为正的收益[Asquith,Bruner and Mullins(1987);Gregory(1997);Loughran and Vijh(1997);Rau and Vermaelen(1998);Lang,Stulz and Walkling(1989);Jarrell and Poulsen(1989)]。而希利、帕勒普和鲁巴克(Healy,Palepu and Ruback,1997)发现,敌意收购交易可能由于支付了较高的收购溢价,因此与不显著的现金流收益改善相关。

[86]关于目标公司治理机制优势效应的研究:麦克威廉斯(McWilliams,1990,1993)证明,有力的治理与反接管防御公告日投资者的正面反应相关,而薄弱的治理与负面反应相关。巴哈特和杰弗里斯(Bhaghat and Jefferis,1991)发现,员工持股计划的投票权和首席执行官在是否采纳反接管计划修改案方面扮演着重要的角色。如果内部治理机制能很好地发挥作用,那么接管防御计划公告有利于股东[请参阅马伦卡德和麦克威廉斯(Malekzadeh and McWilliams,1995);马勒克扎德等(Malekzadeh et al.,1998)]。敌意要约收购的目标公司内部人持股比例较低[请参阅宋・斯塔尔茨和瓦尔克林(Song,Stulz and Walkling,1990);迈克尔森和帕奇(Mikkelson and Partch,1989)]。关于对比性结论,请参阅安布罗斯和麦金森(Ambrose and Megginson,1992)。首席执行官持股与对要约收购的抵制负相关,而与要约收购公司的成功可能性正相关[请参阅科特和曾纳(Cotter and Zenner,1994)]。估计预测接管的模型显示,首席执行官持股较多,被敌意要约收购的可能性就较低[(请参阅迈克尔森和帕奇(1989);希瓦达萨尼(Shivadasani,1993)]。内部人持股比例与接管防御次数负相关(Boyle et al.,1998)。单个企业进行的接管防御次数与内部人持股比例负相关(Boyle et al.,1998)。

第三章　题外并购案例简介

F. 斯科特·菲茨杰拉德(F. Scott Fitzgerald):“欧内斯特，有钱人与你我不同。”欧内斯特·海明威(Ernest Hemingway):“是的，他们更有钱。”

菲茨杰拉德对富人进行了传奇化，并暗示他们对生活有一种与众不同的敏感、一种对艺术和奢华的鉴赏力，并且因伴有这种鉴赏力而遇到了特殊的问题。海明威好像说过“敏感，乃‘schimensibility’也”。他的著名反驳意思是说，富人并不更加聪明、更加努力地工作或者更加富有创造性，他们是靠运气致富的，如继承了一笔遗产，凭手气赚了一把。相反的观点具有“您怎么看待成功和失败”的蕴涵。那么，一个随机发生的问题或决定趋势的属性会发展到什么程度?[1]

第二章介绍的研究文献证明了收购公司、目标公司和并购交易属性与交易成败之间的关系。这样的研究采用了一种“由外及里”的探索方法，从一个总体出发探讨哪些因素可解释总体内部的收益变异。不过，菲茨杰拉德和海明威的争论也提供了一种替代方法，即“由里向外”的探索方法:从一个变异既定的群体(如收益最高者和收益最低者)出发，识别它们之间相互不同的因素。虽然这是一种企业研究较少采用的方法，但是，“由里向外”法却能提供某些有用的洞见，并且颇受关注。[2]

极端案例

这一章将介绍 1985—2000 年间出现的极端案例——遭遇惨败和大获成功的并购案例。从有关这些交易的量化数据出发，可得出哪些一般性的结论呢? 统计分析提供了三种区分最佳和最差表现群体的重要方法。

首先，战略因素对于成功和失败起到重要的作用。考察长期收益，就不难发现，最佳交易是在相关领域完成的;而最差交易则是在相关性小得多的领域进行的。在本行业或相关行业实施收购与成功的相关性，要比在不相关领域进行多元化大得多。看来，“各人自扫门前雪”这句话没有说错。

其次，最差交易与“发热”的股市氛围相关，而最佳交易则与比较冷清的股市相关。这种相关性至少有两种解释。行为学家或许会指向市场发热时期轻率莽撞的行为倾向：越是小心的人，就越是幸运。而某些经济学家则会争辩说，与其说管理层漫不经心，还不如说他们考虑周密。一旦发现公司的股票价格被高估，他们就会通过发行股票、实施并购来加以利用。

最后，最佳交易似乎是目标公司而不是收购公司得到改善。收购公司会作为健康、绩效良好的公司进行最佳交易，设法把自己的最佳实践传播给目标公司。最差交易表明，收购公司由于绩效比目标公司差，因此才实施并购交易。

如何识别最佳和最差交易？

第二章表明，投资者收益是评价并购绩效的合理尺度，并且说明交易公告前后测度的短期收益，往往与交易公告后若干年的收益没有什么关系。用统计学术语来表达，就是关联性相当小[3]，一种可以用“受与合并案或市场多变性不相关的令人困惑的事件的干扰”来解释的现象。

由于这个原因，识别最佳和最差交易必须同时考察投资者短期（交易公告前后 11 日）和长期（交易公告后 3 年）收益。收益是按照“市场净值”计算的，也就是说收益反映一种绩效基准，而不是简单的绝对收益。这些经市场调整的股东收益是逐日估计、随时间累积的，是一种基本计量尺度——累积市场调整收益率。

根据累积市场调整收益率排序，删除仅仅由于股票市场出现暂时性积极或消极表现而看似最佳的交易。当然还有更加精确的方法可用来衡量投资者异常收益[4]，不过简单的累积市场调整收益率足以提供一些不同于第二章的粗陋见解。

“收益”一词是指利润，并且可用百分比和美元两种方式测度。美元表示的累积市场调整收益，就是收购公司累积市场调整收益的百分比乘以其交易公告前 6 天的市值。两种测度指标以截然不同的方式直接指向经济重要性。两起交易有可能都获得了 2％的累积市场调整收益率，但用美元表示的调整收益却大相径庭。埃克森/美孚合并案 2％的累积市场调整收益所反映的美元收益，要远远大于一家小型生物技术公司 2％的累积市场调整收益率所能产生的美元收益。

百分比表示的收益有助于衡量有关交易对一个多元化有方的投资者等量加权资产组合收益的影响。用百分比表示的收益率无法计量规模影响，但能反映任意规模的公司发生最佳和最差绩效的可能性。美元收益能反映损失或收益的绝对值，作为测度首席执行官绩效的指标，从宏观经济政策的角度看更值得关注。

笔者抽取了一个由 1985—2000 年发生的 2 804 起交易构成的样本。[5]根据三种测度指标，笔者对这些交易排序，并且把 2.5％排名最靠前的交易和 2.5％排名最靠后的交易作为“最佳”和“最差”交易。这相当于按照社会科学家采用的 95％的置信区间来定义的离群值。所有这些交易从统计学意义上看，都显著不同于平均数。用日常用语表达，就是只有很小的可能性(5%)随机落入其中的一个类别。

然后，笔者设法根据多种因素比较交易分布中的最佳、最差和中间交易。其中的某些因素在第二章介绍的研究文献中已经得到确定。笔者运用一种简单试错法更加灵活地探讨了其他一些因素。由于不同因素之间有可能以不寻常的方式相互影响，笔者统一运用多变量分析法来检验各种因素，结论大大拓宽了我们的成功和失败视野。

最佳交易、最差交易和样本整体收益

采用收益率来测度，整个样本 2 805 起交易为收购公司股东带来了－0.51%的公告后 11 日平均调整收益和＋11.72%的公告后 3 年平均调整收益。这些百分比收益在 5%的常规置信水平上具有显著性。用美元表示，公告后 11 日的平均收益为－9 500 万美元，公告后 3 年的平均收益是－3.86 亿美元。公告后 11 日美元收益具有统计显著性，而公告后 3 年的收益则没有统计显著性。

简言之，这个样本表明，并购交易在交易公告前后的短期内会破坏价值，而在交易完成 3 年后则创造和保住了价值。无论采用哪种方法计量，短期收益显著为负，尽管从经济上看，负值很小，也没有持续更长的时间。两种计量方法之间的结果差异表明，少数特别具有价值破坏性的交易，以美元计量会压低平均收益。这一点与最近完成的关于 20 世纪 90 年代并购活动的研究结论相符。[6]

图 3.1 是一张从公告前 5 日到公告后 756 日整个样本以及“最佳”和“最差”子样本的累计收益率曲线图。整个样本的微正趋势不同于其他长期收益研究得出的负绩效趋势。图 3.1 中，到了第三年末，平均收益显著为正。[7]

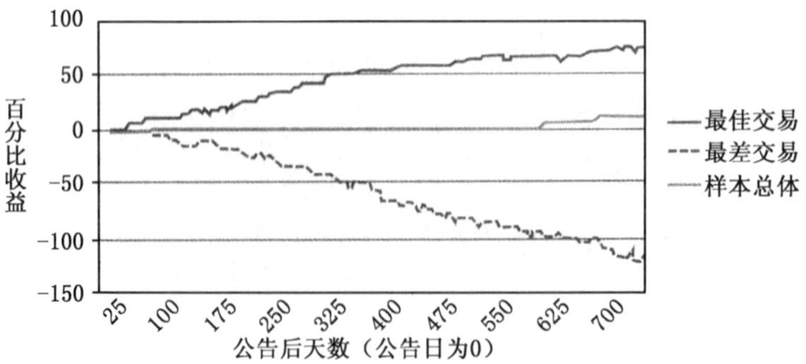

资料来源：本书作者分析。

图 3.1 样本总体、最佳交易和最差交易公告前 5 日到公告后 756 日的累计调整收益

两个子样本的趋势展现了一些值得关注的差异。第一个差异关系到一种收益趋势出现的即刻性。最佳交易子样本在交易公告后的 20 日内获得了实质性的市场收益，而最差交易没有立刻显示同样敏捷的反应。最差交易在公告后前 99 日的收益只是略呈负值。简言之，最佳交易反应迅速，而最差交易则需要较长的时间才能定局。

第二个差异涉及输赢的持续性。最佳交易的收益在公告后 310 日内迅速攀升，然后增长趋缓；而最差交易的收益在公告 75 日以后呈现一路平稳下滑的趋势，既没有加剧又没有减缓，也没有出现转折。

这张曲线图与并购实践者在并购完成后短期内观察到的成功和失败情况大致相符。根据他们的经验法则，交易完成后的头 100 日是决定并购成败的关键期。

题外极端案例剖析

最佳交易、最差交易和样本总体分布在多个维度上有所不同。一种所谓的“单变量分析”方法可逐一考察这些维度的重要性。

战略因素。根据单变量分析法，战略因素被证明是解释收益差异和影响的首要因素。例如，收购公司与目标公司的产业相关性就是一个重要因素。已有研究表明，较高的并购绩效是跟收购公司和目标公司较高的产业相关性联系在一起的。最佳交易揭示了一种接近收购公司的较高的产业集中度；而最差交易则显示出一种远离收购公司的较高的集中度。

战略方面另一个值得注意的因素是三个产业的交易在样本总体中占据不同比例的份额。在计算公告后 11 日的百分比收益时，技术—媒体—电信业、生物制药业和金融业的交易分别占总样本的 63%、最佳交易子样本的 59% 和最差交易子样本的 48%。这些产业由于监管放松和技术创新而经历了严重的战略动荡。

并购时期和市场发热。最佳交易和最差交易这两个子样本，在时期分布上显著不同于总样本。总的来说，这两个子样本比较集中在 1998—2000 年，而这个时期具有并购活动多、证券价格高和市场发热的特点。虽然这个时期发生的并购交易占笔者选取的样本总量的 31%，但根据收益类型排序，最佳交易和最差交易要占到 60%～100%。

三个结论把最差交易与发热市场的出价联系在了一起。首先，最佳交易通常为出价低于目标公司 2 年内的高价，而最差交易通常为出价高于目标公司 2 年内的高价。其次，最差交易是与收购公司股价在交易公告前强劲上涨联系在一起的，而最佳交易往往是在收购公司股价低迷期过后公布的。最后，当笔者拿交易公布前 1 年的标准普尔 500 指数与观察值分布进行比较时，最差交易与最近一个时期市场活跃的行情密切相关。

交易设计与交易态度。支付方式是导致最佳交易和最差交易的一个因素：最佳交易通常为现金交易，而最差交易则更多用收购公司的股票来支付。交易的具体特点和态度（如善意）被证明对于解释这两种极端交易缺乏统计显著性。只有终止协议才是最重要的。不过，更深入的研究显示，终止协议同用股票支付的大规模交易高度相关。

目标公司与收购公司的匹配度。一种指导并购研究和实践的思想认为，目标公司与收购公司应该以互补的方式合并。为了检验这种互补性，笔者考察了目标公司和收购公司的相关性。比较显示，最佳交易中的目标公司利润率、流动性和杠杆化倍率相对较低，而活跃性和成长性较高，符合上述特征代表重组和振兴目标公司的机会这一观点。最差交易显示了目标公司的相反特征。以下推理是符合逻辑的：当收购公司能为目标公司带来某些最佳过程和实践因素，并且重组目标公司时，就会出现最佳交易；而在最差交易中，目标公司的绩效似乎优于收购公司，收购公司收购目标公司是为了帮助自己实施改造。

多变量分析。本研究检验了多个变量整合在一起的解释力。估计值证实了市场“发热”与最差案例结果的相关性。交易设计似乎无关紧要。收购公司的战略背景以及收购公司和目标公司之间的匹配度十分重要。总的来说，多变量收益分析结果与单变量影响分析结果相符：看来最重要的因素类别是战略和市场环境变量。

规模问题：越大越“糟”？根据较早的研究，相对于收购公司的规模而言的大交易与低于较小规模的收益联系在一起。这种相关性的存在同以往的研究结论是一致的。但是，这也许只是交易的相对规模、支付方式和支付时间三个因素相互作用的结果。有研究人员[8]认为，当管理层认识到公司的股价被高估时，他们更倾向于实施收购。这意味着收购时期（反映市场“发热”）与支付方式之间存在某种相关性。最近的几项研究[9]发现了相对规模与收购时期之间的某种相关性：20世纪90年代末完成的大规模交易与价值被严重破坏联系在一起。要不是规模、时期和股票支付都同时出现在了20世纪90年代末，关于大交易绩效差的表面结论也许更有可能是一个关于股票交易的结论。这种若干关键效应的复杂互动关系，也许对于帮助我们理解最佳或最差结果倾向具有重要的意义。

笔者发现，与以往的研究相一致，大交易与交易公告前后短期内显著为负的收益联系在了一起。以股票支付的交易收益为负，现金交易获得了很小的正收益，而小规模现金交易获得了显著为正的收益。不过，把1985—2000年这个时期按交易收益分解成子时期以后，大部分收益是在20世纪90年代末获得的，大部分负收益出自用股票支付的大交易。这一结果的趋同对“大交易低绩效、比小交易更具价值破坏性”这个简单化结论提出了质疑。而规模大，也许是其他同样与价值破坏性相关的因素（即20世纪90年代末股票支付型并购市场“发热”）的中介变量。笔者采用截面回归法揭示了居于支配地位的影响因素。结论表明，是支付方式的选择和收购时期（而不是交易规模)决定了极端绩效,而交易规模只是具有放大效应而已。

结论与意义

关于极端绩效交易特征的"由里向外"研究得出的重要见解在于:做成最佳交易和最差交易,这并不仅仅是一个运气问题。收购公司和目标公司的战略背景以及资本市场环境比其他决定因素(例如,交易设计、投资机会和交易态度)更加重要。各种影响因素以复杂的方式相互影响,大规模交易的收益取决于支付方式和资本市场环境。就此而言,大交易并不好于或者坏于小交易。要想解释结果,就应该考察交易的其他特征,而不是规模。不同的结论表明,最佳交易和最差交易不同于广大的中间交易。最佳交易具有战略意义,它们是在比较冷清的市场环境下做成的,而且交易条件设计也更加具有艺术性;而最差交易的情况正好相反。

分析能提醒有思想的实践者用心观察各种类别的最佳交易和最差交易。令人烦恼的计量问题对类别划分的稳健性提出了质疑,通过更加广泛地比较更大的样本,或者更加仔细地分析个案,也许能够获得更多的启示。我们也许为缺乏一种简单而有权威性的成败假设而感到遗憾。不过,经营和并购的极其复杂性就在于创造机会和带来危险,这就是以后几章要讨论的主题。

注释:

[1]这一章取自本人在亚科帕·阿萨卡娅(Yakup Asarkaya)和安娜·布坎南的帮助下完成的原创性研究。罗伯特·F. 布鲁纳在一篇题名为《1985—2000年极端并购交易描述》的工作论文(Charlottesville,University of Virginia,November 2004)中介绍过本人的这项研究。这篇工作论文可从 http://ssrn. com/abstract=681282 下载。本章援引并影响本研究的其他研究包括:Dong M. , D. Hirschleifer,S. Richardson and S. H. Teoh. "Does Investor Misevaluation Drive the Takeover Market?"Ohio State University Working Paper(September 27,2003);Gugler,K. ,D. G. Mueller and B. B. Yurtoglu. "The Determinants of Merger Waves,"University of Vienna Working Paper(undated);Moeller,S. ,F. Schlingemann and R. Stulz. "Do Shareholders of Acquiring Firms Gain firm Acquisitions?"Ohio State University Working Paper(February 2003);Moeller,S. ,F. Schlingemann and R. Stulz. "Wealth Destruction on a Massive Scale? A Study of Acquiring-firm Returns in the Recent Merger Wave,"Ohio State University Working Paper(2004);Shleifer,A. and R. Vishny. "Stock Market Driven Acquisitions," working paper downloaded from http://papers. ssrn. com/so13/papers. cfm? abstract_id=278563(June 2001)。

[2]采用"由里向外"法的企业研究文献包括吉姆·柯林斯(James Collins)的《从优秀到卓越》(*Good to Great*)、柯林斯和波拉斯(Porras)的《基业长青》(*Built to Last*),以及彼得斯(Peters)和沃特曼(Waterman)的《追求卓越》(*In Search of Excellence*)。

[3]交易公告后 11 日和 3 年的百分比收益之间的相关性为 10.8%，而两者的美元收益相关性只有 2.6%。

[4]探讨与更精确的资产定价模型相关的收益及其排序，是迈克尔·席利（Michael Schill）和本人正在研究的核心问题。我们的初步结论与本章的定性结论基本一致，尽管有关最终报告的详细结论在某些细节上会有所不同。

[5]笔者从证券数据公司美国并购数据库抽取了一个由 1985 年 1 月 1 日—2000 年 12 月 31 日美国交易构成的样本。我们筛选了以下交易：(1)收购案在 1985—2000 年公告；(2)收购公司全额收购目标公司，并且在交易公告之前目标公司没有任何权益；(3)收购公司和目标公司都是上市公司；(4)交易成功完成；(5)交易不是渐次收购、自我收购或公开市场股票回购、排挤少数股权（收购少数股权），退市、分拆、换股、重组，或者结盟或设立合资企业。

从 153 087 起交易总量中，笔者发现了 3 189 起符合以上要求的交易。第二个筛选标准是关于收购公司的数据必须能在 CRSP 和 Compustat 数据库中找到。这些交易收购公司在交易公告前 5 日和后 762 日的日股票收益，从 CRSP 数据库获得。收购公司和目标公司的财务会计数据从 Compustat 数据库获得。在删除了数据无法从这些数据库中找到的观察值以后，最终的样本由 2 805 起交易构成。

[6]例如，可参阅莫勒、施林格曼和斯塔尔茨（Moeller，Schlingemann and Stulz，2004）的研究。

[7]有 16 项研究考察了交易完成后的收益，其中 10 项报告了显著为负的收益：Langetieg（1978）；Asquith（1983）；Bradley，Desai and Kim（1983）；Malatesta（1983）；Agrawal，Jaffe and Mandelker（1992）；Gregory（1997）；Rau and Vermaelen（1998）；Louis（未注明年份）；Pettit（2000）；Ferris and Park（2001）。

[8]Shleifer and Vishny（2001）.

[9]Moeller，Schlingemann and Stulz（2004）.

第四章　大灾难与并购失败

酿成灾难的失败并购案

2001年，企业界似乎陷入了混乱：互联网泡沫破灭，经济衰退打击，美国世贸大厦遭遇恐怖袭击，商业不景气，而安然公司引发的死亡漩涡——一场商业领域的“切尔诺贝利”灾难——的危害更是有过之而无不及。大灾难会导致实物资产的损失和人员伤亡。商业萧条会侵蚀或损害货币价值、社会资本、声誉、市场地位和法人（例如，从法律角度看的公司）。

通过大灾难与并购失败的类比能够提供一些重要的洞见，从而加深我们对本书第二和第三章的理解。[1]据笔者所知，本书是第一本讨论这种类比的专著。这种讨论能够对大量的研究和涉及面广泛的论据进行综合。对有关大灾难的事实真相进行的调查研究和大量证明，能使我们知道很多关于大灾难的知识（但是，鉴于人类付出的生命代价，无论我们掌握多少有关大灾难的知识，都会显得不够）。关于大灾难的研究涉及像工程学（建筑物为什么倒塌，飞机为什么坠落?）、经济学（安全的成本有多高?）、认知心理学（人怎么会犯错误?）、军事史学（军队为什么打败仗?）、流行病学（疾病怎样传播?）、社会学（社会控制结构为什么不能降低风险?）、政治学（公共政策能否预防意外事件?）和经营管理学（如何提高员工安全感?）等不同的学科领域。博览涉及学科领域如此广泛的研究文献，就能知道我们赖以生存的这个世界充满了危险，随时都可能突然发生非常严重的事件。更糟糕的是：导致大多数灾难的关键因素，就是人类本来为了避免灾难而做出的抉择和采取的行动。

在这一章里，我们总结可通过分析大灾难吸取的、对并购具有启示意义的教训。“地狱之炼”式交易与大灾难十分相似，因此，我们应该借用有关后者的知识来理解前者。此外，这些教训可填补我们在探究并购失败机理（怎样发生）方面的严重不足。第二章和第三章阐述了导致并购失败的原因和条件，但几乎没有谈及导致并购失败的过程。这一章将通过对一些大灾难进行案例研究来构建一个并购失败过程驱动因素的理解框架。

大灾难及其起因

《牛津英语词典》把“灾难”定义为“所发生的任何具有破坏性或令人痛苦的事情：突然发生或重大的不幸、灾祸或意外事故、祸患”。[2]我们可以开出一长串灾难名称，并且实际涉及社会的方方面面。而各级政府由于要解决重大问题，因此多半在这么多的灾难中居于重要的地位，例如战争（拿破仑在俄罗斯惨遭失败，50 万军队遭遇灭顶之灾）、经济管理不善、公共卫生（截至 2003 年，已有 3 800 多万人感染了艾滋病病毒[3]；在我们这个世界的某些地区，艾滋病病毒感染者仍在以两位数的速度增加）。

某些技术性灾难不是因为它们的规模，而是因为小失误与大代价之间的不对称性而显得更加惹人注目。例如，1999 年总共导致 1.25 亿美元损失的火星气候探测卫星事件，其起因仅仅是因为软件的指令用磅秒计数，而探测卫星需要用牛顿秒计数的指令；价值 15 亿美元的哈勃空间望远镜上的一道小裂缝影响哈勃望远镜整整 3 年不能工作，直到采取另一次航天飞机太空行动修复裂缝为止。

下面，我们来考察 5 场大灾难。笔者之所以选择这 5 场大灾难，是因为它们所提出的问题具有多样性，我们通过它们来发现可扩展到并购领域的一般原因。

1981 年 7 月：堪萨斯城凯悦大酒店悬空通道坍塌事件

堪萨斯城凯悦大酒店的大堂中央有三条相互交叉的靠钢筋和钢梁悬空吊着的通道。大堂的空间美和乐队演奏的音乐吸引大批顾客前来跳舞。1981 年 7 月 17 日晚上，酒店大堂里客人盈门，有看热闹的，有来跳舞的，纷纷涌向悬空通道，增加了通道悬梁的承重和颤动。那天晚上的晚些时候，三条悬空通道有两条突然坠落在大堂地上，造成 114 人死亡和 200 多人重伤，导致至此美国历史上最严重的建筑灾难。[4]几天以后，法院工程师认定通道坠落是由设计缺陷所致。通道的设计没有充分考虑通道的承载力：设计承载力只相当于堪萨斯城建筑法规定强度的 60%。

在通道安装期间，对钢筋连接悬梁的方式做了修改。这一修改使垫圈和螺栓所承受的压力实际增加了 1 倍。修改的目的是要简化通道的安装。施工期间，安装工人抱怨沉重的手推车负荷导致悬空通道摇摆和颤动，但是，项目经理没有检查通道的结构性缺陷，而是命令工人不要在悬空通道上推手推车。密苏里州首席检察官指控设计悬空通道的工程师犯有严重的失职罪，疏于检查负荷能力和设计要求。

杜克大学工程学教授亨利·佩特罗斯基（Henry Petroski）指出，优秀的结构设计应该考虑多种备用承载方案。这样，如果某个承载方案出现故障，那么在确定结构故障之前，其他方案至少能够暂时承载负荷。他写道："倘若悬空通道的结构设计不是这么勉强，那么，其他钢筋本可以在它们之间重新分配没有得到承载的负荷，而通道在断裂的连接处可能会稍微出现松弛。这样，就可以提醒酒店管理层注意这个问题。而且，倘若当时能够比较认真地对待安装时发现的缺陷，那么，悲剧就可能避免。"[5]可惜，堪萨斯城凯悦大酒店的悬空通道没有备用承载方案。

1986 年 4 月：切尔诺贝利核电站爆炸事件

距离乌克兰基辅城 80 公里的 V. I. 列宁切尔诺贝利核电站的工人准备进行设备试验，结果导致 4 号核反应堆"超临界"运转（开始裂变），并于 4 月 2 日凌晨 1:24 爆炸。[6]有人猜测，该事件实际发生了两次爆炸：蒸汽猛烈释放和原子裂变。核反应堆炸飞了重达 1 100 吨的反应堆防护盖，融化了的核碎片飞溅到周边地区，裂变物的烟云飘遍了整个东欧和斯堪的纳维亚半岛。方圆 400 英里的农田受到污染，不再适合种植农作物。火灾和救火导致 30 人死亡。据估计，有 7 万人受到的核辐射达到了危险的程度。[7]

试验设备的目的是要检验在失去其他动力源的情况下，旋压蒸汽涡轮发电机里的剩余动能，在柴油发电机启动之前是否足以供应应急核冷却系统。这项试验是根据莫斯科方面的命令进行的。切尔诺贝利核反应堆是苏联时期设计的，被证明适合高速运转，而在低速区却不能稳定运转，而且相当危险。核反应堆的自阻尼倾向是一个关键的设计缺陷，从而导致反应堆在危险区域运转。在试运行期间，由莫斯科任命的电力工程师（而不是熟悉当地设备的核能工程师）负责工厂的运营。试验计划没有落实到条件失控情况下的安全网。列宁格勒的反应堆管理者库尔斯克（Kursk）和斯莫伦斯基（Smolensk）由于安全的原因拒绝负责指挥这次试验。

试验要求降低核反应堆的功率，并关闭应急核冷却系统，结果导致试验失控。核反应堆功率的降低引发了核反应堆的自阻尼倾向，导致核反应堆转入危险、不稳定的运转模式。在这种运转模式下，一个小小的意外反应就可能导致迅速的放射性裂变。为了提高核反应堆的功率，以便让核反应堆回到安全区域运转，操作工反应过度，阻碍了自动控制系统的正常运行，并扳动了 211 根控制杆中的 6 根控制杆，但仍大大少于 15 根控制杆的最低安全水平，从而导致核反应堆内温度剧增。凌晨 1:22，当班工人减少了对核反应堆的注水，并且以为蒸汽压力适合试验。其实，这样一来减少了冷却水，提高了反应堆内的温度。接着，操作工切断了供应涡轮的蒸汽（这是试验所必需的步骤），从而导致核反应堆内压力猛增。凌晨 1:24，现场工人显然明白情况已经失控，并试图把控制杆重新插入反应堆内部，却发现里面温度太高，导致控制杆变形，已经无法插入核反应堆内抑制核反应。就在同一分钟内，反应堆发生了爆炸。

一份政府报告指出，这些操作工"全然不知他们面对的危险"。[8]那么，他们至少已经连续当班12个小时，为了满足4月25日下午的高峰用电需求而被迫推迟试验。多半是疲劳影响了他们认识问题和做出反应的能力。紧急关闭反应堆，进行常规维护，在心理上向操作工施加了完成工作的压力。此外，切尔诺贝利核电站前不久因经营有方而受到了嘉奖，也许因此而产生了骄傲自满的情绪。操作工慌忙中动用自动系统的手动控制装置，说明他们缺乏耐心，并有"矫枉过正"的倾向。[9]迪特里希·多尔纳(Dietrich Dorner)写道："从切尔诺贝利核电厂操作工的行为中，我们认识到了管理时间、评估潜在发展过程以及评价副作用和长期影响的难度，即发现了人们根据孤立的因果关系思考问题的倾向。"[10]

1984年12月：印度博帕尔

印度联合碳化物公司(Union Carbide Corporation)属下的一家工厂毒气(甲基异氰酸盐，一种用来生产杀虫剂的剧毒中间化合物)泄露事件，大约造成印度博帕尔市4 000人死亡和20万人受伤。[11]该工厂位于人口高密度地区附近，周围都是棚户区。紧贴居民区这种状况不允许工厂的运营发生任何失误。有批评者指出，博帕尔工厂的设计存在缺陷。联合碳化物公司在美国西弗吉尼亚州因斯特透特(Insititute)也有一家相同设计的工厂。该工厂在印度博帕尔工厂毒气泄漏事件发生8个月以后，也发生了一个小意外，从而引发了美国职业安全与健康管理局的详细调查。该局援引联合碳化物公司的话说，该工厂曾发生过多次"故意""严重"的违规行为。[12]

博帕尔工厂于1980年投产，工厂有4个本可减轻这次灾难的安全系统(净气装置、燃烧塔、冷却系统和喷水系统)。1984年12月，博帕尔工厂的前3个系统由于维护的原因已经关闭，而第4个系统按设计无法够到这次渗漏甲基异氰酸盐且高100英尺的排气塔塔顶。操作工试图开启净气系统来对付危机，但没有成功。由于工厂不重视一般安全问题，因此没有把甲基异氰酸盐的毒性告诉员工，也没有向他们提供防毒面具或张贴撤退示意图，或者一般地强调系统安全的重要性(尽管在前几次安全检查中，该工厂受到了批评，并且几年里发生了6次意外事故)。同样，由于最近一次裁员以及经验丰富的操作工被调走，工厂只留下了一些勉强能胜任工作、资历较浅的工人。最后，由于某些原因，该工厂超负荷生产为稳定运营所需的甲基异氰酸盐，因此而导致危险物质贮藏时间过长。

到了1984年，四个安全系统都存在维护问题：冷却系统超负荷运转，燃烧塔为等待美国方面的配件而暂停使用，净气装置也停止了运转，而甲基异氰酸盐储存罐由于装得太满而开始渗漏。尽管清理了甲基异氰酸盐储存罐的输送管，但并没能阻止渗漏加剧。毒气泄漏的直接原因,就是水渗进了装满甲基异氰酸盐的储存罐。水与甲基异氰酸盐的混合导致一种挥发性反应,产生的一种有毒气体外泄到空气中。在一个皓月当空的夜晚,人们都进入了梦乡,微风把毒气送到了人口稠密的居住区。[13]

政府当局面对这场突如其来的危机,没能做出适当的反应——紧急疏散居民。居民们跑到了户外,吸入了大量的毒气。而他们理应待在屋里,并用湿毛巾捂住鼻孔。从晚上 10:00 换班后,才开始通风换气。接班的操作工不了解导致挥发性反应和通风换气的一连串事件,因此很难采取适当的安全补救措施来应对这样一场突发危机。当班的操作工最初向政府当局报告泄漏气体无毒,这也许反映了他们对工厂系统了解不够。詹姆斯·里森(James Reason)写道:"这是一起由维护不当、操作员出错、导管泄漏、安全系统失灵、管理无方、干旱、农业经济和政府决策失误等多种因素导致的事件。"[14]联合碳化物公司辩称,这起灾难是由蓄意破坏导致的:一名因受到降级处分而心怀不满的员工,试图通过改变成分来破坏生产。即便事实果真如此,监督、检查和安全设施缺失也扩大了人为破坏的严重后果。

1982 年 2 月 15 日:"海洋别动队员"钻井平台

1982 年 2 月 14 日,位于纽芬兰的世界最大的石油钻井平台"海洋别动队员"(Ocean Ranger)正在大浅滩附近钻探作业,再次遭遇了暴风袭击。修建 6 年来,该平台至少已经历了另外 50 次风暴,并证明具有抵御 11 英尺高的大浪和风速每小时 100 海里的暴风的能力。2 月 15 日凌晨 3:00,当平台在暴风中沉没时,底舱里还有 84 个正在作业的工人和价值 1 亿美元的资产。[15]

这个沉没的平台最终被打捞了起来。调查报告的结论是:一个恶浪击碎了平台的一块舷窗玻璃,海水涌进了配电房。不知什么原因,本来可以保护舷窗玻璃的防风暴百叶钢窗,那晚没关。电力设备受潮以后发生短路,导致巨大的压载箱阀门自动反复无常地开启和关闭。操作工切断了已经发生短路的仪表板的电源。半夜里,仪表板不知怎么又通上了电。压载箱阀门不停地自动开启和关闭的最终结果,就是海水涌进了在海平面以下支撑平台的浮筒。平台急剧向左侧倾斜,导致锚链箱不断受到海浪的拍打,大量的海水涌入平台的底层储存舱。凌晨 1:05,平台船长向 5 海里以外的一艘轮船发出求救信号,并同时命令平台上的全体工作人员登上救生艇。不幸的是,这一切已经太晚,海浪和狂风将救生艇狠狠地砸在平台的舷上,他们还没来得及逃生就被砸死了。前来救援的轮船只发现了漂在海面上的救生衣和救生艇碎片。有一艘救生艇倒是完好无损,不过已经灌满了海水。艇上的人在零度的海水里已经冻得无力登上轮船,全都沉入了冰冷的海水,慢慢地消失了。

除了舷窗和配电系统失灵以外,调查还发现了其他作用因素。首先,在平台关键岗位上工作的操作工所受的培训低于运营规则所规定的水平。调查委员会在调查报告中写道:“培训计划没有规定有关压舱控制系统的电力和机械操作及其重力效应的必要知识,并且缺乏关于发生故障的原因以及发现和排除故障的方法的完整知识。培训重点基于压舱系统具有自动排除故障的装置这样一种错误假设。”[16]操作工不熟悉保证钻井平台处于垂直状态的复杂压舱、阀门和水泵系统。其次,控制反应太慢,并且不能保持最佳状态。在狂风呼啸的背景下,疲劳、精神涣散和存在缺陷的反馈系统,致使操作工难以做出正确的反应。

1996 年 5 月:珠穆朗玛峰

1996 年 5 月 10 日,一支由 23 人组成的登山队试图从尼泊尔一侧攀登珠穆朗玛峰。尽管那天的探险活动由两名技艺高超的高海拔登山运动员带队,但结果 5 人遇难;其他勉强生存下来的队员,不是严重摔伤就是冻伤,必须接受截肢手术和其他紧急治疗。这场灾难是团队使命失败的最具戏剧性的例子之一。[17]

珠穆朗玛峰的自然条件非常恶劣:冰雪、冰川、冰隙、雪崩、疾风、零度以下的气温和缺氧。为了适应稀薄的空气,登山队在大本营接受了数周的适应性训练。在那种环境下生存和登山,需要有非常好的体能,因此,无论怎样严格的要求都不为过。地理位置偏远,物资运输就像是噩梦:瓶装氧气、食品和专门的装备都得靠尼泊尔夏尔巴人来背。登山本身就是一项复杂的运动,要求动作协调,遵守安全规程,并且正确使用技术装备。由于食品、饮用水和氧气必须靠人背上山,因此供给非常紧缺。攀登珠穆朗玛峰,容不得半点差错。

尽管如此,截至 1996 年,配备向导带队的攀登珠穆朗玛峰的探险活动一直呈增长趋势。那年春天就有 30 支探险队计划攀登珠穆朗玛峰,其中的 10 支是出于商业目的。[18]两支商业探险队于 5 月 10 日开始向珠峰进发,其中的一支由冒险顾问公司(Adventure Consultants)组织,并且由罗布·霍尔(Rob Hall)带队,2 名经验丰富的登山运动员和 7 个夏尔巴人做向导。这个由 10 人组成的小组专门为 8 个顾客服务。而在这 8 个顾客当中,只有 2 人有过高海拔登山的经历。另一支商业探险队由高山热公司(Mountain Madness)组织,并由斯科特·费歇尔(Scott Fischer)带队,另有 2 个向导和 8 个夏尔巴人随队提供服务。尽管每个探险队的 3 个专业人士相互熟悉,但两支探险队的大部分成员由从未在一起合作过的陌生人组成。

霍尔和费歇尔是高海拔登山运动领域的偶像人物,有过多次攀登珠峰的经历和丰富的登山经验。约翰·克拉考尔(John Krakauer)把斯科特·费歇尔说成是对人友善、充满活力,是那种渴望出名、高度自信的人。在事发之前,费歇尔曾说:“我百分之百地相信我将返回……因为我将做出一切正确的选择。”[19]后来,费歇尔又说:“嗨,经验绝对关键。兄弟，重要的不是海拔，而是心态。”[20]

探险队领队的一般做法是把压制不同意见作为维持安全协调的基础。霍尔和费歇尔两人商定——无论是否登上珠峰——下午 2:00 开始下山。罗布·霍尔牢牢控制着他的探险队，他对队员们说：“到了上面，我不允许任何不同的意见。我的话就是绝对的法律，不许讨价还价。如果你们不同意我做出的某项决定，我很乐意下山以后和你们讨论，但不是在登山时。”[21]后来，协助斯科特·费歇尔工作的一名专职向导抱怨费歇尔不听他的劝告。

这两支探险队于 3 月底离开尼泊尔加德满都，一星期以后到达大本营（海拔 17 600 英尺）。登山向导设法通过一系列登山实践，让他们的顾客适应高海拔地区的空气条件。探险队获得了短期气候条件的信息，经验表明珠峰顶上可能平静无风。于是，5 月 6 日，探险队开始向相互间隔 2 000 英尺，海拔越来越高的第二、第三和第四营地进发。然后，探险队遇到了 2 个试图攀登峰顶的登山者。由于上面刮着极其强烈的疾风，他俩不得不折回。尽管如此，5 月 9 日晚上，霍尔和费歇尔仍命令他们的团队做好准备，午夜开始最后阶段的攀登。

4 个顾客在到达峰顶之前决定折回，其余的顾客继续向顶峰攀登，用约翰·克拉考尔的话来说，体现了他们的“珠峰热”。登山队员们发现在最后 500 英尺的地方，安全绳没有固定好。费歇尔还以为这是早先那个探险队干的，并且把它作为负担给扔了。这样就造成了阻塞，影响了前进的速度，而夏尔巴人又折回去找那根被扔掉的安全绳。这时，全体队员的疲惫是可想而知的，大家也都明白从大本营一路上来，霍尔和费歇尔这两个领队也已经筋疲力尽，由于后勤和管理等问题，也很可能暂时失去适应气候的能力。下午 2:00，大部分顾客还在向上攀登，而最后一个顾客下午 4:00 才到达。

下午晚些时候，在没有任何征兆的情况下，一场暴风雪席卷整个喜马拉雅山脉，气温急剧下降了 100 华氏度。这种暴风雪条件严重影响了视线和队员之间的协调，探险队于是失去了内聚力，落后的队员被落在了后面。在气候条件允许继续前进之前，十来个队员有一会工夫为避风而蜷缩在了一起。大多数队员在经历了 24 小时以上的生死考验以后，在午夜以后回到了营地。极度的疲劳和寒冷夺走了霍尔、费歇尔、一名职业向导和两个顾客的生命。

迈克尔·罗伯托（Michael Roberto）在解释这两支探险队失败的原因时写道：

源自决策行为研究的一种解释认为，认知偏差有可能削弱登山队员的判断力。这方面的偏差包括自负、不能忽略沉淀成本和高估最近发生的事件的发生概率。第二种分析视角聚焦于群体动力学。有证据有力地证明，这两支登山队缺乏为有效的团队学习和绩效所必需的条件和信念。最后，复杂系统观认为，多起相互关联的偶然事件发生在了与攀登珠峰有关的人员、技术和自然系统中……每个层面——个人、群体和组织系统——的因素相互增强,彼此相关。[22]

大灾难的某些共同点

上述各案例具有很多的共同点,笔者将着重谈论6个与理解并购失败特别相关的共同点。大灾难基本上有以下特点:

从一开始,相关背景就显现出复杂的特点,使得决策者难以了解随时可能发生的情况,或者当事人难以组织和协调应对灾难的行动。此外,在行动上几乎不允许出任何差错,也没有任何补救差错的缓冲余地。因此,很小的差错会扩大并影响较大的系统,而领导者则做出了导致其事业面临风险并且/或者扩大风险的选择。

领导者和执行者心理上没有做好面对灾难的准备,这也许反映了他们的自负、以往的成功或者对某人在某个其他场合知道会发生某种状况的信任。于是,某件事不幸出错:由执行者正常或非故意的失误造成的某个外部条件引发了危险的条件,并最终导致失控。一线执行团队也许由于缺乏训练、信息或协调而做出了不适当的反应,从而引发灾难。

嵌入灾难的6个关键因素是复杂性、紧密耦合性、管理层选择、认知偏差、发生意外和执行团队失误。表4.1概述了以上5场灾难如何反映这6个要素。接下来,我们要探讨这6个要素为什么单独来看都很重要,以及如何组合就会导致灾难发生的问题。研究证明了这些要素的作用。下面,我们依次来考察每一种要素。

表4.1 **五案例总结**

	凯悦悬空通道	切尔诺贝利核电站	博帕尔化工厂	钻井平台	珠峰探险队
复杂性:问题迅速扩散;难以了解正在发生的情况	吊桥系统和天顶支撑架的拉杆。没能及时发现事故隐患。	核电厂:遥控操作的211根燃料添加杆。	化工联合体:遥控的毒液和毒气渗漏,可能存在的设计缺陷提高了失误和发生事故的概率。人员变动——新工人不明白演化条件。	大型钻井平台:遥控操作的压力舱系统。	复杂的后勤供给、登山管理和协调。队员之间没有合作的习惯。
紧密耦合性:不允许任何失误	缺乏辅助承接系统和安全网,一个垫圈的破损大大增加了其他垫圈承受的压力。	紧急核冷却系统发生故障。自阻尼倾向缩小了允许误差。	维护问题缩小了允许误差。四个安全系统无法使用。工厂附近居民稠密。	压舱系统的手动装置难以启动。没有有效的后备管理系统。	氧气供给有限,上山与下山的间隔时间太短,登山前没能掌握充分的气候信息。

续表

	凯悦悬空通道	切尔诺贝利核电站	博帕尔化工厂	钻井平台	珠峰探险队
管理层选择：导致风险或扩大了风险	改变了悬桥结构：为了简化安装，把结构强度降低了40%。	任命莫斯科的电力工程师负责检测，而没有任命当地核能工程师。	工厂在无安全系统的情况下运行：尽管此前发生过6起事故，但仍不重视安全问题。	依靠不适当的业务和安全培训。	决定在5月9—10日登山。
认知偏差影响预测和应对灾难的能力	盲目乐观，轻信修改过的设计方案。	盲目服从莫斯科下达的命令；盲目乐观，因最近获奖而产生了骄傲倾向，急于完成任务；疲劳。	过分相信系统的安全性；容忍不完善的知识。	盲目乐观与偏见：钻井平台已经经历过50次风暴。	自负；偏见；沉淀成本思想；随便承诺；压制不同意见；“珠峰热”作祟；过度疲劳影响判断力。
发生意外：触发因素	过度拥挤；通道拥挤、超载，发生摇摆和震荡。	模拟设备发生故障，自阻尼导致核反应堆进入危险运转区域。	临时性甲基异氰酸盐供给过度；储存罐渗水；人为破坏或操作工失误导致甲基氰酸盐渗入储存罐。	强风暴；涌浪；舷窗玻璃被击碎；电力系统短路。	疾风；气温极低；令人迷失方向的气候条件。
执行团队失误	在建期间和发生事故的当晚忽略了通道的不稳定性（振荡）。	对系统的自阻尼性反应过度；操作燃料添加杆不当；同时又切断了给水。	疏忽；制止泄漏失败；起先向政府当局否认泄漏的气体有毒；政府当局疏散居民不当。	不顾短路和故障，仍启动压舱泵；关闭防风窗未果。	未能在预定的下午2:00开始下山；团队失去了凝聚力；没有给予掉队者应有的关照。

复杂性

凯悦大酒店的悬空通道、切尔诺贝利核电站的核反应堆、印度博帕尔化工厂、“海洋别动队员”钻井平台和珠峰探险队，都是复杂系统。虽然性质可能各不相同，但复杂性都是导致灾难的前置因素。因为复杂性使得决策者难以了解有可能发生的状况和组织应对工作，从而使决策过程增加了猜测的内容——基于执行者关于系统运行方式的心智模式的猜测。复杂性能够通过系统导致副作用起伏不定，从而产生动态复杂性，并且加大了解问题的难度。简言之，复杂系统要比简单系统难管理。狄特里希·多尔纳在给复杂系统下定义时写道：

高复杂性对计划者搜集信息、整合结论和策划有效行动的能力提出了很高的要求。各变量之间的关系迫使我们同时关注很多重要的特点，随之而使我们不可能对一个复杂系统只采取一种行动……一个变量体系中的各个变量是“彼此相关”的，如果某项影响或旨在影响变量体系中某部分变量的行动总会影响其他部分的变量的话。[23]

人的智力倾向于探索关于问题的简单解释。多尔纳采用复杂模拟方式研究了决策者行为，并写道："看来，人们早已形成了一种即兴处理问题的倾向……了解问题的需要是嵌入其他很少出现的问题的背景之中的。"[24] 对复杂问题的简单化处理，也许不但会阻止人们抓住问题的要害，而且通过错误的解决方案导致问题进一步严重化。因此，预测潜在灾难需要严格的素养，而人类在正常情况下往往缺乏这种素养。

紧密耦合性

以上介绍的五大灾难所具有的一个共同特点，就是几乎不允许有失误的余地：凯悦大酒店悬空通道系统没有设计备用安全通道；切尔诺贝利核电站和博帕尔化工厂的安全系统被关闭或无法运行；"海洋别动队员"钻井平台发生短路，压载仓控制系统的手动控制装置极难使用；珠峰探险队为最后的攀登只准备了有限的时间和氧气。在所有这些情形中，缺乏备用方案或缓冲手段，就意味着一旦发生灾难，就很难制止。这就是"紧密耦合性"。

为了说明"紧密耦合性"这个概念，我们来考察两个运营战略不同的汽车制造商。制造商 A 实行零库存制，零部件工厂总能及时把零部件发送到总装工厂进行整车生产。这种制度的优点在于能使成本很高的库存最小化，而缺点就是供应链一旦发生意外，就会影响整个运营过程。制造商 B 实行一种零部件缓冲库存充足的制度，这种制度成本比较高，不过缓冲库存可减缓制造商通常要面对的不确定因素的影响。与制造商 B 相比，制造商 A 的制造系统耦合性更加紧密。

一般来说，效率的提高和成本的下降，总会驱使运营过程的耦合性变得更加紧密，结果导致系统变得更加不能容忍变化；而松散耦合系统更具柔性，但绩效标准比较不明确，而且就像查尔斯·佩罗（Charles Perrow）所言，它们的各个组成部分能够"根据各自的逻辑或利益自我表现"。[25]

实行大批量生产的制造过程通常都是紧密耦合，而它的极端对立面定制化制造作业却是松散耦合。借用音乐界的一个隐喻，莫扎特四重奏必然是紧密耦合，而即兴表演的爵士乐队演奏的四重奏则必然是松散耦合。

查尔斯·佩罗率先强调了紧密耦合性在灾难中所起的作用，并且指出紧密耦合系统具有多个重要属性。[26] 首先，这种系统具有时间依赖性：系统的运行不可能等待某个子系统，以"考虑"这个子系统作为更大的系统的组成部分应该承担的义务。其次，紧密耦合的系统缺乏柔性。紧密耦合要求系统的各组成部分扮演一个确定的角色并且没有任何偏差。再次，顺序通常也不能改变：紧密耦合的系统要求步骤 A 必须在步骤 B 之前完成。最后，紧密耦合的系统内部减缓不确定性影响的缓冲余地相对较小。要想使一个紧密耦合的系统允许任何变更，就必须在设计系统时事先明确考虑：必须预先想好变更。就内部缓冲可能比较容易适应非预期变更而言，松散耦合的系统比较宽容。

紧密耦合会加快问题在系统内部的扩散。佩罗把复杂性和紧密耦合性整合成一种“正常事故”理论。他认为，现代系统的设计实际规定了意外事故，因为“无论常规的安全装置多么有效，都有一种不可避免的意外事故形式……大多数高风险系统都有自己的特点……因而系统内部的意外事故难以避免，即‘正常’的意外事故。这必然与失败相互影响的方式以及系统结合在一起的方式有关”。[27]因此，难以接受、可以避免的意外事故和灾难，按照发生意外事故和失败的系统的设计背景来定义，就变成了“正常”现象。埃德华・特纳(Edward Tenner)写道：“复杂性导致任何人都不可能理解系统的作用方式，而一旦出现问题，紧密耦合就会把问题扩散开来。”[28]

佩罗根据复杂性和耦合性的维度罗列了不同种类的行动。在佩罗看来，核电厂是高复杂性和紧密耦合性的典型例子。相比之下，水力发电站是比较简单的系统，尽管它也是各内部子系统紧密耦合的结果。工匠从事的定制化制造作业是一些松散耦合的简单作业，而大学和研发企业从事的则是一些松散耦合的复杂作业。佩罗认为，在复杂性与紧密耦合结合在一起时，“正常的意外事故”的倾向就会加剧。在回顾了一系列灾难以后，佩罗不赞同灾难由“沉默的执行者……技术、资本主义和贪欲造成”的观点[29]，而认为问题存在于系统设计本身。

认知偏差

所有的灾难都证明，决策者对不符合主流思想倾向的言论和行动都持有偏见。[30]在任何情况下，自负是一种显著的思想倾向。切尔诺贝利核电站(刚获奖不久)和“海洋别动队员”钻井平台(过去经历了多少次风暴一直安然无恙)事件表明，乐观情绪产生于以往的成功经验；而博帕尔化工厂的毒气泄漏事件和凯悦大酒店的悬空通道坍塌事件则说明，乐观情绪也可能源自无知或者对某人料事如神和控制问题的能力的普遍信任。珠峰探险队的那两个领队，部分是由于他们不久前取得的成功而将其乐观情绪发展到了盛气凌人的地步。据我们现在所知，这样的乐观情绪是没有根据的。其他认知偏差包括坚信沉淀成本和目标动能(“珠峰热”或完成任务时表现出来的急躁情绪)。疲劳(切尔诺贝利核电站和珠峰探险队)是与分割型思维(即所谓的“竖井心理”)以及感知和判断失误联系在一起的。

认知偏差对于理解灾难至关重要，因为它们过滤了信息，并最终导致采取行动。基于直接证据或源自行动的推论，我们可以说，在每一个这样的灾难案例中，警惕性大打折扣，而补救措施是在盲目乐观的情绪下采取的。

像盲目乐观这样的认知偏差，是很难与理性决策者的理想联系在一起的。不过，研究证明，认知偏差普遍存在于商业活动中。表 4.2 给出了某些被研究证明的认知偏差的例子。除了认知偏差以外，研究者还探讨了像疏忽、对趋势的无知和协调失败这样的认知失误。狄特里希·多尔纳曾经写道："失败并不会产生像晴天霹雳那样的冲力，而是根据自己的逻辑逐渐发展的。"[31]全美运输安全委员会的一名官员曾经说过："什么时候发生过没有前置原因的意外事故？……几乎从来没有。"[32] B. M. 特纳(B. M. Terner)在对灾难进行了研究以后总结道，灾难之前总会出现一系列危险信号、一些不符合正常运行情况的事件，但不是被忽略就是被曲解了。特纳发现，这些信号是长期孕育和积累起来的。它们在那么长的时间里没有被觉察这个事实本身就说明，它们没能立刻引起注意并得到纠正，或者说当事者没能练就及时发现失败的眼力。特纳把这称为"前视障碍"。疏忽似乎会随着一个宁静甚或成功期的延续而加剧。亨利·佩特罗斯基曾经写道："在连续获得成功以后，失败看来不可避免：成功会导致安全标准的下降；而失败则会导致安全标准的提高，进而会迎来新的成功。"[33]疏忽有两个维度：捕捉不到事实真相和无法为变化检验事实真相。飞行事故，尤其是飞机相撞事故，大多可归因于由冒失导致的疏忽或者因系统过分自动化而导致的过度自信。[34]美国航空航天局的一份报告中称：

……很多飞行员在被告知有其他飞机在场之前，往往会放松可视扫描；而在接到对面有飞机驶来的通知以后，则往往把它排除在自己应在驾驶舱里完成的作业之外，并且会注视没有报告的交通状况。[35]

表 4.2　　某些被研究者证明的认知偏差

对损失的厌恶、禀赋效应和现状偏差	与获得相同规模的收益相比，人们会更加注意避免损失。这种厌恶损失的情绪有助于更好地理解并购领域两种非常重要的相关现象：禀赋效应(人们在出售资产时的要价往往高于购买资产时的要价)以及现状偏差(人们往往比较能够忍受目前的处境，因为改变现状的不利因素似乎多于有利因素)。
后见之明和证实偏差	某事发生以后，人们会产生一种相信"自己知道这件事会发生"的倾向。人们会高估已经发生的事情的发生概率。这是一种后见之明偏差。而证实偏差则是指人们会更多地关注、重视和搜集能证实自己观点的证据。
典型直观推断与墨守成规	人们倾向于运用直观推断的方式(或解决问题的常规方式)，根据相似程度做出相似性判断。这样的判断结果取决于表面特征，而不是基本特征，并且会促成有关被评判事物的典型推断。墨守成规则会把一些特殊的特征归为一类，而忽视类别内部的重大变异：基于种族和经济状况的墨守成规倾向便是典型的例子。
锚定效应	经验丰富的谈判高手会首先提出关于某项交易的条件。通常，开始提出的交易条件位于可行区间的某一端(如果是买方，就是最低一端；如果是卖方，就是最高一端)。这样就会把对方的预期引向这个极端。这就是所谓的"锚定"对方的预期。

续表

背景效应	人们表达的偏好取决于提供给他们的备选项,即他们的决策"背景"。例如,他们会被不均衡地引向位于两个极端之间的这种选项。他们会选择最佳有效选项,即使这个选项并不在他们的合意选项之列。
沉淀成本偏差	人们倾向于根据自己购买某项资产所支付的价格(而不是资产的当前市值)来设定资产的卖价。
本国偏差	人们倾向于过度投资于他们生活的国家,即便这不是最佳投资策略。
即期偏差	在被要求推迟即期消费时,人们会对未来消费的价值打折,而且折扣大于普通的时间价值。
货币幻觉	人们容易根据名义价值(而不是根据通货膨胀做出调整)决策。例如,某人也许会仅仅因为10%的通货膨胀率使他的财产增加了10%而觉得自己变得更加富有。
过度自信(或骄傲)	乐观和悲观态度都会显著影响为某项资产支付的价格。因此,表现为过度相信自己能够实现合并协同效应的能力的乐观,有可能导致为收购一家目标公司而支付过高的价款。这就是理查德·罗尔(Richard Roll)为解释收购公司往往不能实现显著为正的并购收益的原因而提出的"骄傲假设"的基本内容。
赢家诅咒	某人竞价拍卖一满罐分币。赢家极有可能要支付高于罐子和分币价值的价格。这就是赢家诅咒,一种首先是在分析石油租约投标时得到证实的现象。获胜的买主往往也是最乐观的买主,而乐观的人倾向于过度支付。"赢家诅咒"概念在并购领域具有极其重要的意义,并且可用来解释收购公司的糟糕收益。

狄特里希·多尔纳在对发展中的危机进行了计算机模拟以后发现,决策者根据现行政策集进行的过度投资,有可能导致他们对正在出现的需要和机会视而不见。优秀的决策者是一些思维敏捷、反应灵敏的人,而蹩脚的决策者则会"锁定"于一个政策集,并且做出显著较少的决策。[36]与此相关的是,人们以线性方式推断一种趋势(而不是假设一种趋势跳跃式或非线性发展的可能性)的倾向。线性思维是一种讨人喜欢的方式,因为它是一种简单的方式,一种在受时间限制的条件下有可能特别讨人喜欢的简单化假设。狄特里希·多尔纳在评论切尔诺贝利核电站爆炸这场灾难时写道:

我们发现了一种在受时间限制的条件下过度采用既定措施的倾向。我们发现了一种无法按照非线性因果网络关系(而不是因果链关系)进行思维的能力——一种无法适当评价某一行为的副作用和后果的能力。我们在对指数式发展的不恰当理解中发现了一种无法理解一个指数式发展过程一旦启动,就会以令人难以置信的速度直奔结果的能力。这些无能都是由认知错误造成的。[37]

斯图尔特·梅尔斯(Stewart Myers)教授在仔细考察认知在并购领域的作用时指出:

而我最终认为,在并购领域,噪声—信号比是非常高的,而且噪声远比信号值得关注……噪声是一些奇特的东西,会出现在特殊的情形中。一旦人们处于某种特殊情形,并且试图赢得……关于噪声和信号的经验就真的变得非常重要。如果我们提出如何评价某个合并候选对象的问题,那么,您要做的就是搜集信号,并避开噪声。最大的危险就在于您着手努力做到理性,而最终却成了噪声制造者……人们最初都想努力做到理性,但到头来在分析中却犯了错误,并且远离了并购斗争的中心。人们丧失了那种财务分析师用来解决这类问题的理性和能力。正如颇戈(Pogo)经常说的那样:"我们遇到了敌人,而这个敌人就是我们自己。"[38]

管理层选择

管理者和领导者在造成灾难的原因和灾难发生方面无疑扮演着重要的角色,而且,这经常是调查者、出庭辩护的律师和新闻记者关注的唯一问题。而对以上大灾难案例进行的考察表明,管理层选择是重要的作用因素,它们会使企业或相关事业面临风险,并且/或者扩大风险暴露的程度。不过,拙劣的管理层选择本身通常还不足以酿成灾难,还需要另外五个因素才会促使拙劣的抉择恶化为灾难。此外,我们可能无法找到一项拙劣的重大抉择:在某些情况下,我们会发现一组较小的拙劣抉择。

修改凯悦大酒店悬空通道的设计方案以方便施工的决策,削弱了悬空通道这个系统的承载能力。修改后的设计方案采用了栓结承载结构,而不是一种更加牢固的长形承载结构。在切尔诺贝利核电站的事故中,有关设备故障模拟的决策显然是一项拙劣的抉择,尽管人员(进行模拟的电力工程师)和时机选择促成了灾难的发生。在博帕尔化工厂的毒气泄漏事件和"海洋别动队员"钻井平台的灾难中,我们看到了一种在没有适当的人员、安全系统和/或培训的情况下作业的普遍意愿。在珠峰探险队的案例中,出现了恶劣气候的迹象以后仍决定继续完成最后阶段的登山运动,看来是一个严重的决策失误。不过,更仔细的考察表明,领导者在训练、登山绳和氧气供给以及回程规则等方面的决策上也犯了错误。

拙劣的管理层选择有可能与由复杂性导致的盲目乐观或信息不充分等认知偏差有关,从而着重体现了这些原因的组合或相互扩大性质。

商情并非一成不变

在以上的每个大灾难案例中,情况发生了变化,偏离了正常或预期的情况。拥挤的人流(凯悦大酒店的悬空通道)、模拟设备发生故障(切尔诺贝利核电站)、渗水(博帕尔化工厂)和风暴(珠峰探险队和"海洋别动队员"钻井平台)等触发了一系列最终导致灾难发生的事件,而其他驱动条件允许这些触发因素全面转化为大灾难。

一线团队不恰当的应对措施

面对前述五个条件，灾难像是不可避免。但是，像那个荷兰男孩用手指堵住防洪堤漏洞拯救整个村庄那样，在一线工作的人，如体力劳动者、监理和基层管理者能够防止或大大减轻灾难的影响。本章所介绍的大灾难案例表明，漫不经心、笨拙或有悖常理地应对正在发展的灾难条件，则可能是支持甚或加剧灾难发展的条件。因此，切尔诺贝利核电站那名核燃料添加杆操作工的过度反应导致了远大得多的破坏力。同时，缺乏与其他工人的协调又导致核反应堆进水阀失灵和蒸汽外溢，从而提高了反应堆内部的温度和压力。“海洋别动队员”钻井平台的压舱物调节不当，平台严重倾斜，导致海水灌入锚链箱。凯悦大酒店悬空通道的工程监理选择撤离在悬空通道上推手推车的工人，而不是提醒建筑师和酒店方面通道不堪重负。在博帕尔化工厂的毒气泄漏事件中，工人清理了甲基异氰酸盐储存罐的输送管道，政府当局实际把周围的居民疏散到户外，使他们最大限度地暴露在毒气中。在珠峰探险队的案例中，探险队没有遵守纪律（下午 2:00 返回营地），并且失去了凝聚力，结果导致掉队的队员丧生。

迈克尔·罗伯托（Michael Roberto）在评价这两起珠峰探险事故时写道：

……登山队员实际没有像团队成员那样行动。在关键时刻，探险队没有公开讨论失误问题，也没有自由交换信息，更没有对占据上风的意见和傲慢的态度提出质疑或加以制止。这些学习行为的缺失影响了这两个探险队的效能。具体而言，公开、无保留的讨论的缺失，导致探险队更加难以识别和面对影响个体决策的认知偏差。[39]

罗伯托认为，有效团队的绩效取决于“心理安全”，即表现为高度信任和尊敬的在承担人际风险方面受慰藉的水平。提出反对意见、反证和提出备选行动方案的能力，在心理安全的环境中更能得到自由发挥。领导是创造这种环境的重要机制。艾米·埃德蒙森（Amy Edmondson）及其合著者对“哥伦比亚号”航天飞机失事事件进行了研究，他们的研究结论是心理安全对于组织在高风险背景下的正常运行具有重要的意义。高风险背景要求积极进取的学习导向，以便迅速搜集信息和探索各种备选方案。

如何防止大灾难的发生：系统的重新设计和高可靠性组织

关于大灾难的研究具有某些直接的管理意义，而这方面意义也许可归纳为若干有关企业（或事业）、运营团队和个人（管理者或领导者）的观点。

重新设计企业

复杂性和紧密耦合性在导致灾难发生方面扮演着极其重要的角色。因此，一条避免灾难的途径，就是重新设计系统。复杂性限制了问题意识和行动能力，而紧密耦合性则促进了问题的扩散。我们可以通过积极利用能提高企业内部条件透明度的信息管理资源，来降低复杂性和紧密耦合性；而能够削减冲击的缓冲库存或安全网络，也许可以防止问题在系统内部的进一步扩散，如设计能根据条件变化进行自适应的复杂系统。下面，我们来考察三种自我调整型系统：

1. 美国宪法。美国宪法创建了旨在控制和平衡联邦政府的三军武装力量，以保证一种武装力量不会去控制其他武装力量。必须说明的是，美国政府组织形式的缔造者们没有创立一种基于理想化行为的系统。更确切地说，他们预期到了寻权行为、失误和分歧。托马斯·杰斐逊(Thomas Jefferson)* 赞成创立一个基于人类会犯错误这一假设的系统。

2. 自由市场。经济学研究表明，价格会迅速反映信息。恐慌事件或传播的确会发生，但时常会自动实现均衡。市场系统的自适应性质取决于信息的自由流动以及市场参与主体和资金的自由进出。

3. 科研过程。科学赖以进步的手段、检验假设的方法、零假设的第一性、统计检验方法的使用、研究结果的复制以及发表科研成果的严格程序，这一切都是基于对人类可能以错误的方式进行科学研究的认识。科研过程是一个预期到失误的自我纠偏系统。

总而言之，能很好适应失误的系统就能够预期失误，积极主动地搜集信息，设法制止失误的扩散，并且采取措施来纠正失误。在企业内部，组织结构和经营流程的设计可运用相似的原理来防止并购失败。

如何纠正偏差和防止拙劣的管理层选择

认知偏差会过滤信息，并且影响行动。因此，管理者必须检查自己的思想、信息的充分性和行动的合理性。与不同的咨询小组讨论问题和行动方案，是一种检查思想偏差的卓越方法。不但要允许，而且要积极主动地搜集反面信息，这是问题的关键。构建心理安全文化对于解决偏差和检验抉择，可以说具有非常重要的意义。

为了高可靠性而组建运营团队

组织流程和文化在避免灾难方面具有一定的作用。高可靠性组织即使在工作条

---

* 1743—1826 年，美国政治家、第三任总统、《独立宣言》起草人。——译者注

件发生突变的情况下，也能重复获得高质量的结果。[40]它们通过“事事（从招聘员工到招徕顾客、完成订单、设计产品和控制质量）认真”来做到这一点。

埃德加·谢恩（Edgar Schein）用以下6个正式的性质来定义文化：（1）共同的基本假设；（2）由既定的群体来创立、发现或发展共同的基本假设；（3）通过学习来应对群体的外部适应和内部整合问题；（4）采取运行良好且足以被认为有效的方式学习；（5）有效的学习方式能够传授给群体的新成员；（6）把有效的学习方式作为纠正理解、思考和体验外部适应和内部整合问题的方式。[41]

从规避灾难的角度看，可区分有出错倾向的企业和可靠企业的重要文化属性有：（1）对不安全条件和实践的容忍度。（2）“墨守成规”，相信此前取得了成功的仪式和传统。狄尔特里希·多尔纳指出，很多研究表明人倾向于按照预定范式采取行动。（3）关注系统的局部条件，而不是全局条件，这就是“竖井”思维。采用这样的思维方式无法看到行动的副作用和非预期后果。（4）关注症状，而不是根本原因。与深层次的问题相比，表面问题比较容易确定。确定表面问题可帮助员工表现自己的行动和成就，狄特里希·多尔纳把这称为旨在发现导致故障的问题和确定看似没有优先考虑意义的故障原因的“补救服务”行为。他指出：“一位市长整天围着一张张随机产生的投诉清单转，就有可能过分关注相对不重要的问题，而忽视真正重要的问题，或者不能正确评价重要的问题。”[42]

人类社会提供了各种不同的高可靠性组织的例子，经常面对严重风险的企业对于失误具有低容忍度，并且长期获得相当可靠的绩效。这样的组织包括解救人质的谈判小组、医院急诊部、航空母舰飞行甲板上的地勤团队、核电厂和消防队。卡尔·威克（Karl Weick）和其他学者在考察了这类组织以后发现了很多共同的属性：（1）对失败的担忧。高可靠性组织对发生问题的可能性总是忧心忡忡。这种组织在危险状态下绝不会松懈，它们不相信问题会自行解决。（2）不愿简单化。高可靠性组织几乎都不会认为，世上有理所当然的事情。正如佩罗等指出的那样，在复杂背景条件下寻找简单化的解释是危险的。高可靠性组织会不厌其烦地检查条件。（3）对业务的连续敏感性。高可靠性组织不会转移自己对主要使命及其要求的业务活动的注意力。整个组织都会致力于关键业务活动，业务领导人会出现在现场、有求必应，并且与一线人员保持不间断的联系。（4）注重恢复能力。高可靠性组织总能处变不惊，随时准备灵活应对意外事件，通常能在一线及时调整应对措施。（5）尊重专家意见。高可靠性组织相信，最接近问题的人员更加了解情况，更有能力解决问题，这就意味着决策分权化。

威克和苏克莉夫写道：

我们不可能通过没有明确目标，一味依靠规则、计划、惯例、稳定的范畴和固定的正确表现标准的控制系统来管理任何组织。没人能够设计这样一个可以应对环境动态变化的系统。那些想掌控动态系统的设计者，都必须以用头脑工作的方式组织起来。我们必须明白：采纳能发挥智力作用的工作方式，并且把致力于继续学习以及不断改善和更新新出现的预期的责任作为自己的工作内容，是容易、自然和值得的。[43]

用心搜集是更新信息的关键，关注异常现象、突发事件、有悖常理和令人不快的事，目的就是要克服可能存在的盲点。因此，高可靠性组织会鼓励报告失误，并在紧要关头冷静分析。例如，高绩效的医疗单位会报告较多的差错，不是因为它们差错较多，而是因为它们警惕性更高。

结　论

大灾难为我们理解并购失败提供了洞见和实践指导。本章讲述了 5 个大灾难案例，并且从中提炼了 6 个灾难驱动因素，它们包括复杂性、紧密耦合性、管理层选择、认知偏差，发生意外和一线团队不恰当的应对措施。其中任一因素单独都不具备破坏性，但一旦合在一起发威，就将是致命的。笔者认为，集聚灾难驱动因素，是有头脑的实践者理解并购失败，或者就此而言，理解一切商业失败所必需的最重要基础。探索某个单一因素，不会取得什么结果，因而是一种错误的方法。更加糟糕的是，这种方法会使基本上无准备的失败多驱动因素的探索决策和过程成为可能。

注释：

[1]本章内容受益于同安妮・C. 埃德蒙森(Anny C. Edmondson)、迈克尔・罗伯托和萨拉・萨拉维斯的交谈和通信。

[2]*Oxford English Dictionary*, 3d ed. (Oxford University Press, 1989), volume Ⅳ, 723.

[3]2003 年 12 月联合国人体免疫缺损病毒与艾滋病联合计划数据。

[4]关于凯悦大酒店悬空通道灾难的讨论引自佩特罗斯基(1982)。

[5]引自佩特罗斯基(1982:92)。

[6]关于切尔诺贝利核电站的讨论引自佩罗(1999)、希利斯(Chiles,2001)、多尔纳(Dorner,1996)和里森(Reason,1990)。

[7]死亡人数充其量是一些粗略的估计值。有 30 人死于爆炸和救火；有更多的人死于烧伤和核辐射。希利斯(2002:162)在研究报告中引用了 7 万人死亡的数据。

[8]引自里森(1990:255)。

[9]多尔纳在研究报告中讨论了这些问题(1996:33)。

[10]请参阅多尔纳(1996:34—35)。

[11]关于博帕尔灾难的讨论引自里森(1996)和佩罗(1999)。

[12]Bill Dawson,"Union Carbide Fine 1. 3 Million",*Houston Chronicle*,April 2, 1986, 1.

[13]希利斯(2001:262—266)和里森(1990:252)讨论了忽视维护的问题。

[14]请参阅里森(1996:191)。

[15]关于"海洋别动队员"钻井平台的讨论引自希利斯(2001:17—36)。

[16]引自希利斯(2001:28)。

[17]关于珠峰探险队事件概述主要引自克拉考尔(Krakaner,1997)、罗伯托(2002)以及罗伯托和卡里吉(Roberto and Carioggia,2002)。

[18]克拉考尔(1997:26)报告了事实真相。

[19]请参阅克拉考尔(1997:84)。

[20]请参阅克拉考尔(1997:85).

[21]请参阅克拉考尔(1997:216—217)。

[22]Roberto(2002:139),Copyright © 2002 by The Regents of the University of California Reprinted from *The California Management Review* Vol. 45 No. 1. 援引经加利福尼亚大学校务委员会许可。

[23]请参阅多尔纳(1996:38)。

[24]引自多尔纳(1996:5,6)。

[25]请参阅佩罗(1999:92)。

[26]佩罗(1999:93—94)讨论了这四个因素。

[27]请参阅佩罗(1999:3,4)。

[28]请参阅特纳(1996:20)。

[29]请参阅佩罗(1996:339)。

[30]关于认知偏差研究的讨论得益于内容广泛的研究,请参阅:"Behavioral Economics: Past, Present and Future,"by Colin F. Camerer and George Lowenstein, in advances in *Behavioral Economics*, Colin F. Camerer,George Lowenstein and Matthew Rabin, eds. (Princeton: Princeton University Press, 2003)。

[31]请参阅多尔纳(1996:10)。

[32]引自希利斯(2001:183)。

[33]请参阅佩特罗斯基(1992:viii)。

[34]请参阅比林斯(Billings,1980)。

[35]比林斯转引自佩罗(1996:154)。

[36]请参阅多尔纳(1996:21)。

[37]请参阅多尔纳(1996:33)。

[38]Stewart Myers, "The Evaluation of an Acquisition Target,"in *The Revolution in Corporate Finance*, Joel Stern and Donald Chew, eds. (NewYork: Basil Blackwell, 1986: 394).

[39]Roberto(2002:143),Copyright © 2002 by The Regents of the University of California Reprinted from *The California Management Review* Vol. 45 No. 1. 援引经加利福尼亚大学校务委员

会(www. hans. berkeley. edu/cmt)许可。

[40]关于这个定义更详细的讨论,请参阅威克等(1999:86)。

[41]请参阅谢恩(1985),根据威克和苏克莉夫(Sutcliffe,2001)第一章改编。

[42]请参阅多尔纳(1996:59)。

[43]请参阅威克和苏克莉夫(2001:49)。

第二篇

失败案例研究

- 1968 年 2 月:宾州铁路公司与纽约铁路总公司合并案
- 1986 年 12 月:雷夫克药店公司杠杆收购案
- 1989 年 9 月:索尼公司收购哥伦比亚影业公司案
- 1991 年 9 月:美国电话电报公司收购全美收银机公司案
- 1993 年 12 月:雷诺公司与沃尔沃集团合并方案
- 1994 年 12 月:桂格公司收购斯纳波公司案
- 1999 年 5 月:美泰公司收购尚学公司案
- 2001 年 1 月:美国在线与时代华纳公司合并案
- 2001 年 12 月:戴那基与安然公司合并案
- 2002 年 1 月:泰科国际公司收购计划

第五章　1968 年 2 月：宾州铁路公司与纽约铁路总公司合并案

合并前后

1968 年 2 月 1 日午夜，宾州铁路公司（Pennsylvania Railroad）与纽约铁路总公司（New York Central Railroad）宣布合并。[1]这是至此美国最大的合并案，并且创建了美国第六大公司和全美最大的运输公司。新公司宾州铁路总公司（Penn Central）在 16 个州拥有 2 万英里的铁路线，并且为一个集中了美国 55%的制造工厂的区域提供服务。新公司每天要运送 30 万名旅客和 100 万吨货物。据美国政府估计，如果公司倒闭，美国的国民生产总值就要下降 3%，而失业人数则会增加 3%。[2]一起具有如此规模和影响力的合并案是史无前例的。合并后的公司首席执行官非常自信地向美国州际贸易委员会（U. S. Interstate Commerce Commission）表示：

……本人根据在铁路业 45 年的从业经验做出的判断是，合并后公司实现有效管理的可能性，将大幅高于几年前两家独立经营的公司。[3]

……由于宾州铁路公司与纽约铁路总公司的地理位置、设施和服务重复以及业务上的相似性，因此，就合并业务并以较低的成本大幅提高运营效率和改善服务而言，美国再也找不到比它们更加合适的公司了。[4]

但是，仅仅相隔不到 29 个月，即 1970 年 6 月 21 日，合并后的新公司就由于至此最引人注目的商业失败而提出了破产申请。损失是巨大的：在合并和申请破产之间，托运人（货主）因货物不能按时到达目的地、损坏或遗失而蒙受了数百万美元的损失。旅客深受服务质量急剧下降之苦。申请破产前不久，公司辞退了三名资深经理。宾州铁路总公司的股票价格从 1968 年 7 月每股 86.50 美元的最高价下跌到了 1970 年 6 月申请破产前一交易日的 6.50 美元，投资者由此损失了 18.4 亿美元。图 5.1 显示，截至 1970 年 6 月，投资者的累计损失达到了其投资额的－153%。美国政府因这起破产案发起了 7 次调查[5]和多起诉讼。美国政府为宾州铁路总公司担保了 1.25 亿美元的贷款，花 20 亿美元买下了宾州铁路总公司的铁路资产，于 1976 年在宾州铁路总公司和另外 5 家申请破产的铁路公司的基础上组建了联合铁路公司(Consolidated Rail Corporation，Conrail)，并在其于 1987 年私有化之前另外拨款 70 亿美元作为运营资金(联合铁路公司首次公开发行为政府带来了 19 亿美元)。美国纳税人为宾州铁路总公司和美国东北部几家铁路公司的破产付出了 70 亿美元的代价。[6]政府调查官员在描述宾州铁路总公司破产案时一改过去使用中性词语客观表述破产案的做法，而是采用了一些更具色彩的词语，如“惨败”[7]和“对经济构成了沉重的打击”[8]。其他作者为描写这起合并案所用“名言”包括“勇冠美国商业大失败之首”[9]“判断失误……渎职”[10]“地震……灾难”[11]“骗局”[12]以及“无效率、无能、严重的估计错误、接近欺诈的勾当和该被众人咒骂的行为”[13]。宾州铁路总公司的崩溃加速了解除监管的革命，后者影响包含民航、卡车运输、广播和银行业在内的许多行业，并最终导致州际贸易委员会于 1995 年 12 月 31 日解体。

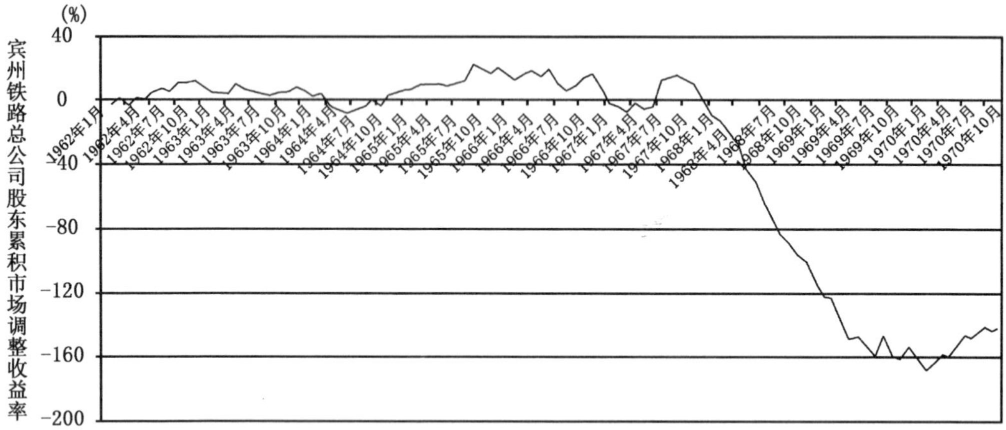

注：月度市场调整收益率的计算方法是：估计股东因股价变动和股利等获得的总收益率，减去标准普尔 500 指数的收益率。将月度市场调整收益率按时间加总，就可获得累积市场调整收益率。合并日前收益，就是宾州铁路公司和纽约铁路总公司收益率按这两家公司占宾州铁路总公司的股份百分比加权计算的加权平均收益率。由本书作者计算。

资料来源：数据流(Datastream)。

图 5.1　1968 年 2 月—1970 年 7 月宾州铁路总公司股东累积市场调整收益率

20世纪中期导致美国铁路业经营状况恶化的基本因素

美国铁路业于20世纪20年代达到盈利的顶点。此后,在政府修建机场、公路、内河水闸和州级公路补贴的支持下,客车、卡车和飞机等新技术逐渐取代了铁路。图5.2显示了运输方式的这种变化。新技术的替代和行业监规对铁路业产生了价格压力。而法律和劳资协议限制了铁路业提高生产率的能力:铁路业的标准报酬把员工的日薪规定为100英里旅程。但是,随着设备的改善,一名列车工作人员1天就能完成1周的工作。把像司炉工这样的剩余列车员工安排在不需要司炉工的柴油机车上,是当时一种普遍的"限产超雇"做法。由于这些原因,第二次世界大战以后,美国铁路业的投资收益率急剧下降。1962年,宾州铁路公司财务总监戴维·比万(David Bevan)宣称,铁路业无法实现投资者需要的适当的投资收益率,"铁路业已经难以为继,我们在依靠昔日的繁荣度日,并陷入了慢性清算的境地"。[14]图5.3表明,宾州铁路公司和纽约铁路总公司无法通过高利润率收回其资本成本。宾州铁路总公司董事长斯图尔特·桑德斯(Stuart Saunders)在公司破产以后宣称:

问题远远要比……难懂和严重得多,而且是从第二次世界大战以来积累起来的。无论是宾州铁路公司还是纽约铁路总公司都没有赚钱……这基本上是整个铁路行业的通病,而且已经是沉疴宿疾。[15]

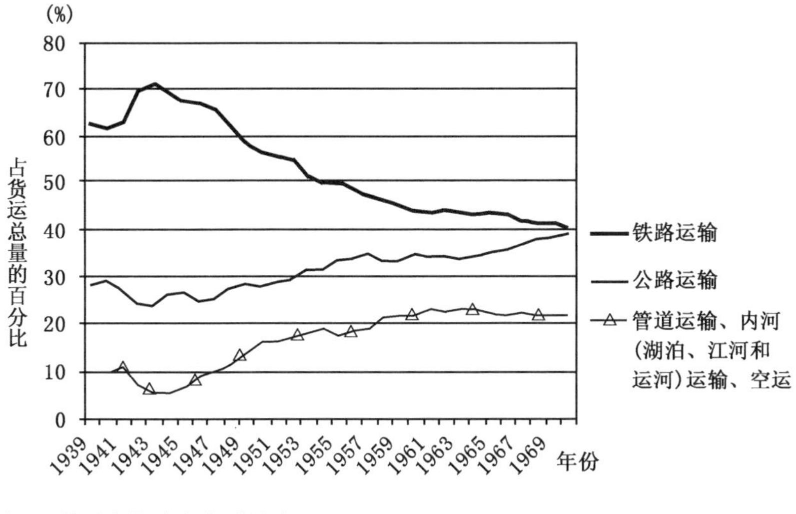

资料来源:美国参议院商务委员会(U.S. Senate Committee on Commerce,1972:24)。

图5.2 不同方式的城际货运

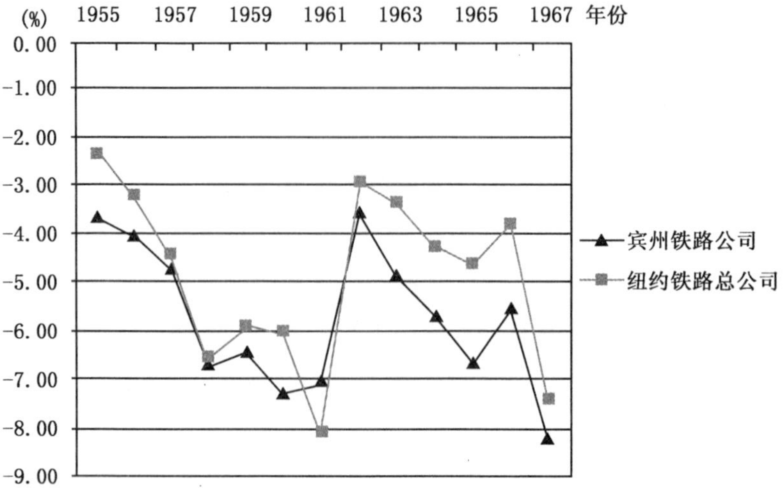

资料来源:作者计算。

图 5.3 总资本收益率减去加权平均资本成本

20 世纪中期,与铁路服务需求相比,铁路建设"严重过剩"。[16]导致铁路业经营状况恶化的基本因素,引发了一场旨在剥离剩余产能的重组热潮。"破产"这种铁路行业的痼疾(尤其是在 19 世纪恐慌和衰退以后),在整个铁路业再次旧病复发,如纽约—纽黑文—哈特福德铁路公司(New York, New Haven and Hartford,1961),泽西铁路总公司(Jersey Central,1967),波士顿—缅因州铁路公司(Boston & Maine,1970),理海山谷铁路公司(Lehigh Valley,1970),雷丁公司(Reading,1971)以及伊利—拉克万纳铁路公司(Erie-Lackawanna,1972)。史蒂芬·索尔兹伯里(Stephen Salisbury)曾经写道:"东北部几乎所有其他铁路公司都在宾州铁路总公司之前或以后陷入了破产。"[17]破产是一种尴尬的产业调整方式。这种调整方式影响竞争性权利主张和利益,而且并不一定就能产生从经济的角度看值得的结果。

产业调整的另一主要方式就是合并。美国参议院商务委员会曾经指出,"大约从 1957 年开始的巨大的合并浪潮席卷全美铁路业,实际波及每一个承运人,并且导致实质性的结构调整"。[18]每一起新的合并案触发了其他合并案,就如同竞争对手之间对未来战略变革做出的反应。研究者们一致认为,宾州铁路总公司合并案显然是受宾夕法尼亚州和中部地区其他合并案的影响。美国参议院商务委员会是这样描述这种"多米诺骨牌效应"的:

铁路业的合并就如同滚雪球似的互相推动,这种连锁格局尤以东部的表现最为典型。东部的铁路公司合并故事开始于 1958 年。那年,州际贸易委员会批准了诺福克—西部铁路公司(N&W)与弗吉尼亚铁路公司这两家财力雄厚、大量从事煤炭运输的公司之间的合并案。这两家公司的合并可望节约成本。这起合并案如果被看作一个孤立的事件，那么似乎不会对铁路运输业的行业结构产生很大的影响。这起合并案虽然在当时看来似乎是合法的，却掀起了一股合并浪潮。这股合并浪潮一直延续到整个东部铁路体系完成了重组，宾州铁路总公司这家难以管理的巨型公司问世以后还没有退去。弗吉尼亚铁路公司与诺福克—西部铁路公司的合并，阻止纽约铁路总公司进入波卡洪塔斯产煤区。眼看着自己宝贵的煤炭运输业务受到威胁，纽约铁路总公司通过与巴尔的摩—俄亥俄公司（Baltimore and Ohio）的合并来寻求保护。巴尔的摩—俄亥俄公司在被迫考虑合并的情况下，决定采用一种双向安排的方式与切萨皮克—俄亥俄公司（Chesapeake & Ohio）合并。在巴尔的摩—俄亥俄公司与切萨皮克—俄亥俄公司实施合并以后，诺福克—西部铁路公司受到了威胁，因为后者允许切萨皮克—俄亥俄公司进入圣路易并开展州际运输业务。为了反击这一合并行动，诺福克—西部铁路公司与镍板公司（Nickel Plate）和瓦伯什铁路公司（Wabash Rail Road，通过租赁协议方式）合并，组建了一家从某种意义上说超过切萨皮克—俄亥俄—巴尔的摩—俄亥俄公司的子公司，因为这家子公司不但能使诺福克—西部铁路公司进入圣路易，而且能使它进军芝加哥、堪萨斯城和奥马哈地区。这些合并行动置纽约铁路总公司于更加危险的境地。在与被它认为更合意的伙伴实施合并以后，纽约铁路总公司最终答应以一种倒霉的方式与宾州铁路公司合并。这起合并案于 1968 年获得批准，这一年距弗吉尼亚铁路公司与诺福克—西部铁路公司合并只相隔 10 年，但是，整个东部铁路业已经完成了调整。[19]

这股合并浪潮一直延续到 2004 年。这一年，北美铁路业完成了合理化改造，形成了六个超大系统：诺福克南部（NS）、CSX、联合太平洋公司（Union Pacific）、伯灵顿北—圣达菲公司（Burlington Northern Santa Fe）、加拿大国家铁路公司（Canadian National）和加拿大太平洋公司（Canadian Pacific）。20 世纪这股巨大的合并浪潮，就如同破产浪潮一样，是一个主要由美国州际贸易委员会出于各种反托拉斯的考虑而管理的不协调过程。众所周知，州际贸易委员会在审批合并申请方面行动缓慢，一般需要 3 年。岩岛公司（Rock Island）合并案审批耗时最长，是“一个恐怖的官僚主义传说”[20]，州际贸易委员会花了 10 年时间才做出决定。州际贸易委员会的拖拉作风导致两家合并企业内部的优柔寡断。这两家企业在托运人（货主）越来越急躁，而工会在改善工作条件方面变得越来越难说话的情况下完成了合并，而州际贸易委员会的拖拉作风则导致节约成本、提高生产率和增加收入的希望最终成为泡影。

交易过程

这起交易从开始商谈到完成总共花了十多年时间。宾州铁路公司首席执行官詹姆斯·赛姆斯和纽约铁路总公司首席执行官罗伯特·杨(Robert Young)于1957年开始商讨合并事宜,并于当年11月1日公开宣布他们正在研究两家公司合并的可能性。杨于1958年1月病逝,由阿尔弗雷德·珀尔曼接替。珀尔曼宁愿与切萨皮克—俄亥俄公司,而不是与宾州铁路公司合并。因此,珀尔曼甩下了赛姆斯,并向切萨皮克—俄亥俄公司提出了"联姻"请求。不过,切萨皮克—俄亥俄公司更喜欢与巴尔的摩—俄亥俄公司合并,导致纽约铁路总公司别无选择,只能与宾州铁路公司商谈合并事宜。在巴尔的摩—俄亥俄公司与切萨皮克—俄亥俄公司宣布合并之后,阿尔弗雷德·珀尔曼勉强同意于1961年重新与詹姆斯·赛姆斯商谈合并事宜,并于1962年1月达成了合并协议。

谈判商定用1.3股宾州铁路公司股份换取1股纽约铁路总公司股份的股份交换方案。合并以后,公司董事长和首席执行官由宾州铁路公司派遣。在赛姆斯于1963年10月退休以后,由斯图尔特·桑德斯(Stuart Saunder)接任他在新公司的职务。纽约铁路总公司的阿尔弗雷德·珀尔曼出任新公司的总裁。虽然新公司的股权在宾州铁路公司与纽约铁路总公司股东之间按60∶40的比例分配,但前者在新公司董事会中占有14个席位,而后者则占11个席位(56∶44)。新公司没有宣布总部地址,但新公司最终把总部设在了费城。这两家公司的公开姿态就是:这是一起实力相当的两强之间的合并交易,没有一家公司占据支配地位,而新公司将占有每家公司最优的资产。但后来,珀尔曼认为:"如果您用心观察新公司各部门的负责人,就会发现除了我本人以外,他们都来自宾州铁路公司。坦率地说,在我看来,这不是合并,而是接管。"[21]

从合并的战略背景看,宾州铁路公司与纽约铁路总公司合并的首要动机就是生存。面对支配货运业务并通常处于扩张地位的竞争对手,宾州铁路公司与纽约铁路总公司的唯一生存途径就是合并,并且致力于提高核心业务的效率。在1952—1963年的12年里,纽约铁路总公司的平均投资收益率是1.84%,略高于宾州铁路公司1.28%的年均投资收益率,但远远低于其他公用事业公司6%～9%的年均投资收益率。除了1966年以外,在1963—1967年的5年内,铁路行业的投资收益率没有一年超过2%。

节约成本成了这起交易的主要理由,但相关预测的估计值随时间而异。纽约铁路总公司首席执行官詹姆斯·杨在1958年说过,他认为每年可以节约2亿美元。[22]后来,宾州铁路公司首席执行官斯图尔特·桑德斯常说每年估计可节约1亿美元,“以至于他们似乎真的认为,合并那一天净收入会上浮1亿美元”。[23]最后,宾州铁路公司副总裁罗伯特·帕奇尔(Robert Patchell)认为,两家公司合并以后,每年可节约8 110万美元。这个数据最终写入了提交州际贸易委员会审批的合并申请报告,并且被作为合并后未来10年的一个目标。合并导致了7 500万美元的资本需要和4 500万美元处置资产的收入。从节约额中扣除两者相减的差,并且考虑到缓慢的整合过程,净节约额可由合并后第1年的340万美元逐渐增加到第9年的8 110万美元。最终,宾州铁路总公司在合并后的头两年实现了远高于目标(帕奇尔预计1968年和1969年两年总共节约3 330万美元[24])的节约额(这两年实际节约7 450万美元[25])。遗憾的是,这个节约额为另一笔与合并有关的现金支出所抵消。

合并出现了一个为期6年的断层。其间,两家合并企业设法获得监管当局的批准,并避免受到质疑。主要的质疑来自州际贸易委员会、司法部和工会。1962年8月,这两家公司向州际贸易委员会提出合并申请。该委员会为此召开了128次公开听证会,并于1966年4月做出决定:它们可以合并,如果它们以高价接收申请破产的纽约—纽黑文—哈特福德铁路公司(下称纽黑文公司),并且保证这家公司的员工享受到优于基准的待遇。到了1970年,这个条件被证明是一个代价昂贵的沉重负担。

桑德斯这个擅长游说的律师与相关市、州和联邦政府中这起交易的反对者交涉。1963年10月,美国司法部反托拉斯司以这起合并案会对铁路业竞争产生限制,并以会影响服务为由而表示反对。不过,1年以后,美国司法部批准了这起合并案,前提条件是宾州铁路公司放弃它持有的诺福克—西部铁路公司(N&W)的股份。这个条件的影响是断绝来自N&W公司的大量股利。由于资金调拨方面的限制,这个资金缺口难以弥补。3亿美元的收入被用来担保一笔为不动产、石油和飞机制造业投资筹措资金的贷款。在桑德斯一再保证合并不会减少在关键城市和州的就业机会和服务以后,这些城市和州政府的反对态度有所松动。

桑德斯还以保证就业为条件平息了工会方面的强烈反对。1964年5月,纽约铁路总公司和宾州铁路公司答应17家工会向所有被雇用到合并日的雇员提供终身就业保护,并且重新雇用5 000名合并前由于与合并无关的原因而离职的员工。工会也做出让步,答应宾州铁路总公司以正常减员的方式——一种管理层几乎没有选择余地取消工作岗位的用人合理化方式——减少5%的员工。据桑德斯和珀尔曼估计,合并保护协议在8年内要使宾州铁路总公司付出总计7 800万美元的代价。而实际上,在合并后的头3年里,该公司为这项协议付出了9 270万美元的代价[26],从而减少了这几年合并能实现的预计成本节约额。1969年,宾州铁路总公司的一名董事认为,合并保护协议的代价已经高到足以取消这起合并案的地步。“斯图尔特·桑德斯在签署这项协议的当天就断送了这起合并案，此后的情形是每况愈下，简直到了不可收拾的地步。”[27]

由于合并案等待了很长时间才获得审批，两家公司承受了维持报告收益的压力。1.3∶1 的股份交换比例是根据签订合并协议时的股价确定的。两家公司股价的大幅下跌，打破了由交换比例暗含的平价，从而引发了财富从股价相对较高的公司的股东那里，向股价相对较低的公司的股东转移。而通常情况下，如果股东认为把股票一起卖给另一个买主能获得更好的价格，那么两家公司股票价格的下跌有可能威胁到合并交易。在这 6 年里，铁路运营盈利状况的恶化威胁到了这起合并交易。为了维持这个脆弱的交换比例关系，这两家公司不得不大幅增加股利分配(参见图 5.4)，开始对盈余进行管理，并且采取了一整套旨在保留现金和最大限度地减少借款——从而加快了影响服务的减少投资和延期维护过程——的运营政策。图 5.5 显示，按照每英里铁路的资本支出计算，宾州铁路总公司的资本支出少于同行。同样，等待合并案批准的不稳定状态又导致了一种拖延心理，以至于这两家公司一致采取不做任何投资的态度。

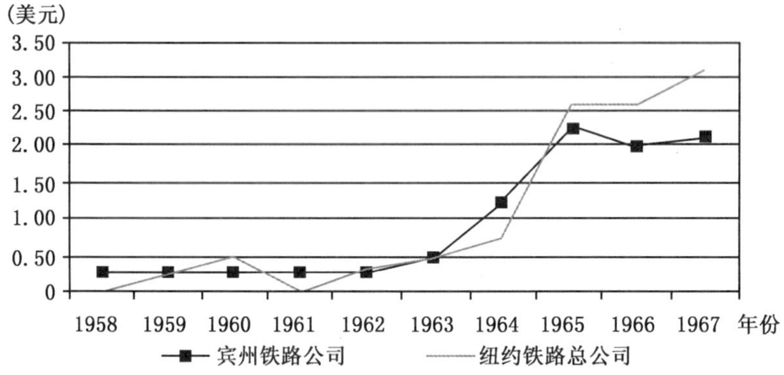

资料来源：美国参议院商务委员会(1972:68)。

图 5.4　每股股利支付额

有关这起合并案的诉讼一直拖到 1968 年 1 月 15 日才得到解决，美国最高法院做出了支持合并的判决。于是，合并交易在 2 个星期以后得以完成。

合并团队

置宾州铁路总公司于死地的一个重要因素，就是宾州铁路公司与纽约铁路总公司之间的组织摩擦。这种组织摩擦在很大程度上源自这两家铁路公司——所谓的“红队”(宾州铁路公司)与“蓝队”(纽约铁路总公司)，这样叫它们是因为它们的车皮颜

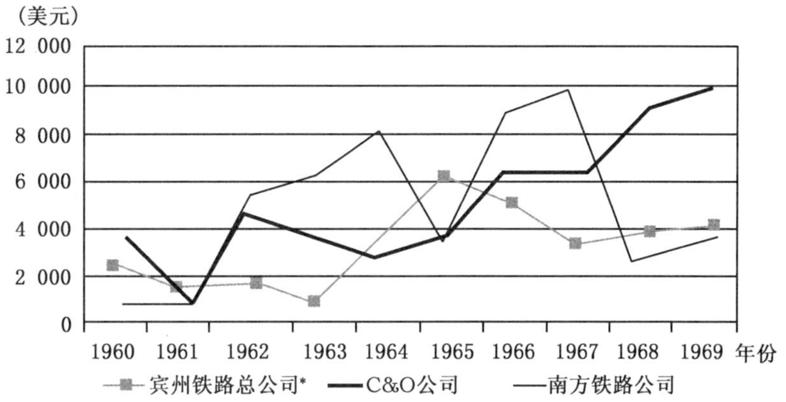

＊宾州铁路公司、纽约铁路总公司与纽黑文铁路公司合并预计值。

资料来源：美国参议院商务委员会(1972:94)。

图 5.5 每英里运营铁路的资本支出

色——之间历史上的敌对状态。正如多亨和宾曾所描述的那样，这两家公司各自的“遗产”对其企业文化整合构成了严重的挑战。

宾州铁路公司沉着、坚定、传统，长期在山区运输矿石。它是一家“数量导向”型铁路公司，业务高度分散，一般从内部员工中提拔管理人员。纽约铁路总公司规模较小，比较好胜、饥渴，不拘泥于条条框框，更具创新性……纽约铁路总公司沿着它的“水平路线”运输制成品。这是一家高度集权的利润导向型公司。宾州铁路公司的吹毛求疵者四处传播纽约铁路总公司珀尔曼已经“江郎才尽”的印象。而珀尔曼却在公司外面吹嘘自己的管理才能……例如，纽约铁路总公司使用机车信号，而宾州铁路公司则使用沿路的视觉信号。纽约铁路总公司的机车上都为工程师配备了软垫扶手靠背椅；而宾州铁路公司的机车上没有这种靠背椅(因此，纽约铁路总公司的工程师拒绝在宾州铁路公司的机车上工作，直到宾州铁路总公司的机车上配备了软垫扶手靠背椅为止)。这两家铁路公司甚至使用不同的道钉。[28]

随着时间的推移，再加上经营管理方面的培训和合作，双方可望整合它们的文化。不过，文化冲突在公司高层表现得最为明显。桑德斯和珀尔曼在社交方面的表现大相径庭。温文尔雅的桑德斯被任命为宾州铁路公司首席执行官一事，很快就被费城的上流社会所接受。桑德斯加入了当地最有声望的体育和社交俱乐部。而珀尔曼不喜欢社交活动，在别人眼里，他是一个骄傲、顽固、喜怒无常、好挖苦别人和对着干的主儿。更重要的是，两人作为铁路公司执行官的职业经历也截然不同：珀尔曼善于经营，有着不俗的扭亏为盈的记录(包括纽约铁路总公司)；而桑德斯律师出身，来自附近最富有的铁路公司——诺福克—西部铁路公司。

总的来说，桑德斯和珀尔曼都不喜欢宾州铁路总公司的财务总监戴维·比万。据说，比万工作表现不错。不过，他那很强的个性令他所在的公司和银行界很多人感到不快。比万被认为是宾州铁路公司首席执行官赛姆斯的既定继承人，从而导致与桑德斯的关系变得非常微妙。但是，情况在两家公司合并以后又有所恶化。桑德斯把比万(他是宾州铁路公司的董事)赶出了宾州铁路总公司由 25 人组成的新董事会。比万使珀尔曼失去了关键的会计与预算行政经理的职务，而由他自己牢牢掌握着他在宾州铁路总公司控制的那部分权力。由于比万负责资金筹措，而珀尔曼负责资金使用，因此这一分工变化可能是导致新建立的宾州铁路总公司发生高层摩擦的原因。

合并之后

正式的合并仪式于 1968 年 2 月 1 日 12:01 举行。珀尔曼坐在被装载在费城宾州铁路公司第 30 号大街站火车上的私家车里，同时，庆祝他仍不喜欢的交易的仪式正在外面举行。即使在与桑德斯签署合并协议 8 年以后，珀尔曼仍然希望纽约铁路总公司与切萨皮克—俄亥俄公司合并，并且对新公司的管理层结构抱有情绪。

新公司虽然拥有近 70 亿美元的资产，但起先只有 1 330 万美元的现金。桑德斯、珀尔曼和比万可能认为，合并节约的成本和多元化带来的现金足以缓和现金短缺的状况。可惜，事实并非如此。

自 1963 年以来，比万一直支持多元化战略。他认为，宾州铁路总公司的非铁路业务(包括对不动产、石油和航空业持股)能够提供为弥补客运亏损所必需的收益，因此能够支持铁路业务的连续运营。的确，非铁路业务短期内有能力支撑宾州铁路总公司灾难性的收益报表，其根据是多元化投资把资金转离出核心业务，而多元化投资的利润有助于支撑趋于恶化的核心业务。宾州铁路总公司破产以后，该公司的托管人断定，多元化战略是一个错误。但是，没有一次政府组织的调查认为，多元化是导致合并失败的一个重要原因。这个问题之所以引起了调查者们的注意，是因为当时商界开始谈论 20 世纪 60 年代创建的多元化混合公司财务绩效低下的问题。不过，多元化如同该公司的股利支付和盈余管理策略那样，有助于树立公司健康、充满活力的形象，并掩盖其糟糕的核心业务绩效。良好的公司形象允许公司赢得股东、工会和监管者对合并的赞同并获得贷款。

从 1968 年 2 月到 6 月，这两家公司平行运营分开的线路。这反映了整合两个铁路系统，无间断地快速把货物从始发站运送到目的地的极其复杂性。对两个管理团队进行无计划的整合，会加大管理难度。桑德斯和珀尔曼都委托一个任务小组为新公司制定整合战略，结果花了两年半时间完成了一项报告厚达 6 卷的研究。不过，到了 1967 年 11 月，珀尔曼和桑德斯决定加快整合速度，并下令搁置整合计划，推进关键建设项目的进度。正如一名管理人员向美国证券交易委员会证明的那样：

我们所处的情形就好像是我们计划进军欧洲，但直到发起进攻那天还没有任命艾森豪威尔将军……现在，我们有一份从未宣布过的计划。“计划就是计划，就这样执行。”那个将要经营铁路的人没有说：“这就是我们要遵循的计划。”[29]

业务整合于 1968 年 7 月开始，随即就出现了混乱。理查德·桑德斯把这称为“运营崩溃的根源”。[30] 机车和车皮供给不足。如图 5.6 所示，事故率高于同行。货运单——跟车走并指明货物目的地的单据——不是遗失，就是内容不完整。一份内部备忘录记下了一连串的行程安排失误：

这些(合并造成的)变化的主要影响就是导致主要枢纽站拥堵和混乱，并且把那些终端站的理货职能转移到了站内货场，又把拥堵扩散到了东部。最初的分离引发了很多副作用：办公人员不熟悉他们安排货运线路的车站和收货人，导致差错率上升；打乱了机车调度秩序，进而导致间发性运能短缺；依靠早已受不兼容问题困扰的数据处理系统来控制难以管理的业务需求；致使车皮与货运单分离，并且被作为清理货场拥堵的紧急措施；导致宾州铁路总公司短途货运业务增加，进而加重了与东部其他承运人转运的中转负担：所有这些不利因素相互影响，像滚雪球般地扩大，而我们的服务可信度却持续下降。[31]

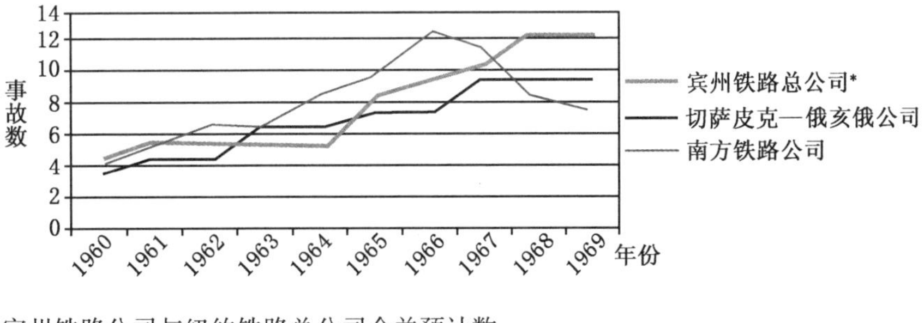

* 宾州铁路公司与纽约铁路总公司合并预计数。

资料来源：美国参议院商务委员会(1972：96)。

图 5.6　每百万单位铁路事故数

一些列车编组场由于建设项目进度加快和其他编组场关闭而塞满了被废弃的车皮，而托运人纷纷投靠其他铁路公司或改用其他运输方式。

像 35 个城市完全相同的设施——以及单独的计算机与营销系统——合并这样关键领域的整合计划，在公司合并 1 年以后仍未付诸实施。州际贸易委员会的一个视察员这样写道：

几乎所有的托运人都在谈论车站员工的工作态度。总的来说，车站员工的工作态度都没有合并以前好。在合并后的几个月里，车站员工的态度简直坏到了不能容忍的地步。以下是我在例行检查时的遭遇：这些员工扎堆在询问因没有按时发运而被耽搁的货物的去向。在无法知晓被耽搁货物的确切去向的情况下，他们不得不日复一日地面对发怒的托运人和收货人，并且忍受顾客针对他们和他们的公司所说的挖苦话，再加上他们的铁路服务根本无法与合并之前相比，导致员工的士气几乎跌到了最低点。这种情况不但发生在车站员工身上，而且发生在销售、货场保安以及任何与广大公众接触的其他部门。[32]

不断加剧的资本支出和运营问题，导致现金流问题雪上加霜。正如美国证券交易委员会后来报告的那样，这起合并对现金的负面影响明显被公司管理层“低估”了。[33]仅1968年和1969年两年，合并交易引发了总计2.5亿美元的额外现金支出。其中，运营混乱导致的收入损失和租用其他铁路公司设备的租金达到了3 000万美元，其余是设备改进(9 000万美元)、整顿纽黑文公司(4 500万美元)、劳动保护(6 460万美元)，以及培训、超时加班和购买住宅(1 860万美元)。[34]正如美国参议院商务委员会所指出的那样，运营混乱导致费用只占额外支出总额的一小部分(12%)，其余是合并导致的可预期影响，它们抵消了前文提到的合并带来的成本节约，并且导致了总计几乎高达1.76亿美元的现金支出。

这起合并与公司大规模的人力资源流动交织在了一起。参议院的报告指出，“仓促的合并实际破坏了合并前两家公司的组织结构，而宾州铁路总公司又没有能力及时形成自己具有凝聚力和协调能力的新组织结构”。[35]在合并后的两年半时间里，该组织失去了5名高管(桑德斯、珀尔曼和比万的副手)、8名副总裁(总共20个副总裁)和前纽约铁路总公司营销部的100名员工。据破产前不久的一份内部报告反映，很多一线管理人员(61%的运营段行车主任、81%的运输主管和44%的分公司主管)任职不到1年。“无节制的去组织化”是参议院商务委员会对宾州铁路总公司的概括性评价。[36]

另一种恶化趋势——报告盈余管理——并没有因为合并而停止。对于宾州铁路总公司的第一份年度报告，桑德斯持乐观的态度。他写道：

……我们的合并要比我们预期的更加平稳和迅速。我们在等待实施期间进行的合理而又全面的规划，使我们能够在两家公司之间发展一种密切的工作关系。在我们这个新组织中到处洋溢着一种卓越的合作和进取精神。[37]

然而，这家新公司的实际运营和财务绩效大幅低于年度报告所披露的绩效：成本高于报告，而收益则低于报告。如图5.7所示，宾州铁路总公司的费用—收入运营比率在同行中是最高的，并且在1968年又急剧上涨。

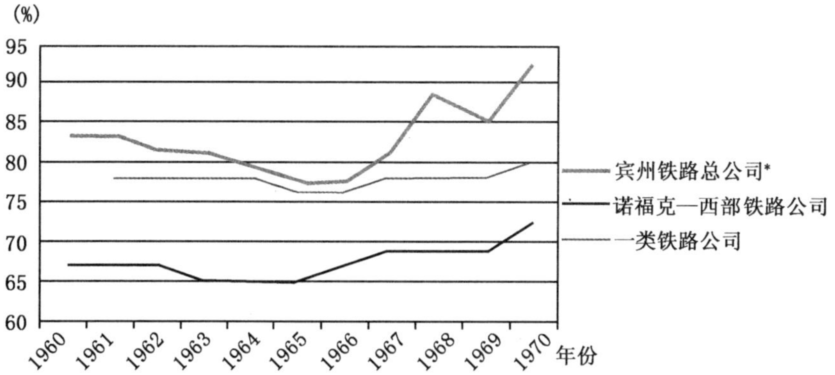

资料来源：美国参议院商务委员会(1972:96)。

图5.7 运营比率(运营收入除以运营费用)

虽然该公司1968年全年的铁路运营状况趋于恶化，但董事会批准了当年分配5 540万美元股利(相当于63%的净报告收益)的方案，并且得以支撑纽约证券交易所为时最长的股利支付。在合并后的头两年里，宾州铁路总公司董事会批准用利率高达10.5%的贷款来支付将近9 900万美元的现金股利。分配股利挪用了用于养护铁路的资金。该公司董事会的会议纪要以及破产和调查听证会上的证词表明，董事会几乎没有就公司运营和财务提出尖锐的问题，而是纠缠于一些细节问题。这也许能够反映桑德斯和珀尔曼进行的一种"内部信息管理"程序(与对外"盈余管理"并行)。美国证券交易委员会调查员总结指出，该公司董事会完全未能对有关铁路运营失败条件以及公司高管的可疑行为的明显预兆做出回应。[38]

该公司所报告的财务绩效与优厚的股利分配方案并不匹配。图5.8给出了公司合并后的铁路业务和控股公司季度收益。美国证券交易委员会调查发现了多个误导性——接近欺诈——财务报告例子。盈余管理开始于高层下达的一道命令：首席执行官斯图尔特·桑德斯要求会计部"在任何时候都要通过最有利的交易来创造最有利的盈余"。[39]桑德斯一贯设法低报或者少计在会计期间结束前不能完全明确的费用(例如，出差津贴、存货损失、损伤赔偿准备金等)，而高报预期收益估计值。例如，由于收益不能得到绝对确定的证实，因此可以合理地在1%～2%的幅度内操纵收益数据。此外，桑德斯鼓励会计人员把所有可视为与合并有关的成本打入一个金额高达2.75亿美元、专门为此设立的准备金账户，以至于这些费用被作为特别项目来处理(相反，凡是合并产生的节约都用于增加报告收益)。最后，通过这种愚蠢的增加季度收益的方式，宾州铁路总公司的管理人员被赋予了实现任意确定的成本降低额度的任务。不过，实施这些预算限制措施的后果便是铁路服务的进一步恶化：为数众多的托运人投

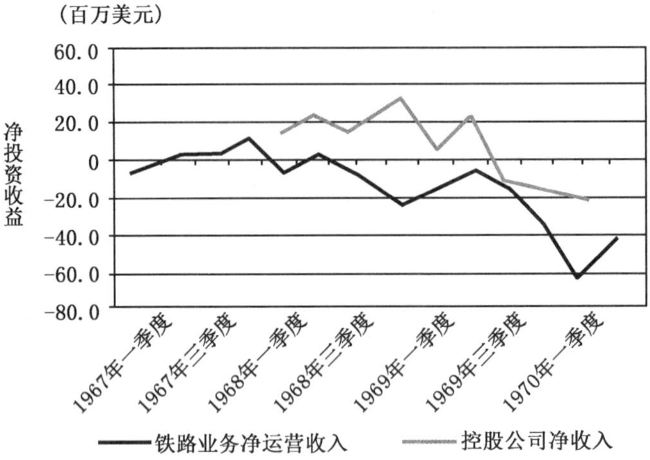

资料来源:美国证券交易委员会(1972:20,202)。

图 5.8 铁路和控股公司季度利润

诉和改用其他运输方式的顾客最终进一步增加。美国证券交易委员会下结论称:

显然……在从 1968 年 2 月 1 日到 1970 年 6 月宾州铁路总公司及其高级管理层分崩离析期间,公众实际上连续被错误信息所误导。信息披露是在迫不得已的情况下进行的,因为实在是不能再隐瞒了。1968 年全年向公众披露的信息,从企业融资、收益、运营等各方面来看都是相当乐观的——一种明显不能被事实证明的乐观。只是到了关于服务问题的事实真相传开以后,情况才发生了变化。于是,公司才承认与合并相关的问题的存在以及这些问题对收益的影响,但依然一再重复强调情况出现了转机,并且最终趋向于改善,而其他方面总是一片光明。没等到 1970 年年初,光明逐渐变得暗淡起来,末日开始临近,但仍没有提到财务问题或盈余管理行为。公司越来越多地披露铁路业务方面的严重问题,尽管管理层拒不接受内部关于彻底暴露问题有利于公司的建议。[40]

不巧的是,这起合并交易正好遇上了日益严重的通货膨胀、利率上涨、经济开始衰退并发生了有关越南的全国性骚乱(参见图 5.9)。利率上涨又赶上了公司资信下降。宾州铁路总公司 1969 年年初发生了 1.71 亿美元的运营资本赤字,而债务利息支付额增加了 40%以上。到了 1969 年年底,宾州铁路总公司的运营资本赤字已经增加到了 2.065 亿美元。其间,该公司的股票价格一路下滑到了 29 美元。到了 1970 年,宾州铁路总公司的现金以每天 100 万美元的速度流出。图 5.10 显示,截至 1970 年申请破产,该公司的累计现金赤字已高达 7.5 亿美元。自公司合并以来,比万已经举借 4 亿多美元的债务,但仍被迫四处寻找更多的资金来源以偿还这一年到期的债务本息。这一年到期的债务包括 1.06 亿美元的长期债务、3 000 万美元其他银行贷款、1.93 亿美元的商业票据和1.32亿美元的利息费用。如果银行贷款和商业票据可以展期,那么1970年的资金需要可通过由宾州铁路总公司的一家子公司发行1亿美元的债券来得到满足。目标就是要在1970年春天发行债券。

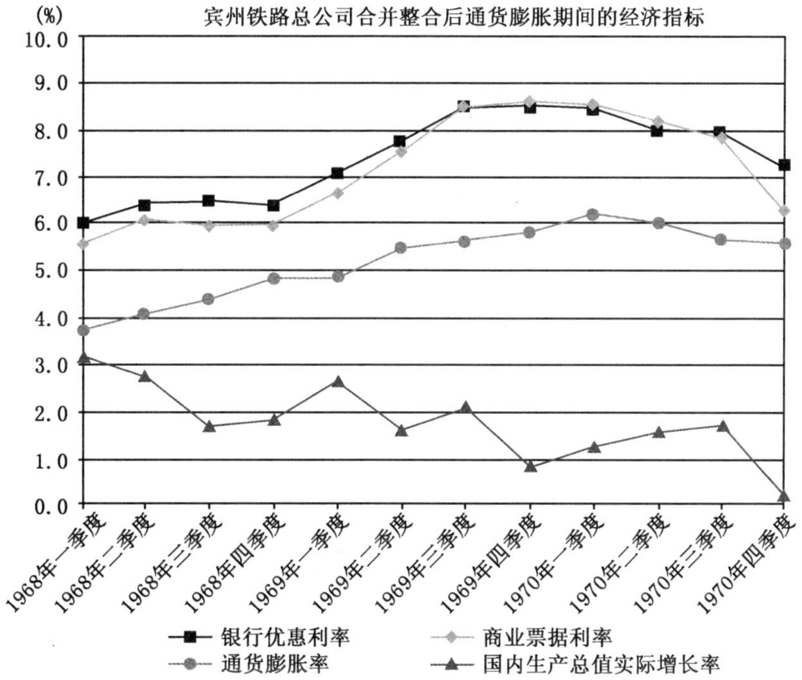

资料来源:WRDS数据库、《联邦储备银行公告》和经济分析局。

图5.9 通货膨胀率、经济增长率与利率

1970年年初发生的三种新情况断送了债券发行计划。首先,1970年1月和2月的大雪和低温导致宾州铁路总公司的路网陷入瘫痪状态。公司为清扫轨道上的积雪花费了850万美元。扳道器被冻住,设备被冻裂,寒冷的天气拖延或妨碍了维修。斯图尔特·桑德斯后来证实说:"这要比我们曾遭遇过的任何罢工都更加糟糕。因为……整整几个星期,宾州铁路总公司的很大一部分路网处于瘫痪状态。有好几天,我们无法从塞尔库克车场调出一节车厢。我们应该预期到每年会出现恶劣的天气,但是,这年一季度,我们遇到了前所未有的恶劣天气,宾州铁路总公司至少为此付出了2 000万美元的代价。"[41]据该公司报告,1970年一季度总共亏损1 700万美元,而铁路运输业务亏损则高达6 580万美元,这足以说明天气的恶劣程度。[42]

1970年春季,股市低迷导致宾州铁路总公司投资资产价值减少,以至于其无力为发行债券提供充分的担保。债券发行说明书披露,宾州铁路总公司由于资信不断下降而陷入了财务困境。宾州铁路总公司的财务困境是以"挤兑"它签发的商业票据的形

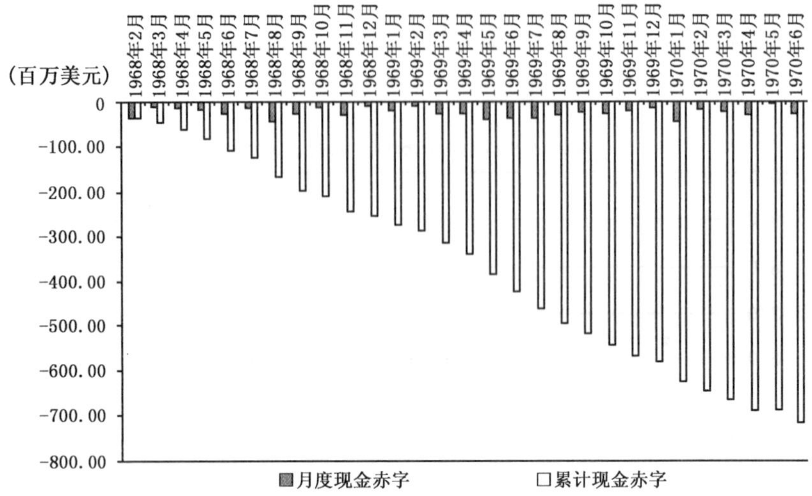

资料来源:ICCFilings。

图 5.10 月度与累计现金流赤字

式出现的,这类似于银行存款人从问题银行挤兑存款的情形。商业票据投资者在票据到期以后选择把自己的资金投向其他地方。1970 年 4 月,4 100 万美元的商业票据融资被蒸发掉了,5 月又失去 9 400 万美元的商业票据资金。不久,股东就像拍卖火灾受损物品那样抛售宾州铁路总公司的股票。该公司股票的交易量大增,因为投资者在 1970 年第二季度抛售了 672.7 万股——占该公司全部流通股的 27%以上。

5 月中旬,标准普尔公司把宾州铁路总公司的债券信用级别降到了很多机构投资者不接受的"垃圾"级,而信用级别的下降又加剧了商业票据的挤兑和股票抛售。5 月 25 日,公司董事会投票决定从市场撤回公司债券。到了这种地步,公司唯一可用的流动资金来源就剩下由国民城市银行牵头创立的货币中心银行俱乐部。但是,俱乐部的会员银行在没有政府担保的情况下也不再愿意贷款给宾州铁路总公司了。由于授权这种担保的立法未能获得国会通过,因此,宾州铁路总公司于 1970 年 6 月 21 日申请破产。

结 语

于是,宾州铁路总公司在一个由法院指定的破产托管人的管理下运营其铁路业务。1976 年,美国政府用宾州铁路总公司和美国东北部另外 5 家破产铁路公司的铁路资产组建了联合铁路公司。联合铁路公司于 1987 年实行私有化,并于 1997 年实施收购性解体。从此，美国东北部由两家铁路大公司CSX和诺福克南方公司（Norfolk Southern，NS）提供服务。这个结局与罗伯特·杨和詹姆斯·赛姆斯在1957年预想的格局相差不多。

宾州铁路总公司破产案于1978年10月24日审理完毕。此前，它的股份已经停止以每股1.62美元的价格在纽约证券交易所交易。在关于并入联合铁路公司的铁路资产价值的旷日持久的诉讼案结束以后，美国政府于1980年12月同意向宾州铁路总公司支付14.6亿美元作为收购其资产的价款和累计6.5亿美元的利息欠款。这笔现金再加上巨大的税损结转额度为宾州铁路总公司的多元化收购计划注入了资金。金融家卡尔·林德纳（Carl Lindner）于1995年3月24日接管了这家公司，并把公司的名称改为美国第一保险商公司（American Premier Underwriters）。新公司继续经营非铁路业务，包括不动产和保险。

对照案例：后来的铁路公司合并

宾州铁路总公司的解体造成了公众不信任铁路业合并交易的长期影响。1972年，美国参议院商务委员会在报告中写道：

关于自1959年以来获准的合并交易的记载绝大多数表明，有关节约成本的预测通常都过于夸张。即使确实能节约一些成本，也非常少。节约成本远远要比预期的困难，并且需要更长的时间。而且，合并有可能导致成本上涨，而不是下降……过去15年的经验所提供的可利用证据，并没有证明合并是提高（铁路业）效率、消除过剩运能或改善服务的有效途径。一般来说，合并更可能是有害的，而不是有益的。[43]

一些历史学家也支持美国参议院商务委员会的评判，如小理查德·桑德斯（Richard Saunders Jr.）写道：

……合并几乎不会产生被归功于它们的收益，而会导致铁路业陷入令人痛心的混乱……宾州铁路总公司解体以后仍在进行的合并交易没有一起是成功的……除了一些蝇头小利以外，合并没有消除重复的线路和过度的行程，也没有节约很多资金。[44]

不过，小桑德斯还指出，铁路业的并购环境在20世纪70年代末随着监管解除浪潮及其与技术变革一起引发的“革命”而发生了变化。并购环境、产业监管和技术方面的变化，促进了东海岸与西海岸之间铁路干线的发展，从而省却了费时、费钱的中转环节。监管当局缩短了审批合并申请的时间，而铁路公司也有更大的空间来提高生产率。图5.11显示，铁路部门员工人均百万吨/英里指标的大幅度提高发生在1980年前后。因此，产业合并特点在以后的20年里发生了变化，这一点在五大合并交易中得到了反映。

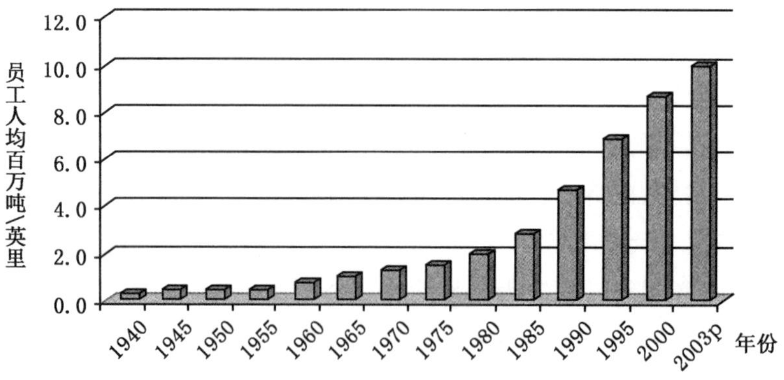

	年均复合增长率
1940—2003	5.4%
1940—1970	4.5%
1970—2003	6.3%
1970—1980	4.0%
1980—1990	9.1%
1990—2000	6.2%
2000—2003	4.7%

资料来源:《穆迪运输手册》(Moody's Transportation Manual，2002);《统计摘要》(Statistical Abstract，2003);美国铁路协会(Association of American Railroads)。

图 5.11 劳动生产率增长状况(全美铁路部门)

五大合并交易介绍

由切西系统公司(Chessie System)和滨海海岸线公司(Seaboard Coast Line)合并组成了 CSX 公司。切西系统公司与滨海海岸线公司从 1978 年 9 月开始洽谈合并事宜,于 1979 年 1 月宣布合并,并最终于 1979 年 11 月 1 日实际完成合并交易。这项价值 10 亿多美元的合并交易创建了美国东部第一大公司。有一名员工说,“CSX”象征着“切萨皮克海岸扩张”;另有人说,它就是“整个切萨皮克海岸”。切西系统—滨海海岸线联盟的股权比例是 50∶50(而宾州铁路公司与纽约铁路总公司之间的分解比例是 60∶40)。每家公司派遣 50%的董事和一名由新董事会任命的共同首席执行官。新公司设法逐渐整合两个相互独立的铁路系统的政策和行政管理。最重要的是,CSX 联盟拥有两家比较健康的公司。虽然它的非铁路业务子公司运营良好,但是,CSX 铁路业务仍是其收益增长的主要来源。CSX 已经是冶金煤炭出口的主要承运商。锅炉用煤需求不断增长,从而进一步提高了运输业务的增长速度。然而,切西系统公司与滨海海岸线公司合并的另一个有利因素,就是州际贸易委员会关于这起合并案的听证会前后持续了8个月。

从合并之初,CSX联盟的经理们就故意设法避免其对手宾州铁路总公司所犯的错误。起先,切西系统与滨海海岸线这两个运营系统独立运营,然后才慢慢整合。公司总部配备很少的员工负责总体计划。整合计划在合并完成以前已经制定就绪。两家公司的计算机基础设施在合并以前就已经调试联网,从而消除了令宾州铁路总公司烦恼的整合问题。

切西系统—滨海海岸线联盟合并后1年就取得了令人印象深刻的财务绩效。1981年第一季度,CSX的收益比上一年同期两家公司的合并收益增长了59%。运输部门和非运输部门的季度收入分别增加了12%和8%。这些运营结果应该归功于坚持不懈的成本控制措施和强劲的出口煤炭运力(比上一年增加了31%)。持续80天的煤矿工人罢工导致CSX第二季度利润下降。但是,CSX的利润在第三季度就迅速反弹,比上一年同期增加了87.5%。总而言之,CSX在没有出现明显不利迹象的情况下度过了合并后的第一个年头。

由诺福克—西部公司和南方公司(Southern)合并组成了诺福克南方公司。这起合并交易于1980年6月2日公布,并于1982年6月1日完成,可以说是对CSX合并案做出"多米诺骨牌效应"的产物。诺福克—西部公司当时是切西铁路系统的一个直接竞争对手,而南方公司正设法收购滨海海岸线公司。理查德·桑德斯曾评论说:"这两家盈利的成功铁路公司不但物质条件处于巅峰状态,而且管理有方、值得骄傲。"[45]合并以后,运营几乎没有受到影响。

伯灵顿北方公司(Burlington Northern)收购圣达菲公司(Santa Fe)案。在经历了与联合太平洋公司之间展开的报价战以后,伯灵顿北方公司于1995年9月22日收购了圣达菲公司。虽然伯灵顿北方公司当时已经是美国西部最大的铁路公司之一,但是,这起收购案创建了美国北方最大的铁路系统。虽然新公司1995年的收益由于与收购相关的成本原因而有所下降,但是,合并后的整合还是得以顺利完成。这起收购交易取得成功的关键,就在于公司计算机系统安装了计算机主程序,使得管理人员对于运营系统的瓶颈和必备条件了如指掌。有观察家认为,如果没有安装这个软件,伯灵顿北方公司就不可能应对20世纪90年代末沉重打击铁路系统的运价猛涨。

联合太平洋公司收购南方太平洋公司(Southern Pacific)案。在与托运人、监管机构和竞争对手进行长达1年的争斗之后,联合太平洋公司终于在1996年9月11日完成了这起收购交易。托运人、监管机构和竞争对手认为,这起并购交易会导致铁路运力过度集中。通过与竞争对手进行铁路使用权交易,争取托运人的支持,并且加强对政府的游说,联合太平洋公司管理层得以扭转局势,并且使收购案获得了批准。联合太平洋公司管理层预计到了这起合并案的实施难度,因此像18年前桑德斯和珀尔曼处理宾州铁路总公司合并案那样，下令对这两家铁路运营公司迅速实施合并。因这起合并案而被裁减的员工有3 000多人，另有3 000名员工被迫转岗，而南方太平洋公司的很多中层管理人员选择了买断走人。

1997年6月，联合太平洋公司位于休斯敦的一个重要的枢纽调车场(一个非常容易堵塞、需要投资的前南方太平洋公司的调车场)开始出现堵塞现象，其影响不断向外扩散，具体表现为列车运行速度减慢、事故频发和错发车皮。美国经济迅猛发展，运能需求快速增长，从而加重了全美铁路的负荷。

截至1997年10月8日，联合太平洋公司有550趟列车因缺乏机车或工作人员而停发或延误。铁路堵塞有可能影响到伯灵顿北—圣达菲(BNSF)和其他铁路系统。托运人变得怒不可遏，而地面交通运输委员会(The Surface Transportation Board)则威胁要进行干预。只是在要求铁路员工延长工作时间，合理使用调车场，并且与伯灵顿北—圣达菲和其他铁路运营商签订铁路共享协议以后，整个铁路系统的交通拥堵问题才得以逐渐缓解。

1998年6月，差不多合并后2年，地面交通运输委员会才宣布休斯敦交通运输紧急状况结束。理查德·桑德斯写道：

宾州铁路总公司全面失控，可以说是一场灾难，也成了一条全国性的新闻。截至1997年10月，经济损失估计达到10亿美元……到了这一年的圣诞节，估计损失逼近200亿美元……不过，1997年的灾难发生以后，伟大的铁路复兴事业不知什么原因，不再是人们关注的焦点。整个铁路行业再也没有以前那么充满活力或令人乐观，而是成了众矢之的，也失去了昔日的清白。[46]

联合铁路公司被分解给诺福克南方公司和CSX公司。在经过诺福克南方公司与CSX公司之间数月的漫长竞价之后，地面交通运输委员会(州际贸易委员会的继任者)出面把两个竞价者和目标公司请到了谈判桌上。三方谈定把联合铁路公司分解后分给诺福克南方公司和CSX公司，实施日期定在1998年8月22日。当时，联合铁路公司运行良好，装备精良，员工士气高涨，并取得了良好的按时交货和安全运营记录。联合铁路公司的股票价格就能反映它的健康状况：1987年以每股13美元的分立调整价公开上市，而诺福克南方公司和CSX公司支付的收购价是每股115美元，为投资者带来了22%的年均复合投资收益率。

联合铁路公司仍然实际负责其铁路系统的运营，直到诺福克南方公司和CSX愿意接管各自的资产为止。这两家公司的运营性接管一直推迟到1999年6月1日。这天，它们才宣布准备自己来运营。这两个铁路运营商的信息技术系统并非完美无缺，把满载的车皮误报成空车皮，并且还错报目的地。它们的某些调车场开始出现堵塞现象，而有些货主转向卡车运输商。理查德·桑德斯当时是这样评价的：

CSX 和诺福克南方公司为收购联合铁路公司付出的代价实在是太大，两家公司都没能迅速恢复元气。CSX 公司在 1999 年 9 月遭遇了飓风“弗洛伊德”的袭击……诺福克南方公司的净收益在 1999 年第二季度和第三季度分别下降了 59% 和 88%，这都可归咎于联合铁路公司解体导致的拥堵以及拥堵导致的顾客离去……对于 CSX 和诺福克南方公司来说，同时发生的煤炭出口（这两家公司的一项盈利性业务）严重滑坡简直就是雪上加霜……联合铁路公司的解体倒没有像联合太平洋公司那样恶化成一场灾难。不过，在发生拥堵和混乱的一年多前，情况也非常糟糕……工人们觉得自己劳累过度，而得到的却是大规模的裁员。中层管理人员灰心丧气，有些人因为工作压力过大、时间太长，安全没有保障，薪水低于工会会员而选择了辞职。运输量徘徊在 20 世纪 90 年代的水平不再增长。[47]

兼并整合的压力是导致 CSX 和诺福克南方公司合并后绩效不佳的一个重要因素。不过，无论这两家公司是否收购联合铁路公司，它们确实也饱受弗洛伊德飓风和煤炭出口减少之苦。无论合并或外生影响是否造成了更大的伤害，这里还有一个投机问题。

那么，上述各合并案是否取得了成功？图 5.12 给出了各购并公司实施购并 5 年以后的投资者累积市场调整收益率。该图表明，这些购并案中既有成功的，也有失败的。但是，平均而言，累积收益率并非显著不等于零。图 5.13 给出了各收购公司购并后 20 个季度的平均报告收益标准变动幅度。我们可得出以下两个结论：每起并购交易都经历了一个急剧变动期——没有一起能够幸免。但是，联合太平洋公司与南方太平洋公司合并案的季度平均报告收益变动大于其他合并案，这与它的“灾难”性后果相一致。而且，季度平均报告收益急剧变动似乎都在并购两年半以后结束。这样漫长的过渡期加重了运输业合并的难度。最后，其他后续发生的并购案与宾州铁路总公司案不同，涉案企业都生存下来，并且在经历了并购困难期以后得以恢复。

结　论

美国参议院商务委员会断言：“那些指望在一连串的悲惨事件中找到问题根源的人，听说铁路业的并购失败案例不能作为这些邪恶计划的结果来描写，也许会感到失望。确切地说，这些失败案例的主要原因在范围上要更加广泛……是人、制度和法律的失败。”[48] 的确，使得宾州铁路总公司并购案不同于铁路业其他被考察合并案的因素，就是各种力量在宾州铁路总公司合并案上的汇集——形成了一场名副其实的大风暴。这起并购的失败框架勾勒出了这些力量的威力。

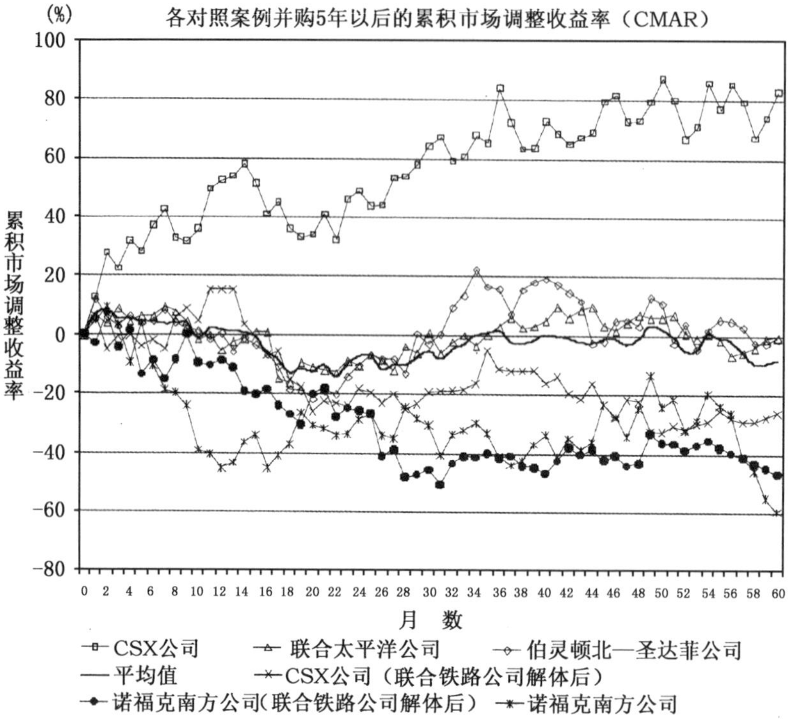

资料来源:数据流。

图 5.12　铁路业其他主要并购交易发生以后的股东累积市场调整收益率

“商情并非一成不变”:20 世纪 60 年代,铁路行业衰退加速;调整滞后出乎预料,就如同通货膨胀波浪、利率上涨以及 1970 年的寒冬。公司和交易的性质几乎没有任何对付困难的余地。两家铁路公司的财务资产通过固定交换比例的交易方案“紧密耦合”,这必然迫使它们在长时间等待审批结果期间支付过高的股利、操纵盈余,并减少资本支出。一家公司的运营业务已经足够复杂,而合并两家公司的运营业务就变得非常复杂。托运人要求运营业务也能紧密耦合,并且与公司合并同步。桑德斯和珀尔曼处置整合计划,而不是加快特别整合计划的决策,虽然动机是快速取得节约成本的收获,但令人想起切尔诺贝利核电站管理层不顾紧急核冷却系统渗漏仍做出启动核反应堆的决定:这种做法也许从理论上说在特殊情境下情有可原,但仍然是愚蠢之举。缺乏训练和文化差异降低了新企业的员工为应对意外挑战而精诚合作的可能性。由此可见,最高管理层的公开乐观态度显示了如此强烈的认知偏差,以至于对问题紧急性和严重性的认识大打折扣。桑德斯和珀尔曼似乎太想隐瞒他们两家铁路公司的问题。当时一家主要的混合经营公司国际电话电报公司的首席执行官哈罗德·杰宁(Harold Geneen)认为,桑德斯和珀尔曼的严重失误在于他们在核心铁路运营业务上缺乏透明度。[49]美国参议院商务委员会在其报告中着重指出了认知偏差问题:

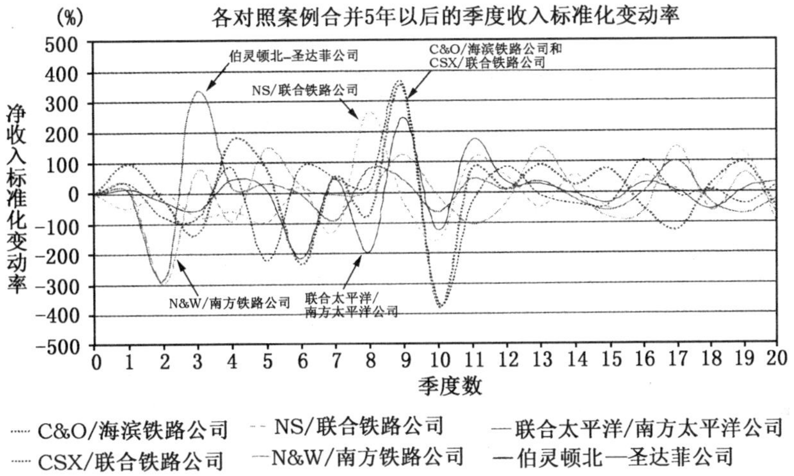

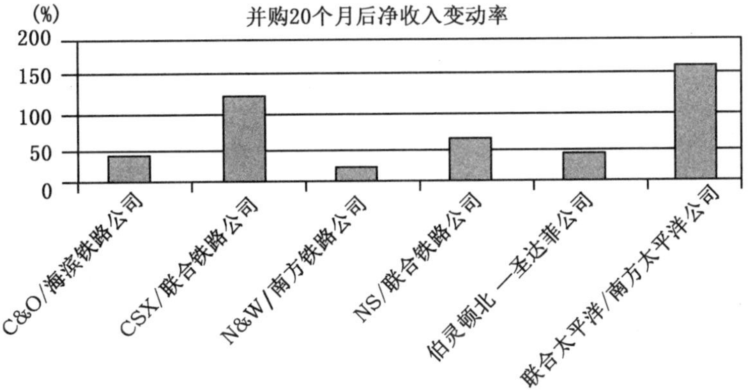

注:季度收益变动率是指当季净收益相对于前一季度净收益的变动幅度,除以观察期 20 个季度净收益的标准差。变动率是指 20 个季度的季度净收益标准差除以同期平均净收益。除以平均值旨在对各企业不同规模进行调整。

资料来源:数据流,由作者分析。

图 5.13　铁路业主要并购案实施后的收益变动率

该合并案成了这样一个困扰这两家公司管理层的问题:他们都乐意为它付出昂贵的代价。也许,有人会说他们“付出太多”。他们把接纳受亏损困扰的纽黑文公司作为合并的一个条件。此外,他们估计头两年劳动保护的成本高达 6 400 万美元,实际也是如此。应该记住,这两家铁路公司并非是被迫合并的。倘若两家公司的管理层认为,强加给他们的条件代价太高,那么可以废除协议。然而,废除协议似乎从未被作为一项备选方案来考虑,这起合并案的策划者们不惜任何代价要完成这项合并计划。[50]

注释：

[1]这一章的编写工作得到了肯恩·卡尔、戴维·艾克勒(David Eichler)和桑洁·瓦科哈瑞(Sanjay Vakharia)在研究方面给予的帮助。同样，本人还要感谢宾州铁路总公司调度室的欧内斯特·R. 瓦拉利(Ernest R. Varalli)，LLP驻布兰克、罗马、科密斯基和麦考利的研究行政官艾琳·德里克(Eileen Drelick)以及约翰·H. 麦克阿瑟(John H. McArthur)，对他们的访谈使我增长了不少见识。我还查阅了特拉华州威尔明顿市海格理博物馆和图书馆商业、技术与社会历史中心以及宾夕法尼亚州哈里斯堡市宾夕法尼亚州立档案馆的原始档案资料，并向宾夕法尼亚州历史与博物馆委员会进行了咨询。

[2]美国运输部关于宾州铁路总公司运输公司关闭影响的估计值，参议院报告(1972：xix)。

[3]纽约铁路总公司首席执行官阿尔弗雷德·珀尔曼(Alfred Perlman)在州际贸易委员会所做的证词，转引自多亨和宾曾(Daughen and Binzen，1971：63)。

[4]宾州铁路公司首席执行官詹姆斯·赛姆斯(James Symes)在州际贸易委员会所做的证词，转引自多亨和宾曾(1971：52)。

[5]美国证券交易委员会、州际贸易委员会、国会银行与货币委员会、国会州际与对外贸易委员会、参议院商务委员会、司法部和费城检察官主持的调查。索尔兹伯收藏的调查报告概述(1982：198)；参议院(1972：v)。

[6]美国政府的成本数据引自：Bank Run and Bailouts：A Short and Costly History Lesson，*U. S. News & World Report*，February，20，1989。

[7]美国国会特别调查委员会主席 Harley O. Staggers，*Financial Collapse of the Penn Central Company*，U. S. Government Printing Office(1972：vi)。

[8]Senate(1972：vi).

[9]Saunders(2003：143).

[10]Saunders(2003：45).

[11]Daughen and Binzen(1971：12).

[12]兼并评论家米尔顿·沙普(Milton Shapp)转引自多亨和宾曾(1971：78)。

[13]Daughen and Binzen(1971：308).

[14]戴维·比万向州际贸易委员会所做的证词，转引自多亨和宾曾(1971：63)。

[15]斯图尔特·桑德斯在参议院听证会上所做的证词，转引自多亨和宾曾(1971：312，314)。

[16]约翰·韦勒(John Weller)引自 1970 年 9 月《财富》(第 62 页)，转引自桑德斯(2003：61)。

[17]Salisburg(1982：209).

[18]Senate(1972：283).

[19]Senate(1972：285).

[20]Saunders(2003：110).

[21]Daughen and Binzen(1971：112).

[22]Daughen and Binzen(1971：53).

[23]Saunders(2003：10).

[24]SEC(1972:29).

[25]SEC(1972:16).

[26]估计成本,转引自多亨和宾曾(1972:221)。

[27]Daughen and Binzen(1971:222).

[28]Daughen and Binzen(1971:90—91).

[29]SEC(1972:20).

[30]Saunders(2003:10).

[31]内部备忘录,转引自 SEC(1972:22)。

[32]州际贸易委员会视察员报告,转引自桑德斯(2003:11)。

[33]SEC(1972:29).

[34]Senate(1972:171).

[35]Senate(1972:164).

[36]Senate(1972:164).

[37]斯图尔特·桑德斯董事长致全体股东的信,引自宾州铁路总公司年度报告(1968年3月15日),转引自多亨和宾曾(1972:223)。

[38]SEC(1972:153).

[39]SEC(1972:34).

[40]SEC(1972:200).

[41]斯图尔特·桑德斯在美国参议院商务委员会的证词,转引自多亨和宾曾(1972:254)。

[42]SEC(1972:202). 亏损规模取决于会计方法。文中给出的数据引自州际贸易委员会报告。但是,在债券发行函中,公司报告了铁路运营业务1.015亿美元的亏损。

[43]SEC(1972:285—286).

[44]Saunders(2003:143).

[45]Suanders(2003:229—230).

[46]Saunders(2003:331,336).

[47]Saunders(2003:344—345).

[48]Senate(1972:16).

[49]杰宁的评论引自威廉·L. 戴(Willam L. Day)1969年12月1日写给斯图尔特·桑德斯的信,转引自多亨和宾曾(1972:261)。

[50]Senate(1972:184).

第六章　1986年12月:雷夫克药店公司杠杆收购案

雷夫克药店公司(Revco Drug Stores)从变为私人公司那天起就陷入了困境,销售收入和收益计划纯属非分之想。[1]

1986年12月29日,雷夫克药店公司被以此前12个月公司平均股价48%的溢价收购,从此变为私人公司。在被收购19个月以后,公司便申请破产。"被收购成为私人公司"这种杠杆收购形式,是20世纪八九十年代的一种典型交易。[2]在这种交易中,公司管理层和投资者群体利用主要通过债务融资方式借来的现金,从公众股东手中收购雷夫克药店公司的普通股。截至1986年12月,雷夫克药店公司杠杆收购交易是美国案值最大的杠杆收购案之一(14亿美元),肯定也是美国最复杂的杠杆收购案之一,其特点就是涉及9个分离的融资层次。

雷夫克药店公司收购案的一个对应案例,就是该公司药品零售业的直接竞争对手杰克·艾克特公司(Jack Eckerd Corporation)的杠杆收购案。艾克特公司于1986年5月被收购成为私人公司,也是为了对付一起敌意要约收购的威胁。作为大多数杠杆收购的典型,艾克特公司报告了亏损,不过仍有正的现金流,足够在1990年购买220家雷夫克零售药店。后来,艾克特公司主动发出要约准备收购整个雷夫克公司。雷夫克公司管理层和债权人进行了抵制。1993年,艾克特公司重又成为公众公司,让其股权投资者获得了丰厚的收益。为什么艾克特公司能够获得成功,而雷夫克公司却没能提供关于治理、交易设计和杠杆融资方面的教益呢?

雷夫克公司的转让

这起收购交易是在雷夫克公司首席执行官西德尼·德沃金(Sidney Dworkin)因可能受到的接管威胁、公司内部的控制权争夺[3]和财务绩效下滑而经历了长时间的焦虑以后完成的。[4]雷夫克公司普通股在1984—1986年的表现,足以说明1986年发生杠杆收购之前公司绩效低劣的程度。

分析1984—1986年股东的市场调整收益与累积市场调整收益率(CMAR),就能反映雷夫克公司在被杠杆收购之前的惨淡境况。1984—1985年,股东累积市场调整收益率为−40%。这个绩效反映了多个事件。1984年4月,美国食品与药品管理局宣布,雷夫克公司麾下的一家子公司生产的琥珀酸维生素E(E-Ferol,一种维生素E补充剂)与婴儿死亡之间可能存在一定的联系。据分析师估计,雷夫克公司的负债可能达到了7 500万美元;而因这一事件,公司股票市值下跌了1.6亿美元。1984年晚些时候收益的进一步恶化,与公布比预计更糟的财务绩效有关。1985年2—3月累积市场调整收益率的下跌与公司管理层变更和持不同意见的董事被免职有关。1985年晚些时候,雷夫克公司累积市场调整收益率的进一步下跌与其财务绩效恶化、主要评级机构降低对雷夫克公司的债务信用级别有关。[5]总体而言,1984—1986年,雷夫克公司的绩效(年销售增长率、息税前收益以及息税前收益—销售收入比)低于对照组同行。

1985年9月17日,一位独立投资银行家率先向西德尼·德沃金提出了杠杆收购的想法。此后不久,雷夫克公司向所罗门兄弟公司(Salomon Brothers Inc.)咨询杠杆收购的可行性。所罗门兄弟公司把雷夫克公司最近低劣的财务绩效说成是由"暂时性问题"造成的[6],并且请求韦尔斯·法戈(Wells Fargo)牵头成立一个银行辛迪加,为这起杠杆收购交易提供优先贷款。韦尔斯·法戈于1986年3月初发出一封承诺函。1986年3月11日,西德尼·德沃金向雷夫克公司董事会提交了一份杠杆收购建议书。这份收购建议书要求股东分别按照每股33美元的价格和每股3美元的价格(以每股比纽约证券交易所前一交易日的股价高出17.6%的溢价)出售普通股和不可兑换优先股。

杠杆收购案的公布使得雷夫克公司的股东获得了8.4%的2日市场调整收益率。不过,德沃金方案的公布在金融界引发了关于要约出价是否适当的激烈争论。两名证券分析师编制了不同报告,认为要约收购价是"公允"的[7];而其他分析师则认为,要约收购报价太低。例如,威廉·布莱尔公司(William Blair & Company)发表报告[8]称,"收购价格每股38~40美元就更加公允"。同样,廉价药品连锁店达特集团公司(Dart Group Corporation)也就收购雷夫克公司事宜与该公司的董事有过接触。后来,达特集团公司要求加盟杠杆收购集团,如果不让它加盟,就威胁要发起敌意要约收购。杰米证券公司(Jamie Securities),一家专营风险套利业务的公司,表达了在它已经拥有9%股权的基础上增加控股的兴趣。

1986年6月2日,德沃金向公司董事会提交了一份修改方案,把每股现金收购价提高到38.50美元。全体董事于8月15日接受了这个收购价。雷夫克公司股东于12月17日表决通过了收购方案。这起杠杆收购案于12月29日付诸实施。

这起交易因其复杂的融资结构而出名,其特点就是9级融资,并且还运用了华尔街上罕见的奇异证券。它们包括:

• 优先股，如同普通股一样，用来“保护”债权人。公司所需的“保护”资金金额很可能取决于对公司现金流的预期，特别是对公司现金流规模和稳定性的预期。资本结构就像是一队需要侍候的食客，排在前面的是债权人，而排在后面的是股东。如果菜肴不够，厨师更喜欢排在队伍后面的是一些不会抵制自助餐的顾客。在批准分红的情况下，优先股东不能发起破产申请程序。同时，优先股很可能比普通股来得便宜。优先股的红利不能免税，尽管公司投资者可把 80％的优先股红利不计入应税额，从而可以（采用减少红利的方式）实现投资者和发行人共享节税。

• 由次级票据与主要旨在刺激看涨票据预期收益（如果市场看好的话）的普通股和普通股卖权捆绑在一起的单位。读者自然会提出这样一个问题：为什么雷夫克公司没有简单地发行利率为 15％或 20％的票据？答案必然是金融工程师没有预期到足够的现金实力。股权刺激的战略作用同样可应用于可转换优先股。

• 可转换优先股也许是这起收购交易最值得关注的融资环节。所谓的“可转换优先股”，其实就是头 5 年采用“实物股利”，以后可转换成一般“现金股利”的优先股。此外，公司保留把优先股转换成收益率（15.25％）相同的次级债券的选择权。通过转换，投资者可能要损失 80％的股利免税额，不过万一发生清算事件，可以适当提高偿还优先等级；而公司可争取到新的免税额，因而可使它的现金避税。

那么，可转换优先股真的会成为债券或股票吗？答案必须在公司管理层的预期经济行为和这次发行所起到的经济作用中寻找。我们应该预期到雷夫克公司在 1992 年遭遇了一点税收损失以后马上就会行使其转换权。1987—1989 年，这次发行正好轻而易举地成为一次债券发行；或者说，留存收益获得了等额增加。这次发行的只是名义上的优先股，采用优先股的名义是为了利用税法的一个奇怪特点。

• 次级优先股应该由所罗门兄弟公司、跨洲服务集团公司（Transcontinental Service Group，TSG）和其他投资者群体全额收购。这些投资者正好能够方便地以普通股的形式投资。他们很可能选择以实物股利的形式收回一部分收益，以便利用股利免税待遇。从经济上讲，我们可以把次级优先股当作普通股。

雷夫克公司花哨的资本结构可用解决复杂融资问题的老到方法来解释：(1)筹措资金支付收购溢价；(2)尽可能向优先贷款人借钱（这是最便宜的资金）；(3)尽量少从股权投资者那里筹措资金（他们总希望获得最大的投资收益）；(4)尽量使筹资条件向“中间”靠拢（即必要时采用权变的支付方式），以便用可预期的现金流来偿还，并且能吸引资金提供者。

透过 1986 年夏季和秋季，雷夫克公司管理层发现公司的绩效没有达到预期水平，并且把这归因于有新进入者进入了廉价药品零售业。截止于 1986 年 3 月 31 日的会计年度，雷夫克公司的净收入比上一年减少了 17.6％。1987 年第一会计季度（即

1986 年 5—8 月）*，运营收入比计划减少了 21.8%。1986 年 10 月，该公司对运营计划进行了修改，以便在招股说明书中公布。不过，雷夫克公司的实际绩效下降到了刚好完成修改过的计划的水平。尽管如此，1986 年，公司股东还是实现了 27%的市场调整收益率。

雷夫克公司财务主管在其于 1987 年 1 月 2 日——杠杆收购完成 4 天后——所写的一份内部备忘录中，表达了对公司现金流状况恶化的深切担心：

我非常担心公司的现金流，因为过去 6 周的销售绩效十分糟糕，造成现金流减少近 3 000 万美元。我们很难弥补这个资金缺口。事实上，我们已经没有任何剩余现金。[9]

截止于 1987 年 1 月 10 日的 4 周和 32 周报告反映了一个极其令人失望的圣诞季。

接下来就发生了渐进性财务窒息。焦虑不安的银行家们在 2 月和 3 月两次约见雷夫克公司管理层。3 月 31 日，各贷款银行被告知，西德尼·德沃金已被解除公司首席执行官一职，不过仍保留董事局主席的职务。这一人事变动验证了各贷款银行和所罗门兄弟公司对德沃金“在高倍杠杆化的环境里大胆有余而日常运营经验或能力不足”的感觉。[10]公司的日常运营控制权交给了公司总裁威廉·B. 爱德华（William B. Edwards）。也是在这次见面会上，各贷款银行被告知资产销售进展缓慢，运营收入少于预算，而库存则高于计划。1987 年 5 月，雷夫克公司这一会计年度的运营利润比计划减少了 12.5%。公司财务总监认为，公司“陷入了不能履行偿债义务的严重危机”。[11]

公司“守门人”的变更导致了雷夫克公司的战略变化。公司管理层放弃了“天天低价”的策略，并且采纳了一种包括每周销售和促销在内的策略。此外，产品组合也扩大到了电视机、可拼装家具和录像机。店面布局也做了变动，以努力增加药品销售。这些变化使得公司的运营业务变得比较复杂，而顾客也比较混杂。

公司内部的权力斗争影响了员工的忠诚，并且在管理层引发了暗中较劲。管理层的内部斗争优先于为实施杠杆收购所必需的高效经营。1987 年 9 月，雷夫克公司组建了一个包括代顿·哈得逊公司（Dayton Hudson）前总裁博克·A. 塞尔斯（Boake A. Sells）在内的新管理团队。紧接着这次高管团队的变更，德沃金便出售了他在雷夫克公司的股份，获得了 800 万美元的现金和资产（这次杠杆收购交易的初始投资额），并且在供职 30 年以后离开了这家他那么想控制的公司。

德沃金离开雷夫克公司以后，公司停止变卖资产，但现金变得越来越稀缺。1987 年秋季，由于现金短缺，公司已经无力备足库存，而圣诞季简直就成了灾难。更广泛地说，1987 年 10 月的股市崩盘严重影响了消费者对雷夫克公司新的商品销售策略所瞄

* 原文如此。——译者注

准的那些商品的需求，雷夫克公司陷入了严重的麻烦。

当雷夫克公司填报于1988年2月6日截止的季度10-Q表时，问题的严重性便暴露无遗。10-Q表所披露的信息表明，至此的资产出售已经不足以支付利息，而公司欠下了差不多1 500万美元的循环贷款。此外，雷夫克公司已经陷入了无力履行一些金融和非金融债务契约的地步。

1988年3月10日，所罗门兄弟公司高收益债券销售人员停止为雷夫克公司的债务证券做市。12天以后，所罗门公司从它的“最安全高收益债券”的月度报告中删除了雷夫克公司的名称。与此同时，博克·塞尔斯约见了所罗门先生，并表达了对所罗门公司咨询服务水平和质量的不满。4月13日，所罗门公司向雷夫克公司提出了一项调整建议。塞尔斯实际上拒绝了这项建议，并在2天以后分别向德崇证券公司、第一波士顿银行和高盛公司征求调整意见。4月19日，雷夫克公司委托德崇证券公司制订一份调整计划。聘请外部咨询顾问是由内部调整方案引发的。内部调整方案表明，雷夫克公司无力支付公众持有的次级债券的4 600万美元利息。公司管理层打算不按约支付债券利息，这样能够增加运营资本，支付欠供应商的货款，并且改善公司的运营状况。

1988年6月16日，雷夫克公司首次没有按约支付利息，也没有支付优先股按季分配的股利。德崇证券公司恳请雷夫克公司的投资者给予公司一定的“活动空间”。1988年7月28日，在德崇证券公司的恳请遭到拒绝以后，雷夫克公司不得不提出破产申请。

德崇证券公司的调整努力由于多个原因而毫无结果。正如公司管理层打算要做的那样，雷夫克公司没有履约支付1988年6月到期的4 600万美元的利息。控制雷夫克公司60%股权的跨洲服务集团公司拒绝放弃该公司的控股权，以换取债券持有人让出的7.03亿美元。直到1989年1月15日，一个主要债券持有人仍拒绝接受暂停偿债协议。于是，这家高倍杠杆化收购的公司气数已尽。1988年7月28日，雷夫克公司在私人化19个月以后，依据《破产法》第11章向法院提出了保护申请。

雷夫克公司的破产惊动了整个金融界。从收购到1988年7月，雷夫克公司证券的投资者大约损失了80%的投资。雷夫克公司的杠杆收购案是20世纪80年代末最著名的高倍杠杆收购交易，它的快速死亡使人们对这类交易的安全性和金融工程师减轻可预见风险的能力产生了疑虑。人们的觉醒增加了垃圾债券市场承受的压力，雷夫克公司破产案的公布伴随着垃圾债券风险溢价的上扬。

雷夫克公司收购案是所罗门兄弟公司涉足大型投资银行收购业务完成的第一笔交易。这起交易主要是由所罗门公司策划的，而且相关的证券也主要由所罗门公司发行，它还是用自有资本投资这些证券的主要投资者。雷夫克公司和其他一些并购公司的破产一度影响到所罗门公司的投资银行业务。

1990 年,雷夫克公司陷入破产以后,把自己几乎一半的店铺盘给了艾克特公司、可信医药(Reliable Drugs)、佩里药品(Perry Drugs)和哈科(Harco)等公司,从而成功避免了在持续近四年的破产案审理期间遭受日特爱德(Rite Aid)和艾克特公司接管的威胁。雷夫克公司的管理层、债权人和竞争对手在 1990 年 11 月～1992 年 2 月间至少提出了 10 份重组计划。1992 年年初,日特爱德公司和艾克特公司撤回了它们发给雷夫克公司的收购要约。后来,雷夫克公司向艾克特公司支付了高达 750 万美元的与持续整整一年的要约收购有关的费用,后者才答应罢手。雷夫克公司最终于 1992 年 6 月摆脱了破产保护。

对照案例:杰克・艾克特公司杠杆收购交易

总部位于佛罗里达州克利尔沃特城的艾克特公司在美国 15 个州拥有 1 547 家药店。就店铺数量而言,艾克特公司是仅次于雷夫克公司的美国第二大医药连锁店;就年收入而言,它排在雷夫克和沃尔格林公司(Walgreen)后面,名列第三。1984 年,药店连锁企业占据美国 432 亿美元药店销售收入的 59%(较之 1983 年的 57%又有所增加)。这些企业在过去 10 年里的快速增长,使其积累了投资于其他非关联风险事业的剩余现金……而其中的有些投资变成了坏账。20 世纪 80 年代上半期,药店业作为制药业的末端环节,利润率较高(尽管来自超市日益激烈的竞争影响了药店业保健品和美容品的利润),因此一般被看作颇具吸引力的收购对象。除了艾克特公司收购案以外,该行业的收购交易还包括伊马斯克有限责任公司(Imasco Ltd)于 1984 年 4 月出资 3.25 亿美元收购人民药店(Peoples Drug Stores)和克罗格公司(Kroger)于 1985 年 2 月出资 1.591 亿美元收购胡克药品公司(Hook Drugs),以及凯玛特(K Mart)于同年 3 月出资 5 亿美元收购廉价药品商店(Pay Less Drug Store)等交易。不过,像沃尔格林公司和日特爱德公司这样规模较大的连锁药店,由于市盈率较高而具有更强的收购"免疫力"。艾克特公司在美国南部和西南部阳光地带面临日益激烈的竞争,并且看到了来自"深度折扣"连锁店的新威胁。后者以低于典型连锁药店的利润率开展运营业务。艾克特公司作为一家《财富》500 强企业,1985 会计年度(截止于 8 月 3 日)实现了 25 亿美元的销售收入,却出现了 830 万美元的亏损(而 1984 年则实现收益 8 540 万美元)。糟糕的财务绩效使这家公司成为首选的收购对象。

1985 年 6 月,达特集团公司披露自己拥有艾克特公司 5%的股份。艾克特公司的股价由于收购传闻而上涨了几周,后来下跌了 68.5 美分,跌到了每股 26.25 美元。在艾克特公司公布了第三季度的收益预计只相当于上年同期 1 790 万美元一半的信息以后，达特集团公司就对艾克特公司实施收购。艾克特公司的回应是提起诉讼，以阻止达特集团公司的收购行为，并且卖掉了从事副业的子公司。1985 年 7 月 15 日，艾克特公司宣布以每股 29.50 美元的价格购回达特集团公司持有的艾克特公司股份（总价款为 5 560 万美元）。达成回购协议的消息导致艾克特股票的价格下跌了 3.125 美元，跌到了每股 26.375 美元。

8 月，艾克特公司宣布自己正在考虑一次“出售、兼并或业务组合”行动。有分析师把这次公告看作故意提高股价[艾克特公司 9%的股权由包括公司董事局主席、总裁兼首席执行官斯图尔特·特利(Stuart Turley)在内的管理层拥有]以抵制任何其他敌意收购的行为。艾克特公司还宣布，其当年的全年收益有可能下跌 30%，在 5 600 万～6 100 万美元，并且把收益减少归因于商品价格不正常的大幅下降以及子公司的剥离。

1985 年 10 月 10 日，艾克特公司宣布，它与一家将由其员工和管理层以及一个由美林公司组织的投资者群体拥有的新公司签署了一份收购艾克特公司的最终兼并协议。这起杠杆收购交易被分析师们看作一项阻止其他收购企图的行动（该年早些时候，达特集团公司仍对艾克特公司跃跃欲试）。这起杠杆收购交易也使得艾克特公司能够重振自己的业务，而又不必为股东的短期收益操心。起先，分析师们看好这起杠杆收购交易，但也不是十分看好，认为该公司的价值要略微高于收购要约的出价。这次要约收购的出价是每股 33 美元的现金，总计 12 亿美元。

1986 年 4 月 30 日，这起收购交易在获得了公司股东大会通过以后得以付诸实施。这家新私人公司的董事长兼首席执行官斯图尔特·特利认为，私有化并不会影响他和他的团队经营药店，而且顾客也感觉不到这个变化。而艾克特公司的创始人杰克·艾克特则宣布，他可能会卖掉自己的全部股份（110 万股），并且不会在新公司里担任任何职务。他还进一步指出，一个在 1961 年只投资 1 000 美元购买艾克特公司原始股的人，通过这起杠杆收购交易，就获得了 158 000 美元。

截至 1990 会计年度末，艾克特公司的净值大约为－2.52 亿美元，而偿还债务导致了 3 260 万美元的净亏损。不过，1986—1990 年，艾克特公司偿还了 7.85 亿美元的优先债务，从而使优先债务减少到了 4.6 亿美元；而销售收入则由 26 亿美元增加到了 35 亿美元（尽管店铺大约只增加了 100 个）。1990 年 6 月，雷夫克答应以一个未公开披露的价格（据后来估计，大约是 6 000 万美元）把它的 220 个药店卖给艾克特公司。

1 年以后，艾克特公司宣布一项主动收购已经摆脱破产困境的雷夫克公司的要约。这项收购要约遭到了来自雷夫克公司管理层和债权人委员会的抵制，雷夫克公司方面认为，收购价格太低。艾克特公司上调了收购价格。但是，雷夫克公司管理层仍以1992年的一项绿票讹诈的出价为由予以反对。后来,艾克特公司接受了这个价格。

1992年再次公开上市的决策,由于市场利率偏低而被普遍看好。艾克特公司能够以很低的成本对自己的债务进行再融资,并且回购收益率为14.5%的优先股,从而能够节约资金和改善资产负债状况。同时,高股价也意味着,投资者愿意为购买艾克特股份支付比以前更高的价格。

尽管艾克特公司由于这起收购案而年年出现亏损,但仍能维持足够的现金流来偿还债务,并且被视为实施杠杆收购比较成功的公司之一。由于艾克特公司能够以较低的成本偿还未清的债务并进行再融资,因此,它的首次公开发行被认为能够使公司再度盈利。此外,由于现金流得到改善,艾克特公司得以为店铺建设和更新以及其他基本建设动用更多的资源。

1993年,艾克特公司发行了少量股票以试探投资者的兴趣,而没有一上来就发行大量的股票。但是,投资者的反应并不十分理想。首次公开发行收入被用于偿还因1986年杠杆收购欠下的近10亿美元未清债务。尽管销售收入增长相当可观,但是,每年要偿还近1.5亿美元的债务,严重削减了公司的利润。2004年,CVS医药公司(CVS Pharmacy)收购了艾克特公司。

资本充足性问题

雷夫克公司破产案引发了一场关于公司是否由于杠杆收购陷入了“濒临破产”或“资本过少”的困境的争论。如果确实存在这样的问题,那么,欺诈性转让有可能受到惩罚。

无清偿力检测,应该考虑杠杆收购日的债务总额是否大于公司资产价值。雷夫克公司破产案审查官聘请亚历克斯·布朗父子公司(Alex Brown & Sons)分析雷夫克公司的偿付能力。亚历克斯·布朗父子公司比较了雷夫克公司的负债面值与资产市值,并且采用三种不同的方法(可比市场倍率、可比兼并倍率和折扣现金流法)来确定资产市值。虽然这三种方法的应用遇到了众多困难,但审查官还是得出了“根据大多数检测,雷夫克公司看来还有偿付能力,但不是在任何情况下都有”[12]的结论。运用以上三种检测法所遇到的困难,包括科学估计折扣率以及预测假设不确定性的计算。

另一种选择性的解释是雷夫克公司收购交易的结构过于大胆,导致公司几乎没有一点应对日常运营风险的财务空间。所谓的“财务空间”,通常是指诸如多余现金和未被利用的借债能力之类的应对逆境的手段。当然,有两种相关的“财务空间”测量指标:第一种指标考察相对于债务的权益金额,可用来回答在债务额超过企业价值之前还有多少企业价值可被侵蚀这样的问题;第二种指标旨在比较企业的计划现金流与年度到期债务。前者关注企业的价值存量,而后者则侧重于流量。倘若企业及其证券的市场价值仅仅是未来预期现金流的现值,那么这两种方法是相关的。

在选择融资方式时,企业管理层会选择股权融资和债务融资组合。通常,债务占资本结构的比例越高,预期收益和违约风险也就越大,高收益来源于对债务税盾的利用。债务税盾现象由诺贝尔经济学奖获得者弗兰克·莫迪利安尼(Franco Modigliani)和默顿·H.米勒(Merton H. Miller)早期研究发现,而高风险则来源于偿债义务导致的较小失误空间:随着杠杆倍率的增大,哪怕是发生相对较小的意外,也会造成企业陷入破产的境地。审查官报告援引了检验这些假设的证据。

根据亚历克斯·布朗父子公司对12%收入增长率和7.7%息税折旧摊销前利润这种假设基本情况的分析,审查官断定,雷夫克公司"看来拥有充足的资本"。[13]但是,在检测了基于海丰银行(Marine Midland Bank)方案假设的另一种情况以后[14],审查官认为,雷夫克公司有可能从1989年开始无力满足现金需要。亚历克斯·布朗父子公司进行的更深入的情况分析显示,雷夫克公司将在1988、1989和1990年发生财务困难。审查官还提供了其他证据以说明这起交易缺乏经济吸引力:

- 没有很多贷款人想参与这起交易:在33家收到参加贷款辛迪加邀请的银行中,只有11家银行实际参加了贷款辛迪加。第一轮的贷款承诺还不够为这起交易融资,必须增加银行酬金,才能增加其贷款承诺。
- 雷夫克公司的评估价值低于收购金额。
- 尽管有传闻说,其他投标者也在准备标书,但实际上没有报出超过德沃金公司的出价。
- 评级机构穆迪、标准普尔公司在雷夫克公司杠杆收购交易完成前一个多月就明确宣称,这起交易"前景暗淡"。
- 银行内部函承认,这家公司有可能只有依靠主动出售资产才能够生存。
- 在收购以后的几年里,公司绩效持续恶化,1986年秋季进一步严重恶化,以至于不得不重新修订1987会计年度的预算。

审查官的结论是,"值得注意的是,雷夫克公司杠杆收购交易结果导致公司资本过少"。[15]

无清偿力和资本不足的定量检验,是根据预测假设的点估计值进行的。不过,考虑到未来不确定性对雷夫克公司案的关键作用,主要的经济分析指标应该是违约率,而不是某种假设情况的点估计值。本人和肯尼斯·伊兹(Kenneth Eades)[16]运用蒙特卡洛模拟法分析了雷夫克公司用现金偿还其年度债务的能力,尤其是计算了该公司违约率的估计值。而存在分歧的是,现金利息和优先股股利的支付率对于运营假设

(雷夫克公司和所罗门公司采用的假设条件，与同可比公司绩效和雷夫克公司自己的历史绩效一致的假设相比)条件变化的敏感性。

模拟模型预测了1986年5月31日—1989年5月31日的息税前收益偿债比率和现金流偿债比率。息税前收益偿债比率可用于考察较长的预测期，而前三年的这个比率显示，雷夫克公司面临最大的风险暴露程度，因此必须予以最密切的关注。我们考察了这几年的不同偿债比率。息税前收益偿债比率通过息税前收益除以长期债务预计还本付息额和可转换优先股现金股利支付额获得。现金流偿债比率按照(息税前收益＋资产变卖收入)/(还本付息额＋现金股利)计算。

审查官报告反映了内部人与外部人有关雷夫克公司未来绩效截然不同的观点。所罗门公司和雷夫克公司支持根据可比公司绩效和雷夫克公司历史绩效所做的运营假设；而在其他人看来，这些运营假设过于大胆。审查官指出，所罗门公司预测的最低销售增长率是8%，而息税前收益增长率是6.5%。[17]而投资者群体向其银行保证的预计销售增长率是12%——韦尔斯·法戈公司预计"最糟糕情况"下的销售增长率也能达到8%。[18]雷夫克公司外部董事咨询顾问高盛公司断定，12%的销售增长率假设"过于大胆"(更合理的假设应该是8%)，而7.7%的利润率假设则"稍微有点大胆"。[19]高盛公司最终不无讽刺地认为，投资者群体的预测是"实际可实现的"。[20]

从某种程度上讲，雷夫克公司的销售增长率取决于计划开设新店铺的速度。雷夫克公司打算在购并后5年里每年增开100家新店铺，以阻止竞争对手进入其市场领地。[21]不过，关于大胆扩展战略的观点，按照由它产生的运营绩效来看是值得怀疑的。审查官指出，雷夫克公司开设不到1年的药店有70%是亏损的，开设1～2年的药店的亏损比例是48%。[22]简言之，在评估雷夫克公司杠杆收购案时，用比委托人所使用的假设保守得多的预测假设，可能更容易做出判断。我们对这两种假设的影响进行了模拟。[23]

分析表明，在私有化以后的头3年里，雷夫克公司有5%～30%的概率能够如约履行其偿债义务。其生存可能性如此之小，以至于间接表明：就其新债务超过其预期现金流而言，雷夫克公司资本不足，因而这起收购交易从一开始就注定要失败。只有当雷夫克公司的收益能力假定最多能够比收购前翻一番时，它的生存概率(假定独立于现金流)才可能接近于50%。生存概率对资产变卖和销售增长假设较不敏感，这意味着是收购交易结构(而不是公司管理层存在缺陷的战略执行工作)影响了雷夫克公司的生存能力。表6.1和图6.1概述了乐观和悲观预测假设的结果。图6.1列示了雷夫克公司1987—1989年三年间的现金流偿债比率的概率分布。图6.1显示，这个比率大于1.0的结果只有30%。平均比率是0.91，肯定低于1.0的最低比率。

表 6.1 蒙特卡洛模拟结果敏感性分析

	基于年度独立现金流偿债比率的生存概率	基于三年累计现金流偿债比率的生存概率
基本情况	0.05	0.30
利润率＝6.6％		
增长率＝5.0％		
新开店铺＝100 家/年		
利润率变动		
雷夫克公司 1984—1985 年利润率＝4.17％	0.00	0.00
所罗门公司的假设＝8.0％	0.48	0.94
增长率变动		
基本情况下变动 1.0％＝4.0％	0.02	0.20
基本情况以外变动 1.0％＝6.0％	0.06	0.40
年度新店铺数量变动		
基本情况下开设 50 家＝50 家	0.02	0.23
基本情况以外开设 50 家＝150 家	0.10	0.40

资料来源：布鲁纳和伊兹(Bruner and Eades，1992)。

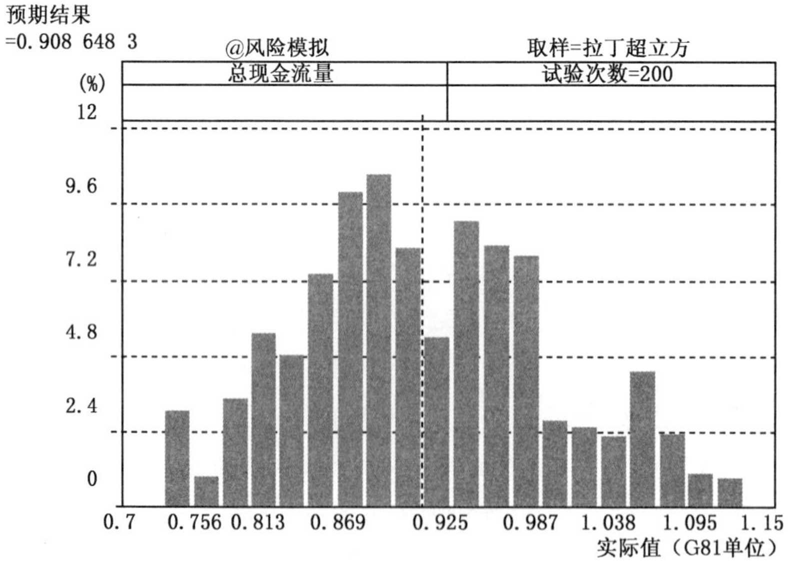

资料来源：布鲁纳和伊兹(1992)。

图 6.1 雷夫克公司收购后头 3 年累计现金流偿债比率概率分布

为了进行比较,我们把同样的假设(尽管基年销售收入和偿债义务数据不同)运用于雷夫克公司在药品零售业的竞争对手,其自身也是1986年一起杠杆收购交易的主体艾克特公司。艾克特公司的基年财务数据不同于雷夫克公司。最重要的区别也许在于,与雷夫克公司相比,艾克特公司的年还本付息额有一份充分递延的支付计划。对艾克特公司的模拟显示,头三年的年偿债比率大大超过1.0,而累计生存概率则高达95%。根据这一比较,我们断定:模拟分析所显示的雷夫克公司的低偿债比率是该公司偿债计划表的一个特点,而不是模拟模型运行得出的结果,也不反映增长率和利润率假设的合理性。此外,雷夫克公司的杠杆收购交易看来的确在近期内具有很高的失败可能性,我们的概率分析在本质上与评级机构当时的意见一致。

结论:失败的原因

雷夫克公司在私有化19个月以后就宣告失败,寿命短得惊人;而艾克特公司却能够生存并逐渐繁荣起来。它们的经历的共同点包括:同处于药品零售业动荡不定的产品市场(尤其是折价连锁商店的出现);受到敌意收购的威胁;1987年股市崩盘导致当年节假日销售季节市场萧条。显然,"商情并非一成不变"。供应和管理店铺在1 400家以上的零售连锁商店是非常复杂的。相对较高的收购溢价不容雷夫克公司出一点差错,它的财务绩效与运营绩效紧密耦合在一起;而艾克特公司留有略大一点的缓冲余地。运营团队因员工分裂、暗斗、经理人员离职和遇到没有经验的金融发起人而受到影响。这个团队从公司私有化那天起就以危机方式在工作。最后,盲目乐观作为一种认知偏差,在为这起收购交易设计的大胆融资条件中暴露无遗。不过,从根本上讲,雷夫克公司这个案例反映了交易前后公司管理层错误决策的严重影响。这种影响表现在以下三方面:

1. 大胆的战略变革。一个典型杠杆收购候选对象应该具有以下特点:(1)强大的现金流;(2)低水平的资本支出;(3)巩固的市场地位;(4)处于稳定的行业;(5)低技术变革率;(6)不会发生预期变化、经受过考验的管理层;(7)不会进行重大的战略调整。

雷夫克公司在很多方面没有具备这个特点。

公司管理层有意维持每年大约100家新店的大胆开设率。假定开设一家新店的成本是10万美元,那么,这项战略大约每年需要1 000万美元的资本支出。按照每年开设100家店铺的速度,雷夫克公司必须抓住一切值得利用的机会在小镇上开设新药店。在规模较大的城市里发展,需要更多的开业和运营成本。除了可能导致财务和营销不稳定以外,这项发展战略还可能分散公司高管的精力,并且有可能导致中低层管理人员疲于奔命;同时又迫使公司去冒巨大的财务风险和进行市场扩张。销售战略变化有悖于稳定性要求:重新安排店铺布局并推出一系列高价药品,有可能导致顾客无所适从甚至赶走顾客,进而导致雷夫克公司面临存货风险。

2. 大胆的交易结构。对雷夫克公司和艾克特公司的比较,可发现两者截然不同的财务生存概率(参见表 6.2)。与艾克特公司相比,雷夫克公司杠杆收购的溢价明显偏高,而股本比率和现金流与利息偿付比率却要低得多——低到必须通过实施大胆的资产变卖计划来补充,以及公司管理层和关键机构投资者抽走现金的地步。雷夫克公司的运营现金流已经不够偿还 1987—1988 年到期的债务本金。例如,在 1988 会计年度结束之前,雷夫克公司有可能要变卖非零售资产(大约 2.3 亿美元),才能偿还到期的定期贷款。此后,运营现金流也许还够偿还债务。总而言之,收购后的头 18 个月对于雷夫克公司应该是一个危险的"赌博"期。

表 6.2　　雷夫克公司与艾克特公司杠杆收购交易比较

	雷夫克公司	艾克特公司
收购日期	1986 年 12 月 29 日	1986 年 4 月 30 日
收购溢价	48%	13%
收购融资总额	14.48 亿美元	13.41 亿美元
普通股/融资总额	2.41%	8.75%
现金流/现金付息额	87%	173%
复杂性:新公司的财务结构层数	9	7
收购后头 1 年须变卖资产	2.55 亿美元	(最多不超过)0.72 亿美元
股东投资新公司	0.214 亿美元	−1.168 亿美元
缴纳现金总净额	(费用 0.78 亿美元)	(费用 0.25 亿美元)
头 3 年本金偿还额	3.05 亿美元	3 亿美元
收购 3 年以后的生存概率	5%~30%	95%

看来,西德尼·德沃金及其财务顾问是一些信用滥用者。为了部分补偿高收购价,他们利用 1986 年丰富的信用资源进行杠杆收购投资。

- 相对于他们的股本而言,他们的借款是相当多的(只有 2.4%的收购价款是通过发行普通股来筹措的)。
- 相对于雷夫克公司的预期运营现金流而言,借款太多(根据其合理的历史绩效推算,收购后头 3 年的生存概率相当低)。
- 如果雷夫克公司遇到困难(采用 9 级债务融资,把所有的资产都卖给了贷款人或投资者),贷款结构不利于谈判获得喘息机会。

● 他们把头几年偿还本金的希望寄托在变卖资产上，而不是依靠运营现金流，因此，把公司生存这个赌注压在了并购市场的景气上。

雷夫克公司的案例为健康的并购实践提供了一个重要的教训。并购交易的策划者在策划时必须留有一定的（财务）余地。再好的公司也会遇到不利的情形，只有留有一定的余地，收购方才能经得起挫折。凭直觉，我们都知道回旋余地的弥足珍贵。回旋余地就像保单，在发生不测时可以利用。

3. 治理失败。求助于杠杆收购，就是考验更加严密和针对个人的治理行为。迈克尔·詹森（Michael Jensen）和另一些学者[24]不无理由地认为，杠杆收购要求（银行、公司管理层和杠杆收购交易发起人）实施更加严格的监督，公司管理层的激励报酬更加紧密地与公司的成败挂钩，迫使公司管理层把现金发给投资者，优化内部组织，并且降低成本，这一切都有助于私有化公司大幅度改善效率。雷夫克公司的股东委托书列举了这样或那样的好处作为杠杆收购的动机，并且指出了收购集团把收购雷夫克公司作为“具有吸引力的投资机会”的众多原因：（1）商业前景看好；（2）私有化允许雷夫克公司提高债务—权益比率，从而实现较高的股本收益和净价值增长率；（3）雷夫克公司的价值取决于其业务的长期发展，而不是公众投资者所关注的季度运营结果。

当然，审查官报告也间接指出，雷夫克公司在以上方面有所改观。

雷夫克公司的案例揭示了治理和控制系统运转失灵可能导致的后果。克伦·拉克（Karen Wruck，1990）写道：

> 说杠杆倍率太高是雷夫克公司问题的根本原因，并没有道出失败的真实原因。管理混乱，交易发起人无能、缺乏经验，不合理的费用结构，导致过度支付以及中途灾难性地变更战略，再加上债务融资，这一切把雷夫克公司推向了破产的绝境。

她提醒我们关注导致风险加剧的管理层选择和运营团队无能——本书第四章所提出的 6 个因素中的 2 个因素——的致命影响。

注释：

[1]Phillips（1988：46）.

[2]本章参考了与我的同事肯尼斯·伊兹（Kenneth Eades）合作完成的研究。肯尼斯·伊兹应该被作为本章观点的共同提出者。此外，该研究从头到尾参考了雷夫克公司破产案审查官报告所提供的历史数据（Zaretsky，1990）。本章还采用了由研究助理泰·埃格梅耶（Ty Eggemeyer）、格雷格·格雷夫斯（Greg Graves）和戴维·艾克勒整理的法院庭审记录、公开发表的新闻报道和数据分析。感谢财务管理协会国际部、《财务管理》发行人允许本人转引布鲁纳—伊兹（Bruner-Eades，1992）发表的论文中的表格和结论。

[3]自 1984 年 4 月，该公司股票价格由于美国食品与药品管理局突然公布一种琥珀酸维生素 E

与婴儿死亡之间可能存在联系的消息而严重下挫以来，首席执行官德沃金一直担心可能出现接管威胁(Zaretsky，1990：30)。在美国食品与药品管理局公布消息的这个星期里，雷夫克公司的股票市值减少了1.6亿美元，比分析师们估计的该公司7 500万美元负债的2倍还要多(Kully，1984)。德沃金本人持有2.3%的公司普通股，希望把公司高级管理层的控制权交给他那两个本来就任公司副总裁的儿子。在美国食品与药品管理局公布消息后的6天里，雷夫克公司公布了一项以股权交换方式收购一家清仓商品零售商店零星贸易公司(Odd Lot Trading Inc.)的协议。这起交易把占雷夫克公司新股12%的股份转让给德沃金的两个亲密朋友——伊萨·珀尔马特(Issa Perlmutter)和贝纳德·马登(Bernard Marden)。他们两人本来就是雷夫克公司的股东，并且希望成为该公司的高管。

与收购零星贸易公司一起获得的平和心态并没有持续多久。加盟雷夫克公司还不到3个月，珀尔马特和马登就发现了主要针对西德尼的儿子埃利奥特·德沃金(Elliott Dworkin)在公司收购交易方面违规的证据。1周以后，珀尔马特和马登对外公布他们可能要对雷夫克公司进行敌意要约收购，希望在该公司董事会12个席位中占据6个席位，并且已经邀请德崇证券公司当他们的咨询顾问。此后不久，董事会解散了收购部，珀尔马特和马登于1985年2月被解聘。雷夫克公司于1985年7月购回了他们两人持有的股份。

[4]在截至1985年的5年里，雷夫克公司的销售收入按19%的年复合增长率上涨；收益按18%的年复合增长率增加；股价上涨了60%，而同期标准普尔500指数只上涨了49%。雷夫克公司的股价在发生琥珀酸维生素E纠纷、收购零星贸易公司以及此后的管理层内讧以后便一蹶不振，1985和1986年公司财务绩效下滑当然不利于股价上扬——尽管收入按相对较低的速度增长，但运营利润部分由于新收购的零星贸易公司子公司亏损而有所减少。

[5]1985年，由于价格打折计划没有获得成功，店铺重新布局和装修耗费巨大，解聘不同意见的董事、解散收购部导致了公司内部混乱，以及与不同意见董事有关的法律费用以及与失败子公司有关的亏损等原因，因此，公司绩效有所恶化。

[6]Zaretsky(1990：36).

[7]温特(Winter，1986)的研究提到了这两名分析师的报告。

[8]Kully(1986).

[9]Zaretsky(1990：199).

[10]Zaretsky(1990：133).

[11]Zaretsky(1990：137).

[12]Zaretsky(1990：177).

[13]Zaretsky(1990：177).

[14]海丰的"适当案例"假设是5年内6.5%～7%的销售增长率、5%～7.5%的息税前收益率，请参阅扎雷特斯基(Zaretsky，1990：178)。

[15]Zaretsky(1990：196).

[16]Bruner and Eades(1992).

[17]Zaretsky(1990：34).

[18]Zaretsky(1990:42).

[19]Zaretsky(1990:52—53).

[20]Zaretsky(1990:54).

[21]雷夫克公司股东委托书，1986年11月14日，第11页。

[22]Zaretsky(1990:42).

[23]布鲁纳和伊兹(1992)对模拟分析的详细假设条件进行了评论。

[24]如请参阅贝克和拉克(Baker and Wruck，1989)，布尔(Bull，1989)，迪安杰洛、迪安杰洛和里斯(1984)，詹森(1989)，卡普兰(1989a，1989b)以及施雷弗和维舍尼(1988)。

第七章　1989 年 9 月:索尼公司收购哥伦比亚影业公司案

涉足宽银幕领域

1989 年 9 月,索尼公司首席执行官大贺典雄(Norio Ohga)宣布,就收购哥伦比亚影业娱乐公司(Columbia Pictures Entertainment Inc.,下称哥伦比亚公司)事宜达成了协议。[1]收购价款(34 亿美元购买哥伦比亚公司的股份,另外 14 亿美元用于偿还由索尼公司承担的债务)再加上为了结华纳兄弟公司提起的违约诉讼而支付的 10 亿美元,以及为重振萎靡不振的哥伦比亚公司而花费的内部支出,索尼公司总共为收购哥伦比亚公司大约投入了 60 亿美元。

公众对这起收购案反应非常强烈。"他们明显出价太高。"一名电影制片公司的老板如是说。[2]"简直令人难以置信"[3],"远远超出哥伦比亚公司的价值"[4],"简直是一篇无节制的史诗,一场暴露自我和炫耀财富的闹剧……对于索尼来说,不仅是一场公共关系灾难,也是一场财务大灾难"[5]。

5 年以后,哥伦比亚公司产出了很低的收益,并且没能大幅提高其市场份额。1994 年 11 月,索尼公司亏损 27 亿美元,这是日本公司史上最大的一笔亏损。随后便大幅改组高级管理层:哥伦比亚公司、索尼公司总部和美国子公司的首席执行官被解除职务。索尼公司共同创始人、首席执行官盛田昭夫(Akio Morita)由于健康原因,在亏损发生 14 天后宣布辞职。索尼公司否认他的辞职与发生在好莱坞的这场大灾难有关,尽管他是索尼进军电影业的头号拥护者。1995 年,索尼公司新任首席执行官出井伸之(Nobuyuki Idei)用典型的日本方式轻描淡写地总结这一事件说:"很难说,在过去的 5 年里,我们对电影业务的管理是完全成功的。"[6]

收购动机

1989 年，这起收购案的买家与经过磨难、一心思变的大卖主坐到了谈判桌上。1982 年，可口可乐公司用饮料业务所赚得的现金作为投资，收购了哥伦比亚影业公司，原以为电影生产与可乐品牌宣传之间具有某种协同效应，结果既没有实现利润也没有见到协同效应。可口可乐公司以比市值溢价 75%的价格买下了哥伦比亚影业公司。此举令很多分析师惊讶不已。哥伦比亚影业公司的电影生产因一系列管理层变更事宜、美国作家协会罢工、很多好电影不卖座以及 20 世纪 70 年代末公司总裁戴维·伯格尔曼(David Begelman)支票伪造签名丑闻而陷入困境。软饮料的主要生产商与值得尊敬、苦苦挣扎的影业公司之间没有明显的经济联系。因此，通过协同效应来创造经济价值，几乎没有什么根据可言。收购以后，哥伦比亚影业公司财务绩效平平。几年后，可口可乐公司对哥伦比亚影业公司进行了部分剥离，但仍保留 49%的权益。因此，可口可乐公司是哥伦比亚影业公司收购案的守门人。后来，1987 年股市崩盘。在随后的会计年度里，哥伦比亚公司绩效不佳，于是，可口可乐公司决定卖掉剩下的股权。

索尼公司的业务建立在它基于小型化的新颖电子消费品之上，并以晶体管收音机、单枪三束彩色显像管电视机、手提摄像机、随身听和其他产品开辟了新的市场。但是，竞争对手很快就模仿了索尼的先进技术，这就意味着索尼公司必须依靠连续不断的新产品开发(而不是制造已有产品)来实现增长。1974 年导入市场以后，索尼研制的 Beta 制式大尺寸磁带录像系统没能支配低端 VHS 技术，索尼公司也因此而遭受重创。盛田昭夫甚至认为，自主设计(音乐、电影和软件)能使索尼公司在竞争激烈的电子消费品产业创建优势。他说："倘若我拥有一家影业公司，Beta 制式大尺寸磁带录像系统就不会屈居第二。"[7] 1988 年，盛田昭夫把矛头指向索尼公司的荷兰竞争对手飞利浦公司说道："飞利浦公司得益于软件——它拥有宝丽金唱片公司，从而推动了它的激光唱片业务。"[8]因此，索尼公司的战略应该是以技术创新来促进电子消费品("硬件")与诸如音乐和影片录制品("软件")之类的娱乐产权商品之间的融合。

不过，提高这项战略的吸引力可是一个严峻的挑战。融合在很大程度上仍然是一个值得关注的抽象概念。发给股东的兼并委托书模糊地承认了这一点：

近年来，索尼公司及其子公司研究了实施娱乐业发展战略的方式，部分旨在使索尼运营业务多元化，部分是作为发展与其娱乐"硬件"——放音机、电视机、录像机和相关设备——一起使用的"软件"的一种手段。1986 年索尼公司收购哥伦比亚广播公司

(CBS Inc.)的唱片公司，仅仅是实施这项战略的第一步。[9]

索尼美国公司副总裁迈克尔·舒胡弗(Michael Schulhof)曾经说过，收购“扩展了索尼公司围绕音像硬件和软件协同效应打造其娱乐业务的长期战略”[10]，尽管他没有详细说明协同效应的大小或性质。大贺典雄指出，哥伦比亚影业公司和电视片库[其收藏包括《甘地》(Gandhi)、《捉鬼敢死队》(Ghostbusters)、《方块幸运轮》(Wheel of Fortune)、《妙管家》(Who's the Boss?)和《奉子成婚/拖家带口》(Married with Children)]可向索尼公司的产品(如新推出的 8 毫米“随身看”、录像机、高清晰电视机和其他视频硬件)提供交叉营销渠道。

一名投资银行家声称，“索尼公司具有明确的战略意图”。对此，娱乐业分析师哈罗德·瓦格尔(Harold Vogel)的回答是：可口可乐公司也有明确的战略意图，仅仅是因为影业公司资产价值上涨(而不是交易的协同效应或专门技能)有利可图而退出了该产业。[11]律师兼演员本杰明·斯坦(Benjamin Stein)嘲笑这项战略说：“这就好像是在说开饭馆的人还必须经营一个大农场。制片公司并不是那么有利可图，又何必要冒这个风险？”[12]有批评者指出，如果存在这样的协同效应，就有比收购更加便宜的获得协同效应的途径(如创建合资企业)。哥伦比亚公司很小的市场份额只能增加相对较少的电子消费品销售，而索尼公司收购哥伦比亚广播公司唱片公司也没有大量增加除了激光唱机以外的硬件销售。

直到 1993 年，索尼公司才得以通过由阿诺·施瓦辛格(Arnold Schwartzenegger)主演的哥伦比亚公司版《幻影英雄》(Last Action Hero)树立了一个切实的硬件和软件协同效应的范例。战略协同旨在把索尼公司生产的影片与索尼音乐公司制作的声道结合起来：放映这部影片的剧院必须使用由索尼公司制造的、带功放的数字音响系统。索尼公司计划推出根据这部影片制作的电子游戏。最后，索尼公司还打算整合电视机、录像机和影片营销。该片的票房遭遇了滑铁卢，亏损 1.24 亿美元，而弥补这笔亏损又导致索尼公司 1993 年的收益大幅度减少。一名证券分析师下结论说：“协同效应：风大雷响，就是不下雨。可谓是夸夸其谈，结果渺茫。”[13]

1987 年，索尼公司花 20 亿美元收购了哥伦比亚广播公司唱片公司，并且留用原公司管理团队，还动用歌星迈克尔·杰克逊(Michael Jackson)、布鲁斯·斯普林斯汀(Bruce Springsteen)和芭芭拉·史翠珊(Barbra Streisand)推销索尼公司的激光唱机。股票市场似乎也保佑索尼的收购战略：索尼公司的股票价格自收购哥伦比亚广播公司唱片公司以后以年均复合增长率 33%的幅度上涨(见图 7.1)。其间，1984—1989 年，美元对日元下跌了 50%(见图 7.2)，使得日本公司对美投资相对比较便宜，并且掀起一波令美国人担心经济被日本接管的跨国投资美国的浪潮。日本人大肆购买像洛克菲勒中心这样的王牌不动产，这无疑是索尼公司采取行动的有利时机。

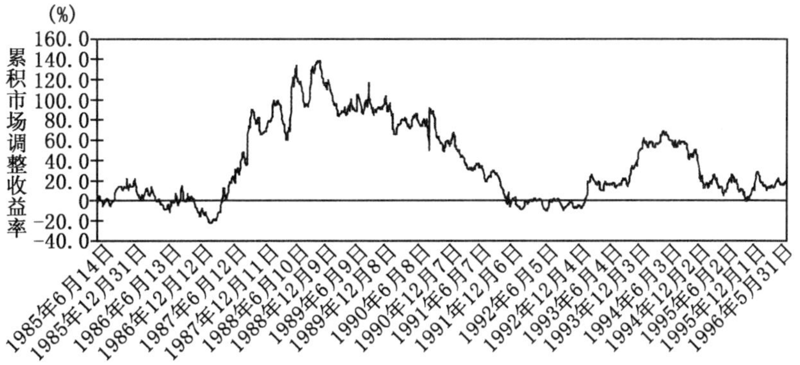

资料来源:数据流。

图 7.1　索尼公司股东的累积市场调整收益率

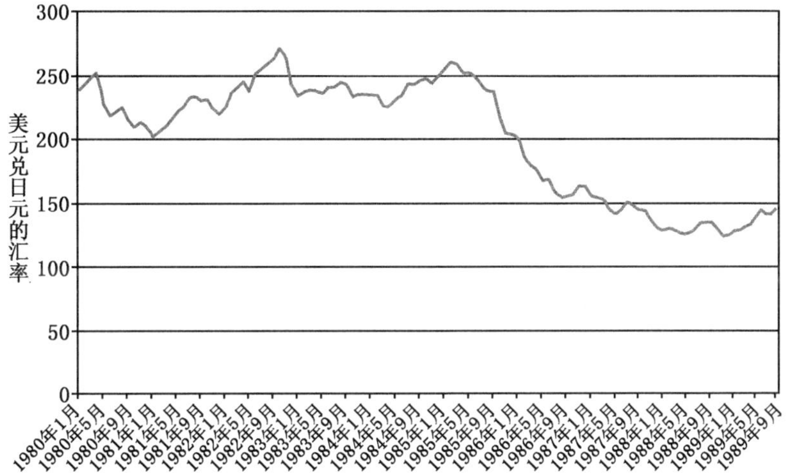

资料来源:数据流。

图 7.2　美元兑日元的汇率

索尼音乐业务单位执行官沃尔特·耶特尼科夫(Walter Yetnikoff)为能收购一家影业公司而积极开展游说活动。格里芬(Griffin)和马斯特(Masters)把耶特尼科夫描绘成一个受金钱和权力驱动而滥用其在索尼任职时间的经理人。耶特尼科夫曾经说过:"我要成为史蒂夫·罗斯(Steve Ross,华纳兄弟公司的首席执行官),主宰整个帝国。"[14]

最后,对这起交易的协同效应和拥护者的怀疑,因索尼公司盲目乐观而被削弱。盛田昭夫在面临财务问题时还说:"请别担心,我们总能够找到资金。这样的机遇千载难逢。"[15]后来,《经济学家》认为,对哥伦比亚影业公司的投资是"20 世纪 80 年代日本公司狂妄自大的最典型例子，原因就是日本经济持续增长与股票和房地产市场泡沫交织在一起，致使发生任何事情似乎都是可能的，任何价格似乎都是负担得起的"。[16]

交易是如何完成的

索尼公司聘请创新精英文化经纪有限公司(Creative Artists，一家具有权威性的演艺人员中介机构)总裁迈克尔·奥维茨(Michael Ovitz)为日本影片寻找市场机会。索尼公司于1988年11月拿着一份收购可口可乐公司持有的哥伦比亚影业公司权益的建议书与可口可乐公司接触。在奥维茨与可口可乐公司接触以后，就初步讨论了与哥伦比亚公司合资的可能性，并且还同派拉蒙(Paramount)、福克斯(Fox)、MCA环球家庭娱乐(MCA/Universal)和米高梅/联艺(MGM/United Artists)等制片公司就收购事宜进行磋商。1989年2月，有传闻说，包括索尼公司、松下(Matsushita)和欧莱雅(L'Oreal)公司在内的多个当事方同可口可乐公司进行了接触。有可能是可口可乐公司散播了这些传闻，旨在营造要约收购其哥伦比亚公司股权的气氛。

由艾伦公司(Allen & Co.)赫伯特·艾伦(Herbert Allen)代表的可口可乐公司一开始要价每股35美元，而索尼公司还以每股20美元这样的低价，致使谈判进展非常缓慢。最后，收购价格定在比哥伦比亚公司股票1988年11月平均价格溢价148%和比1989年最高价格溢价59%的水平上。这是日本公司至此在美国实施的最大规模的收购交易。

1989年7月，索尼公司董事会批准了哥伦比亚公司收购案，条件是聘请一位美国经理人来经营哥伦比亚公司(哥伦比亚公司的首席执行官也倾向于留任)。但没有迹象表明，公众对索尼公司治理程序的关心使得索尼公司董事会在收购价格上有过任何犹豫。

物色一位影业公司的首席执行官，又引发了第二轮的交易过程。由于缺乏管理影业公司的经验，索尼公司认为应该挽留大部分哥伦比亚公司的管理人员，尽管哥伦比亚公司高级管理层宣布他们将集体辞职。格里芬和马斯特(1996)写道：

> 找一个有经营影业公司的头脑、勇气和天赋的人，可不是一件容易的事。这个职位需要能果断做出上亿美元决策的能力，光有经商意识是不够的。一家影业公司的执行官必须具有某种捕捉变幻无常的公众兴趣的直觉，并与情绪易变的演员和导演保持一定的关系。优柔寡断是绝不允许的。影片发行系统就像一个硕大的无底洞，必须接连不断地推出新片来填补这个无底洞。除了电影以外，还有电视业务、家庭影像和戏剧。公司的一般支出每年在1亿美元以上。失败是众所周知的事。[17]

沃尔特·耶特尼科夫先是建议任命迈克尔·奥维茨为首席执行官。但是，在与奥维茨的谈判陷入僵局以后，耶特尼科夫又推荐乔恩·彼特斯(Jon Peters)和彼得·居贝(Peter Guber)担任共同首席执行官。

彼特斯和居贝在近几年参与制作了两部一鸣惊人的影片，一部是他们积极参与的《蝙蝠侠》(Batman，1989)，另一部是他们没起多大作用的《雨人》(Rain Man，1988)。居贝学的是法律，而彼特斯在涉足影坛之前是一名发型师。然而，凭借这两部一鸣惊人的影片以及许多由他们担任制片人的其他影片，他们缩短了与一流制片人之间的距离，并且连连获得成功。

长期以来，好莱坞的同行把居贝先生说成是他俩的智囊、一个有交易策划和营销本领的人……而彼特斯先生在好莱坞只有较少的崇拜者，诽谤他的人把他说成是一个欺凌弱者、喜怒无常的小人，而对他较好的评价把他说成是创意能手、热心人和谋士……彼特斯先生结过3次婚，但眼下仍然单身，去年夏天由于同女演员金·贝辛格(Kim Basinger)在拍摄《蝙蝠侠》期间发生的罗曼史而颇受公众关注。而居贝先生与一个女人结婚至今已有20多年。不过，由于在智力和风格上的种种差异，他俩组成了理想的“合作好团队或坏团队”。好莱坞的同仁如是说。[18]

布莱恩·德·帕尔玛(Brian De Palma)导演在谈到他俩时说，“他俩应该是最佳制片天才”。[19]当然，他俩的经历丰富多彩。“好莱坞两个最成功的自我推销者……缺乏才能的空谈者利用迈克·米尔肯(Mike Milken)的印钞机把自己送上了好莱坞权力的顶峰。”[20]华纳兄弟公司的史蒂夫·罗斯对他俩背叛索尼公司感到愤愤不平，他评论说：“如果盛田昭夫知道自己在做什么，就会对这样的家伙敬而远之。”[21]“居贝和彼特斯之所以能够得逞，是因为他俩是恬不知耻的自我推销者、肆意挥霍的‘松散大炮’(指失去控制、无视权威、打破常规的人)，还颇有一点传奇色彩。他俩爱出风头……善于夸夸其谈，并且能说一口流利的现代日语。”[22]尽管如此，索尼公司的迈克尔·舒胡弗仍然公开说：“我立刻就被(居贝)吸引住了。我觉得与他非常投缘……合作很是密切。我没有听到过任何我觉得不妥的话。”[23]

此二人最近创建了一家制片公司，取名居贝—彼特斯娱乐公司(Guber-Peters Entertainment Company, GPEC)，并且与华纳兄弟公司签署了一份为期5年的排他性制片协议。索尼公司答应出资2亿美元收购居贝—彼特斯娱乐公司。据某些人估计，这个价格要比该公司的市场价值高出40%[24]——居贝—彼特斯娱乐公司的一名董事会成员称“这是空前的价格被大幅高估的最大交易之一”[25]。居贝和彼特斯持有居贝—彼特斯娱乐公司28%的股份，因此而净赚了5 600万美元。此外，索尼公司还同意给每位共同首席执行官支付270万美元的年薪(再根据洛杉矶地区生活费用的提高进行调整)、各种额外津贴，再加上8%的5年公司价值增长额(相当于哥伦比亚公司未来现金流的10%)和5年任期结束时高达5 000万美元的奖金。这可是好莱坞前所未有的最大薪酬组合之一。

产业观察家听到这起交易及其条件简直就不敢相信:“慷慨的薪酬……报酬最优厚的权势人物。”[26]“大多数娱乐业经理都认为,索尼公司支付的薪酬实在是太高……(并且)谴责皮特·皮特森(Pete Peterson)和黑石财团(Blackstone Group)居然答应这样一个作为负责谈判的经理应该拒绝的‘与该实体价值毫无关系的’价格。”[27]格里芬和马斯特写道。据《华尔街日报》报道,“索尼公司……显然已经决定接受哥伦比亚影业公司的计划,这项计划将充分改善该公司1990年的经营结果和现金流量……黑石财团导致索尼公司对哥伦比亚影业公司的创收能力持盲目乐观的态度……(一名见多识广的索尼公司内部人士说)‘他们完全不了解电影这个行业’”。[28]日本实力雄厚的企业联盟、经济团体联合会的会长告诉盛田昭夫:“盛田昭夫先生,您犯了一个严重的错误。拍电影不同,它是一个特殊行业。您不了解好莱坞,不好办。您是在自找麻烦。您会陷入一宗您无法控制的买卖。我劝您别做。”[29]

居贝—彼特斯年代

居贝—彼特斯年代从开始就不吉利。1989年9月25日并购交易公布后不久,华纳兄弟公司就指控索尼公司造成了一起违约案。居贝和彼特斯当时受一份与华纳兄弟公司签署的5年期制作合同的约束。这起诉讼案10亿美元的案值和引起的广泛关注,增加了对索尼公司管理层的压力。

遗憾的事,索尼公司的管理层没有时间从容思考。1989年晚些时候发生的事件,的确是来势汹汹。7月,索尼公司董事会批准与可口可乐公司签署了基本协议,条件是找到合适的首席执行官。[30]舒胡弗和耶特尼科夫由于担心消息泄漏,并横生枝节(欧莱雅或者松下这样的公司横插一杠),就匆匆找了一名候选人。迈克尔·奥维茨就华纳兄弟公司的合同提醒过沃尔特·耶特尼科夫,但奥维茨的提醒显然没有影响这起交易的策划。也许,舒胡弗冒的是经过细算的风险:在既成事实面前,华纳兄弟公司会不了了之。收购GPEC的协议是在索尼公司与哥伦比亚公司就最终收购价格达成协议的同一天签署的。当时,在一起现金要约收购(于10月2日开始,到11月1日结束)的喧嚣声中,索尼公司必须迅速签署协议,以扫除关于这起交易和影业公司领导人的任何不确定性。

索尼公司与华纳公司在要约收购结束前的10月31日及时宣布了它们之间达成和解协议:索尼公司估计以3亿~5.25亿美元代价的财产作为条件,才得以解除华纳公司合同的约束。[31]

此外,哥伦比亚公司的一些投资人指控索尼公司披露虚假信息,在发出每股 27 美元的要约之前人为打压股价。这样的索赔主张在美国并购历史上也是十分罕见的,这等于是逼迫收购人提高收购价格。对于不喜欢抛头露面的日本人来说,这起诉讼案只能是一场噩梦。这起交易还招来了政客和媒体的恐外言论攻击。算上了结这起诉讼的费用,收购哥伦比亚公司的最终账单如表 7.1 所示,其中还包括影业公司重建的费用。

表 7.1　　索尼公司在电影娱乐业的投资　　单位:百万美元

	低估计值	高估计值
收购哥伦比亚影业娱乐公司股权	3 400	3 400
承担哥伦比亚影业娱乐公司的债务	1 400	1 400
了结华纳兄弟公司的诉讼案*	300	525
收购 RCA 合资公司*	350	350
摄影棚翻修*	50	250
收购 GPEC	200	200
高身价高管薪酬*	300	300
合计	6 000	6 425

注:打"*"的项目根据不同来源的资料估计,或转引自不同的来源。"收购 RCA 合资公司"和"高身价高管薪酬"的估计值根据《好莱坞内外:索尼公司电影业务收购案回顾》,*M & A Europe*, Sep./Oct. 1991,6。"摄影棚翻修"转引自 M & A Europe and Laura Landro, *Wall Street Journal*, August 20, 1990。"了结华纳兄弟公司诉讼案"根据格里芬和巴斯特(1996:204,249)估计。

资料来源:根据证券交易委员会文献公布的金额和新闻报道整理而成。

从名义上讲,哥伦比亚影业娱乐公司是电影业的一支重要力量,拥有 2 700 部影片和 23 000 集电视剧的收藏,并且通过它的洛斯(Loew's)院线掌握着 800 多个放映厅。居贝、彼特斯和索尼公司通过收购所实际获得的哥伦比亚公司并不令人鼓舞。显然,哥伦比亚公司大约有 40 个制片计划,但没有一个实际投入制作。"我们打开了金库的大门,但里面空空如也。"[32]哥伦比亚公司的一名新任高管如是说。由于哥伦比亚公司准备转让,公司高管不愿再承担额外风险,因此,在制片也为数不多。

1989 年,哥伦比亚公司处境艰难。它的市场份额连续 5 年持续下降,由 1985 年的 19%下降到了 1988 年的 9.9%。它的财务绩效不断恶化,在与可口可乐公司实施部分分立以后的 3 个报告年度里,销售收入和净收入持续减少(参见图 7.3);股权收益率不是很低,就是负值,从未超过公司的股权成本。

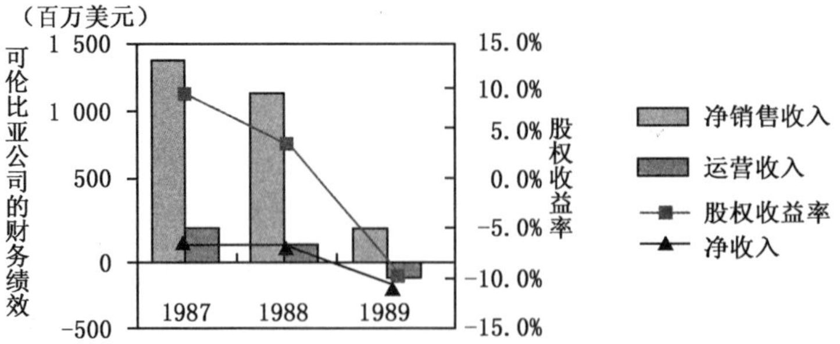

资料来源：哥伦比亚兼并案股东委托书（SEC，1989）。

图 7.3 哥伦比亚影业娱乐公司盈利状况

哥伦比亚公司真是祸不单行：在内部混乱引发挑战的同时，偏偏又遇上了不利的产业走势。制作成本上涨大大快于通货膨胀，这种状况部分是由明星们漫天要价造成的。电影业染上了大片热，票房收入超过 1 亿美元并且销售商品、游戏、音乐等副产品的电影才具有吸引力。为了实现目标，就必须进行更多的协调，花费更多的时间，聘请更多的明星，还要事先开展昂贵的营销活动。每部大片都因票房收入方面的惨败而蒙受亏损，而且会扩大失败的影响。如果不能取得巨大成功，制片公司的财务绩效就会变得更加糟糕，对产业利润率产生负面效应。虽然电影业的收入在 1979—1989 年翻了一番，而运营利润只增长了 15%。

此外，各影业公司卷入了引人注目的媒体娱乐业合并浪潮。福克斯公司于 1986 年被鲁伯特·默多克新闻公司（Rupert Murdoch News Corporation）收购，华纳兄弟公司于 1989 年被时代股份有限公司（Time Inc.）收购，米高梅/联艺公司于 1989 年被昆泰克斯集团（Quintex）收购，MCA 公司于 1990 年被松下公司收购，而派拉蒙公司则于 1993 年被维亚康姆公司（Viacom）收购。这些收购案给电影业带来了更多的资本，但也给电影业硬性规定了更高的绩效标准：新业主总想获得更具竞争力的投资收益。

在哥伦比亚公司被收购后的 1 年里，好莱坞到处在流传有关彼特斯和居贝滥用公司资金的传闻："好莱坞前所未有的最野蛮和肆无忌惮的挥霍……成了一个在节制方面本来就名声不佳的行业里大肆挥霍的最坏象征。"[33] 其他用于形容居贝—彼特斯年代的形容词还有"厚颜无耻""伤风败俗"和"粗俗"。[34] 他俩挥霍无度的具体表现，包括公司总部的奢侈装潢、高昂的促销费用、巨大的制片计划成本，欠被解聘管理人员的巨额薪金，高价购买剧本或聘用演职人员，用公司飞机为女友送花，公司人浮于事、薪水超支。

记者劳拉·兰德洛这样写道：

索尼公司在有望取得收益之前，必须连续几年面对沉重的开支负担。它必须花费

5亿～7亿美元收购哥伦比亚公司和三星公司（Tri-star）的业务单位，才能每年制作20～30部影片。而且，索尼公司甚至还要在营销、分销和电视运作方面投入更多的资金，在未来的两三年里还要花费0.5亿～1亿美元重修加州斑鸠城（Culver City）的摄影棚，年度营业成本则由于大量聘用新员工而由3 500万美元大约增加到了5 000万美元。索尼公司也知道哥伦比亚公司有可能在未来2年或许更长的时间里，每年还会发生2.5亿～3.5亿美元的负现金流，或者大约1亿美元的运营亏损。哥伦比亚公司兴旺的电视业务及其洛斯院线每年大约能够产生1.5亿美元的现金流，几乎不够抵消所需的投资。索尼公司还得等上一年半到2年的时间，才能稳定制作和发行新片。但是，索尼公司不承认自己在进行产业投机，并将面对一个无底的亏损和注销坏账的陷阱……居贝和彼特斯先生虽然拒绝接受采访，但正在以非常危险的速度挥霍资金，给编剧和导演支付最高的薪酬，以创纪录的价格购买剧本，并且在好莱坞极尽炫耀张扬之能事。不过，很多人注意到了彼特斯先生表面上的过度行为，这位前发型师是到目前为止居贝—彼特斯团队中最有做派的人。最近几个月，好莱坞有传闻说彼特斯先生把他的前妻、一名女友和他儿子的女友的姓名列入了哥伦比亚公司的薪水册。[35]

“他俩所做的每件事没有一件不是太过分、太花哨的，而且是非常昂贵的。”哥伦比亚公司的一名经理如是说。[36]东京的索尼公司管理人员拒绝公开评论哥伦比亚公司，他们采取长远的经营观念。“对于哥伦比亚公司来说，索尼真是一家无可挑剔的母公司。索尼公司提供了两个在好莱坞生存下去所必需的基本要素——时间和资金。”[37]由于居贝和彼特斯的大肆挥霍，哥伦比亚公司的年度营业成本增长了50%。《福布斯》载文设问：“发生什么以后，日本方面才会说不?”[38]《财富》的一篇文章是这样描述哥伦比亚公司的情形的：“他们两人（居贝和彼特斯）主要对他们的日本主人说：‘你们不懂怎样做电影，我们懂。你们必须给我们很多钱，然后放手让我们自己去做。’而他们的日本主人真的这样做了，总共拿出了80亿美元。”[39]

也许，由于考虑到媒体的负面报道，乔恩·彼特斯于1991年5月辞去了共同首席执行官的职务。他准备创办自己的公司，与哥伦比亚公司签约制作电影、音乐和电视剧。彼特斯于1994年3月与索尼公司断绝了一切关系。

1991年8月，索尼公司重新把它收购的企业命名为索尼电影娱乐公司（SPE），不过仍然保留两家影业公司的名称，即哥伦比亚影业和三星影视。也是在这一年的8月，索尼公司宣布它正考虑以30亿美元的价格出售索尼电影娱乐公司25%的股份。这样做是因为索尼影业娱乐公司正在进行大规模的投资，而且1991—1992年经济出现衰退迹象，电子消费品需求减少。但是，索尼公司没有找到接盘的买家。除了反映索尼公司关于其累计投资的观点以外，这笔股份交易还披露了索尼公司对其影业公司120亿美元的估价。在索尼影业娱乐公司的同行看来，这个价格太高了。管理问题由于电影集团总裁辞职而变得更加严重，困扰着影业公司，并且导致索尼公司不得不更多地参与影业公司管理。有传闻说，如果制片计划的预算超过 4 000 万美元，居贝必须征得索尼公司纽约总部的同意；而制片计划预算超过 6 000 万美元，则必须征得日本总部的同意。

1991 年，由哥伦比亚和三星公司发行的电影数量剧增，反映了居贝和彼特斯主张的积极扩张战略。如图 7.4 所示，随着电影制片速度的提高，索尼影业娱乐公司的市场份额在 1991 年也有所扩大。尽管开支巨大，但是影业公司没能创造索尼公司所希望的票房收入。1993 年阿诺・施瓦辛格发行的影片《幻影英雄》惨遭票房收入滑铁卢。那年哥伦比亚公司票房价值令人失望的影片还有《格罗尼默：一个美国传奇故事》(Geronimo: An American Legend)和《家有娇娃》(I'll Do Anything)。更糟糕的是，通过整合娱乐业务与电子消费品业务来增加销售收入的目的并没能实现。1994 年上半年度，哥伦比亚公司没有推出一部电影。在电影业观察家们看来，这是因为创作而不是税收问题。

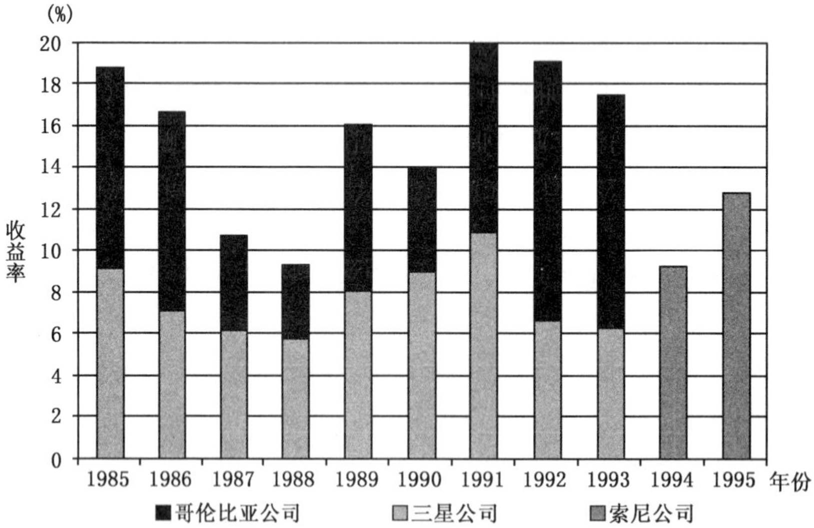

资料来源：标准普尔行业调查(Standard & Poor's Industry Surveys)。

图 7.4　1985—1995 年哥伦比亚公司、三星公司和索尼公司票房收入市场份额

其间，哥伦比亚和三星公司的母公司——索尼公司，经受了全球范围内的硬件销售收入减少、来自亚洲的竞争更加激烈以及日元相对升值导致利润率下降等方面的冲击。索尼公司的债务负担 1994 年增加到了 120 亿美元。如图 7.5 所示，在 1995 会计年度之前，索尼公司的利润率一直趋于下降；这种恶化趋势到了 1995 会计年度更是出现了戏剧性的急转直下。

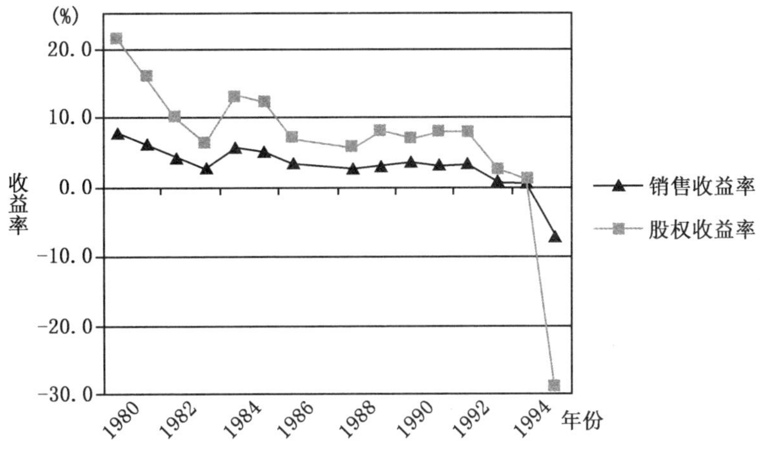

图 7.5　索尼公司利润

1994 年 4 月，索尼公司宣布实施重组和合并，把整个公司分解成 8 个独立自主的业务单位。1994 年 11 月，索尼影业娱乐公司的很多员工被解雇，包括 5 年任期内没能推出一部大片的居贝。与此同时，索尼公司宣布亏损 32 亿美元(日本企业史上最大的亏损额之一)，而索尼影业娱乐公司的账面价值也减少了 27 亿美元，只剩下 31 亿美元。其中，5.1 亿美元涉及在开发项目的中止。两周以后，索尼公司董事长和共同创始人盛田昭夫由于健康原因而宣布辞职。1995 年 12 月，索尼公司美国分公司总裁迈克尔·舒胡弗宣布辞职。鉴于过去 5 年的运营状况，分析师们把未能控制住营业支出、电影发展渠道过度扩张(有很多项目投产，而只有很少影片能成功发行)和主张拍摄像《幻影英雄》这种大片的"大手笔"战略的责任归咎于公司管理层。

在索尼公司实施收购以后的 5 年里，索尼影业娱乐公司作为一个投资项目取得了非常糟糕的绩效。如图 7.6 所示，在最好的年份里，用日元表示的总资本收益率低于 0.5%。

1995 年年初，索尼影业娱乐公司开始缓慢出现理应在 1989 年出现的绩效好转过程，市场份额有所恢复。该业务单位报告了不高的利润率：这是票房收入小有成功、哥伦比亚公司和三星公司合并发行渠道、营业支出缩减 1 亿美元以及已投产项目发行率有所提高的结果。最后，索尼影业娱乐公司放弃了大片策略，而转向制作风险(和成本)较低的片子。

尽管如此，战略变化和管理层更迭并没能帮助索尼公司摆脱电影业繁荣与萧条交替的循环。1997 年和 2001 年，索尼影业娱乐公司收入和利润急剧减少，而其间(1998 年)又大幅增长。2001 年，该业务单位的资产收益率没有超过 5.1%，几乎不足以弥补所承担的风险。关于电影业价值的主张，真是叫人不表示怀疑也难。

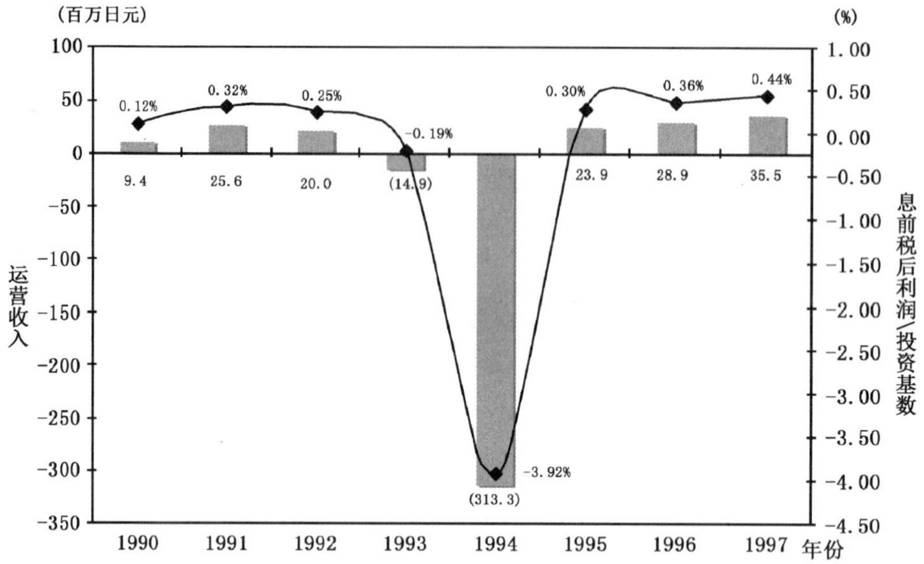

资料来源:索尼公司年度报告与作者分析。

图 7.6 索尼影业集团运营绩效

在索尼公司收购哥伦比亚公司 13 年以后,某些分析师对索尼公司基于 DVD 技术快速向家庭扩散而实施的硬件业务和软件业务整合仍持乐观态度。例如,瑞士联合银行报告称:

索尼娱乐公司是整合硬件和软件的“黏合剂”,并将成为整合索尼公司经营业务与内容产业、电子消费品和网络传播业务越来越重要的价值增长因素。简单地说,我们相信,索尼娱乐公司在开辟家庭网络应用新业务和巩固索尼全球品牌地位的同时,还具有提高电子消费品业务利润率的潜力……随着时间的推移,我们相信,数字编码内容传播网络的发展,会使索尼娱乐公司不通过中介直接进入像广播、多系统光缆和卫星传输系统这样的家庭音像订阅服务通道。[40]

以上引文中的关键词是“具有……潜力”和“随着时间的推移”。2007 年 3 月,索尼公司的董事们一方面由于成本太高,而另一方面又由于没有推出像样的新的电子消费品,从而表现出了不愿再等的急躁情绪,并且逼迫索尼公司首席执行官出井伸之辞职,破例任命了一位出生在外国的首席执行官霍华德·斯特林格(Howard Stringer)。

对照案例：联合利华公司(Unilever)收购最佳食品公司(Bestfoods)案

2000 年 4 月 20 日，联合利华 PLC 公司在未征求意见的情况下，主动向最佳食品公司的全体董事书面提交了一份以每股 61～64 美元的价格收购该公司股份的建议书。[41]最佳食品公司管理层评估了联合利华 PLC 公司的建议，并在 5 月 2 日举行的董事会特别会议上提交董事会审议。不过，5 月 1 日，联合利华公司将其要约收购价格提高到了每股 66 美元，或者说总价款 184 亿美元(包括最佳食品公司的债务)。次日，最佳食品公司股价大涨 21%。在伦敦，联合利华的股票价格下跌了 2%(参见图 7.7)。然而，最佳食品公司董事会以价格不合适为由拒绝了联合利华的收购要约。双方争议的焦点就在于：收购案有可能产生多大的协同效应，以及协同效应对要约收购价格的影响——根据联合利华公司的估计，收购实施以后，每年可节约成本 5 亿美元；而据最佳食品公司推测，每年则能节省 10 亿美元的成本。

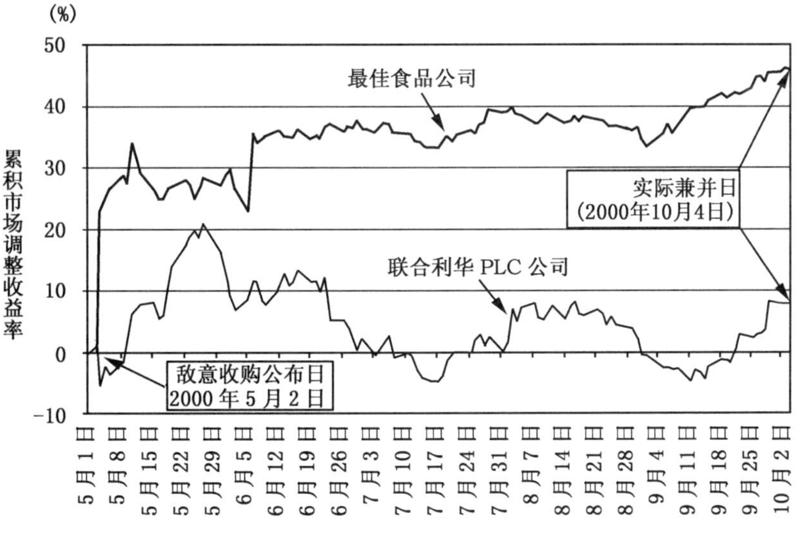

资料来源：数据流。

图 7.7　投资者对联合利华要约收购最佳食品公司的反应

公司合并以后，1999 年有望获得大约 523 亿美元和 62 亿美元的收入和运营收益。最佳食品公司和联合利华公司的合并可望在烹饪用品(75 亿美元)、涂抹佐料(45 亿美元)、茶品(24 亿美元)、冰激凌(47 亿美元)和冷冻食品(30 亿美元)上占据全球领先地位，还能加强两家公司在食品服务领域的市场地位（两家公司的全球合并销售收入为22亿美元）。

这起要约收购交易也符合联合利华公司制定的业务扩展总体战略。“这起交易可帮助联合利华公司加速纳入实现增长目标的路径——使优良的计划更优秀。我们的地理覆盖面和合并后的产品组合与最佳食品公司强大的食品服务业务之间的互补性，足以增强我们的增长雄心。”[42]联合利华PLC公司董事长N. W. A. 菲兹杰拉德（N. W. A. Fitzgerald）和联合利华N. V. 公司董事长A. 伯格曼（A. Burgmans）如是说。

与索尼公司收购哥伦比亚公司案的影响形成鲜明对照的是：联合利华公司设法在与自己的主业接近的领域收购。联合利华公司的一名管理人员是这样描述该公司的这起收购案的：“我们的目标应该瞄准现有经营范围或与现有经营范围接近的领域。它们应该具有良好的增长记录，或者在未来有良好的增长潜力，还应该有强劲的品牌支持，并且有潜力来支持和/或加快我们自身的集聚和简化过程。我们应该通过新的渠道来寻找新的能力，还必须有能力根据已有的优先顺序管理收购过程和实施收购后管理计划。”[43]

的确，在很多产品类别（如人造黄油和茶叶）销售绩效平平或趋于下降的时候，通过收购最佳食品公司，联合利华公司就能在关键的食品部门取得领先地位，并构建增长平台。例如，最佳食品公司的“好乐门”（Hellmann's）牌蛋黄酱，可以成为联合利华公司人造黄油业务的合理延伸；产品年销售收入高达20多亿美元的“克诺尔”（Knorr）品牌，可成为联合利华公司最大的食品品牌。在最佳食品公司加盟以后，联合利华公司得以发展其薄弱的北美和拉丁美洲运营业务，并且降低其对欧洲市场的依赖程度。1999年，联合利华公司在欧洲市场实现的食品销售额占其218亿美元食品销售总收入的59%。

凭借自己在人造黄油上占据的支配地位，联合利华公司同样也是世界最大的食用油采购商之一，而最佳食品公司则生产很多品种的食用油产品。联合利华公司的这起收购交易有可能产生促使食用油价格下降的影响。华尔街的分析师们认为，收购最佳食品公司在合并两家公司运营成本的同时，还能赋予联合利华公司利用新的分销渠道来销售其产品的能力。根据联合利华公司管理人员的预期，这起并购交易通过撤销重复职能部门、合并采购、提高运营和业务流程效率、协调分销和营销部门、简化一般行政管理部门以及增加规模经济收益等方式，大约每年能节约成本5亿美元。而最佳食品公司告诉投资者，两家公司合并能够节约10亿美元的成本。分析师们特别指出，旗下拥有“安德曼”（Entenmann's）、“托马斯英国松饼”（Thomas' English Muffins）、“宝宝丽”（Boboli）和“宾堡”（Oroweat）品牌的最佳食品焙烤公司不太可能与联合利华公司的业务匹配。德累斯顿—克莱沃特投资银行（Dresdner Kleinwort Benson）伦敦分行的分析师格雷厄姆·琼斯(Graham Jones)持一种比较折中的观点："事实上，这起并购交易能够节约七八亿美元的成本。"[44]也有可能合并后的公司要想节约这么多的成本，必须花费12.5亿美元用于重组。此外，这一合并交易还可能在联合利华公司和最佳食品公司之间实现一定百分比的产品交叉销售和制造收入。然而，有些行业观察家对最佳食品公司的"克诺尔""好乐门"和"安德曼"品牌能与联合利华公司的"立顿"(Lipton)、"拉戈"(Ragu)和"本·杰里"(Ben & Jerry's)品牌实现"无缝"合并，而把"卡尔文·克莱恩"(Calvin Klein)或"曼塔定"(Mentadent)排除在外，持怀疑态度。

某些分析师把联合利华公司的收购要约放在一股新的合并浪潮的背景下来审视。食品行业最近一起重大并购交易于20世纪80年代发生在拜尔斯堡(Pillsbury)、卡夫(Kraft)和通用磨坊公司(General Mills)之间，随后就出现了90年代的重组浪潮。现在，最佳食品公司和纳贝斯克食品集团控股公司(Nabisco Group Holding Corporation)——在收到金融家卡尔·爱康(Carl Icahn)部分要约收购1个月以后也准备交付出售——这两大食品公司正在接触之中。有分析师认为，这起收购案无异于医治处于缓慢增长的全球食品业的一剂良药。由于食品公司的执行官们面临扩展市场份额和削减成本的双重压力，因此，对于他们来说，减轻压力的最好办法就是收购能通过现有——由于零售杂货店部门的合并而有所缩小的——分销体系销售其产品的知名品牌。

最佳食品公司可采取有力的接管防御措施，如毒丸策略和董事会拖延不决，致使收购公司无法在任何既定年份里获得有效数量的投票权并控制董事会。在一些没有参与这起交易的投资银行看来，如果最佳食品公司简单地拒绝与联合利华公司谈判，就能够轻而易举地保持独立。因此，联合利华公司这起现金收购要约能否成功，取决于最佳食品公司董事会是否取消其毒丸策略。

分析师们的感觉是最佳食品公司会被出售——虽然每股价格不会低于70美元。他们指出，只有卡夫食品和雀巢少数几家公司付得起这个价格，但它们不愿意卷入一场针对联合利华公司的收购价格战。虽然最佳食品公司可以努力通过与规模接近的亨氏公司(Heinz)或者金汤宝公司(Campbell Soup Company)实行股权交换型合并来做成一笔可观的投机交易，但是，业内人士指出，这样的交易必须获得股东同意。而每股66美元的竞争性现金收购价，几乎不可能获得股东的同意。"市场认为，最佳食品公司将被出售，因为这是一个价格不错的现金收购要约。"[45]雷曼兄弟公司(Lehman Brothers)分析师安德鲁·拉扎尔(Andrew Lazar)在谈到这起收购要约的价格时如是说。

"作为一名长期受苦的消费品公司所有人，我迫切要求公司拿了钱走人。"[46]亚特兰大资本管理公司(Atlanta Capital Management)负责经营的合伙人威廉·哈克尼

(William Hackney,最佳食品公司的一个大股东)在谈到他认为“最佳食品公司可卖到每股 70 美元的公允价格”时如是说。那些认为最佳食品公司是食品行业最具吸引力的公司之一的分析师们开始认为,最佳食品公司也许没有理由躲避潜在收购人。“想以您的绩效好于一个病态食品集团作为理由来说明您想保持独立,这种理由是不充分的。”[47]培基证券公司(Prudential Securities)分析师约翰·麦克米林(John McMillin)如是说。

最佳食品公司通过鼓励竞争性收购要约来采取回避行动。据传,5 月 7 日亨氏公司发出以每股 72 美元收购最佳食品公司的要约。尽管亨氏公司的报价高于联合利华公司,但是,亨氏公司的要约采取换股交易的方式,对于某些投资者来说,没有联合利华公司的现金收购要约诱人。5 月 23 日,最佳食品公司开始与黛尔吉奥有限公司(Diageo PLC)接触,商谈收购其属下的拜尔斯堡分公司的事宜。确实,最佳食品公司继续在与很多其他公司洽谈可能的收购交易,并且认为由于已经声明无意出售,因此应该继续探索接管的可能性。早在联合利华公司发出收购要约之前,最佳食品公司已经在推行这项策略。最佳食品公司把金汤宝公司看作一个潜在的合并伙伴。

6 月 4 日,联合利华公司把自己的要约收购价由每股 66 美元提高到了每股 72 美元。此时,最佳食品公司正与金汤宝公司讨论合并事宜。最佳食品公司董事会必须决定是接受联合利华公司总价 205 亿美元的收购要约,还是以至少 150 亿美元的现金和股权(或者每股高于 35 美元的价格,这个价格明显是低估了金汤宝公司的股票价值)来收购金汤宝公司。最佳食品公司几个最大的股东,已经在敦促最佳食品公司以每股 72 美元的价格与联合利华公司成交。最佳食品公司的最大机构股东、持有该公司 1 220 万股或者 4.3%流通股的蒙塔—考德威尔公司(Montag & Caldwell)公开表示同意联合利华公司的交易。

6 月 6 日,联合利华公司又将收购价格由每股 72 美元提高到了每股 73 美元,总价款达到了 250 亿美元。最佳食品公司董事会在拒绝联合利华公司一个多月以后,经过 7 个小时的审议批准了这份要约收购方案,并且未经股东大会审议就认真审议了以每股 36 美元或者总价 160 亿美元、采用股权和现金混合方式收购金汤宝公司的方案。

联合利华公司和最佳食品公司预计,合并以后,每年可节省 7.5 亿美元的成本,还可增加 1%的收入。在这两家公司的合并方案获得了这两家公司股东的同意以后,联合利华公司在新创建的食品分公司中任命了 7 名最佳食品公司管理人员担任重要职务,并且决定最佳食品公司的首席执行官不再在联合利华公司担任管理职务,而是担任咨询职务。

这两家公司的合并交易于 2000 年 10 月 4 日完成。最佳食品公司融入联合利华公司的合并,避免了消化不良问题。合并 6 个月以后,联合利华公司卖掉了最佳食品烘焙公司，因为这家子公司生产的焙烤产品不符合联合利华公司的产品聚焦战略。2003 年，消费食品业的销售收入增速减慢，引起了某些人对最佳食品公司收购案所计划的收入增加问题的怀疑。图 7.8 给出了联合利华公司公布购并方案 3 年以后所取得的累积市场调整收益率。如图 7.8 所示，联合利华公司取得了相当好的绩效。

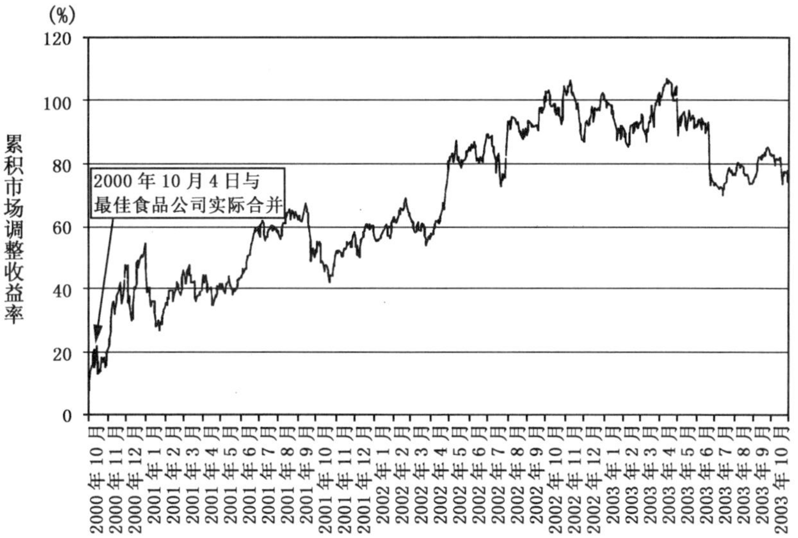

图 7.8　收购最佳食品公司后联合利华公司 3 年绩效与标准普尔 500 指数比较

结论：跨国并购失败的原因

全部 6 个失败因素导致了索尼公司—哥伦比亚公司交易的失败。电影制作是一项复杂的业务。今天投资于这样的业务，对未来 3 年的财务会产生影响，而消费者品位和时尚的不确定性会扩大对决策者的影响。支付高价，就几乎不允许在实现合理的投资收益的过程中犯错。巨大的支出把运营决策与财务结果紧密耦合在一起。价格越高，允许运营失误和超支的空间就越小。居贝和彼特斯以及过分容忍他们的索尼公司，就是不懂这个道理才自食苦果。这个案例中的很多管理层选择在今天和做出这些决策的 1989 年看来都是不合理的：高收购价、聘用居贝和彼特斯的决定、他俩的薪酬规模和结构，以及最重要的在电影娱乐业实施多元化的决策。索尼公司在不正常的情况下收购了哥伦比亚公司。哥伦比亚公司“有病，而且需要治疗”；电影业转向了“搏”大片的拍摄计划；技术变革导致索尼和哥伦比亚公司卷入了代价昂贵的投资。所有这些因素使得关于哥伦比亚公司现金流的预测变得难以确定。这就要求投入更多的支出和承担更大的风险。在索尼公司收购哥伦比亚公司的时候，哥伦比亚公司“这条电影生产流水线”已近枯竭。这两个条件意味着居贝和彼特斯有可能在短时间内使公司陷入一系列大规模投资的尴尬境地。管理团队没能正常履行职能：母公司在地理和文化两个方面距离遥远；居贝和彼特斯不能理解母公司的意图，为了响应母公司的大胆激励，他俩大胆挥霍；一般而言，对在很多组织会导致解聘的异常行为——包括耶特尼科夫的毒瘾以及居贝和彼特斯喜怒无常的脾气与裙带作风——过于宽容。[48]最后，认知偏差严重影响了索尼公司电影娱乐业务部门管理层的思维：盲目乐观或者自以为是，刺激了管理层不正常的赌博心理，而在情况恶化的危急时刻却又迟迟不采取行动做出回应。

这个案例突出反映了收购公司与目标公司之间国家和行业这两种文化差异的作用。联合利华公司收购最佳食品公司案得益于两者之间只存在相当小的文化差异。联合利华公司是英国与荷兰文化的“遗产”，因此（也许除了加拿大文化之外），比任何文化都更加接近美国文化。联合利华公司把一家本行业的公司作为收购目标，就意味着两家公司的执行官能够相互理解，并且互相评价技能和绩效。

在收购哥伦比亚公司的过程中，索尼公司跨越了两条巨大的鸿沟：首先是日本与美国之间相当大的文化鸿沟；其次是巨大的行业鸿沟。众所周知，娱乐业在文化方面截然不同于其他产业。索尼的跨越可谓雄心勃勃。

长期以来，世界范围内的跨国并购大约占并购交易总数的20%，而美国又是最主要跨国并购的接收国。这类并购之所以是一个研究并购成败的重要对象，仅仅是因为这类并购在谈判、策划组织和执行方面极具挑战性。对以上两起跨国并购交易的比较，说明了跨国和行业并购由于文化问题而成为负担的原因。巨大的文化差异是几个失败驱动因素的放大器：它会导致当事方对危险失去敏感性，提高决策过程的复杂性，造成认知偏差，并且引入不适合合并情景的管理决策和运营实践。

文化“桥梁”选择的失败，同样可以解释索尼公司在收购哥伦比亚公司后的前5年里没能在电影娱乐与消费电子产品整合方面取得成功的原因。当然，哥伦比亚公司的领导人也没有动机进行这方面的整合，而索尼公司对技术变革和消费需求变化的关注也分散了该公司实现其假想的协同效应的精力。

联合利华公司收购最佳食品公司案，在以上各个维度形成了鲜明的对照。最佳食品公司管理层在合并以后大部分都获得了留用，没有发生任何破坏性的并购后人事和战略变化。节约成本和增加收入的协同效应明显是可以推定的，并且可根据在其他市场和产品上的经验来检验。尽管全球品牌化程度的提高，就如同哥伦比亚公司1989年面对大片制作成本增加那样重要，但是，联合利华公司具有面对变化的信心和经验。

注释：

[1]本章的撰写工作得到了肖恩·卡尔、戴维·艾克勒、阿利·伊拉拉克(Ali Erarac)、查德·恩布兰多和桑洁·瓦科哈瑞在研究方面的帮助。本章的重要数据来源于南希·格里芬和吉姆·马斯特(Nancy Griffin and Kim Masters，1996)，以及约翰·纳坦(John Nathan，1999)。

[2]Jack Egan，"*Sony's Big-Picture Strategy*，" U. S. *News & World Report*，October 9，1989，35.

[3]Griffin and Masters(1996b:237).

[4]Griffin and Masters(1996:231).

[5]Paul Farhi and Steven Mufson，"Lights! Camera! Contract!；Sony's Pursuit of Guber，Peter，Produces a Mega-Million-Dollar Gamble，"*Washington Post*，December 17，1989，H1.

[6]Steve McClellan，"Sony Wants to Be in Pictures，Says New President，"*Broadcasting & Cable*，November 27，1995，58.

[7]Griffin and Masters(1996:184).

[8]Ibid.，196.

[9]Merger Proxy Statement，Sony Corporation，filed with the SEC，October 3，1989，21.

[10]Paul Richter，"Sony to Pay ＄3.4 Billion for Columbia Pictures，"*Los Angeles Times*，September 28，1989，Part 1，1.

[11]Nina Easton，"After Long Wait，Sony May Have Columbia's Price，"*Los Angeles Times*，September 26，1989，Part 4，1.

[12]Nancy Perry，"Will Sony Make It in Hollywood?"*Fortune*，September 9，1991，158.

[13]Johnnie Roberts，"Global Entertainment(A Special Report)：Hollyworld-Missing Links：Synergy Benefits Have So Far Eluded the Entertainment Gaints，"*Wall Street Journal*，March 26，1993，R9.

[14]Griffin and Masters(1996:175).

[15]Ibid.，230.

[16]"On the Cutting Room Floor，"*The Economist*，April 8，1995，16.

[17]Griffin and Masters(1996:220).

[18]Laura Landro，"Dynamic Duo：Producers of 'Batman' Stir Whammo! Battle over Future Services，"*Wall Street Journal*，October 20，1989，1. Copyright © 1989 by Dow Jones & Co. Inc. Reproduced with permission of Dow Jones & Co. Inc. in the Format Trade Book via Copyright Clearance Center.

[19]Laura Landro，"Dynamic Duo：Producers of 'Batman' Stir Whammo! Battle over Future Services，"*Wall Street Journal*，October 20，1989，1.

[20]Christopher Byron，"Filmland Flimflam，"*Wall Street Journal*，June 11，1996，A12.

[21]Paul Farhi and Steven Mufson，"Lights! Camera! Contract!"*Washington Post*，December 17，1989，H1.

[22]Griffin and Masters(1996:297).

[23]Ibid. ,224.

[24]Ibid. ,233.

[25]Ibid. ,239.

[26]Paul Farhi and Steven Mufson,"Lights! Camera! Contract!"*Washington Post*,December 17,1989,H1.

[27]Griffin and Masters(1996:231).

[28]Griffin and Masters(1998:231).

[29]Ibid. ,232.

[30]索尼公司董事会的批准日期引自格里芬和马斯特(1996:218)。

[31]据格里芬和马斯特报告(1996:240,249),付款采用了哥伦比亚公司藏片馆有价值的摄制场份额和有线电视权利的形式。估价区间代表不同观察家估计值的上下限。

[32]Griffin and Masters(1996:270).

[33]Ibid. ,9.

[34]Ibid. ,297.

[35]Laura Landro,"Movies:At Columbia,Comeback Is the Big Production,"*Wall Street Journal*,August 20,1990,B1. Copyright © 1989 by Dow Jones & Co. Inc. Reproduced with permission of Dow Jones & Co. Inc. in the Format Trade Book via Copyright Clearance Center.

[36]Griffin and Masters (1996),281.

[37]"Will Sony Make It in Hollywood?"*Forbes*,September 9,1991.

[38]*Forbes*,September 9,1991.

[39]"Hollywood's Hell-Raising Duo,"*Fortune*,July 22,1996.

[40]C. Dixon,K. Hata,Y. Punj,and S. Ehlers,"Music and Movies—Key Elements of Evolving Strategy,"December 4,2002,UBS A. G. Global Equity Research Report.

[41]这一节主要是根据罗伯特·布鲁纳指导阿利·伊拉拉克完成的研究撰写的。

[42]Pamela Sauer,"Satisfying the M&A Hunger,"Chemical Market Reporter,May 2000,2.

[43]Ibid.

[44]Judith Rehak,"Profiting from Mergers:Bestfoods Nibbles for Bids That Top Unilever's Offer,"*International Herald Tribune*,May 20,2000.

[45]Nikhil Deogun,"Unilever Offers $8.4 Billion for Bestfoods—Target Firm Rebuffs Move; Bid May Spur Shake-Up in the Food Industry,"*Wall Street Journal*,May 3,2000.

[46]Ernest Back,Shelly Brench,and Nikhil Deogun,"Unilever Won't Rule Out Hostile Bid for Bestfoods—Deadline for Response Set for Today, As Shares of Target Soar by 22 Percent,"*Wall Street Journal*,May 4,2000.

[47]Ibid.

[48]Griffin and Masters(1996:220—221).

第八章　1991 年 9 月:美国电话电报公司收购全美收银机公司案

美国电话电报公司:发出要约

经历了一场大伤元气的敌意收购战以后,美国电话电报公司首席执行官罗伯特·艾伦(Robert Allen)和全美收银机公司(NCR Corporation)首席执行官查尔斯·埃克莱(Charles Exley),于 1991 年 5 月宣布了一项美国电话电报公司以 74.8 亿美元的价格收购全美收银机公司的协议。[1]74.8 亿美元这个价格相当于美国电话电报公司在不久以前发出敌意收购全美收银机公司的要约时(1990 年 10 月)的市值 32%的溢价。5 月以前,这两个首席执行官都显得十分轻松。此后的早些时候,艾伦发话说,这起合并可以"创建一个具有技术、财务和营销优势,能够在新兴的全球信息市场上成功抵挡外国竞争"[2],并且"有独特的能力满足消费者未来需求的美国机构"[3],"我本人完全相信美国电话电报公司将和全美收银机公司一起实现高水平的增长,并且取得我们两家公司从未分别获得过的成就,我们将实现我们的承诺"。[4]

5 年以后的 1995 年 5 月,美国电话电报公司宣布将把 34 亿美元市值的股份分给全美收银机公司的股东以创建一个新的实体。34 亿美元的市值相当于美国电话电报公司在电子计算机细分市场总投资的 1/4。媒体进行了不依不饶的报道:"惨痛的失败……真是一个处处每况愈下的教训……电子计算机业最惨重的失败之一"[5],"对于各相关方来说,是一场绝对的灾难"[6]。罗伯特·艾伦在认真思考了这次经历以后说道:"美国电话电报公司进入电子计算机业此举'是在没有经验的情况下抱着技术将推动该产业发展的信念完成的'。"[7]他还说:"试图管理这些不同业务的复杂性逐渐超过了合并所产生的优势。世界发生了变化,而市场也发生了变化。"[8]

收购案的缘起

1919年，在经过了不懈的合并努力之后，美国电话电报公司因为垄断全美电话业务而依法受到了处罚。在美国，垄断企业绝不会与国家反垄断机构和睦相处。美国电话电报公司受到联邦、州和地方反垄断监管和立法的约束，还隔三岔五地受到垄断指控。1974年，MCI通信公司（MCI Communications Corporation）以反托拉斯为由对美国电话电报公司提起诉讼。后来，美国司法部也介入了这起诉讼。1980年，审判团判给MCI公司18亿美元的损失赔偿，而美国司法部则要求判决分解美国电话电报公司这家垄断企业。

令人惊讶的是，美国电话电报公司的全体董事居然同意分解他们的公司，并于1982年最终通过双方签署一份分解长途业务与本地电话业务的判决书的方式，了结了这起政府反托拉斯诉讼案。美国电话电报公司保留长途业务、西部电气公司（Western Electric）设备制造业务和贝尔实验室（一个研究机构），另外组建7家独立的地区电话公司（即所谓的"贝尔宝贝"）。

美国电话电报公司于1984年解体，并借此机会进入了电子计算机设备制造业。此后，该公司试图发展电子计算机系统业务，并在世界市场上与像IBM这样的公司展开竞争。新的美国电话电报公司的管理层投身到了一场汇集竞争性技术和电信技术、向客户提供综合计算机技术和通信系统的赌博中。1991年，美国电话电报公司的资深副总裁理查德·波德曼（Richard Bodman）描述这项战略时说：

> 美国电话电报公司的使命具有广度和深度：在必然涉及最先进的电子计算机和通信技术的信息技术领域成为世界领导者。美国电话电报公司制定了明确的战略，要在这个领域占据领导地位：(1)在像网络服务这样的核心业务领域保持领导地位；(2)在推动电子交易发展的网络化计算机技术领域创立世界性领导地位；(3)坚定不移地把美国电话电报公司建设成为一家名副其实的全球性公司。[9]

显然，电子计算机技术与通信技术的"联姻"似乎是一项合理的战略。美国电话电报公司拥有最大的长途电信垄断市场，以及西部电气公司的某些专门制造技术，而它的贝尔实验室则是作为开源系统框架基础的UNIX计算机语言的孵化器。

遗憾的是，美国电话电报公司进入电子计算机技术领域的行动没有取得成功，内部发展初期亏损由20亿美元增加到了30亿美元。[10]而它所开发的系统既没有居于领先地位，也不可能具有竞争性。例如，美国电话电报公司与英·C. 奥利威汀公司（Ing. C. Olivettig）的合资企业从1983年开始为美国电话电报公司制造的计算机，被认为价格高、性能差。总的来说,美国电话电报公司似乎只取得了绩效平平的竞争结果。

美国电话电报公司的部分问题在于:不顾自己的技术优势,没有对计算机业务做出充分的创新。该公司虽然能够实现300多亿美元的长途通信业务收入,但还想通过计算机业务至少再增加几十亿美元的收入。结果是,该公司趋向于进入竞争激烈、规模更大的已有市场,而不是规模较小、快速成长的新市场。美国电话电报公司在小型计算机产业正向更小的台式机转产时仍涉足计算机业务。更糟糕的是,该公司最初为电话交换器设计的3B小型机并不受欢迎。[11]

美国电话电报公司的计算机业务收入由1986年的9亿美元增加到了1990年的15亿美元,而且近10亿美元的税前亏损在1990年减少到了约3亿美元。这些数据足以让该公司得出以下结论:要想在计算机业务领域保持竞争力,就必须实施并购。

此外,该公司撤资所造成的负面影响开始显现:它报告净收益25亿美元,而它的"贝尔宝贝"实现了85亿美元的合并净收益。从1984年解体到1990年,美国电话电报公司股份的累积市场调整收益率波动不定(参见图8.1)。与市场比较,美国电话电报公司还算是坚持住了,但相对于市场而言并没有创造价值,而且解体后的总资本收益率低于其资本成本(参见图8.2)。到头来,计算机业务没能成为其创造新价值的途径。有一名评论家写道:

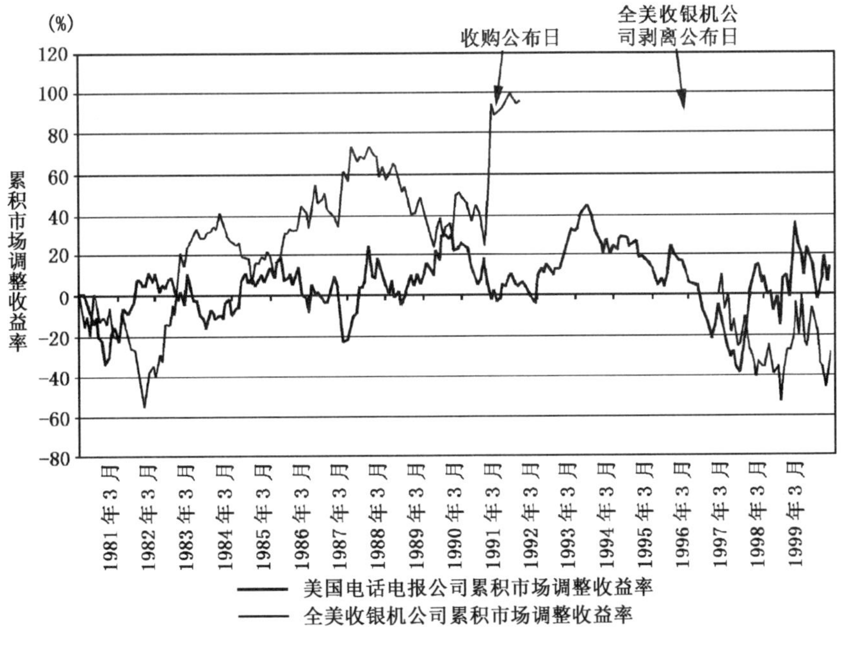

资料来源:数据流。

图8.1 1980—2000年美国电话电报公司和全美收银机公司累积市场调整收益率比较

据说，它(美国电话电报公司)为了奉行其计算机网络化战略而必须留在计算机业务领域。但是，这就相当于要求某人为了涉足餐饮业而必须制造烤箱。这些问题不禁令本人怀疑：美国电话电报公司是否迷失了方向？它有没有务实的总体战略？它是否成了一艘在竞争的“大海”里苦苦挣扎的无舵帆船，而船长却要寻找计算机这块“新大陆”？[12]

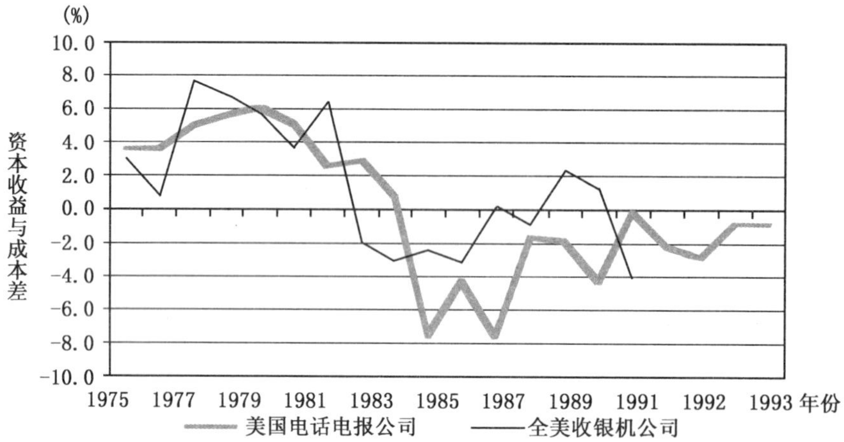

注：图中的数值是作者的估计值。

资料来源：公司年度报告和彭博(Bloomberg)财务服务公司报告。

图 8.2　美国电话电报公司和全美收银机公司普通股收益与成本差

全美收银机公司的查尔斯·埃克莱(Charles Exley)把美国电话电报公司的战略称为“失败的战略”。[13]而另一个评论者则认为，“停止执行这项战略也许更加划算，但是，这样做就得承认失败”。[14]

美国电话电报公司位于十字路口：必须解决计算机业务单位的问题或者退出计算机业务领域。退出计算机领域就得对公司战略进行重大的方向性调整。这样做除了要明确公司应该改做什么这个问题以外，还牵涉到注销大量的资产、出丑和丢面子等问题。

鉴于计算机技术发展迅速，美国电话电报公司首席执行官罗伯特·艾伦选择了增加赌注，而不是认输离开赌场。有分析人士相信，美国电话电报公司最终坚信，自己有能力提供综合通信服务和计算机系统的潜在利益大于这项业务的风险。麻省理工学院的查尔斯·弗格森(Charles Ferguson)评论说：“美国电话电报公司为了留在计算机业务领域所做的一切都是不合理的。”[15]

全美收银机公司：由收银机改行到计算机领域

“我们进行了多次自我改造。”查尔斯·埃克莱如是说。[16]全美收银机公司创建于

1884年，后来成为一家生产售货收银机和其他商用机器的公司。但是，该公司在20世纪70年代执意要顺应电子收银机问世这一现实，于是进入了小型机、大型机和个人机制造领域。20世纪80年代中期，当该公司发生另一变化时，查尔斯·埃克莱出任该公司首席执行官一职。有一位分析人士把该公司发生的另一变化说成是“公司濒临崩溃，它生产的大型机无人问津，小型机业务濒临破产，而它开发的软件不值一提”。[17]于是，全美收银机公司又进行了一次自我改造，制造一种由开源系统配置的计算机设备。这种计算机设备要依靠个人机网络，而不是大型机网络中心来运行。这次自我改造的成功需要很多设备，以便与顾客不同的计算机设备配套。这种新产品线的第一台计算机（3000系列）于1991年9月试制成功。

当时，全美收银机公司实施的这次自我改造意味着，该公司容易成为收购目标。它当时的近期股价表现可充分说明这一点（参见图8.1）：从1987年3月到收购案公布，累积市场调整收益率呈现下降态势。而且，资本收益与成本的差额在1990年急剧下降，并恶化为负值（参见图8.2）。

对于美国电话电报公司来说，全美收银机公司具有许多诱人的收购目标特征，包括运营利润率、较大的竞争规模（全美收银机公司是美国第15大电子计算机公司）、全球性影响、因其自动柜员机和精密收银机等而在商业交易处理设备方面占据的强势地位，以及互补性。全美收银机公司和美国电话电报公司的设备都使用UNIX操作系统；全美收银机公司在计算机技术方面掌握了特殊的能力，而美国电话电报公司则在电信领域拥有特殊能力；全美收银机公司在零售业、金融服务业企业客户以及州和地方政府中间地位稳固，而美国电话电报公司在电信、运输、制造业客户以及联邦政府中间地位巩固；全美收银机公司在美国以外拥有稳固的收入基础，而美国电话电报公司的收入来源则主要集中在国内。[18]最后，有几位观察家认为，这两家公司的企业文化具有“中西部”气质。[19]

很遗憾，到了1990—1991年冬季，全美收银机公司在3000系列计算机上所下的巨大赌注趋于减少。衰退的早期阶段不利于企业在新的计算机设备上增加资本支出。由于所有的生产商都想变卖库存，因此，大家竞相削价。全美收银机公司感到难以维持为生存所必需的创新速度，并且发现这样做的成本太高。[20]1991年9月，全美收银机公司对上报美国证券交易委员会的复测数据进行了修正。

接　管

1988年，罗伯特·艾伦约见查尔斯·埃克莱，探讨两家公司善意合并的可能性。

埃克莱提出异议，但又表示如果全美收银机公司遭遇敌意袭击，那么他会请求美国电话电报公司充当“白衣骑士”采取行动。1年以后，两人又为谈论相同的主题而见面，结果也与之前相同。

1990年11月15日，美国电话电报公司采用罗伯特·艾伦向查尔斯·埃克莱发送密函的方式，向全美收银机公司发出了每股85美元的收购要约。查尔斯·埃克莱董事长在一封秘密回信中回答说，他无意牺牲一家成功的电子计算机公司以拯救美国电话电报公司失败的计算机业务。美国电话电报公司的收购要约只是想挽救它在计算机领域的败局。埃克莱还威胁说，如果美国电话电报公司收购他的公司，他就辞职走人。有分析人士认为，全美收银机公司的答复旨在迫使美国电话电报公司提高要约收购价格。确实，全美收银机公司准备就每股125美元的售价(总价85亿美元)进行谈判。不过，美国电话电报公司认为，这个价格“不能接受，并且毫无根据”。与此同时，全美收银机公司正在采取步骤以推进反收购举措。

在遭到全美收银机公司拒绝以后，美国电话电报公司于1990年12月2日发出了每股90美元的公开收购要约，以现金买股份的收购要约大约价值61亿美元。敌意收购在美国电话电报公司看来是非同寻常的事，“美国电话电报公司通常利用其在电话行业的支配地位及其科研人员的声誉来寻找自愿的合作伙伴”。[21]美国电话电报公司千方百计地把这起要约收购粉饰成善意收购，但是，全美收银机公司却对这起收购要约做出了负面反应。全美收银机公司的一位律师丹尼斯·布洛克(Dennis Block)评论这起要约收购时说：“这两家公司的‘联姻’没有商业意义。”埃克莱告诉一名记者：“这起收购交易不但没有任何协同效应，而且会产生直接的矛盾。”[22]

1990年12月14日，全美收银机公司董事会否决了美国电话电报公司的收购要约，并且把每股90美元的要约收购价说成是“非常不适当和不公允的”。两天以后，美国电话电报公司宣布将发动一场代理投票权争夺战，以使全美收银机公司董事会失去代表股东的资格。持有全美收银机公司25%股权的股东要求召开一次股东特别会议，但需要80%的股东表示同意，才能使董事会败选。机构投资者约持有全美收银机公司60%的股份。在接下来的1个月里，美国电话电报公司和全美收银机公司就美国电话电报公司停止或延缓收购或者限制全美收银机公司延缓收购的事宜在不同的法院对簿公堂。这些诉讼案的诉由，包括违反联邦证券法、反托拉斯法、银行控股公司法以及联邦通信规则。

1991年1月16日，据美国电话电报公司报告，它已经收到约占全美收银机公司70%普通股的代理投票委托。美国电话电报公司凭借手中掌握了这么多的代理投票权，遂要求召开股东特别会议以改选全美收银机公司董事会。股东特别会议定于3月28日举行。分析人士和投资者越来越感到埃克莱必然会通过谈判来适当抬高收购价格,而不是任凭美国电话电报公司按每股90美元的价格收购全美收银机公司。但是,埃克莱却继续在为捍卫全美收银机公司的独立而奋斗。

2月底,全美收银机公司试图实施一份价值5亿美元的员工持股计划,这样就能控制公司8%的股份(为实行这项计划而购买550万股股份,不需要外部融资)。后来,有一家法院否决了这项员工持股计划防御措施。全美收银机公司还批准了一项价值10亿美元的特别分红方案,并且把季度定期分配的股利由每股35美分提高到了每股37美分。

尽管全美收银机公司采取了这些防御措施,但是,对于包括埃克莱在内的所有人来说,显然,在3月28日的股东特别会议以后,美国电报电话公司将赢得全美收银机公司董事会的4个席位,并且在1年以后掌握公司董事会的控制权。3月10日,美国电话电报公司表示,如果全美收银机公司董事会停止反对这起要约收购交易,愿意把要约收购价提高到每股100美元(总价67.7亿美元)。埃克莱对这个要约收购价再次做出了负面反应,声称"如果美国电话电报公司愿意采取职业且负责的方式来解决问题,就应该直接与我们交易,并且以书面形式提交严肃的收购建议书,而不是通过媒体故作姿态"。[23]9天以后,美国电话电报公司宣布,如果全美收银机公司的股东在股东特别会议上投票支持改组公司董事会的建议,它就明确把要约收购全美收银机公司的价格提高到每股100美元。

在股东特别会议召开前4天,埃克莱宣布:"董事会授权公司管理层启动有助于美国电话电报公司理解全美收银机公司董事会做出该公司价值大大高于每股100美元的结论之依据的程序。因此,本人要告诉美国电话电报公司,我们已经做好与他们会面并提供有关信息的准备。"全美收银机公司和美国电话电报公司的谈判代表谈了2天,后来因双方在全美收银机公司的定价问题上意见不一而谈崩。在谈判破裂以后,美国电话电报公司发誓要加紧实施其收购方案。

在股东特别会议上,美国电话电报公司没能获得为取代全美收银机公司董事会所必需的80%股东的支持,但还是赢得了董事会12个席位中的4个席位。1991年4月8日,埃克莱宣布全美收银机公司愿意就合并问题重新与美国电话电报公司谈判,但价格不能低于每股110美元(总价74.8亿美元)。

2个星期以后,美国电话电报公司把它的收购价提高到了每股110美元,条件是它可以用自己的股票来支付,并采用权益联营法处理这起交易。这起要约收购案的另一个先决条件,就是美国电话电报公司答应埃克莱在过渡期内继续留任,并聘用全美收银机公司另外7位高管继续在新公司担任领导职务。全美收银机公司表示,如果收购交易结束时,公司股东保证能够获得每股110美元,它就接受这项收购要约。因此,美国电话电报公司答应只要其股票保持在目标价位之内,就保证每股110美元的收购价。

全美收银机公司最终于5月6日答应通过一起能获得美国电话电报公司74亿美元股票的交易接受后者的收购要约。全美收银机公司要求保留自己的公司名称，总部仍设在俄亥俄州的代顿。埃克莱说，他的公司立刻建议与美国电话电报公司合并运营业务。在这之前，每家公司各指派6～8名管理人员，分头为实现这个目标开展工作。两个过渡团队得到授权，探讨如何对这两家公司的制造、产品、财务、营销和人员等进行最佳整合的问题。

1个月以后，美国电话电报公司宣布准备从电子计算机工作站成长迅速的领先企业太阳微系统公司(Sun Microsystems)撤走其19%的权益。美国电话电报公司持有1 910万股太阳微系统公司股份，大约价值6.92亿美元。两家公司的合作促进了UNIX统一版本的开发，却没有任何更深远的战略重要性。美国电话电报公司出售太阳微系统公司的股权具有一定的讽刺意味：太阳微系统公司仍在盈利，继续快速增长，甚至成功开发了非常受欢迎的Java软件，因此允许计算机脱离互联网使用其他应用软件。每个互联网服务提供商(包括微软公司)最终都使用了Java软件。

在要约收购期间，美国电话电报公司曾宣布把自己的电子计算机业务移交给全美收银机公司的打算，由全美收银机公司管理层在位于俄亥俄州代顿的现有公司总部负责，而美国电话电报公司采取裁员和削减其他成本的措施。7月，美国电话电报公司公布了第二季度好于预期的8.28亿美元收益(比预期增加了26%)，但又宣布到年底要注销与收购全美收银机公司和多项成本削减计划有关的高达40亿美元(税后25亿美元)的费用。[24]研究分析师杰克·格鲁德曼(Jack Grudman)断定，这个数额相当于美国电话电报公司电子计算机业务的总注销额："在他们着手分解老电话电报公司8年以后，我们终于能够说，轮船已经起航，并且朝着正确的航向行驶。"[25]此前早些时候，他曾经说过："您可以把这起交易看作一项反向收购。美国电话电报公司通过价值60亿美元的全美收银机公司收购案，从计算机业务中抽身。"[26]不过，另一位分析师不禁发问："您是否能够实现不属于您的愿景？这是美国电话电报公司关于未来应该保留什么样的愿景，而不是全美收银机公司的愿景。"[27]最终，美国电话电报公司计算机部门有7 500名员工被解雇，而全美收银机公司重新雇用了2 000名员工。

1991年9月13日，全美收银机公司的股东以压倒多数的优势通过了被美国电话电报公司接管的方案，合并于9月19日完成。

结　局

1991年9月收购案完成以后，美国电话电报公司对其新业务单位的绩效保持了几个季度的沉默,此后公布了一些与收购案相关的成本以及各种重组费用,总计26.5亿美元。不过,向公众披露的情况通常比较乐观。1992年6月,全美收银机公司董事长吉尔伯特·威廉姆森(Gilbert Williamson)说他的各子公司都在增长,并且都有盈利。这一点在1992年9月以及1993年1月和5月一再得到证实。

1993年3月,全美收银机公司董事长吉尔伯特·威廉姆森宣布他将于5月1日退休,并将由美国电话电报公司的一名经理杰尔·斯泰德(Jerre Stead)接替。杰尔·斯泰德曾成功地使美国电话电报公司的办公电话系统业务扭亏为盈。威廉姆森说自己不是被迫退休的,做出退休决定是他自己的选择,他只是想把更多的时间用在自己的家庭上。

1993年的管理层交接被证明相当于一次被推延的合并后整合。美国电话电报公司任命自己的一位高管来管理全美收银机公司。据约翰·凯勒(John Keller)报道:

(美国电话电报公司)让全美收银机公司的很多高管退出,并且由于把自己的文化强加于新公司而激怒了一些牢骚满腹、不愿干活的一般员工和敌对的管理人员……美国电话电报公司等待了2年的自愿移交期,才全面接管了全美收银机公司的管理控制权。后来,美国电话电报公司任命自己的经理来经营计算机业务单位——即使该公司的管理人员减少了对母公司计算机业务的领导。美国电话电报公司的管理团队努力推行一种新的财务报告制度。但是,这种报告制度使得衡量产品从生产到销售的利润率变得更加困难。他们对公司的销售业务进行了重组,令顾客不知所措。最终,他们(为了寻找全球信息解决方案)毫无结果地损害了全美收银机公司的名誉……[28]

基本上从斯泰德上任开始,全美收银机公司的财务绩效急剧恶化。图8.3给出了全美收银机公司的运营收入以及投资资本的息税前收益率。显而易见,在吉尔伯特·威廉姆森离任以后,全美收银机公司的经营状况急转直下,而且每况愈下。全美收银机公司虽然在1996年恢复了盈利,但是再也没能恢复昔日的繁荣。那么,是什么发生了变化?美国电话电报公司为关闭计算机子公司花费了5亿美元的重组费用,但还是抱怨"我们面对狂热的价格竞争,尤其是低端计算机产品,以及欧洲和日本疲软的经济和市场条件"。[29]过后,美国电话电报公司又说:

我们公司的各个经营部门都面对日益激烈的严重竞争。产品价格和技术面临持续的竞争压力,而商业和市场条件变化迅速……个人机遭遇激烈的价格竞争。不同制造商生产的个人机使用相同或兼容的微处理器和软件,导致顾客越来越看重价格。我们打算把全美收银机公司改造成一家聚焦于交易密集型计算机技术的独立企业。新战略主要瞄准像大规模并行计算机处理器、自动对讲机和零售扫描设备这样的利润较高的产品。这一发展方向也会提升公司旨在帮助各经营单位采用新技术搜集和利用信息以改进顾客服务工作的主战略。尽管全美收银机公司将停止生产个人机,但会继

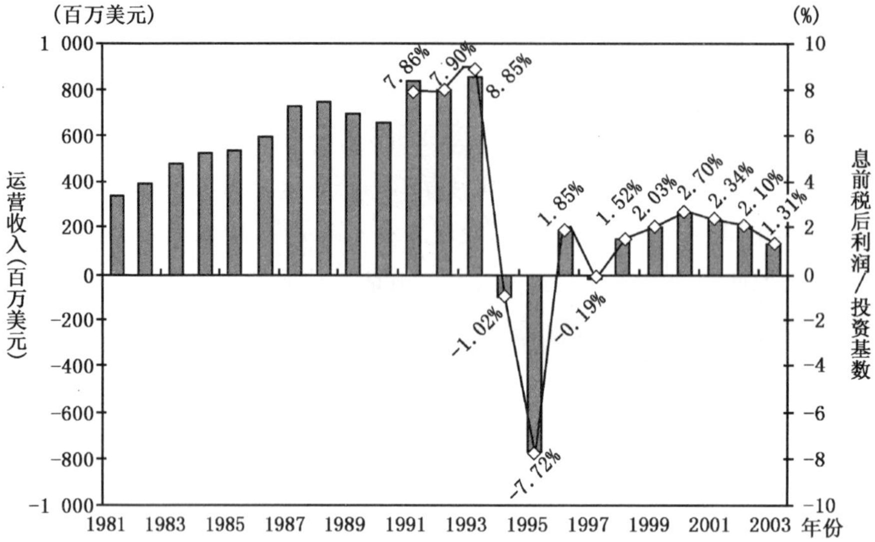

资料来源:作者根据公司年度报告计算。

图 8.3　全美收银机公司运营收入与息前税后利润/投资基数

续供应其他制造商生产的个人机,作为其总体解决方案的组成部分。由于持续发生运营亏损,全美收银机公司于 1995 年采取果断行动,创建了一个规模更小、业务更加集中的业务单位,集中瞄准该公司处于领先地位的三个产业——零售、金融和通信。此举在 1995 年第三季度造成了超过 16 亿美元的税前重组和其他费用(税后费用 12 亿美元)。超过 16 亿美元的税前费用中,有 6.98 亿美元用于支付员工离职和其他相关费用,5.64 亿美元源于资产减损,1.96 亿美元源于关闭、出售和合并设施,1.91 亿美元用于其他项目。[30]

一位分析人士写道:

简言之,问题的症结在于:商业环境恶劣,成本结构膨胀。全美收银机公司的国内业务收入实际以两位数的速度增长,而国际业务由于去年海外需求疲软,导致第一季度收入减少。此外,全美收银机公司的产品组合偏重于价格压力最大的领域,尽管一再改进,但亏损仍在扩大。[31]

另一位分析人士评论说:

全美收银机公司并不是不良资产,只不过是因为美国电话电报公司把它并入了该公司赔钱的计算机业务,又对它采取了太多的动作,而且操之过急。此外,全美收银机公司面对全球顾客市场迷失了方向,而有些产品线过早地或者说没有效率地瞄准了细分市场(我们认为,内部个人机业务始终是一种不幸,而第一代大型并行系统缺乏遗传算法软件)。[32]

1993年11月24日,全美收银机公司宣布了一项旨在通过裁员15%来削减成本并提高竞争力的计划。这一年,该公司全年忍受激烈的价格竞争和市场紧缩的煎熬,并且公布了第三季度发生4 900万美元的运营亏损(而上一年同期盈利5 000万美元)。全美收银机公司希望通过自愿而不是裁员的方式减少7 500个工作岗位。

1年以后,杰尔·斯泰德宣布,他领导的业务单位亏损有所减少,他将辞去这个业务单位的职务,并出任利贞特公司(Legent Corporation)的董事长兼首席执行官。1995年3月,美国电话电报公司宣布由飞利浦电子公司一名以削减成本著称的经理拉斯·尼伯格(Lars Nyberg)接任美国电话电报公司全球信息解决方案公司的董事长兼首席执行官。任命尼伯格就是为了削减工作岗位和成本。然而,5月份,该业务单位以每天200万美元的速度发生亏损。1994年头9个月的经营结果出现了5.01亿美元的运营亏损,而合并当年的前9个月实现收益6 300万美元。有分析人士看到了该业务单位赢得市场份额的必要性,"无论他们进入或退出该业务单位的哪部分业务"。[33]总而言之,到了1995年夏季,美国电话电报公司发现自己再次面临1990年所面对的选择:增加在这个行业的赌注,或者退出这个行业。

1995年7月28日,美国电话电报公司宣布它将缩小计算机业务单位,并集中发挥它在金融、零售和通信行业的核心优势。1995年9月21日,美国电话电报公司又宣布了一项把公司分解成电信(新的电话电报公司)、电信设备制造[朗讯科技公司(Lucent Corporation)]和计算机设备制造(全美收银机公司)的方案。这个方案公布当日,美国电话电报公司的股价上涨了11%。有分析人士把这次股价上涨归因于多元化折价的消失。美国电话电报公司董事长罗伯特·艾伦发表讲话说:"美国电话电报公司的市场价值在这之前被埋没了。投资者现在将清楚地了解这一点。"全美收银机公司的员工以放气球、喝香槟的方式来表示庆贺。在全美收银机公司将分立的消息公布以后,该公司的一名程序员约翰·梅耶斯(John Meyers)坦言:"我想,打开我们身上的锁链,真是太棒了。它们铸在我们身上已经有整整5年了。我们现在能够真正投身于我们所熟悉的领域了。"[34]

全美收银机公司的分立发生在1997年1月2日,为全美收银机公司创造了34亿美元的市值,略低于5年前美国电话电报公司收购该公司的价格的一半。1997年底,美国电话电报公司出售了它剩下的全美收银机公司股权。据粗略估计,美国电话电报公司对全美收银机公司投资的内部收益率是-40%。[35]考虑到标准普尔500指数在1991年9月—1996年1月期间以超过15%的年率增长,美国电话电报公司股东按市场投资机会损失调整的投资收益率为-50%。不难推断,这笔损失是由收购战期间美国电话电报公司股价剧烈波动造成的。托马斯·莱斯(Thomas Lys)和林达·文森特(Linda Vencent)在1995年研究了美国电话电报公司股价在收购战期间的波动状况,并认定收购战大约导致美国电话电报公司股东损失了30亿美元的财富。

新闻记者和证券分析人士把美国电话电报公司收购全美收银机公司的行动视为一场灾难。"在证券分析人士看来,部分问题在于,美国电话电报公司在由传统主机向所谓大规模并行系统转产的时刻收购了全美收银机公司。全美收银机公司也遭遇了其传统收银机业务衰退的打击,而低利个人机占据了销售收入越来越大的比例。在硬件方面,美国电话电报公司感到难以与康柏电脑公司那样的高效率生产商展开竞争。"[36]《经济学家》载文指出,这次失败是由于缺乏通常的营销配套、文化冲突(美国电话电报公司工会化程度高,而全美收银机公司没有工会组织)以及人员和资本的巨额费用所造成的。

一起失败的互补性交易:默克公司与美大康公司

为了与美国电话电报公司和全美收银机公司案例进行比较,我们来考察另一起不幸的案例——默克公司(Merck)收购美大康公司(Medco)案。后一收购案在一个重要方面不同于前一收购案:在默克公司决定把美大康公司的股份分给股东创建新公司时,美大康公司被默克公司收购以后正处于极度繁荣时期。因此,这个案例告诉我们,克服赞成保留一个业务单位的认知偏见需要多大的力量。正如美国电话电报公司和全美收银机公司所显示的那样,沉淀成本意识和承诺升级是导致并购失败的重要因素。那么,它们是否必然会出现在并购交易中呢?

这起收购案的经过是这样的:1993年7月12日,默克公司首席执行官罗伊·瓦格洛斯(Roy Vagelos)宣布他将主持收购美大康从容服务公司(Medco Containment Services Inc.)的谈判。这起交易总价高达60亿美元,并将在11月18日实施。10年以后,默克公司把美大康公司的股份转让给它的股东,交易价格大约为60亿美元。在默克公司收购后的10年里,美大康公司的价值增长了6倍,利润率又很高,因此,这个价格简直就是白送。一个很大的疑问就是:默克公司为什么要退出这样一项可靠的业务?或者更确切地说,它为什么拖了这么长时间才决定退出这项业务?

默克公司是一个处于领先地位的处方药生产商,并且曾经被《财富》杂志评为美国最受尊敬的公司。美大康公司是一家药品福利管理公司,根据合同向企业和卫生维护组织提供处方执行服务的邮购公司。美大康公司通过大批量采购和其他管理努力来为它的客户降低处方药采购成本。

瓦格洛斯认为,医疗保健费用的爆炸式增长会增加病人和医疗保健服务提供者抑制费用的压力。默克公司的年金医保药品正受到立法和监管机构的严格审查。图

8.4 显示,由于预期价格压力的现实伤害了投资者,制药公司的股票价格一路下滑,因此,瓦格洛斯致力于寻找通过增加产量来抵消价格下降的办法。美大康公司提供了一种解决方法:作为一家满足 3 300 万人口药品需要的管理公司,美大康公司能够帮助默克品牌的产品打败其竞争对手,并且帮助默克公司了解处方药需求走势。

资料来源:数据流。

图 8.4　标准普尔 500 指数与标准普尔医药业综合指数价格走势

此外,美大康公司是通过电话销售产品和实施管理的,因此,其成本大大低于默克公司雇用 5 500 名直销人员的成本,而收入正以每年 35%的速度增长。瓦格洛斯说:"我总是认为这是一个比较理想的途径。有了,就是它了。"[37]其他大制药公司通过收购药品福利管理公司(PBMs)来跟进。

唯一的问题是,美大康公司由一个中性的削减成本者变成了支持某个厂商的产品促销者。譬如说,美大康公司采用进攻型电话推销战术来劝导医生采用默克公司的产品。一名医生写道:"通过收购美大康公司,默克公司就能够通过大型药品邮购公司来影响医生使用默克公司的产品。消费者和保健者与结果都有关系。如果默克公司生产的药品是市场上最好的,那么这样做当然是有益的;如果其他制药公司的产品更好,那么公众利益就得不到保护。而在这两种情况下,试图展示竞争性产品的公司总是处于不利的境地。"[38]"这等于是叫狐狸来看管鸡舍。"这名医生又补充说。[39]

从经济方面看,默克公司控制分销渠道的战略是有意义的;但从伦理道德上讲,实施这种战略就没有意义。变换处方受美大康公司电话销售药剂师的左右,而不告诉医生他们最终代表默克公司，以及默克公司福利与病人福利之间存在潜在的冲突。这种做法是否超越了非法的界限，是以后几年里的官司和政府调查关注的焦点。

收购案完成仅仅 2 年后，也就是 1995 年初，就引发了有关合法性的质疑。2 月，默克公司在答应把其他制药公司的产品也列入美大康公司处方药一览表（治病推荐药单），并且限制交流有关其他制药商定价的某些信息以后才了结了一场官司。10 月，默克公司了结了由美国 17 个州指控它违反消费者保护法的诉讼。默克公司同意医生披露以下信息：美大康公司的药剂师是以为默克公司所有的美大康公司的名义通过电话推销药品，以及所推荐药品的制造商等。11 月，美国政府会计署公告了药品福利管理公司被默克—美大康公司、史克必成多元化药品服务公司（SmithKline Beecham's Diversified Pharmaceutical Services）和礼来太平洋健康系统（Lilly's PCS Health Systems）收购以后所采取的做法。美国政府会计署发现，美大康公司从它的药品一览表中删除了一些与默克公司产品有竞争的药品。[40]

与此同时，美国联邦贸易委员会对这些竞争行为展开了调查，结果发现，默克和美大康公司的竞争行为引发了"极其棘手的问题"。[41] 1998 年，默克公司与发现"美大康公司给予默克公司优惠待遇，导致消费者在某些情况下拒绝接受竞争性制造商生产的药品的现象"[42]的联邦贸易委员会签署了一份和解书。默克公司答应采纳减少默克产品享受的优惠待遇的做法。同样是在 1998 年，美国食品与药品管理局发起了一项监管药品福利管理公司的可行性研究。后来，美国食品与药品管理局在遭遇了来自药品福利管理公司和制药公司的强烈抵制以后改变了原先的严厉态度。

尽管美大康公司遭遇了美国政府方面的干预，但仍然成功地为默克公司占据了市场份额。表 8.1 揭示了默克公司通过美大康公司销售产品与在公开市场上销售产品之间存在的实质性差异。默克公司为自己扩大市场份额的行为辩解说，仅仅是因为自己瞄准了那部分不实行回扣和折扣的市场，而美大康公司为它的顾客争取到了回扣和折扣。

表 8.1　默克公司占美大康公司销售额的比例与占公开市场的比例比较

产品	治疗疾病	1999 年 12 月	
		占美大康公司处方药的比例	占市场全部处方药的比例
Zocor	高胆固醇	41%	22%
Prinzide	高血压	27%	9%
Prinivil	高血压	39%	13%
Pepcid	胃烧灼痛	29%	21%
Vasotec	高血压	24%	17%
Vioxx	关节痛	19%	12%
Fosamax	骨质疏松症	19%	14%

资料来源：法院文献[转引自 B. Martinez："Merck's Ties with Medco Detailed"，2003 年 1 月 8 日《华尔街日报》，通过版权结算中心经道琼斯公司（Dow Jones & Co. Inc.）允许后复制（简装本）]。

2002年，驻费城检察官办公室针对美大康公司的行为展开了一项调查。美国西弗吉尼亚州单独起诉默克公司，指控美大康公司曾经劝导该州雇员消费比较昂贵的药品，并且仍在实行该州早已明令禁止的回扣制度。美大康公司提起了反诉，声称自己为西弗吉尼亚州节约了多于预期的资金，一部分节约的资金理应与它分享。默克公司与其顾客了结了一起长达5年的诉讼。默克公司的顾客指控美大康公司侵吞本该属于他们的回扣。默克公司答应赔偿4 250万美元，并且改变自己的信息披露惯例。默克公司还声称，原告律师将获得相当于这笔赔偿金30%的律师费。

这起案子的了结引发了更多州检察官的兴趣。2003年1月，有25个州的检察官联合西弗吉尼亚州对美大康公司对药品福利管理公司的做法展开了调查。美大康公司拒不承认自己偏袒某个制药商。3月，一家大工会和一个消费者群体指控4家最大的药品福利管理公司没有把节约的资金交给健康保险计划和消费者。"20世纪90年代初，它们告诉我们药品福利管理公司是控制医药费的关键……不过，现在一切都明白了。药品福利管理公司不但没有交付所节约的资金，还利用这个体系来施展种种攫取利润的新伎俩。"这个消费者群体的发言人如是说。[43]6月，驻费城检察官最终动议美国司法部参与一起要求美大康公司把利润退还给病人的诉讼。这一年晚些时候，美国司法部指控美大康公司犯有欺诈罪。美大康公司对这一指控进行了争辩。

仿佛这些诉讼还不足以导致退出市场，默克公司的主要产品又受到了强烈的质疑。研究显示，"Vioxx"和"Celebrex"止痛剂并不比价格比较便宜、历史较长的药更加有效。1997年，"Zocor"作为最主要的降胆固醇药突然被华纳—兰勃特公司（Warner-Lambert）生产的利匹妥（Lipitor）所取代。默克公司5种占其药品销售收入1/3的产品的专利于1999年到期。尽管在1995—2002年间，默克公司向市场推出了17种新药，但是，这些突然出现的负面因素对公司财务产生了显著的影响。默克公司公告投资者公司收益将低于预期。2001年6月22日（消息公告日），默克公司的市值下跌了9%。2001年，默克公司失去了1/3的市值。

其间，另一些收购药品福利管理公司的大制药公司陆续退出了药品福利管理业。1997年，礼来公司卖掉了太平洋健康系统，亏损24亿美元；1999年，史克必成药业公司变卖了多元化药品服务公司，亏损19亿美元。

为了应对眼前的种种困难，默克公司决定退出药品福利管理业，并于2002年1月29日公布了剥离美大康公司的计划。默克公司旨在通过年终进行的一次首次公开发行（IPO）出售20%的美大康公司的股份。后来，默克公司把股份余额分配给了自己的股东。据这次发行的招股说明书披露，美大康公司在以后的5年里有义务继续负责推销默克公司的产品。后来，默克公司在披露了1998—2001年间，它曾把通过美大康公司收取的124亿美元的共同付款认作收入以后，取消了这项首次公开发行计划。查尔斯·马尔弗尔德(Charles Mulford)教授评论说:“虽然这样做并没有改变净收入,但明显对制药业的其他公司采取了进攻姿态,从而夸大了默克公司的经济活动。”[44]相反,雷曼兄弟公司的罗伯特·维伦斯(Robert Willens)却认为,“这样处理是适当的,因为美大康公司充当了付款义务人”。[45]但是,到了7月,默克公司和它的承销商一致决定取消这次首次公开发行。

9个月以后,默克公司宣布它将剥离美大康公司,并把它持有的美大康公司股份分给默克公司的股东。这次剥离具有两个特点。首先,美大康公司独立以后,还得按规定在一定时期内推销默克公司的产品。其次,美大康公司得借20亿美元向默克公司支付股利。根据早些时候的一项独立计划,默克公司预计可收进25亿美元。美大康公司于2003年8月19日正式脱离默克公司。

就像在美国电话电报公司和全美收银机公司的案例中一样,有人不禁要问,默克公司为什么拖了这么长时间才决定退出?在这两个案例中,这几家公司在实施分立以前早就传出不利的消息。不过,在默克公司的案例中,情况要比沉淀成本意识复杂得多。美大康公司利润丰厚,实在是不舍得让它分立。图8.5显示,在默克公司陷入困境的时候,美大康公司的运营利润增长迅速。鉴于默克公司在其主要药品市场上的处境每况愈下,以及2000年不断恶化的经济气候,损失收益的前景肯定非常令人扫兴。当然,向默克公司支付可观的款项,可帮助它筹措研发资金,聊以弥补收益损失。

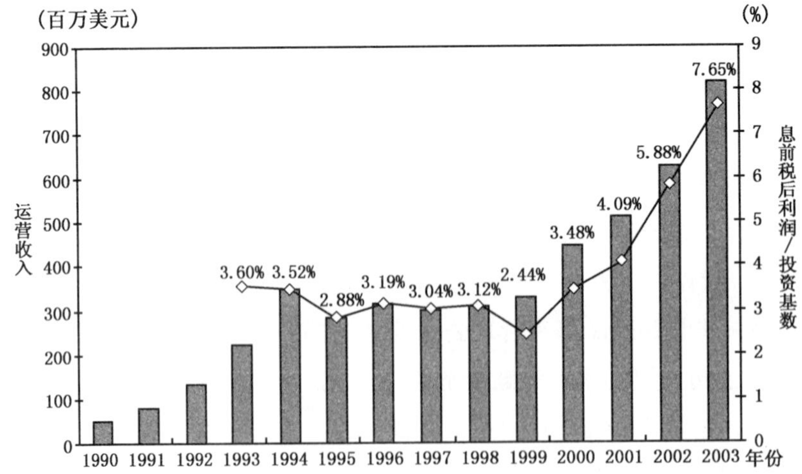

注:1994—1998年净收入为估计数。

资料来源:作者根据公司年度报告计算。

图8.5　美大康公司运营收入和息前税后利润/投资基数

结 论

并购失败的基本结构明确揭示了很多有关美国电话电报公司与全美收银机公司灾难性并购交易的维度。鉴于电子计算机技术迅速向开放式体系结构发展、快速的技术创新、价格竞争以及1991年发生的经济衰退,商情并非一成不变。美国电话电报公司为自己经过6年的奋斗仍然没能成功立足于电子计算机行业而感到伤心。全美收银机公司遭遇了迫在眉睫的不幸,倒是没人知道。美国电话电报公司和全美收银机公司都在自我改造,但直到1993年才发现为时已晚。

从表面上看,这起并购交易似乎并不复杂:美国电话电报公司仅仅是撤销了自己的已有计算机业务,并把自己的已有客户基础并入全美收银机公司。但是,复杂性出现在全美收银机公司1991年对自身进行的开放式体系结构计算机技术改造过程中。这样的改造要求在几乎每一个商业维度上,都把员工、顾客和供应商转向新产品和新流程。这一点,再加上高采购价,严重削弱了改造柔性:全美收银机公司的命运与其开放式体系结构技术改造紧密耦合在了一起。

预先决定其困难的管理层基本选择,就是1984年进入电子计算机产业的战略决策。认知偏差,尤其是盲目乐观、沉淀成本意识和承诺升级迅速导致罗伯特·艾伦遭遇了运营亏损,并大量投资全美收银机公司。最后,文化差异拖累了团队效能,特别是在1993年吉尔伯特·威廉姆森退休,由杰尔·斯泰德接替以后。

在这个案例中,认知偏差特别值得注意。托马斯·拉斯和林达·文森特对美国电话电报公司收购全美收银机公司案进行的一项详细研究,使他俩想到这起收购案是承诺升级的体现。决策者能够被先前自由做出且会对他本人产生重要影响,又是众所周知、难以逆转的决策所“套牢”。[46]被一项决策“套牢”,其意思就是面对不利的信息、舆论或结果,仍然坚持执行这项决策。承诺升级就是决策者觉得自己已经被套牢,但仍增加赌注、孤注一掷。美国电话电报公司的管理层自愿接受法院关于分解公司的判决,并且致力于一项整合计算机与电信的战略。该公司管理层希望证明他们在接受了法院判决以后所采取的战略的价值。美国电话电报公司最初在计算机领域的努力以失败而告终,这又驱使它去收购全美收银机公司。即使在股票市场做出明确否定的评价以后,该公司的管理层仍然一意孤行。据拉斯和文森特估计,美国电话电报公司股东因这一收购案而蒙受的累计财富损失高达65亿美元。即使在收购了全美收银机公司以后,美国电话电报公司管理层仍然通过吸收正在发生的亏损来进一步增加赌注。

默克公司收购美大康公司案虽然是一起互补性交易,但就伤害而言,仍是一起堪称“地狱之炼”式的并购交易,并且毁坏了默克公司的声誉。尽管从经济角度看,这起并购交易还算成功,但造成了严重的利益冲突:在并购后的数年里,一直官司缠身就是明证。默克公司是最早进入也是最后退出药品福利管理领域的制药公司。美大康公司在经济方面取得的成功,可轻而易举地解释它迟迟没有退出的原因;而美国电话电报公司推迟退出的原因,是它不相信会长期亏损下去。

注释:

[1]作者在撰写本章的过程中得到了肖恩・卡尔、戴维・艾克勒、查德・莱恩布兰多和桑洁・瓦科哈瑞的帮助。

[2]罗伯特・艾伦引自尼克希尔・德甘和史蒂文・利平(Nikhil Deogun and Steven Lipin, 1999)。

[3]Cindy Skrzycki,“NCR Corp. Agrees to AT&T Merger”,*Washington Post*,May 7,1991,C1.

[4]“Deals & Deal Makers: Cautionary Tales: When Big Deals Turn Bad”, *Wall Street Journal*, December 8, 1991, C1.

[5]Raju Narisetti,“History Holds Some Hard Lessons for Compaq”,*Wall Street Journal*,January 28,1998, B1.

[6]Nicholas Booth,“NCR Rejoins the Road to Success”,*The Times of London*,June 25,1997, Interface 12.

[7]“Fatal Attraction,”*Economist*,March 23,1996,7.

[8]“Deals & Deal Makers: Cautionary Tales: When Big Deals Turn Bad”, *Wall Street Journal*, December 8, 1991, C1.

[9]理查德・波德曼致编辑的信,*New York Time*,April 14, 1991, Section 3, 11. Copright © 1991 by the New York Times Co. 。

[10]美国电话电报公司在实施全美收银机公司收购交易以前的亏损程度肯定是不可知的,普遍援引的数字是30亿美元。

[11]Andrew Pollack,“Coming to the Rescue of a Computer Venture,”*New York Times*,December 4,1990,D1. Copyright © 1990 by the New York Times Co.

[12]Michael Noll,“The Failures of AT&T Strategies,”New York Times,March 31,1991,Section 3,9. Copyright © 1991 by the New York Times Co.

[13]Eben Shapiro,“Cash Offer by AT&T after Rebuff,”*New York Times*,December 6,1990, D1.

[14]Keith Bradsher,“NCR and AT&T:Would the Combination Work?”*New York Times*,December 9,1990,Section 3,12.

[15]L. J. Davis,“When AT&T Plays Hardball,”*New York Times*,June 9,1991,Section 6,Part 2,14.

[16]L. J. Davis,"When AT&T Plays Hardball,"*New York Times*,June 9,1991,Section 6,Part 2,14.

[17]L. J. Davis,"When AT&T Plays Hardball,"*New York Times*,June 9,1991,Section 6,Part2,14.

[18]Rick Whiting,"NCR/AT&T:One Era Ends... Another Begins,"*Electronic Business*,May 1993,34.

[19]Eben Shapiro,"AT&T Is Offering $6 Billion to Buy a Computer Maker,"*New York Times*,December 3,1990,A1.

[20]Edmund Andres,"AT&T Acquisition,Soon to Be Spun Off,Regains NCR Name,"*New York Times*,January 11,1996,D5.

[21]Eben Shapiro,"AT&T Is Offering $6 Billion to Buy a Computer Maker,"*New York Times*,December 3,1990,A1.

[22]Keith Bradsher,"NCR and AT&T:Would the Combination Work?"*New York Times*,December 9,1990,Section 3,12.

[23]Eben Shapiro,"AT&T Pressures NCR Board,"*New York Times*,March 11,1991,D1.

[24]在美国电话电报公司—全美收银机公司合并案中,迪隆—里德公司(Dillon Read,全美收银机公司的顾问公司)的咨询费为1 850万美元,摩根士丹利(Morgan Stanley,美国电话电报公司的顾问公司)的咨询费为1 330万美元。

[25]Barnaby Feder,"AT&T Expects Big Write-Off,"*New York Times*,July 19,1991,D1.

[26]Andrew Pollack,"Coming to the Rescue of a Computer Venture,"*New York Times*,December 4,1990,D1.

[27]Carla Lazzareschi,"Will This Marriage Succeed?"*Los Angeles Times*,May 7,1991,D1.

[28]Keller(1995).

[29]引自美国电话电报公司1994年提交给证券交易委员会的10-k表。

[30]引自美国电话电报公司1996年提交给证券交易委员会的10-k表。

[31]Salomon Brothers,U. S. Equity Research,Telecommunications,"AT&T—The Clear Winner in Telecom,"May 3,1994.

[32]AT&T Corporation Company Report,Prudential Securities,M. Elling. R. Walsh,C. Larsen,October,12,1995,11."GIS Free to Find a New Home."

[33]*New York Times*,May 5,1995.

[34]James Hannah,"NCR Celebrates Independence from AT&T,"Associated Press Newswires,January 2,1997.

[35]这个估计值基于以下假设:美国电话电报公司的初始费用是为收购全美收银机公司普通股所花的74.8亿美元,加上它自己的电子计算机业务的权益价值之和(为简便起见,笔者假设它的电子计算机业务权益价值为0)。1990—1995年,美国电话电报公司的电子计算机业务累计亏损38.5亿美元。从该公司年度报告中不可能获得这些亏损的年度分布状况。不过,新的报告显示,这

些亏损是在吉尔伯特·威廉姆森于1993年3月离职以后才开始发生的。为了简便起见,笔者假设,1991—1992年间,美国电话电报公司的电子计算机业务能够保本经营,而亏损均匀地发生在1993、1994和1995三年内。同样是为了简便起见,笔者还假设运营资本和固定资本当期费用为0。这样计算的话,退出价值就是全美收银机公司分立当天的市场价值,即34亿美元。这些简化假设会造成负收益趋向于0的偏差,这就意味着更加精确的估计值很可能导致更大的负收益。不过,更加精确的估计值几乎不会影响对全美收银机公司的投资严重破坏价值这个定量结论。

[36]*New York Times*,July 29,1995.

[37]Brian O'Reilly,"Why Merck Married the Enemy,"*Fortune*,September 20,1993,60.

[38]Philip R. Alper,"Health Care:Report from the Trenches—High-Pressure Tactics Raise Doctor's Pressure,"*Wall Street Journal*,November 17,1993,A22.

[39]Elyse Tanouye,"Changing Minds:Owning Medco,Merck Takes Drug Marketing the Next Logical Step,"*Wall Street Journal*,May 31,1994,A1.

[40]"Merck Settles Arm-Twisting Charges,"Business & Health,December,1995,at www.findarticles.com/p/articles/mi_m0903/is_n12_v13/ai_178575492.

[41]Elyse Tanouye and Laurie McGinley,"GAO Report Says Merck-Medco Merger Raises Issues That Warrant Scrutiny,"*Wall Street Journal*,November 13,1995,B12.

[42]Barbara Martinez,"Merck's Ties with Medco Details—Drug Maker Used Unit to Increase Market Share,Court Documents Show,"*Wall Street Journal*,January 8,2003.

[43]Barbara Martinez,"Pharmacy-Benefit Managers Are Stiffing Consumers,Suit Says,"*Wall Street Journal*,March 19,2003,D3.

[44]Barbara Martinez,"Merck Included Co-payments among Revenue,"*Wall Street Journal*,June 21,2002,C1.

[45]Martin Sikora,"Merck to Get a Cash Payment in Spinning Off Medco,"*Mergers and Acquisitions*,June 2003,16.

[46]Salancik(1977)and Keisler (1971).

第九章　1993年12月:雷诺公司与沃尔沃集团合并方案

1993年9月6日,沃尔沃集团(AB Volvo)和雷诺公司(Renault)首席执行官宣布了沃尔沃集团汽车业务与雷诺公司合并的计划。[1]这项计划的公布导致了市场的强烈质疑:沃尔沃集团市值临时性下挫1/5,任职已久的首席执行官和4名董事引咎辞职,并且影响到瑞法两国的外交关系;当这项合并方案于12月最终被取消时,沃尔沃集团对公司治理、产权结构以及战略进行了一系列调整,并且终止了沃尔沃集团与雷诺公司之间的重大战略联盟。雷诺—沃尔沃集团合并方案很可能是欧洲公司意义最深远的失败合并案例。

雷诺—沃尔沃集团合并案的对照案例,就是2002年惠普公司收购康柏公司案。惠普—康柏公司并购案在几个方面都与雷诺—沃尔沃集团合并案惊人地相似:首席执行官富有感召力;行业不景气;市场地位趋于下降;行业产能过剩,导致利润率下降;具有很大的协同效应前景;员工和有影响力的股东强烈反对。不过,惠普收购案获得了批准。比较这两个案例,可显示协同效应可靠性、周全的交易方案设计和沟通的重要作用。

雷诺公司与沃尔沃集团合并的动机

20世纪90年代初,三方面的发展似乎预示着世界汽车工业竞争格局将发生根本性变化。首先,单位需求增长趋缓,这部分反映了北美1990年、欧洲1992年开始的经济衰退。其次,汽车工业产能利用率趋于下降。1993年,欧洲汽车工业产能利用率只有66%,而世界汽车工业产能利用率达到了73%。最后,质量基础、研发突破、新产品开发周期和新的组织形式,在激烈的产业竞争中日益成为决定胜负的关键因素。由于多种不同的原因,规模较小的制造商采用这些技术的进展较慢,或者干脆就抵制不用。

1993年,一名重要的汽车工业分析师马里安·凯勒(Maryann Keller)发表了一份关于主要汽车制造商的评估报告。他在这份报告中断言:“这些公司有可能与其他公司发生越来越多的冲突。有太多的国家在使用相同的方法和技术生产过多的相同产品,而市场增长太慢,来不及接纳全部产品。”[2]

沃尔沃集团在全球汽车工业中是一家小公司,年产大约 208 000 辆汽车,世界排名第 27。沃尔沃集团首席执行官佩尔·吉伦哈马尔(Pehr Gyllenhammar)认为,从战略上看,沃尔沃集团容易受到攻击,需要一个大合作伙伴。这样,沃尔沃集团就能获得有利的采购安排,分摊不断增加的新产品开发费用。此外,合作伙伴比较雄厚的财力可以帮助沃尔沃集团渡过其 1992 年经历的比较严重的经济衰退。有些观察家把沃尔沃集团所面临的困境归咎于吉伦哈马尔,并且认为,沃尔沃集团的股价表现不及瑞典股市指数(参见图 9.1)。虽然吉伦哈马尔没有谈到其他战略性替代方案,但他很可能至少面对两种可能性:退出汽车产业或者构建规模较小但高度聚焦的联盟网络。沃尔沃集团的战略困境表明,即便不是立刻,至少在中期内有必要实行某种形式的战略调整或者变革,但相对而言,几乎没有迹象表明,专一、全面的合作伙伴关系必然优于其他可替代方案。

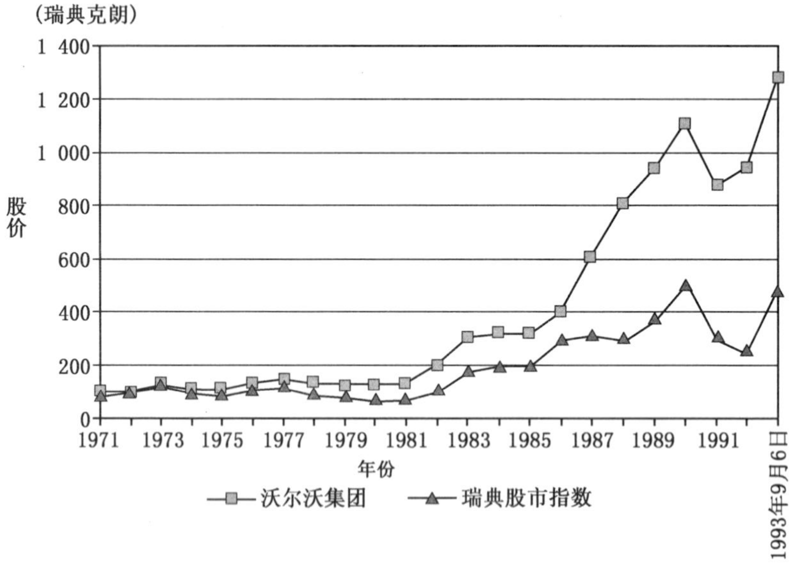

本图给出了从 1971 年(佩尔·吉伦哈马尔出任沃尔沃集团首席执行官)到 1993 年(公布合并方案,吉伦哈马尔辞职)的沃尔沃集团股价高于 B 股价格和瑞典《商业周刊》股市指数的时间序列。出于可比性考虑,从时间序列的开端,就把股市指数限制在沃尔沃集团的股价上。高于 A 股价格的时间序列情况相同,为简便起见,这里没有列出。

图 9.1 1971—1993 年沃尔沃股价与瑞典股市指数

沃尔沃集团与雷诺公司具有较长的合作历史,从 1971 年开始就签署了一份部件互换协议。合作关系又于 1980 年得到深化:雷诺公司购买了沃尔沃集团的少数股权。

雷诺公司在1985年濒临破产的时候卖掉了沃尔沃集团的股份。1986年,雷诺公司新的管理层上任以后,佩尔·吉伦哈马尔主动提出收购雷诺公司的卡车制造业务。雷诺公司首席执行官雷蒙·利维(Raymond Levy)当时刚上任不久,他曾经说过,作为一名新的执行官,他想在决定这样的方案以前先熟悉自己的新工作。这两位首席执行官在1989年秋季又恢复了认真的讨论。利维告诉我,最初,这两位首席执行官沿用荷兰皇家壳牌公司的思路探讨跨国合并的想法。由于政治上的原因,合并在当时不是一种理想的选择。不过,合并可能性看来是歪曲了这两家公司管理层的思想,因为他们于1990年1月宣布了一项"合资"计划。这项合资计划的细节拖到了1990年9月才浮出水面。那时,情况已经变得明朗,这项计划应该涉及一种长远的战略联盟。

结盟协议是两家公司的一种复杂承诺——利维甚至把它称为"联姻",不但涉及各方持有对方的少数权益,而且要在对方的轿车和卡车制造单位持有很多少数权益。这两家公司首席执行官声称,双方在对方制造单位直接参股,就能够使这两家公司同呼吸、共患难,并且促进产业合作。双方没有公开讨论复杂的"毒丸"条款,因为这种条款会导致某一方想解除联盟要付出很大的代价。总而言之,这项协议对于这两家公司来说构成了意义深远的承诺升级,并且为它们进行紧密的产业合作开辟了道路。1993年,两家公司提出合并方案,导致承诺又进一步升级。

两家公司通过相互收购股份,于1991年1月实现了结盟。在以后的2年里,它们的努力只取得了不大的成功。虽然需要很长时间才能赢得动能,但在1993年就能比较清晰地预见到采购方面的好处。然而,双方联合设计一款轿车和优化卡车制造的重要项目仍处于停顿状态。有关的访谈披露了很多原因,包括法国方面的贸易保护主义、瑞法文化冲突、21个委员中严重的联盟官僚主义和关系冷漠的高级领导人。更糟糕的是,沃尔沃集团的主要市场北美于1991年年底陷入了衰退,导致沃尔沃集团遭遇了其历史上最惨的财务绩效下滑。

1992年末,吉伦哈马尔和路易·施韦策尔(Louis Schweitzer,在利维于1992年退休以后被任命为雷诺公司首席执行官)秘密开始了关于两家企业合并的谈判。令人遗憾的是,当时执政的法国社会党否决了对这个国家最大的国有企业进行私有化的方案。当保守派在1993年3月的立法选举中获胜重新掌权以后,两家公司重新开始谈判,结果于1993年9月6日宣布合并方案,以组建雷诺—沃尔沃汽车公司。

沃尔沃集团合并说明书列举了这起合并的三个主要原因:(1)提高竞争优势;(2)增强财务实力和满足新的资本需要的能力(估计沃尔沃集团总共需要50亿~80亿瑞典克朗);(3)利用采购、研发和生产方面的运营效率。据吉伦哈马尔估计,除了联盟的预期收益之外,1994—2000年间,上述合并的经济收益未经折现,可达164亿瑞典克朗。

这个合并方案有可能在以下几个重要方面影响沃尔沃集团股东的利益：

• 雷诺管理团队意欲控制雷诺—沃尔沃汽车公司的管理权。沃尔沃集团首席执行官兼董事长佩尔·吉伦哈马尔出任雷诺—沃尔沃汽车公司监事会主席。法国政府任命雷诺—沃尔沃汽车公司管理委员会主席兼首席执行官，可能的人选就是雷诺公司首席执行官路易·施韦策尔。

• 两家公司的商务关系将由双方各拥有50%控制权的战略联盟转变为收购。法国政府将拥有雷诺—沃尔沃汽车公司65%的股权，而沃尔沃集团则只有35%的股权，尽管实际投票权由一家控股公司来行使。有关控制权结构的方案非常复杂，并且就如笔者的采访所显示的那样，只会增加理解这起交易的难度。吉伦哈马尔告诉我，控股公司的组织结构将在控制雷诺—沃尔沃汽车公司方面赋予沃尔沃集团更多的话语权。类似的控股公司结构也曾应用于其他跨国合并交易，如瑞典通用电机公司(Asea)与布朗—波弗公司(Brown-Boverie)合并案。

• 最初，合并产生的新公司的股份不可流通。法国政府宣布它有意在1994年将雷诺—沃尔沃汽车公司私有化，并且把自己的股份主要卖给投资者"中坚"。有观察家认为，这个投资者中坚的主要候选人包括马特拉—阿歇特公司(Matra-Hachette，一家法国工业公司，是雷诺公司"空间"牌小货车的共同生产商)以及法国的一些国有银行和保险公司。

• 法国政府将保留一项例外权利，一种特别股份(通常被称为"黄金股")。这项例外权利赋予法国政府防止某个投资者收购(或拥有)雷诺—沃尔沃汽车公司17.85%以上的直接权益(或投票权)。就像"毒丸"或者控股反接管修正方案那样，"黄金股"能够改变某些股东(如大股东)的投票权。由于权利限制并不是自动的，因此，法国人在行使"黄金股"赋予的权利方面享有相机抉择权。现如今，黄金股已经成为国有企业私有化的一个共同特征。它的起源难以考证，尽管很多观察家把黄金股的起源追溯到20世纪80年代在英国出现的私有化浪潮，认为是英国80年代掀起的私有化浪潮在欧洲首次采用了黄金股。黄金股赋予的投票权没有时间限制。

总而言之，这个合并方案赋予沃尔沃集团股东分享以多项控制期权(如黄金股、关于雷诺—沃尔沃汽车公司股份公开上市时间和规模的私有化期权以及确定投资者中坚的期权)换取的潜在协同效应收益的权利。总体而言，这些期权赋予法国政府决定雷诺—沃尔沃汽车公司战略的重要权利。

合并方案公布时，沃尔沃集团19.1%的投票权投票赞成这起合并案。[3]吉伦哈马尔的任务就是拉到50%以上的投票权支持这起合并交易。沃尔沃集团17个最大的投资者，主要是机构投资者，拥有65.4%的投票权；剩下的投票权广泛分散在散户手中。难以理解的是，吉伦哈马尔迟迟没有与机构投资者接触，以获得他们的支持。很多最后终于召开的会议，都是由机构投资者发起的。他本人似乎倾向于让交易本身来说话，而不是积极倡导。很多被访者指出，这符合吉伦哈马尔关注重大战略和愿景的领导风格。

对合并方案的反应

合并方案于1993年9月6日公布，随后，沃尔沃集团的股价大幅下挫。在随后的7个星期里，沃尔沃集团股东的异常负收益累计达到了－22%，沃尔沃集团的市值大约蒸发了83亿瑞典克朗(约合10.55亿美元)。沃尔沃集团蒸发掉的市值与合并条件详细信息的披露有关。

报纸和激进的投资者对机构投资者的怀疑态度起到了推波助澜的作用。两家瑞典小报主要以民族主义为由，立即对这起合并案发难。个人投资者协会这个股东支持团体提出知情要求，并在合并案公布以后两次与沃尔沃集团管理层见面。该协会于10月7日发表了反对这起合并交易的意见，向它的会员征集代理投票权，并且还威胁要对沃尔沃集团董事会提起诉讼。明确表示反对的股东大约仅占沃尔沃集团投票权的1/3。不过，就这已经排除了任何获得明显多于2/3多数的可能性，并且足以导致沃尔沃集团的董事们官司缠身。沃尔沃集团的蓝领工会表示支持合并案，认为这起合并有利于保住其会员的工作，并且可能还看到了与雷诺公司左翼工会——劳工联合总工会——结盟的好处。但是，蓝领工会的支持令机构投资者感到讨厌，而不是鼓舞。代表沃尔沃集团5 000名白领员工的白领工会以及代表该公司900名工程师的工程师工会都表示了反对意见。沃尔沃集团3名前高管在报纸上撰文反对这起合并交易。但是，直到10月底，沃尔沃集团的机构投资者还没有公开发表意见。

10月中旬，瑞典投资者见证了法国另一家国有企业——法国航空公司——管理层采取的一次行动。法国航空公司首席执行官伯纳德·阿塔利(Bernard Attali)试图实行减薪和裁员，并且在法国绩效最差的行政区改革工作条例。法国各工会举行罢工，并且对政府施压，要求解聘阿塔利。瑞典投资者把这次冲突看作对法国政府决心以管理公共事务的方式来管理国有企业——对于他们来说，是通过雷诺—沃尔沃汽车公司来实现可接受收益的一个关键条件——的一次具有讽刺意味的检验。10月16日，阿塔利宣布辞职，而投资者怀疑与法国结盟能否最终获益。

在见到于10月26日公布的正式合并说明书之前，机构投资者一直保持沉默。个别机构投资者希望合并说明书能够详细解释预期的合并协同效应，并且能够评价雷诺公司和沃尔沃集团的汽车业务资产，把它作为证明合并过程中股份交换比例的依据。

但是，除了已经披露的信息以外，合并说明书中没有披露任何其他信息。机构投资者的忍耐已经到了极点。

10月29日之前，92-94基金(92-94 Fund，持有沃尔沃集团2.5%的投票权)和SPP保险公司(SPP Insurance，持有4.5%的投票权)两家机构发表了它们反对这起合并交易的意见。第三家机构斯堪迪亚保险公司(Skandia Insurance)表示将推迟做出决定。斯德哥尔摩两家主要的投资管理机构在报纸上撰文谴责这起交易，并且要求吉伦哈马尔辞职。它们写道："我们不喜欢所建议的雷诺协议，我们也不喜欢这几年沃尔沃集团被人滥用的方式。"[4]吉伦哈马尔在机构投资者的反对面前退缩了，他答应推迟1个月召开股东大会，以便向机构投资者披露补充信息，并给予他们评价补充信息的时间。

11月4日，沃尔沃集团运营经理在西班牙马贝拉举行的一场高尔夫球赛上告诉记者，沃尔沃集团卡车业务当年前9个月的利润快速增长，证明了1年前开始的强劲反弹。11月18日正式公布的当年前9个月的数据证实了这一点。这些信息的披露触发了机构投资者对沃尔沃集团在现金流处于周期性低位时期谈定的合并方案的新一轮谴责，它们反对现在面临复苏而出售汽车业务。更重要的是，令人鼓舞的报告导致关于这起合并案的辩论围绕估价这个核心问题展开。现援引机构投资者的意见如下：

雷诺公司主要报出了兼并沃尔沃集团轿车和卡车业务的收购价格，并且用它的股票来支付。在雷诺公司具有市场价值之前，我们作为沃尔沃集团的股东无法评估雷诺股票的价值。[5]

瑞典个人投资者协会主席拉尔斯—艾利克·弗尔加德(Lars-Erik Forsgardh)发话说："根本的问题就在于，沃尔沃集团没能成功地表明这起交易对股东是有利的。"[6]

11月中旬，吉伦哈马尔为获得机构投资者的支持进行了两次努力。首先，他试图重新与法国方面谈判，但遭到了拒绝。法国工业部部长写信保证：只要沃尔沃集团占雷诺—沃尔沃汽车公司的权益不超过35%，法国政府不会针对沃尔沃集团行使黄金股赋予的权利。这封信不能令沃尔沃集团的机构投资者满意。其次，沃尔沃集团发话说，如果这起合并案不能获得批准，那么它准备大量出售股权(50亿瑞典克朗)。机构投资者把这看作企图对它们进行恐吓，并且认为此举忽略了出售非汽车业务资产来为轿车和卡车业务筹措资金的可能性。

11月24日和29日，两个规模较大的基金表示了它们的反对意见。11月30日，斯堪迪亚保险公司又宣布它将投票反对这个合并方案。沃尔沃集团最大的机构投资者第四基金(Fourth Fund)宣布，它将投票予以支持。但是，6天以后，第四基金又宣布它将重新考虑先前做出的投票支持承诺。第四基金董事会在沃尔沃集团蓝领工会代表大量的游说活动面前，才以8票对6票的微弱优势勉强通过了关于这起合并交易的支持案。

举行沃尔沃集团董事会会议的12月2日日益临近，斯堪的纳维亚最大的银行斯安银行(S-E Banken，SEB)宣布它将投票反对这起合并案。斯安银行首席执行官在解释他的银行反对这起合并案的原因时说：

信息披露没有达到我们希望在这样重要的情况下达到的标准……(而且，)我们非常关心沃尔沃集团员工尤其是工程师们的疑虑。如果一起合并案得不到员工的支持，那么必将后患无穷。[7]

12月2日，沃尔沃集团25名高管采取了一次令人惊讶的行动，他们把自己反对合并的意见告诉了公司董事会，导致沃尔沃集团董事长兼首席执行官佩尔·吉伦哈马尔在自己的公司里陷入孤立。当日，沃尔沃集团董事会否决了这项合并议案。吉伦哈马尔和4名董事宣布辞职。

在沃尔沃集团董事会举行会议之前，几个机构投资者表态的重要意义值得一提。斯安银行是斯堪的纳维亚最大的银行，吉伦哈马尔是这家银行的董事。斯堪迪亚保险公司是斯堪的纳维亚最大的保险公司，吉伦哈马尔与这家公司有很多私人关系。吉伦哈马尔的父亲曾经当过这家保险公司的首席执行官，他本人在30岁时也当过这家公司的首席执行官。吉伦哈马尔无法左右这两个"导向性"机构投资者，有可能向沃尔沃集团董事会传递了机构投资者强烈反对这起合并案的信号。

从合并说明书公布(10月26日)到合并案遭否决(12月2日)这段机构投资者表态的时间里，沃尔沃集团的收益显著为正，它的股票在这些交易日的异常收益达到了28.33%。投资者的行动主义情绪犒劳了沃尔沃集团的股东。

在沃尔沃集团董事会否决了合并案以后，瑞典的一个行动主义机构投资者联盟于1993年12月共同对新一届董事会进行了提名，并且要求召开一次股东特别会议。股东特别会议于1994年1月选举产生了新一届董事会。沃尔沃集团管理层就解除与雷诺公司的联盟这一问题进行了磋商，并且撤销了在两家公司运营单位里交叉持股的方案。沃尔沃集团管理层还宣布了一项关于公司将聚焦于汽车业务的战略。沃尔沃集团将撤出其在其他业务领域的投资，并将撤出的资金用于开发新产品。

此外，沃尔沃集团将保持独立，有可能缔结高度聚焦的小型联盟，但避免合并和其他形式的复杂联盟。在合并案遭到否决后的几个星期里，沃尔沃集团的股价强劲反弹，到1994年4月召开股东大会时几乎翻了一番。1994年10月，法国政府对雷诺公司实行了部分私有化。

吉伦哈马尔关于沃尔沃集团容易成为攻击目标的战略性评价，最终还是得到了证实。由于无法通过松散的联盟网络来大幅度提高效率，沃尔沃集团于1999年3月31

日把自己的汽车制造业务卖给了福特汽车公司。

对照案例:惠普—康柏合并案

惠普公司由比尔·惠莱特(Bill Hewlett)和戴夫·帕卡德(Dave Packard)1939 年创建于加利福尼亚州帕洛阿尔托城,现在已经成为技术革命的象征。惠莱特和帕卡德在退休(前者以副董事长的身份于 1987 年退休,而后者以董事长的身份于 1993 年退休)以后的很长时间里,仍被视为惠普公司的一分子。他们的经营理念和价值观公司上下人人皆知,并且受到全体员工的重视。象征着创新、诚实、柔性、团队工作和个人奉献的"惠普之道"[8],在公司创建后快速成长的半个多世纪里没有发生实质性的变化。

然而,到了 1999 年,公司上下都在议论"惠普之道"是否能够有效应对技术领域的新挑战这个问题。尽管创新对于长期成功仍然至关重要,但是,惠普所在的产业趋于成熟,再加上盈利日益减少的压力,致使提高分销效率的重要意义以及与顾客发展长期关系的需要凸现出来。仅仅做一个部件制造商,对于惠普公司来说,并不是一项可行的使命。

1999 年 7 月,惠普公司首席执行官刘易斯·普拉特(Lewis Platt)退休。公司董事会任命卡尔顿·S. 菲奥利娜(Carleton S. Fiolina)为公司总裁兼首席执行官。菲奥利娜在美国电话电报公司和朗讯科技公司供职近 20 年,她是惠普公司创建 60 年以来第一个被任命为公司首席执行官的外部人。菲奥利娜面临的挑战就是"领导惠普公司自我改造,使它成为一家为企业和顾客从事技术研究的公司"[9],这可不是一个轻松的任务。她要设法把惠普公司改造成一家互联网领域充满热情的新公司,但又要保持公司以往对质量和诚信的承诺,因为这方面的承诺曾经使得"惠普"的名称那样受人信赖。[10]作为一个外部人,她要面对很多在比尔·惠莱特和戴夫·帕卡德庇护下发展起来的在任管理人员。他们是"惠普之道"的忠实执行者。

在一个竞争愈演愈烈的商业环境里,整个 1999 年和 2000 年期间,惠普公司董事会和执行管理层为了保护公司的生存力,评估了众多的业务成长替代方案。尽管惠普的成像印刷业务系统(IPG)在它所在的细分市场上占据着支配地位,但是,惠普没能在个人机、服务器、储存器或服务领域跻身顶级竞争者三甲之列。而且,惠普在成像印刷领域的长期支配地位不断受到利盟公司(Lexmark)和爱普生公司(Epson)的挑战。这两家公司为了争夺市场份额而正在销售价格便宜、质量略逊的打印机。

惠普公司董事会认识到了在保持成像印刷优势的同时,构建强大的互补业务线的重要意义，因此评估了一系列旨在提高公司在企业计算机技术和服务领域地位的战略性替代方案。

也许是受IBM在20世纪90年代取得巨大成功的业务转型的影响，惠普公司董事会和管理层在2000年年中制定了一项发展公司信息技术服务业务的战略。IBM的全球服务集团向顾客提供度身定制的“终端对终端”硬件、软件和业务流程解决方案的做法，是从转型以前过时的“碧海蓝天”脱颖而出的成功故事。IBM全球服务集团改变观念，认为技术上的客户最终会成为业务上的客户，并通过争取和留住技术上的客户，在高度细分的信息技术服务领域真正实现了没有任何解决方案竞争对手的目标。正如郭士纳(Louis Gerstner)在他关于IBM业务转型的报告中所描述的那样，1994年，IBM把服务作为公司成长的关键：

……我相信，电子计算机产业被分解为成千上万个利基市场主体的现实，将把信息技术服务领域打造成一个成长潜力巨大的完整的细分市场。我公司员工和第三方公司对计算机产业成长状况进行的全部分析和预测，都支持本人的上述观点。对于IBM来说，这显然意味着我们应该发展服务业务，这是我们业务组合中一个非常有前途的业务……显然，服务业务将成为IBM收入大幅增长的驱动因素。

然而，我们对这种趋势的长期影响考虑得越多，就越感到存在一种强制性驱动因素。如果顾客将来希望有一个集成供应商帮助他们设想、策划和寻找终端对终端的解决方案，那么能够充当集成供应商角色的公司就能对一整套技术决策——从体系结构设计和应用到硬件和软件的选择——产生巨大的影响。

这样就可能导致顾客购买行为发生历史性变化。服务公司(而不是技术公司)破天荒地成为“狗不停摇摆的尾巴”。忽然，一项看似合理、简单的决策——追逐成长的机会——变成了整个公司的战略需要……[11]

2000年，惠普公司推行了一项旨在通过增加其对服务业务的投资实现组织成长以及实施收购双管齐下的方式扩展其服务业务的战略。随后，惠普公司为收购普华永道公司(PricewaterhouseCoopers LLP，Pwc)咨询服务业务展开了谈判。不过，到了这一年的秋天，谈判终止。2001年年初，惠普公司保留了麦肯锡公司(Mckinsey & Company)的服务业务，以支持继续执行新战略方面的努力。

也是在2000年，康柏公司的某些董事对该公司糟糕的绩效变得越来越不耐烦，并鼓励公司首席执行官迈克尔·卡佩拉斯(Michael Capellas)寻求与另一家计算机公司合并业务。卡佩拉斯随后向董事会介绍了与戴尔、阳光、EMC和惠普等公司合并的相对优势和劣势。在卡佩拉斯看来，康柏公司与惠普公司合并的优势“直观而明显”。“我们要成为另一家IBM。”卡佩拉斯如是说。[12]

关于惠普公司与康柏公司之间业务合并的谈判于2001年6月开始。在两家公司讨论专利权使用问题期间，卡尔顿·菲奥利娜与迈克尔·卡佩拉斯接触并讨论了康柏公司购买 HP-UX 软件的利益问题。经过一段时间的考虑，卡佩拉斯又约请菲奥利娜商谈在两家公司之间基于协同效应建立更加广泛的战略关系的可能性。2001 年 6 月 29 日，惠普公司与康柏公司签署了一项秘密协议，并着手相互开展业务评估调查。不过，合并谈判于 8 月 5 日中止，部分原因在于：关于迈克尔·卡佩拉斯在合并后的公司里的职务，双方存在意见分歧。康柏公司取消了会谈，而合并交易仍将保留到 8 月底。[13]在卡佩拉斯同意接受在新公司里担任总裁兼首席运营官的职务，并向菲奥利娜报告工作以后，双方重新开始了谈判。2001 年 9 月 2 日和 3 日，在各自的财务和法律顾问的陪同下，惠普公司和康柏公司执行官会面就合并协议的最终条款进行了磋商。双方董事会一致通过了于 2001 年 9 月 4 日签署的合并协议。于是，该协议开始生效。2001 年 9 月 3 日晚，惠普公司和康柏公司共同发布了公布合并协议的新闻稿。

惠普与康柏的合并基础

惠普公司与康柏公司的合并，被这两家公司的内部人称为“强强合并”。惠普公司和康柏公司在各自的业务线上拥有不同的优势，但合在一起就能生产和提供一整套互补的产品和服务，能够以较低的成本为顾客提供更好的服务。

在开始合并谈判之前，惠普公司和康柏公司都致力于发展自己的企业计算机和信息技术服务业务。在这两个领域，这两家公司都有自己的优势，康柏公司是一般企业系统领域一个比较重要的市场主体。但是，在这个领域，这两家公司都没能跻身前三。实施合并以后，新组建的公司就能成为企业计算机领域的一支重要力量，而在服务方面也许能跻身三甲。而且，对于希望与少数几个技术供应商保持密切关系的顾客来说，合并能改善新公司的市场地位，因为新公司可以向原来的顾客提供范围更广的产品和服务。

2002 年 2 月，惠普公司三条最重要的业务线是：(1)成像印刷；(2)台式电脑、笔记本电脑、服务器和储存器等计算机产品；(3)信息技术服务。虽然惠普公司是成像印刷市场的领先者，但其计算机和信息技术服务业务明显落后于竞争对手，而且惠普公司也没有为这些业务制定组织成长战略。康柏公司为对付戴尔公司的成本优势，曾致力于发展直接分销模式，现在其大部分个人机都采取直销模式销售。与康柏公司不同，惠普公司只有 15%的个人机采用直销模式直接发送给顾客。[14]为了降低成本，惠普公司最近公布了几项外包其个人机制造业务的计划，不过仍然感到有进一步降低成本的必要。

康柏公司的三部分主要业务是:(1)由商用机和消费者个人机构成的接入业务;(2)企业计算机,包括服务器和储存器;(3)全球服务。康柏公司是个人机市场的领先厂商,销往国外的产品多于美国国内。尽管直接分销模式有助于降低成本,但是,在线业务仍然出现亏损。

康柏公司管理层认为,与惠普公司个人机业务合并以后,规模经济收益可帮助他们重新恢复运营利润。康柏公司也是容错计算机和工业服务器市场的领先者,而惠普公司并未涉足容错计算机市场,在工业服务器市场上也没有占据坚固的地位。相反,康柏公司在UNIX市场上地位并不稳固,而在HP-UX市场上则是顶尖供应商。从收入方面看,康柏公司是储存系统的世界领先供应商,而惠普公司则在高端服务器市场上地位稳固。[15]

合并以后的新公司将成为服务器领域占支配地位的领先者,并且在储存器市场上利用快速发展的"储存区网络"趋势居于有利位置。通过合并这些具有互补性的服务器和储存器产品线,新公司能够降低成本,向企业客户提供品种更全的产品,并且能为发展企业计算机业务更加有效地配置研发资源。

除了战略利益以外,合并还能为股东创造显著的财务收益。通过显著降低各业务线的成本并提高其利润率,就能够为股东大幅增加收益。2004年年中,公司管理层计划长久性地每年节约25亿美元的税前成本。即使考虑到2004年合并交易会造成年收入减少41亿美元(2004年计划总收入为928亿美元),成本节约额也可达到每股5～9美元。公司管理层预计在因协同效应而实现了预期成本节约额以后,从2003年会计年度(该年度的计划运营毛利润率为8%～10%)开始,公司的运营毛利润率会获得实质性的改善,而各业务线的运营毛利润也可望有所改观。

市场和沃尔特·惠莱特的反应

2001年9月4日(合并案公布后的第1个交易日)股市收盘时,惠普公司股价下跌了18.7%,报收于每股18.87美元。到了9月10日,惠普的股价已经下跌了22.9%(参见图9.2)。

2001年11月6日,沃尔特·B. 惠莱特(Walter B. Hewlett)宣布他将投票反对惠普公司与康柏公司业务合并方案的意向。作为回应,惠普公司的股价比合并案公布日又有所下降,收盘下跌了17.3%。

惠普公司共同创建人威廉姆森·R. 惠莱特的儿子、惠普公司董事沃尔特·B. 惠莱特出席了惠普公司在2001年夏季讨论合并事宜的8次董事会会议中的5次。他也

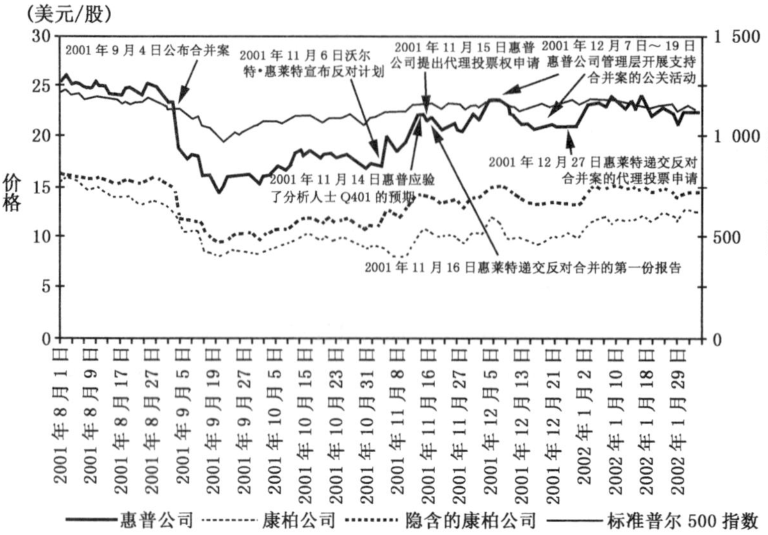

图9.2　2001年8月1日—2002年2月4日惠普、康柏、隐含的康柏股票价格和标准普尔500指数

参加了2001年9月3日的董事会会议，并且与其他董事一起投票支持这起合并案。但是，11月6日，惠莱特发表讲话说："经过慎重的思考，在咨询了财务顾问并考虑了合并案公布以来的事态发展以后，我决定投票反对这起交易。"[16]

惠莱特在列举了市场对合并案公布做出的强烈负面反应以后，表达了他对惠普公司高利润成像印刷业务与康柏公司竞争激烈的低利润个人机业务合并的担心。"如果实施这起交易，我们将得到我们不想要的东西，而危及我们已经拥有的东西，并且会伤害我们获得我们所需的东西的能力。"惠莱特如是说。[17]

2001年11月16日，沃尔特·惠莱特向美国证券交易委员会递交了一份长达71页的报告，详细陈述了他反对这起合并案的理由。除了表示以对公司业务由成像印刷转向个人机的担忧以外，惠莱特在报告中陈述了另外三方面的担心：(1)合并案不可能解决惠普公司的战略问题，因为他认为，公司在企业计算机和服务器领域仍处于不利位置；(2)会对股东产生毫无吸引力的财务影响，这一点已经由自合并案公布以来惠普公司股价急剧下跌所证实；(3)整合风险很大，因为这两家公司被广泛认为具有非常不同的文化和价值观。[18]

于是，惠莱特主动发起了一场投票反对合并方案的运动。在随后征集代理投票权的几个月里，惠莱特对他最初向证券交易委员会报告的信息进行了多次修正，并且提交了数百页支持其"这起合并交易的基础存在问题"的主张的材料。惠莱特成功地发动了一场公关战，旨在影响股东、分析师和产业观察家的看法。由于惠莱特想方设法使这场有关惠普—康柏合并案的争论引起商业新闻记者和华尔街分析师的关注，因此其他态度鲜明的持不同意见者也加入了这场冲突。

12 月 7 日,控制惠普公司 10%流通股并且是惠普最大单一股东的帕卡德基金会(Packard Foundation)决定反对这起合并交易,从而促使机构股东服务公司(Institutional Shareholders Services,一个分析代理投票权和建议顾客如何投票的独立团体)的帕特里克・麦加恩(Patrick McGurn)发表了如下评论:“如果他们失去这两个家族的支持,我不认为这个方案能获得通过……现在正是一片混乱。”[19]

虽然沃尔特・惠莱特反对这起合并交易的很多理由与战略问题有关,但是,他也指出,从财务的角度看,这也只能算是一起糟糕的交易。在对协同效应的价值大打折扣以后,惠莱特认为,惠普公司为康柏公司付出太多,而股东则会因这起合并交易而蒙受损失。

在过去交易高度波动的 12 个月里,纳斯达克指数下挫了 30%。2001 年 9 月 11 日发生了恐怖袭击事件,很多科技公司在 2002 年继续预亏,因此,市场仍然波动不定。在这样的背景下,要理解惠普—康柏合并案的意义,对于股东来说,可不是一件容易的事。虽然存有争议,但是,我们认为,2002 年年初的形势已经非常不同于 2001 年 9 月 3 日公布合并消息时的形势。存有“一起上好的合并交易是否受到了严重影响”这样的疑虑,当然是合情合理的事。可比公司以及可比交易的评价元素,由于有关技术领域尤其是经济整体不确定,并且在很大程度上不利的预期而发生了巨大的变化。

合并条件

与雷诺—沃尔沃合并案相比,惠普—康柏合并案只能算是一起简单的交易,只涉及直接的股份交换:每个康柏公司的股东可用 1 股康柏普通股换取 0.632 6 股惠普普通股。这样,前康柏公司股东将拥有新公司近 36%的股权。2001 年 9 月 3 日,合并案公布所导致的收购溢价达到了 18.9%,但到了 2002 年 2 月又回缩到了 14.3%。

新公司将以“惠普”命名,代码符号将由“HWP”改为“HPQ”。惠普公司董事长兼首席执行官卡尔顿・菲奥利娜将在新公司担任原来职务,而康柏公司董事长兼首席执行官迈克尔・卡佩拉斯将被任命为新惠普公司的总裁。合并后的公司董事会由 11 名董事组成,雇员董事最多 2 名,6 名董事由惠普公司派遣。这起合并案被说成是“免税重组”。因此,为兼并康柏公司,惠普公司专门创建了一家子公司,名为海洛薇兹兼并公司(Hloise Merger Corporation)。这是一起导致免税重组的倒三角形合并。在这起合并交易中,惠普公司通过自己的一家独资子公司来控制康柏公司的资产,从而限制惠普公司因康柏公司的债务而面对的风险。这起交易可让康柏公司的股东享受免税待遇。尽管按规定,目标公司的股东要投票表决,但少数股权仍可能受到排挤。这种形式的交易能限制惠普公司在临近交易前立即变卖或剥离资产的能力。

卡尔顿·菲奥利娜和迈克尔·卡佩拉斯把这次业务合并说成是"对等合并","两家各具不同优势和贡献领域的技术性公司之间的互惠联姻"。无论是出于委婉还是认真,消息灵通的观察家们可能会不无理由地对"对等合并"的说法表示怀疑。沃尔特·惠莱特不顾这起合并案可能产生的积极的预期结果,拿"对等合并"来说事,并且向机构投资者理事会陈述了自己的观点:

对等合并是一种最难实现的整合。这要比收购难得多,也肯定比分立难得多。分立能够创造新的焦点,造就赢家,而且不需要整合。对等合并必然会导致权力争夺战,有时开始还比较小心隐蔽,但到后来会变得明目张胆。而且,我们也没有理由认为这起"对等合并"会有所不同。2 年以后,谁将成为赢家?是得克萨斯还是硅谷?《达拉斯新闻晨报》已经把它的筹码押在了迈克尔·卡佩拉斯身上,而《休斯敦新闻》的技术专栏作家则认为,不跟惠普合并,对康柏更好。不然的话,必然会遇到严重的整合问题。[20]

"对等合并"说的是收购溢价低(或者为 0)、规模相近的公司之间的合并。通过表明合并的任何一方在合并后的公司里都不占据强劲的支配地位,"对等合并"这种说法常常传达一种团队工作和合作的姿态。尽管收购公司和目标公司都能够通过实现导致合并的协同效应来获得收益,但是,鉴于收购公司只是象征性地支付较低的收购溢价,目标公司的股东被认为要承担更多的"对等合并"成本,从而有可能方便交易的完成,并且在短期内有利于收购公司的股东。

惠普公司通过以股权收购康柏公司的方式,就能够发行十多亿股新股。如果预期的协同效应无法全部实现,那么,合并就有可能稀释惠普公司股东的每股收益。

投票权征集活动

面对越来越多的反对票以及惠莱特为鼓动股东反对合并案而日益加紧的公关努力,惠普公司也发动了自己的公关攻势。2001 年 12 月 19 日,惠普公司向美国证券交易委员会递交了一大摞它为股东准备的反驳惠莱特批评的幻灯资料。简言之,惠普公司认为,沃尔特·惠莱特对惠普公司及其所在行业持一种静态和狭隘的观点,故意在几个关键的方面避而不谈合并的协同效应,通过无视成功合并案例的经验证据,暴露了他的简单化反合并偏见,而且没有提出任何替代方案。[21]

2001 年 12 月～2002 年 3 月间,沃尔特·惠莱特一面组织掠夺式投票权征集路演活动,一面到美国各地频频与基金管理人、信托公司经理和其他投资者群体接触,以获得他们反对合并的支持。惠莱特继续利用弗里德曼—弗莱彻—洛公司(Friedman Fleischer & Lowe)和帕台农集团(The Parthenon Group)等专业咨询公司提供的服务来宣传他支持股东反对合并的分析,在著名的报纸和商业杂志上刊登整版广告,并且为方便公众了解有关反对合并案的信息还开设了专门的网站。反合并活动变得声势浩大,惠莱特发起了一场高水平的投资者关系运动。

随着3月19日股东大会的临近,惠莱特继续煽动反合并情绪,希望惠普公司继续陷入从持不同意见的股东那里争取选票的争夺战。2月底和3月初,惠莱特的介绍材料、证券交易委员会的文件和新闻报道纷纷披露顾客调查和员工民意测验的结果,并且都说,一旦合并案付诸实施,菲奥利娜和卡佩拉斯就可获得优厚的薪酬。所有这一切都表明,不跟康柏公司合并,对惠普公司的股东更为有利。由于预见到合并案无法获得通过,惠莱特开始暗示菲奥利娜女士必须辞职,公司才能赢得代理投票权争夺战,并奉行"单干"战略。此举迫使惠普公司奋起反驳:

沃尔特·惠莱特为重新起用前首席执行官刘易斯·普拉特以取代现任首席执行官卡尔顿·菲奥利娜而采取(报纸报道)的行动,是无视董事责任的公然违法行为。此外,FT.COM网站上一篇内容有错(后由出版者更正)的文章的大字标题说,惠普公司正致力于重新起用前首席执行官。这明显是一则虚假消息。

这次征集代理投票权的活动根本与董事长和首席执行官的职位无关,但关系到公司管理层以及除了沃尔特·惠莱特以外的全体董事有力支持的经营战略。

沃尔特·惠莱特意欲通过提出这个问题来误导股东,并转移他们的视线。他没有与董事会同仁协商、旨在公开攻击现任首席执行官并重新聘任首席执行官而擅自采取的单方面行动,是对惠普公司品质的玷污。惠普公司除沃尔特·惠莱特以外的全体董事声明对卡尔顿·菲奥利娜的明确支持,并且认为惠莱特发表要求她卸任的言论完全是毫无根据、不负责任、专横跋扈的行为。[22]

惠莱特一直认识到机构投资者的重要性。在2002年3月11日对机构投资者理事会所做的介绍中,他针对惠普公司并非无懈可击的战略发表了如下观点:

首先,惠普公司想通过这起合并交易成为全球最大的商用计算机技术供应商:这是一个可怕的业务领域,利润都进了英特尔、微软和戴尔公司的腰包。

其次,这是一个规模大小不会改变盈利性的业务领域。如果规模是问题的关键,那么规模比康柏公司小的惠普公司理应盈利率较低。事实上,情况正好相反:惠普公司盈利率较高。如果规模是问题的关键,那么戴尔公司作为最大的个人机供应商,难道就不比康柏公司更强?

再者,惠普公司"向每个顾客提供终端对终端的解决方案"的目标将导致缺乏核心。想做太多的业务，是导致很多多元化公司失败的主要原因。正如《商业周刊》所报道的那样，就好比一个厨师想同时与麦当劳和“马戏团”(Le Cirque)竞争。惠普公司不能同时与戴尔公司和IBM展开竞争，而且也不能犯任何错误，而这起合并交易就会导致惠普公司同时与戴尔公司和IBM竞争并且犯错误。

最后，惠普公司在服务和软件领域存在一些关键的战略性差距，而这起合并交易并不能弥补这些差距。[23]

2002年3月初，机构股东服务公司计划向惠普公司股东公布其代理投票建议。在机构股东服务公司公布自己的建议之前，由于惠莱特的反合并宣传活动开展得如火如荼，惠普公司一些股东开始倾向于反对这起交易。在菲奥莉娜的领导下，惠普公司通过指责惠莱特阵营拿不出一份像样的替代计划来奋力反击合并运动。于是，菲奥利娜和惠莱特相互之间展开了个人攻击。

惠普公司代理投票权争夺战的双方，都向机构股东服务公司阐述了自己的观点，以期影响这个独立咨询团体的决策。由于机构股东服务公司的很多客户都会根据其建议投票，因此，如果得到机构股东服务公司的支持，合并方案获得通过的概率就会有所提高，但仍绝不意味着肯定能够获得通过。

2002年3月5日和6日，机构股东服务公司建议惠普和康柏公司的股东投票支持合并案。机构股东服务公司认可这起合并交易有以下几条关键的理由：(1)它与惠普公司管理层对于这起交易的战略和财务前景看法一致，认为节约成本的协同效应是能够实现的，而收入减少也是一个现实问题；(2)惠普和康柏两家公司为整合做出了很大的努力；(3)机构股东服务公司不能“放心地相信”沃尔特·惠莱特旨在维持惠普公司成像印刷业务这个战略焦点的计划。[24]

沃尔特·惠莱特并未被机构股东服务公司的建议所吓倒，仍继续他的旨在使合并案失败的游说活动，并且发表了批评机构股东服务公司的观点。他的批评大致可概述如下：

(1)机构股东服务公司的建议书与股票市场对这起合并交易的明确评价相矛盾；

(2)机构股东服务公司因疏忽没有对合并方案做任何财务分析；

(3)机构股东服务公司无视惠普公司管理层缺乏兼并经验和计算机行业合并后整合失败的大量事实，认为重大的整合风险被公司管理层的规划程序所减小；

(4)机构股东服务公司并没有在“集中和执行”战略与合并方案之间做风险—收益比较。[25]

结局：惠普—康柏公司

随着投票表决的最后日期2002年3月19日的临近，双方为了介绍自己关于合并案的立场而抓紧与机构投资者见面。惠莱特和惠普公司双方的游说努力主要针对个人股东，持有200股的股东就能接到电话通知和有关投票的代理材料邮件。[26]

惠莱特与惠普公司其他董事和管理层之间的不和也反映在出席股东大会的股东的情绪上，因为惠莱特受到了持续的喝彩，而菲奥利娜则几次听到嘘声。惠莱特的同盟者甚至还谴责，股东大会因惠普公司游说德国资产管理公司而推迟了几分钟。据说，该公司在会上调换了它的选票。

投票结束以后，惠普公司声称取得了“微弱但充分”的胜利，而沃尔特·惠莱特则说双方得票数“非常接近”，因此，在点票结束之前拒绝承认失败。在新闻发布会上，惠莱特先生仍坚持他的乐观估计：反合并派占据上风，但还说他仍想留在惠普公司董事会里，并相信能够为公司“增加价值”。

2002年4月17日，股东大会表决已经过去了4个多星期，惠普公司宣布：初步的点票结果表明，股东批准了合并方案。2002年5月1日，惠普公司宣布以51.39%的选票获胜。合并交易于2002年5月3日完成，新的惠普公司于2002年5月6日以新的HPQ代码开始交易。

沃尔特·惠莱特对惠普公司提起了诉讼，指控它采用不适当的手段拉选票，在改善惠普与康柏整合计划方面严重误导了投资者。法院做出了有利于惠普公司的判决。此后，惠普公司宣布鉴于“他与公司仍在继续发展的敌对关系”，不再任命沃尔特·惠莱特为公司董事候选人。

到了合并完成后的第二个季度末，惠普公司宣布成本节约额超过预期。合并1年以后，菲奥利娜报告称，惠普公司成功实现了节约成本35亿美元的目标。然而，3年以后，惠普公司显示了每季波动不定的每股收益和低于目标的运营利润。菲奥利娜指出，自惠普公司合并以来，计算机行业经历了最严重的衰退，不稳定性加剧应该是在预料之中。2005年2月，卡尔顿·菲奥利娜在董事会的要求下提出辞职。但是，惠普公司董事会并不认为与康柏公司合并是一次失败，而是列举了菲奥利娜在执行公司战略方面存在的种种问题。

思考:沟通的价值、可信性和控制权

雷诺—沃尔沃合并案的破产与其他“地狱之炼”式的合并交易具有很多相似之处。故事反映了很多认知偏差(自负、判断失误、沉淀成本意识、承诺升级和路径依赖)。[27] 全球汽车工业产能过剩,摩擦不断加剧,导致商业环境动荡不安。这两家计划合并的公司和合并交易本身情况非常复杂。两家公司之间的交易条件和长期合资把它们的命运紧密耦合在了一起。不过,这个案例的特点在于,管理层选择和团队执行失败,尤其是没能与投资者充分沟通合并的协同效应和控制条款对于新公司的意义。由于合并案一直悬而未决,协同效应收益估计值低于削弱瑞典投资者对汽车制造资产控制的价值。卡尔顿·菲奥利娜展示了应该做并已经做的一切(一份明确的计划;可信的成本节约额;董事会的大力支持,以便能取得为有争议的合并案展开的拉票活动的成功;面对面的股东表决大会;对批评意见的以牙还牙式的反击)。

吉伦哈马尔从行为方面对合并方案失败进行了解释:非理性、瑞典文化沙文主义或者由嫉妒导致的针对他的仇恨。1993 年 4 月,个人投资者协会强迫吉伦哈马尔披露他本人高达 950 万瑞典克朗的薪酬,并且是斯堪的纳维亚薪酬最高的经理人,而当时沃尔沃集团报告了财务亏损和关闭工厂的消息。首席执行官的薪酬是批评意见的“避雷针”。吉伦哈马尔说他受到了一个以沃伦伯格利益集团(瑞典唯一一个规模和重要性堪与沃尔沃集团媲美的工业集团)为核心的秘密联盟的反对。该集团想方设法地把独立的沃尔沃集团纳入其影响范围。不过,有几个被访者表示这一事实的重要性应该大打折扣。记者斯文—伊万·森德奎斯特(Sven-Ivan Sundqvist)[28] 指出,这些年来,吉伦哈马尔在瑞典商界树敌颇多,以至于他找不到支持力量来对付反对势力。他的话暗示:这起合并案是由于心理和政治原因而遭遇失败的。然而,这样一种解释终究难以令人满意,因为它几乎没有说明这起合并案遭到反对的根本原因。例如,如果雷诺公司与沃尔沃集团的合并能够为股东创造价值,吉伦哈马尔的反对者能够得逞这一点似乎就值得怀疑。

接受采访的瑞典机构投资者和森德奎斯特的不同评论,对这起合并案的失败原因做出了如下解释:在吉伦哈马尔任职期间,沃尔沃集团的股票在瑞典股票市场上表现极差。吉伦哈马尔让沃尔沃集团参加了多个联盟,并且实施了多起多元化收购案,因而未能改善投资者期待的股票在市场上的表现。吉伦哈马尔亲自设计的与雷诺缔结的战略联盟没能顺利运转,而机构投资者则猜测,要不是这样,吉伦哈马尔就不会支持合并。对于 1993 年来说,这个合并方案本身就很糟糕,而方案的介绍就更加糟糕:控制条款内容含糊不清，预期的协同效应没有得到充分的证明。最后，据说，合并的协同效应不是由沃尔沃集团的职员，而是由吉伦哈马尔的外部咨询顾问估计的。这样的协同效应估计值不但缺乏可信性，而且会加重猜疑：吉伦哈马尔在操纵协同效应的估计值，为他实现个人野心服务。最后，投资者低估了这起合并案的协同效应，并断定控制权代表着沃尔沃集团权益价值被法国政府征用。从这一视角出发，这起合并交易就其经济价值而言，也是注定要失败的。

沃尔沃集团完成的一项内部调查也支持这种观点。根据这项调查，黄金股和关于雷诺公司私有化的不确定性，是导致这个合并方案流产的直接驱动因素。这份调查报告的作者阿恩·威特洛夫（Arne Wittlov）认真分析了这起合并交易的预计协同效应以后指出："大家干脆不信这种合作会产生收益。"[29]

从理论上讲，协同效应收益似乎合情合理。没有一个被访者或者一份公开发表的材料对吉伦哈马尔结盟或合并的战略基础表示怀疑。在一个以规模经济为特点的产业里，小生产商具有成本劣势，因而有通过结盟或合并来扩大规模的动机。换句话说，这起合并案不会因缺乏合理的战略动机而导致失败。然而，分歧在于吉伦哈马尔在估计合并的协同效应规模和实际协同效应收获方面的可信度。

解决吉伦哈马尔可信度的问题，就是要改变控制权。从本质上看，所提出的合并方案就是要把沃尔沃集团的股东由原来汽车生产资产的完全所有者变成一家规模更大的企业的少数股权股东。在这家规模更大的企业里，合作伙伴是欧洲奉行干预主义最有力的政府之一。法国政府将控制65%的投票权，还可以享有黄金股（即对新公司战略转型的否决权）、私有化时间和速度的相机抉择权，以及能够把控制性股份卖给法国公司的权利。由于投资者越来越明白暗含在法国控制期权中的价值转移，并且怀疑预期协同效应是否能够实现，因此在合并条件公布日出现了异常负收益。

根据我本人的分析[30]，控制期权按照保守的估计至少价值31.2亿瑞典克朗，或者相当于合并案公布前沃尔沃集团8.3%的股票市值。这个案例说明控制权是有价值的；首席执行官会有低估控制权价值之嫌。吉伦哈马尔在公开场合发表的讲话中，似乎最大限度地降低了这起交易的控制期权价值。然而，如果他真的相信沃尔沃集团公布的协同效应预测，控制期权就有很大的隐含价值。这个内在矛盾支持了森德奎斯特和许多被访者的观点：雷诺—沃尔沃合并方案流产的一小部分原因在于，投资者对这份合并方案的主要支持者的可信度表示怀疑。

这些因素的重要性通过与惠普—康柏合并争论的比较就可显现出来。表9.1概述了这两个案例的主要区别。首先，我们看到了这两起合并案关键支持者之间的显著区别。吉伦哈马尔是一个冷漠的领导人，脱离员工和投资者，是欧洲一体化的幻想者，骄傲自大；而且，在某些人眼里，他就像一个目空一切的"君主"。而菲奥利娜是一个活泼、主动的沟通者，渴望让投资者和员工了解合并方案。她当过销售员，能够解读顾客需求，并善于处理不同的意见。说到幻想，她并不比吉伦哈马尔逊色，但是，她能传达有关改革必要性的紧迫感。由于领导风格不同，吉伦哈马尔和菲奥利娜领导发起了两种截然不同的拉票活动。吉伦哈马尔提供了合并说明书和咨询顾问报告，更偏好让合并交易本身说话；而菲奥利娜发起了一场声势浩大的拉票运动，亲自与所有的主要股东接触，并且率领惠普公司高管采取一致行动。

表 9.1　　雷诺—沃尔沃合并案与惠普—康柏合并案之间的主要差异

首席执行官	雷诺—沃尔沃	惠普—康柏
合并案提出者	佩尔·吉伦哈马尔：冷漠的"君主"；战略家；善于制定备选方案，善于分析	卡尔顿·菲奥利娜：积极主动的沟通者；善于沟通；善于倾听、推销和处理不同意见
拉票活动	发布报告；让合并方案自己说话；单独行动	声势浩大的拉票活动；首席执行官亲力亲为；高管层和董事会协调一致
协同效应	始终受到怀疑	在机构股东服务公司和主要机构投资者看来可以信赖
可流通性	新公司股票不能流通，但承诺会公开上市	新公司的股票从合并之日起就可在纽约证券交易所上市流通
控制权和社会问题	交易结构赋予法国政府有价值的控制期权；沃尔沃集团经理和股东在新公司里占据少数	作为对等合并来进行组织，尽管惠普公司占据一定的权力优势（在首席执行官和董事会人选任命方面）

沟通和领导风格方面的差别，导致了截然不同的合并收益感知。这两起合并案的协同效应可信性都受到了质疑，但菲奥利娜成功地让大投资者相信节约成本的目标能够实现，而吉伦哈马尔由于受到以往财务绩效低下和合并交易失败的干扰而没能令人信服地提出充分的合并理由。结果，沃尔沃集团的股东意识到了这起合并交易对股票流通性和公司控制权的影响。

最后，这两起合并案向投资者展示了截然不同的价值主张。沃尔沃集团的合并交易意味着与法国一家国有企业的"联姻"，这是令私人投资者最讨厌的。合并交易给沃尔沃集团投资者带来的，是一家法国政府含糊其词地许诺要实行私有化，并且对重大经营决策拥有永久干预权的公司的不可流通股。控制期权代表着价值从沃尔沃集团股东向法国政府的实质性转移。而惠普—康柏合并案比较简单：在股票流通性和控制权方面发生了较小的变动，因此不会分散股东对这起合并交易的协同效应价值或战略动机的注意。

注释：

[1]取自对沃尔沃公司和雷诺公司以及有见识的观察家的20次实地采访，参考了布鲁纳(1999)及其与罗伯特·斯皮克曼(Bruner and Spekman，1998)合作完成的研究。有关惠普/康柏的部分，参考了安娜·布坎南在我的指导下完成的案例研究。

[2]Keller(1993:213).

[3]条件是雷诺拥有沃尔沃10%的投票权，两家投资公司在沃尔沃有显著的交叉持股权。

[4]David Bartal and Ian Hardin，"Pressure Mounts on Car Chief，" *The European*，November 9，1993，14.

[5]Carnegy and Ridding(1993).

[6]Brown-Humes(1993).

[7]Carnegy(1993b).

[8]要了解更详细的信息，请参阅"The HP Way：How Bill Hewlett and I Built Our Company，" by David Packard(David Kirby and Karen Lewis，editors)，originally published in 1995，with paperback version in June，1996(HarperBusiness)。

[9]惠普网站(www. hp. com)，"HP History and Facts-Time-line：1990's"。

[10]Robert M. Fulmer，Philip A. Gibbs，and Marshall Goldsmith，"The New HP Way：Leveraging Strategy with Diversity，Leadership Development and Decentralization，" *Strategy & Leadership*，October-December 1999，22.

[11]"Who Says Elephants Can't Dance?" by Louis V. Gertsner Jr.，published by HarperBusiness，2002，124.

[12]"Perfect Enough：Carly Fiorina and the Reinvention of Hewlett-Packard，" by George Anders，published by the Penguin Group，2003，117.

[13]"Backfire：Carly Fiorina's High Stakes Battle for the Soul of Hewlett-Packard，" by Peter Burrows，published by John Wiley & Sons，2003，184.

[14]Joint proxy statement/prospectus delivered by Hewlett-Packard and Compaq，February 4，2002，58.

[15]Ibid.

[16]"Hewletts against Compaq，" *CNN Money*，November 6，2001.

[17]"A Stunning Reversal for HP's Marriage Plans，" *BusinessWeek* online，November 19，2001.

[18]该信息出现在以下文献中："Report to the Trustees of the William R. Hewlett Revocable Trust on the Proposed Merger of Hewlett-Packard and Compaq，" prepared by Friedman Fleischer & Lowe and The Parthenon Group，filed with the SEC by Walter B. Hewlett，November 16，2001b。

[19]"Family Affair：H-P Deal's Fate Rests with Skeptical Heirs of Company Founders—A No from Packard Bloc Could Doom Takeover of Struggling Compaq—New Courtship of Investors，" *Wall Street Journal*(Eastern edition)，November 9，2001，A1.

[20]"Council of Institutional Investors Presentation Comments，" made by Walter Hewlett，

March 11,2002,and filed with the SEC March 12,2002,8.

[21]该信息出现在以下文献中:"Summary Observations on Walter Hewlett Filings"section of HP's presentation slide package,"HP Position on Compaq Merger,"provided to shareholders and filed with the SEC on December 19,2001。

[22]HP press release:"HP Issues Statement Regarding Hewlett Action to Recruit New CEO." March 2,2002.

[23]"Council of Institutional Investors Presentation Comments,"made by Walter Hewlett, March 11,2002,and filed with the SEC March 12,2002,10.

[24]"H-P Garners Major Endorsement of Deal—ISS Advisory Firm Backs Acquisition of Compaq;Vote Seen as Still Close,"*Wall Street Journal*(Eastern edition),by Pui-Wing Tam and Gary McWilliams,March 6,2002,A3.

[25]"A Critique on the ISS Report,"by Walter B. Hewlett,filed with the SEC on March 8, 2002.

[26]"Divided Electorate:For Fund Managers,Hewlett-Compaq Vote Is Agonizing Choice—Personal Lobbying by Fiorina Helped Turn a Rout into a Very Tight Race—Early Results Possible Today,"*Wall Street Journal*(Eastern edition),Pui-Wing Tam,March 19,2002,A1. Copyright © 2002 by Dow Jones & Co. Inc. Reproduced with permission of Dow Jones & Co. Inc. in the Format Trade Book via Copyright Clearance Center.

[27]沃尔沃公司承认1990年与雷诺公司的合并造成了破坏兼并努力能够创造的价值的路径依赖。该案例说明了其他几个兼并破坏财富的假设来源,如管理层防御、判断失误、承诺升级。

[28]Sundqvist(1994).

[29]Carnegy(1994b).

[30]Bruner(1999).

第十章　1994 年 12 月:桂格公司收购斯纳波公司案

1994 年 11 月 2 日,桂格燕麦片公司(Quaker Oats)公布了一项以 17 亿美元收购斯纳波饮料公司(Snapple Beverage Corporation)的协议。这个收购价仅比这条消息公布前一天斯纳波公司股票收盘价的市值高出 2%,而比该公司当年的股票最高价还低 48%。[1]尽管收购溢价明显偏低,但是,桂格公司的股价在消息公布日当天下跌了 9.9%,市值损失超过 10 亿美元。有传闻称,桂格公司已成为一起接管案的目标,而这起收购案有可能降低桂格公司被接管的可能性。此外,很多观察家认为,即使在这个低收购溢价上,桂格公司还可能多付了 10 亿美元。[2]

29 个月以后,桂格公司公布了一项以 3 亿美元出售斯纳波公司的协议,仅此一项就损失了 14 亿美元。分析人士估计,除去累计运营亏损和一定的税收收益以外,未折现亏损总额为 12 亿～15 亿美元。不久,在桂格公司工作 30 年的老员工、1979 年以来担任首席执行官的威廉・史密斯伯格(William Smithburg)宣布辞职。史密斯伯格是与这个品牌有关的一大批辞职或被免职的高管中最后一个辞职的高管。有一名记者细心地注意到:该公司存在人才持续流失和士气低落的问题。[3]而为了筹措收购斯纳波公司所需的资金,桂格公司变卖了理应保留的盈利性宠物食品和糖果业务,目的是要持续大幅提高公司绩效。

桂格公司收购斯纳波公司案的对照案例是 2001 年 J. M. 斯马克(J. M. Smucker)从宝洁公司那里收购吉富(Jif)和科里斯克(Crisco)业务案。这起收购案在以下几方面与桂格公司收购斯纳波公司案相似:品牌消费食品;基于已有优势的产品线拓展;旨在激活成熟企业成长的收购。在斯马克案中,合并获得了成功,并且创造了价值,实现甚至超过了对新品牌的预期。比较这两个案例,能够揭示竞争对手的反应和公司自身价值链内部的抵制所产生的负面影响。

斯纳波饮料公司

斯纳波公司创建于1972年，是一家经销像果汁、苏打水、果味饮料这样的保健饮料和保健食品的公司。从1987年起，该公司开始销售自产即饮茶，并被公认为细分市场的创新者，发明了热包装制造工艺。这种制造方法后来被它的竞争对手所采纳。斯纳波公司的即饮茶主要是通过口碑传播的方式迅速流行起来，并且获得了一个有忠实追捧者、几乎可定义为"新时代"饮料的新细分市场。斯纳波品牌的即饮茶成功地为自己发展了一批忠诚的顾客，并且在1年内就成为美国最畅销的即饮茶。因此，斯纳波公司引起了金融家托马斯·H. 李(Thomas H. Lee)的注意。他在1992年杠杆收购了斯纳波公司，并且于1993年将该公司挂牌上市。由于成功地利用了消费者保健和瘦身意识，斯纳波品牌很快就驰名全美，并且迎来了一个快速增长期。斯纳波公司文化的核心是基于合作扩展经销和包装体系的崇高价值观。经销商经销斯纳波的产品可获得高额利润，并且被允许在他们的卡车上夹带其他饮料。这样，经销商能够提高自己的经销利润率，当然就高度忠诚于斯纳波品牌。因此，1994年7月，斯纳波公司一跃成为增长率最高的饮料公司。

斯纳波公司要面对很多规模较小的公司以及可口可乐和百事可乐两大巨头。这两大巨头都有自己的品牌。到了1994年年底，即饮茶行业明显趋于成熟，发货增长率比1993年下降了60%。这个增长率在历史上算是小的，而且还不能长期持续。竞争开始出现，新的独立品牌已经进入市场，包括亚利桑那冰茶(Arizona Iced Teas)、楠塔基特甘露(Nantucket Nectars)和"神秘"饮料(Mystic)。更加糟糕的是，可口可乐和百事可乐公司于1992年(分别与雀巢和立顿)创建了茶饮料合资公司，通过超市和自动售货机，对茶饮料市场发起了进攻。1994年底，根据斯纳波公司的报告，由于这年夏季温度偏低，并且没有及时调整产量，其属下的分销链产品严重积压。

桂格公司收购斯纳波公司的动机

桂格公司就这起收购交易做出了一些像很多收购案在公布时所做的例行解释。不过，稍加分析，便不难知道其收购动机。

重新推动桂格公司成长。桂格公司的谷物产品(谷物早餐食品和宠物食品)都是成熟业务。史密斯伯格的基本目的就是提高公司的增长率，而斯纳波公司提供了一个重新推动桂格公司增长的机会。根据桂格公司呈报给美国证券交易委员会的材料，该公司最近5年的增长率低于1985—1989年的增长率（参见图10.1）。不过，由于20世纪80年代通货膨胀大幅下降，因此，很难解释造成该公司这两个五年期间增长率差别的原因。此外，只关注财务报告结果，有可能忽略重要的增长问题：市场价值增长——就这一点而言，桂格公司是落伍了。与活跃的股票市场相比，桂格公司的股票价格自1991年以来基本没有发生变化。图10.2和图10.3概述了桂格公司在这起收购交易之前以及收购并经营斯纳波公司以后的财务绩效和股价表现。更重要的是，桂格公司的绩效并没能逃脱套利者和潜在收购公司的注意：在收购斯纳波公司之前的几个月里，桂格公司也成了几起接管案传闻的焦点。

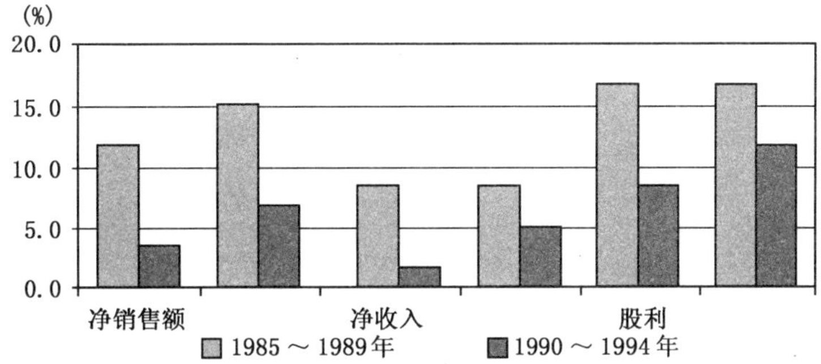

资料来源：证券交易委员会（桂格燕麦片公司）文件。

图10.1　用财务绩效指标测度的桂格公司增长率

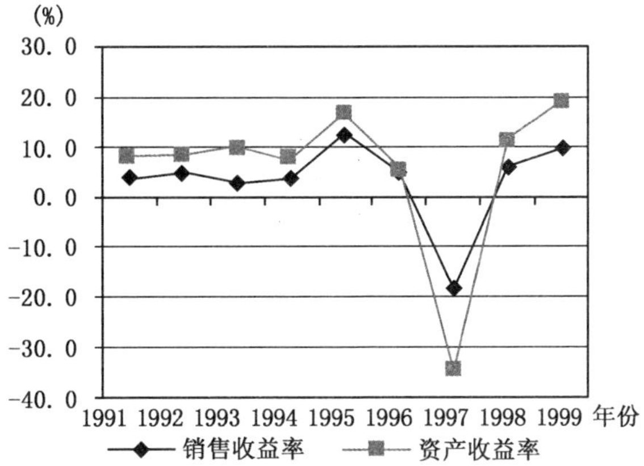

图10.2　桂格公司财务绩效

把桂格公司定位于具有重要战略意义的新领域。桂格公司收购斯纳波公司的决策，源自一项向非碳酸饮料尤其是“保健”饮料拓展的战略。消费者明显希望饮用除了可乐和其他汽水之外的饮料来解渴，而所有主要的消费饮料生产商都注意到了这个细分市

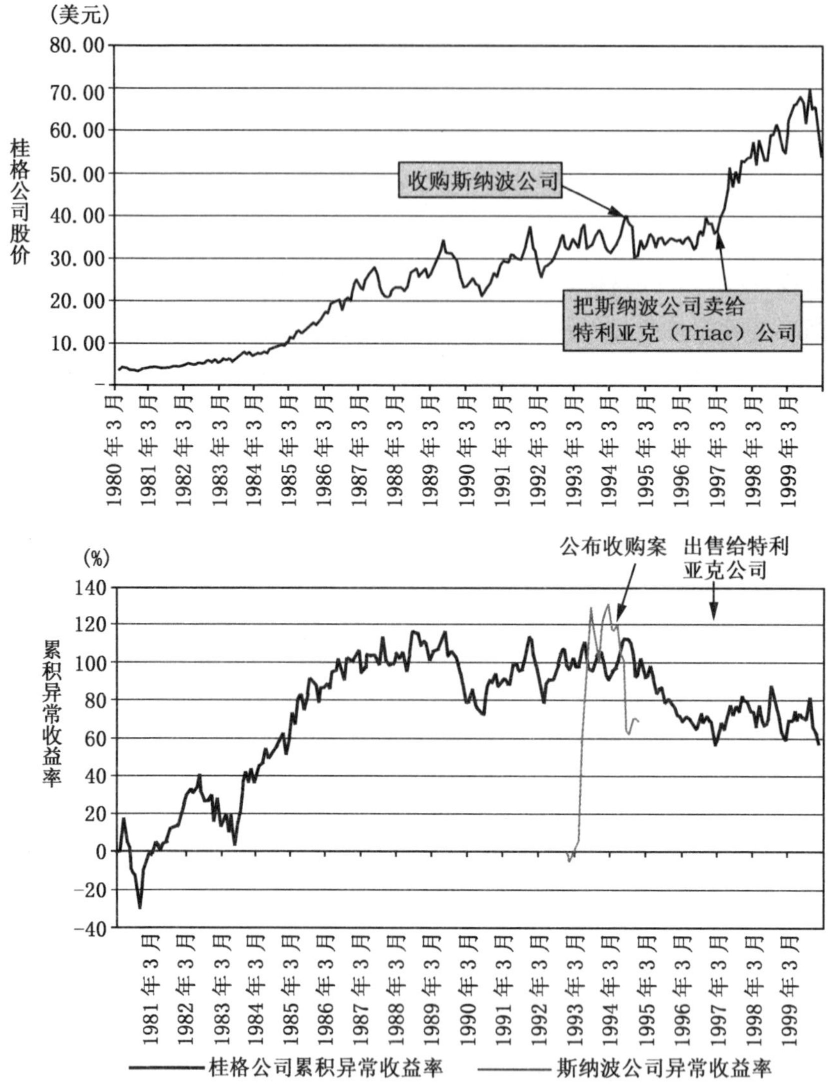

图 10.3　桂格公司股价与异常收益率

场。桂格公司的战略似乎更像是跟进战略，而不是寻找和开发市场缺乏效率的机会。

重复佳得乐(Gatorade)的成功历史。1983 年，史密斯伯格不顾那些认为出价太高的观察家的反对和嘲笑，从斯特克里公司(Stokely-Van Camp Corporation)手中收购了佳得乐这个品牌。8 年以后，桂格公司把佳得乐这个濒临死亡的特色饮料品牌转变成为一个生机勃勃的成长性品牌。1994 年底，佳得乐品牌占据了其所在细分市场85%的份额。那时候，没人怀疑史密斯伯格在收购公司方面的智慧。为了寻找重新推动桂格公司财务绩效增长的机会，史密斯伯格想让历史重演。总体而言，斯纳波品牌与佳得乐品牌具有很多相同的特点：增长迅速；支配着一个特殊的利基市场；施展桂格公司品牌管理技能的绝好机会。桂格公司认为,它可以通过杠杆利用斯纳波/佳得乐品牌组合来进行更高级的组合公开发行。尽管桂格公司有可能获得潜在收益,但人们还是觉得斯纳波与佳得乐之间存在某些差异。表10.1表明,这两家公司在品牌、文化、营销和制造系统方面几乎没有什么相似之处。一篇新的报道在谈到这起收购交易时说:

有分析人士称,由于两家公司都想创造桂格公司董事长兼首席执行官威廉姆森·D. 史密斯伯格所谓的"最具创新性的分销体系",因此这两个品牌的合并具有早期的兼容迹象。这起合并的目的在于为佳得乐和斯纳波品牌产品线开创新的未来,并且有望创造新的顾客。而如今,斯纳波公司和桂格公司的分销方式大相径庭。佳得乐品牌的产品由工厂发送到零售商仓库,食品杂货店从零售商仓库进货;而斯纳波公司则由独立分销商直送店铺,同车可夹带其他品牌的饮料。(一名咨询顾问)预言说:"如果桂格公司想改变分销网络,就得依靠大批独立分销商的努力。"[4]

表10.1　斯纳波与桂格/佳得乐比较

	斯纳波	桂格/佳得乐
文化与品牌	新潮 具有企业家精神 决策迅速 迅速获得成功,采用新颖的广告	保守 大公司 专业营销文化
产品竞争优势	东海岸和西海岸 餐馆、熟食店、便利店和自动售货机业 代理力量强	在美国南方地位稳固 在超市业地位稳固
分销	工厂到独立分销商再到店铺	工厂到零售商仓库再到店铺
制造	"共同包装"合同下的独立制造商	公司自有工厂
企业优势	创业能力 细分市场品牌	营销管理 成本管理 合同 经验 资金

更加高效地经营斯纳波公司。桂格公司的收购计划旨在将斯纳波公司的组织机构与其佳得乐业务合并在一起,通过更高效的运营实现协同效应。

(1)通过把制造和分销部门合并成统一的供应链实现规模效益。斯纳波公司运用一项分销计划把独立分销商联合起来。这些独立分销商都享有本地独家经销权,并且擅长渗透到餐馆、熟食店、俱乐部便利商店和自动售货机行业，但缺乏服务大批量分销渠道超市的效率。而桂格公司的佳得乐分销体系则正好相反，依靠大仓库来为超市服务。桂格公司希望拥有高效的仓储系统来为大批量销售渠道服务以获得规模经济收益。桂格公司计划从独立分销商那里接管大批量销售渠道，再由他们向便利店和小零售店分销佳得乐产品。这就是所谓的“卡车革命”。在实施收购案以后，桂格公司实际可利用两个分销系统来发挥它们各自的优势。在上游，斯纳波公司依靠采用许可证方式为它生产成品的灌装商。这些独立厂商几乎不会给斯纳波公司带来任何柔性。一个分销商需要 3 个星期才能完成一份订单，桂格公司想把由灌装商生产改变成由公司自有工厂生产。这一变革的动机就是通过把制造和营销职能合并成统一的供应链获得规模收益。

(2)优化产品线。斯纳波公司向消费者供应 55 种不同香味的饮料，但并不是每种香味的饮料都有自己的忠实消费群体。桂格公司打算把 55 种香味减少到 40 种，这样就能节约制造、分销和品牌管理费用。

(3)渗透新的地域市场。斯纳波品牌在美国东海岸和西海岸占据了很大的市场份额，但没有渗透到美国中部或南部州的市场。“佳得乐”在美国中西部和南部是地位最巩固的饮料品牌，并且出口海外，因此可以帮助斯纳波品牌获得国际特许经营权。桂格公司认为，这样就能把斯纳波品牌推广到其他市场区域。

导致收购案失败的原因

桂格公司于 1994 年 12 月 6 日完成了对斯纳波公司的收购。与该行业最近的估价相比，17 亿美元的收购价是比较高的。收购斯纳波公司的现金，是依靠变卖宠物食品、墨西哥巧克力和其他能够为公司带来低增长正现金流的业务来筹措的。

1994 年 11 月 7 日，桂格公司披露这起收购交易 4 天以后，斯纳波公司的每股收益预期持续下降：斯纳波公司内部估计公司每股收益将减少 38%，由每股 0.65 美元减少到每股 0.40 美元的消息震惊了商界。5 月，斯纳波公司曾经宣布预期每股收益 0.86 美元。斯纳波公司承认，这对桂格公司来说也是一个意外：在收购案谈判期间，斯纳波公司曾告诉桂格公司预计每股收益可达到 0.55 美元。斯纳波公司的每股收益预期呈持续走低的态势：在这一年里，斯纳波公司 7 次降低其每股收益预测。

有关每股收益的消息表明，“斯纳波”是一个在不断增长的细分市场上开始走下坡路的品牌。桂格公司必须从竞争对手那里夺回市场份额，或者希望这个细分市场的增长能够推动它想收购的品牌的增长。有分析人士悲观地指出，1994 年，桂格公司把佳得乐的广告预算增加了1倍(达到5 000万美元)，但仍然丧失了5%的市场份额。1994年11月11日，可口可乐公司宣布它将耗资1.5亿美元扩展其果汁饮料水果国度(Fruitopia)品牌。因此，桂格公司的这起收购交易这时已成了一个不吉利的发展项目。然而，面对可口可乐公司的发展项目，桂格公司按照原先公布的条件完成了对斯纳波品牌的收购，并且为了筹措收购资金而变卖了其他资产。

1995年3月，桂格公司财务总监特里·韦斯特布鲁克(Terry Westbrook)辞职。斯纳波收购案和相关撤资案都是由他策划的。史密斯伯格只是解释说，韦斯特布鲁克的辞职仅仅是公司为减少管理层级、简化组织机构而做出的努力的组成部分。桂格公司还宣布，要把一笔特别费用计入为斯纳波公司收购案筹措资金而变卖资产的9 000万美元的相关收益。变卖非核心业务的费用并没有什么不正常的地方，尽管一些证券分析师把这项费用和财务总监的辞职视为桂格公司“不是非常顺利”的证据。[5]

1995年夏季，桂格公司通过这个关键的夏季销售季节修正了斯纳波品牌趋于下降的绩效，并且宣布该业务单位当年也许能够保本，也可能会出现亏损。桂格公司说明了几个原因，如斯纳波公司缺乏能够支撑桂格公司增长计划的现成组织结构；各灌装商不能及时完成订单。桂格公司正试图与原斯纳波公司的独立分销商重新商谈分销协议，并且发现他们顽固地不让桂格公司甩开他们进入超市。可口可乐公司和百事可乐公司做出了巨大的竞争性营销努力。最后，史密斯伯格抱怨，斯纳波公司前业主在被收购以前囤积的库存堵塞了分销渠道[6]，这或许是为了说明收购价过高的原因。尽管遇到了上述种种问题，但史密斯伯格仍暗示，桂格公司已经采取了一些行动(任命新的管理人员，减少香味品种，广告预算增加了2倍)，该业务单位将于1996年转亏为盈。

桂格公司改造斯纳波公司的部分内容，就在于彻底更新品牌广告。它彻底抛弃了以斯纳波员工温迪·费尔德曼(Wendy Feldman)阅读读者满意来信为代表形象的快节奏、本色的新时代主题，此举旨在传递斯纳波正在与可口可乐和百事可乐展开竞争，如今饮料业已呈三足鼎立之势的信息。而结果，这个“大公司”主题导致原先斯纳波公司的热心顾客越来越疏远。

中秋时分，桂格公司再次降低投资者的期望：1995年，斯纳波业务单位无法保本，预计亏损3 500万～4 000万美元。这条消息公布不久，10月23日，桂格公司总裁、首席运营官菲利普·马里诺(Philip Marineau)便宣布辞职。桂格公司在其呈报的8-K表中陈述道：

由于在过去的一年里，为增长计，我们重组了业务组合，并且调整了管理结构，以减少层级、缩短决策流程，促使高级管理层集中精力应对重大挑战。(史密斯伯格说，)我们的全部业务(包括从斯纳波公司收购来的业务)应该受到他本人的充分关注。

斯纳波业务单位本来由马里诺亲自领导，他的辞职说明那里的情况非常糟糕。

1995 年 12 月 22 日，桂格公司再次调低斯纳波业务单位的经营绩效：该业务单位估计亏损 7 500 万美元。这种状况不但是由比预期更糟的销售收入造成的，而且因注销库存以及与修订合资灌装商和其他供应商合同相关的 4 000 万美元的费用而火上浇油。后来，斯纳波业务单位总裁唐纳德·尤齐(Donald Uzzi)解释说，斯纳波的独立分销商干脆就拒不接受改用佳得乐直接进入超市的分销方案：斯纳波饮料的每箱平均利润率远远高于佳得乐。合资灌装合同也把斯纳波锁定在不切实际的生产水平上。而且，斯纳波本身又没有推出新的产品，也没有采取新的广告和促销手段。最后，桂格公司行动太慢，没能及时对斯纳波业务单位的问题做出反应。

桂格公司不顾上述种种不利因素的发展，仍估计斯纳波业务单位能够在 1996 年扭亏为盈并获得增长。这种乐观估计的依据，就是桂格公司为改善斯纳波业务单位的经营状况而采取的多项行动，其中包括：通过更加迅速地处理订单和更加有效地管理工厂，把向分销商发货的时间由 3 周缩短为 3 天；削减 50%的库存成本；缩短向店铺送货的时间；减少香味品种；改进味道；推出季节性香味饮料；改进包装；将产品打入超市；与最大的 50 个分销商实行计算机联网。[7]

1996 年 6 月 27 日，桂格公司宣布，斯纳波业务单位将无法完成销售利润计划，并且很可能发生严重的运营亏损。1 个月以后，唐纳德·尤齐辞职。又过了 2 个星期，桂格公司估计斯纳波当年的运营亏损有可能超过 1.2 亿美元，同时还注意到斯纳波在冰茶市场上的排名已经下滑到了第二位。

1996 年 8 月，在一次被有些人视为绝望标志的行动中，桂格公司策划了一项免费赠送的营销活动。这项活动最终使桂格公司花费了 4 000 万美元，结果却没能扩大市场份额。1996 年 10 月，桂格公司披露，尽管开展了这次免费赠送活动，但斯纳波业务单位销售收入仍减少了 20%，并且解释说这是由斯纳波饮料的关键市场美国东北部地区夏季多雨、气温偏低造成的。然而，有分析人士注意到竞争性品牌的发货量只减少了 4%～5%。

投资界真的开始对桂格公司管理层施压。标准普尔投资评级公司将桂格公司的债务级别由 A 降低到了 BBB+。11—12 月间，出让的传闻四起，桂格公司开始暗示有可能出让斯纳波业务单位，然后就撤销了这个单位。

斯纳波的市场份额(15%)已经落到了第三位，排在立顿(33%)和雀巢(18%)之后。如今，居高临下的领先地位已成为历史。更糟的是，可口可乐和百事可乐公司改用冷灌法，与斯纳波的热灌法相比，能够加快生产速度，并降低生产成本。这样，斯纳波的竞争对手又掌握了定价优势，并且大加利用。

1997 年 3 月 28 日，桂格公司宣布将以 3 亿美元的价格出售斯纳波业务单位，并且还要注销 14 亿美元的资产。很多观察家注意到，桂格公司遭遇了来自可口可乐和百事可乐公司的有力竞争。"桂格进行了回击。"有一位观察家说道。"我们将把斯纳波压垮。"百事可乐公司饮料部主管幸灾乐祸地说。[8] 1 个月以后，威廉姆森·史密斯伯格宣布辞职。

斯纳波的崩溃只是桂格公司绩效下滑的开始，最终导致出售桂格麦片公司的决定。经过几轮谈判，桂格公司于 2000 年 12 月初接受了百事可乐公司 137 亿美元的总报价。自吹的"卡车革命"结果导致：分销商抵制改造供应链（尽管改造供应链有可能创造桂格公司所谋求的价值）。观察家们说，应该把桂格公司盲目乐观的收益预测叫作"蛇吞象的故事"。而 3 年以后的 2000 年 10 月，特利亚克公司以接近 10 亿美元的价格，把斯纳波品牌卖给了吉百利·史威士公司（Cadbury Schweppes）。

对照案例：斯马克公司收购吉富和科里斯克业务案

2001 年 10 月，J. M. 斯马克公司答应以 8.1 亿美元的股票，从宝洁公司那里收购吉富花生酱以及科里斯克烹饪油和酥油业务。斯马克公司是美国最大的果酱、凝胶剂和蜜饯生产商，它同时还生产不同品牌的甜食调料、花生酱、果汁和特色果酱制品。该公司创建于 1921 年，基本上仍由斯马克家族控制。在实施这起收购案之前，斯马克公司没有自己的销售力量。由于规模小，斯马克公司通过代理商销售自己的产品。该公司最近完成了一项为期 3 年、价值 3 500 万美元的库存和顾客服务系统大检查。斯马克公司是一家积极主动的收购公司，1996—2001 年间完成了 11 项收购交易，并且设法通过收购实现 4％的年增长率。

宝洁公司是一家大型消费品制造公司，每年在 140 多个国家销售 250 多个品牌、价值近 50 亿美元的消费品。该公司组织了一场业务拍卖会，并选择斯马克公司作为买家，因为由斯马克公司出面收购，能使宝洁公司股东享受免税待遇。2003 年会计年度，吉富和科里斯克业务总共包括两家制造工厂、400 名员工和 5.71 亿美元的年销售额。

鉴于吉富和科里斯克业务的低增长前景（2001 年，科里斯克销售额下降了 11％，吉富的销售额减少了 3％），宝洁公司想把它们卖掉，并且希望集中精力于全球品牌（科里斯克和吉富这两个品牌的市场主要在北美）。斯马克公司有意收购吉富品牌已有 25 年，并且曾经与宝洁公司有过几次接触，想要约收购这个品牌。与桂格公司有意于斯纳波品牌不同，斯马克公司对吉富品牌的兴趣反映了一种长期的战略意图。斯马克公司收购吉富和科里斯克品牌业务，目的在于开发两种重要的饮食趋势：(1)"汽车餐饮”，能在途中消费的加工食品。(2)营养食品。花生酱虽然富含脂肪和卡路里，但被认为能够抗胆固醇和消除食欲。批评家把吉富与斯马克的联姻称为“花生酱与果冻”交易。在收购了吉富和科里斯克品牌业务以后，斯马克公司预期收入可望翻一番，到 2003 会计年度估计可达 13 亿美元。通过这起收购，斯马克公司的市场份额果酱可扩大到 41%，花生酱增加到 38%，烹饪油增加到 24%，并因此成为这些细分市场的支配力量。公司共同首席执行官理查德·斯马克(Richard Smucker)强调一种“贮存中心”战略(中心店贮存产品，而超市销售产品)的意义，并认为这种战略有利于公司扩大规模，增强与食品代理商的讨价还价实力和一般领导能力。

这起收购交易采用股份换资产的方式，用斯马克公司的股份来支付宝洁公司的股东。10 亿美元的价款在合理的范围内反映了资产溢价。有分析人士预测，这起交易会使斯马克公司的市盈率上涨 30%，使斯马克公司 53%的股份转移到宝洁公司股东的手里，并且导致斯马克公司流通股总量大约增加 1 倍。一项例外条款规定了一种“超级投票权”股。交易实施时，股东持有的股份每股享有 10 份投票权；而股票转手以后，新股东在连续持有 4 年之前每股只含 1 份投票权。如果宝洁公司股东像预期的那样转让他们持有的斯马克股份，那么斯马克家族就因持有公司大量的股份而代表着举足轻重的投票力量。宝洁公司大量的股份由一些指数基金持有，这些基金必然会出售斯马克股票，因为斯马克公司股票不像宝洁公司股票那样，是标准普尔 500 指数的成分股。另一些机构投资者也会出售斯马克公司的股票，如果他们认为该公司的股票交易不活跃，或者成长前景不佳的话。这起收购交易的一个重要影响，就是使得斯马克股票的流动性和交易规模扩大了 2 倍。不过，流动性的提高是否足以吸引更多的机构投资者持有该公司的股票，这仍然是一个谜。

收购交易于 2002 年 4 月完成，看来为斯马克公司的股东创造了新的经济价值(参见图 10.4)，而斯纳克公司股价与标准普尔 500 指数之间持续的正差异就是明证。斯马克公司股票的正收益可能产生于以下几个因素：合理的收购价格；斯马克公司的投资更加聚集主业，而不是多元化；增强了对代理商和零售商的影响；通过规模和采购经济实现了可靠的协同效应。据一名分析师估计，斯马克公司每年大约可节约 2 000 万美元的成本。[9]

被收购以后，吉富和科里斯克的绩效良好。2004 会计年度，这两个品牌的销售收入实际增长了 14%(或者斯马克公司的销售总收入增长了 70%)。销售收入的增长主要得益于在新管理层领导下实现的市场份额扩大。不过，量的增加在某种程度上被价格下降所抵消，在某些观察家看来，这意味着斯马克公司只是收购了市场份额。

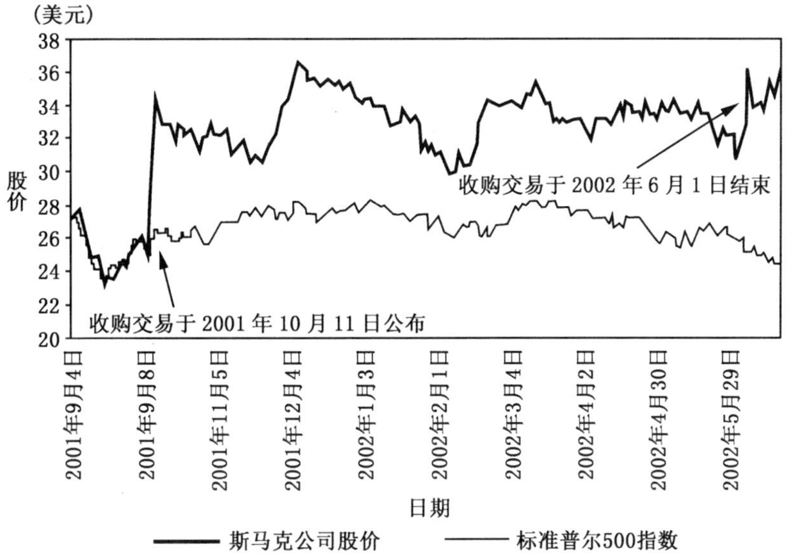

资料来源:数据流。

图 10.4　斯马克公司股价与标普 500 指数

思考:战略反应的作用

导致并购失败的 6 个驱动因素全部出现在了桂格收购斯纳波案中。商情并非一成不变:消费者的口味由汽水转向保健饮料,而可口可乐和百事可乐这两个最大的竞争对手当时正着手进入斯纳波所在的业务领域。桂格和斯纳波的制造和分销系统因存在长期合同关系变得复杂而又紧密耦合。高管团队受到侵蚀,又意味着在为斯纳波尽职、整合和执行新战略方面存在问题。运营团队似乎没有能力挖掘桂格公司认为斯纳波品牌所具有的潜力。桂格公司先前在收购佳得乐品牌交易中取得的成功,滋生了对斯纳波品牌归其所有后的前景盲目乐观的态度。这种态度意味着一种认知偏差,而这种认知偏差影响了桂格公司回应日益恶化的形势的能力。不过,在所有这些驱动因素中,桂格—斯纳波又经历了拙劣的管理层选择的戏剧性效果。这次失败的关键在于战略反应失误,一个在任何存在多元主体和竞争性利益背景下的重要因素。[10]

竞争对手的反应是一个值得研究的主题[11],也是有思想的实际工作者所关心的问题。美林公司并购部经理杰克·利维(Jack Levy)曾经说过:“公司不懂医术:对于每一种反应,常会出现对等的竞争性反应。”[12]桂格公司针对斯纳波的战略计划,在关于他人反应方面应该注意两种对象:(1)竞争对手。支付相对较高的收购价格的前提条件，应该是可口可乐和百事可乐公司允许斯纳波品牌继续支配芳香型茶饮料市场。(2)分销商和合资灌装商。桂格战略计划取得成功的前提条件，是分销商愿意用斯纳波品牌超市分销权换取佳得乐品牌的零散客户分销权。桂格公司没有料到分销商会把这项交换视为不公平交换。同样，桂格公司似乎把废除合资灌装合同想象得比实际容易。

桂格—斯纳波收购案的失败还有其他一些原因，其中一些原因是本书其他章节讨论的并购交易共同的原因。表10.2概述了本章介绍的两个案例之间的差异。

表10.2　桂格—斯纳波案与斯马克—吉富和科里斯克案比较

	桂格—斯纳波案	斯马克—吉富和科里斯克案
卖方	上市公司	上市公司下属的子公司
价格	相对较高，但大大低于最高价	低
资本市场	资本市场活跃	经济衰退，指数“下降”
战略	相关多元化	聚焦于核心市场
管理层	3个高管中有2个辞职；随着斯纳波业务单位一半销售人员的离去，很多总部员工辞职	管理层继续留任
生产	生产变革需要3 000万美元以解除与合资灌装商的合同	没有进行重大变革
需求	竞争加剧，时尚变化，需求趋于减少	需求稳定不变
广告	中止温迪·考夫曼发起的广告活动	没有重大变化
分销	分销商抵制采用更加有效的方法	没有变化(继续通过食品代理商)
产品线	追求时尚，减少20种香味，桂格公司倾销百万箱停止生产的产品和原料	大宗产品
竞争对手的反应	可口可乐和百事可乐公司发起猛烈的进攻	没有遇到强烈的竞争反应
实施	因分销商阻止执行营销计划而推迟	没有重大推迟
文化	大公司文化与新创企业文化难以匹配	根据J.M.斯马克的家族文化调整
尽职	不利的意外	没有发生重大意外

价格与资本市场条件：桂格公司似乎为收购斯纳波品牌支付了太高的价格。股市活跃，而桂格的股价相对停滞，从而成为收购对象，这也许是一个巧合。我们从第二章概述的研究结论中可以知道，收购溢价在股市活跃期间趋于急剧上涨。而斯马克公司在经济衰退(在“9·11”恐怖袭击事件发生后不久公布收购案)时期和安然公司崩溃期间收购吉富和科里斯克品牌，收购价格与市场当时的市盈率相符。

卖方：研究证据表明，对于收购公司来说，私下交易比在公开市场上收购公司更容易获得成功。这一点可通过以下比较得到证明：斯马克公司通过私下交易收购了一家公司的部分业务，而桂格公司则收购了一家上市公司。

产品市场条件：在这两个案例中，对目标消费食品品牌的需求趋于下降。在斯纳波收购案中，对预期进行了大幅调整：高增长细分市场上的支配性产品，在竞争激烈的细分市场上沦为落选者；而吉富和科里斯克品牌在一个成熟的细分市场上保住了支配地位。斯马克公司有能力恢复吉富和科里斯克品牌在量上的增长，而桂格公司却没能对斯纳波品牌做到这一点。

改造型并购的困难所在：最后，桂格公司通过同时改变有关斯纳波品牌的很多做法，对自己强制实行非常高的绩效标准，而抵制变革和变革失败的倾向与变革规模同比例加剧。鉴于收购交易日斯纳波品牌趋于衰退的绩效，史密斯伯格无疑已经产生了果断行动的危机感。但是，分销商们有足够大的势力来抵制变革，就如同机体抵制病毒一样。

注释：

[1]笔者不仅要感谢查德·莱恩布兰多和克里斯汀·希姆(Christine Shim)的研究贡献以及保罗·赖纳(Paul Reiner)的意见和建议，还要感谢桂格公司收购斯纳波时的在任董事托马斯·麦考维(Thomas MacAvoy)在阅读了本章草稿以后提出的意见和建议。本章所参考的文献不受版权保护。

[2]有一名记者注意到，每股收购价格相当于斯纳波公司收益的32倍(Burns，1994年11月14日)。据卡夫国际食品公司(Kraft Foods International)总裁约翰·D. 鲍林(John D. Bowlin)估计，斯纳波公司实际只值7亿~8亿美元[请参阅格雷格·伯恩斯(Greg Burns，1996年9月23日)]。

[3]请参阅格雷格·伯恩斯(1997年4月14日)。

[4]Richard Gibson and Laurie M. Grossman, "Snaple's Lowering of Profit Projection Underscores Continuation of Problems," *Wall Street Journal*, November 11, 1994.

[5]高盛公司诺米·贾兹(Nomi Ghez)引自吉布森(Gibson)，1994年11月11日。

[6]请参阅塞勒斯(Sellers，1995年6月10日)。

[7]Moukheiber(1996).

[8]请参阅麦卡锡(McCarthy等，1997年3月28日)。

[9]John M. McMillin, Jffrey G. Kanter and Greer O. Tobin, "The J. M. Smucker Company," *Equity Research*, *Prudential Finance*, December 11, 2003, 3.

[10]竞争对手做出反应的简单例子可在西洋跳棋和国际象棋等棋类游戏中找到：你为获得某种优势而走棋，而我又走棋以抵消你的优势，也许还能建立我自己的优势。下几盘棋，你就能够逐渐理解战略思维的重要性：提前几步预测对手对你所走的棋会做出什么反应，并且构建一条不管对手做出什么反应，你总能达到自己目的的走棋路径。("战略"的反义词就是"近视"，只考虑眼前，或者只能预见一步棋以后的局势。)

[11]1838年，法国经济学家奥古斯丁·古诺(Augustin Cournot)构建了一个产业中两个既拒绝串谋又不能学习对手既往行动的厂商(如双头垄断)的反应模型。古诺模型是一种研究不能预见对

手反应结果的工具。最初，一个竞争者是市场上的唯一供应商。然后，第二个竞争者旨在吸纳第一个竞争者未能满足的那部分需求而以较低的价格进入市场。此举触发了竞争。在这场竞争中，这两个厂商抱着对方不会做出回应的信念，不断调整自己的价格。最后的结果是：两个厂商都提供少于需求的供给，并且无法使其联合利润最大化。古诺告诉我们：无视竞争对手是要付出代价的。德国经济学家海因里希・冯・斯塔克伯格(Heinrich von Stacklberg，1952)对古诺模型进行了扩展，以承认一个老谋深算的竞争对手能够正确预测对手的行动。他的结论是：老谋深算的竞争对手能够实际获得独家垄断厂商的利润。因此，关注竞争对手可能做出的反应是有利可图的。这些简单的思维练习非常适用于所观察到的桂格公司及其竞争对手的行为。

[12]Nikhil Deogun and Steven Lipin, "Deals & Deal Makers: Cautionary Tales: When Big Deals Turn Bad—Some Hot Mergers Can Come Undone for Many Reasons," *Wall Street Journal*, December 8, 1999, C1.

第十一章　1999年5月:美泰公司收购尚学公司案

美泰公司公布收购交易

吉尔·E. 巴拉德(Jill E. Barad)是一个在必须依靠能力才能在行业里站住脚的杰出人物。作为美泰股份有限公司(Mattel Inc.)[1]这家玩具制造公司的首席执行官,巴拉德能够引导该行业的流行趋势。她是少数几个领导《财富》500强企业的女性之一,她几乎成了其他女性的偶像。她以影星的超凡魅力和流行服饰引领着行业和个人潮流。她于1981年作为产品经理加盟美泰公司,从营销这条线一路升迁,并且证明自己能够赢得顾客、完成销售任务和发展业务。她在48岁时出任首席执行官,相对比较年轻。

1998年12月14日,巴拉德宣布美泰公司将以大约价值38亿美元[2]的股票收购尚学公司(The Learning Company,TLC),收购交易将在1999年年初完成。这起收购案被描绘成美泰公司战略方向的转折点。她告诉记者:"这并不是押宝于互联网,而是下赌注于技术以及未来我们与顾客沟通的方式。"[3]她解释了她的公司使用尚学公司主要卡通人物"聪明兔"(Reader Rabbit)作为人机互动玩偶基础或者围绕美泰公司芭比娃娃开发一系列教育软件的可能性。巴拉德说道:"如今,电脑已成了(孩子们的)玩具,他们靠玩电脑来消磨时间。"

在同一次新闻发布会上,她还公布了美泰公司的销售收入有可能比预测减少了5亿美元,因此,她的公司的每股收益将(比6星期以前证实的预期)下降35%。消息公布当日,美泰公司和尚学公司的股价大跌。

15个月以后,美泰公司的股价比公布收购消息时下跌了70%。吉尔·巴拉德和公司其他高管辞职离开了美泰,而美泰公司董事会则决定以亏本价出售尚学公司。

收购交易的由来

1998年底，玩具业由于竞争实力发生变化、技术创新和消费需求波动等原因而处于深刻的变革之中。大零售商的实力有所增强，玩具“反”斗城(Toys R Us)规定了苛刻的条件：美泰公司被迫接受玩具“反”斗城要求的在假日销售季结束前不久修改订单的权利。此外，传统玩具(如芭比娃娃)的销售额急剧下降。人机互动玩具的出现和父母品位的变化，是迫使美泰公司放弃自己赚钱的核心产品的主要原因。

美泰公司作为美国支配性玩具制造商之一，生产多种著名的玩具产品，包括芭比时装娃娃及附属品、特种部队、迪士尼授权玩具、费雪牌玩具、芝麻街人物、风火轮玩具车和玩具系列、环球车模、拼字游戏和包心菜娃娃。该公司注意到其业务在很大程度上取决于每年重新设计、改变和扩展已有核心产品和产品线以及设计和开发创新性新玩具和产品线的能力。新产品的寿命很短，一般为1～3年，因此几乎每年都需要更新和翻花样。

美泰公司享有显然难以攻克的竞争地位。然而，该公司1998年的财务绩效有所恶化。如图11.1所示，收入和运营收益自1996年以来持续下降，这反映了消费者不断变化的购买格局，尤其是购买美泰公司拳头产品芭比娃娃的格局。扭转这种趋势，已经成为吉尔·巴拉德的首要任务，而美泰公司必须找到能恢复公司繁荣发展的新的主打产品。

自20世纪70年代末以来，玩具业经历了流行玩具(通常与娱乐人物有关)平均产品寿命趋于缩短的阶段，或者说，新技术(例如，游戏软件)占据越来越大的市场份额。玩具生产商越来越频繁地通过收购保证向零售商提供高产产品，以补充内部产品开发之不足。零售商想要得到流行产品，就必须向生产流行玩具的厂商提供优先货架。玩具零售业也由于像获得巨大成功的玩具“反”斗城那样的大规模分销渠道的出现而经历了一场“如果不能跑足够多的量，就不可能获得实力雄厚的零售商的支持”的革命。

1998年秋季，美泰公司委托高盛公司寻找可能的收购目标。这一年的11月2日，吉尔·巴拉德与尚学公司首席执行官迈克尔·佩里克(Michael Perik)会面商讨收购可能性问题。8天以后，两家公司签署了一份机密协议，并且交换了内部财务信息。在11月13日之前，这两家公司认真研究了对方的财务状况，12月2日开始讨论目标公司的价格和其他有关交易结构的细节问题，如规定上下限的股份交换方式。12月13日，两家公司的董事会批准了这起收购交易方案。

尚学公司是一个主要的家庭个人电脑消费者软件出版商。该公司的产品包括瞄

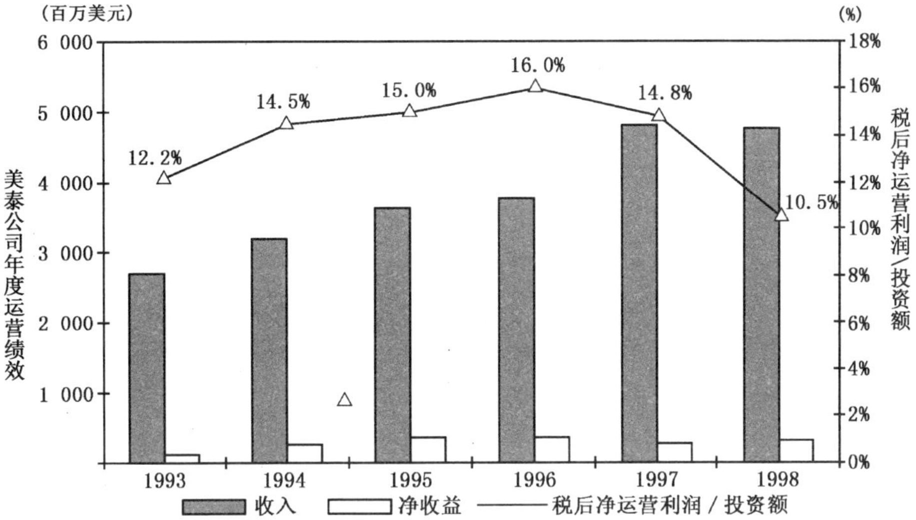

资料来源:价值线投资调查(ValueLine Investment Survey)。

图 11.1　美泰公司运营结果

准多个细分市场的软件:教育软件(针对学龄前儿童的"聪明兔"软件、针对学龄儿童的"神偷卡门"和"奥勒冈小径"软件,以及普林斯顿评论在线考试考前准备软件);参考文献软件(《康普顿百科全书》和国家地理软件);针对北美和国际市场的生活、生产和娱乐方式的软件(包括 Printmaster、Print Shop、Calender Creator、Tomb Raider、Myst、Riven)。此外,公司还在开发越来越多的与互联网相关或得益于互联网的产品线,如 Cyper Patrol(这种软件允许家长过滤不适当的网站接口)。

尚学公司创建于 1978 年,凭借 1994 年实施的一起三方合并交易[软键(SoftKey)、文字星(WordStar)和三角帆软件(Spinnaker Software)公司]而脱颖而出,然后用"软键国际公司"(SoftKey International)来命名。1996 年,公司改名为"The Learning Company(TLC)",以传递其注重教育软件开发的信息。从 1996 年到美泰公司宣布收购尚学公司期间,尚学公司通过收购实际获得了成长。根据收购后 2 年股东价值这个评判标准,博思艾伦管理咨询公司(Booz Allen Hamilto)的一份报告把软键公司实施的两起收购案列入 1994—1996 年美国 10 起最糟糕的收购案。[4]

1998 年,尚学公司推出了 100 种新的升级产品,并且指出 1998 年它在美国实现的收入有 90%来自内部开发的产品。不过,有分析人士为尚学公司日趋成熟的产品线以及缺乏实质性的研发来替代日趋成熟的产品的现状而感到担心。同时,教育软件业的竞争非常激烈,并且以竞相削价为特征。有一位分析人士不无担心地表示:"这是一场争夺儿童心智的战争。出版商不顾一切地盯上了这个消费者群体。"[5]在收购案公布前的几年里，尚学公司连续报告了年度亏损（参见图 11.2）。

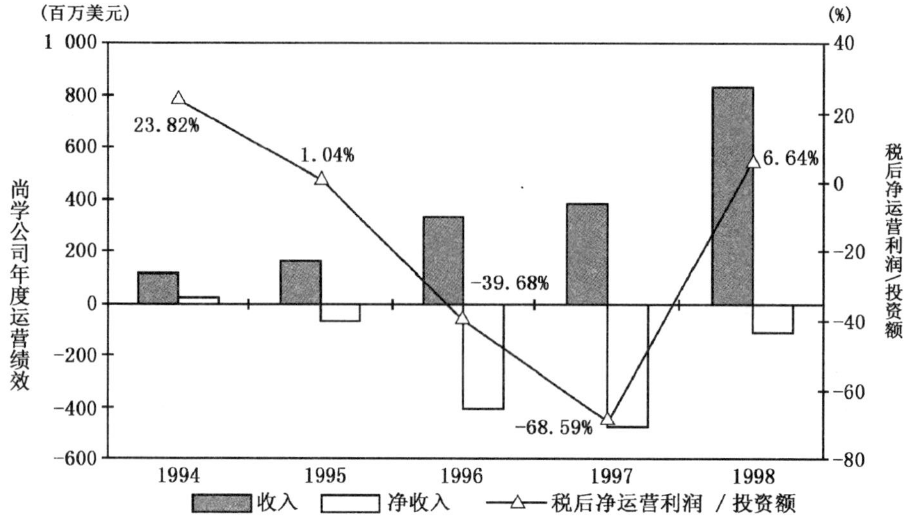

资料来源：价值线投资调查。

图 11.2 尚学公司运营结果

收购目标

1999 年 2 月 2 日美泰公司和尚学公司在呈报给美国证券交易委员会的联合合并代理委托书/说明书上宣布：

美泰股份有限公司和尚学股份有限公司相信，两家公司的合并将创造一个实力更加雄厚、更具竞争力的公司，能够比单独运营实现更大的财务优势、运营效率、收益能力和增长潜力，为此特提出本合并申请。

合并后的公司将以拥有知名品牌组合（主要包括“芭比”“费雪”“美国女孩”“聪明兔”“风火轮”“环球”“神偷卡门”和“奥勒冈小径”）为特点。我们将专注于通过软件、玩具和相关产品种类来利用这些品牌，以有效利用美泰公司的全球分销优势和互联网电子商务机会。[6]

股东代理委托书提到了“预期”的合并协同效应，但只字未提协同效应的来源，或者说没有描述协同效应的来源。关于这起合并交易真相的一篇评论指出了这起交易的两个目的。

首先，美泰收购尚学公司案是寻觅玩具业未来发展热点的投机行为的一部分。吉尔·巴拉德收购尚学公司的意图在于帮助美泰公司开辟一条开发人机互动玩具的途径，从而把公司导入高增长产品领域。

收购尚学公司，也许能减轻美泰公司因1998年销售收入减少5亿美元而遭遇的收益打击。有一位分析人士把销售收入减少的收益影响说成是一场“灾难”。[7] 6个月前，也就是1998年6月，美泰公司公布了一项旨在收购愉悦公司（Pleasant）的协议。这起收购案也是与不利的收益消息一起公布的。当时，就有记者对两条消息同时公布提出了疑问，他们得到的回答是，“时间上就这么巧合”。[8] 12月，美泰公司公布销售收入大幅度减少的消息以后，证券分析师和投资者就变得疑虑重重：“华尔街版的信息是用来‘逗狗’的……（收益的公布）仅仅是时间上的巧合？”有一名记者感到纳闷。[9]鉴于美泰公司选择在季末公布收购交易，于是，证券监管当局要求美泰公司在公布收购案时同时公布收益结果。美泰公司在自己发布的新闻稿中把收益信息安排在收购报告之后，颇有故意编造新闻的嫌疑。不过，新闻稿一般总是在公布收购交易以后再报道收益结果。

并购活动至少能够在改变资产组合、债务和权益组合以及收益组合和走势三个方面影响所报告的公司财务结果，从而导致阅读财务报表复杂化，并可能为管理层掩饰趋于恶化的财务状况创造机会。此外，有关收购的会计准则使得被收购企业管理层能够向收购公司展示收入和每股收益趋于增长的迹象。而从经济的角度看，被收购企业的业务已经进入成熟或者衰退阶段。这是一种“增长幻觉”，美泰公司和尚学公司的情况正是如此。尚学公司在自己被收购前的19个月里收购了14家公司；而美泰公司在截至公布这起收购案的5年里收购了7家公司，其中2家采用权益联营法做账，并且按要求进行了重大财务结果重述。尽管如此，尚学公司仍然报告了巨额亏损，而美泰公司则报告了趋于恶化的财务绩效。

公布收购案所引起的反应

这两条消息公布以后，投资者迅速做出了反应。美泰公司的股价在消息公布当日下跌了27%，而尚学公司的股价下跌近12%。专栏作家赫布·格林伯格（Herb Greenberg）[10]对金融界的怀疑做了如下概述：

在某些怀疑者听来，就像是两家绝望的公司之间进行的没有希望的交易。他们感到纳闷，不然的话，美泰这家以2倍的销售收入进行交易的公司，为什么要去换一家以4.5倍的计划销售收入进行交易的公司的股票呢？

他们不明白，否则，美泰为什么要收购一家多年来依靠填充其分销渠道来制造好于实际情况的数字的公司呢？美泰为什么要收购一家近几个季度应收账款增长快于销售收入的公司（如果您把卖给投资者的应收账款也计算在内的话）呢？

他们不能理解，否则，美泰为什么要收购一家其本身也接管了13亿多美元资产并且很多资产已经被注销的公司呢？（致使某些评论者想知道被注销的是什么样的资产，而且进一步怀疑尚学公司的收益质量。)美泰为什么要收购一家它自己也收购了众多其他公司[包括基本上属于失败的布劳德邦德(Broderbund)公司]的公司呢?

他们感到纳闷，否则，美泰为什么要收购一家其运营收益不正常地高达26%[无疑是游戏产业最佳运营者之一的电子艺术公司(Electronic Arts)毛利润的2倍]的公司呢?(这么大的差距令某些评论者难以置信。)

他们想知道，如果公司经营状况真的如此好，尚学公司管理层为什么会在这个时候把公司卖掉?

答案也许是，在进入软件行业之前，尚学公司董事长兼首席执行官迈克尔・佩里克在加拿大做过货币生意，而美泰收购尚学公司，可能是他做的最后一笔这样的生意。

结局:衰败

为了设法支撑下跌的股价，美泰公司于1999年2月发表了一份略显轻松的声明。1998年第四季度末，美泰公司的股价下跌了70%，而美泰公司宣布下一年度的每股收益将比1998年上涨25%。巴拉德声称，这个预测数字“给其他未预见到的情况保留了余地……我们宁可许诺不足，也不愿兑现不足”。[11]后来，巴拉德又发表了态度强硬的讲话:美泰公司要求零售商在感恩节之前下单，美泰将避免保留库存。巴拉德说:“如果零售商不思进取，我们将找到把产品送到消费者手中的其他途径。”[12]最后，美泰公司制定了一项电子零售战略。

推出“Mattel.com”网站的消息是在4月公布的。据美泰公司披露，它为这个新的销售渠道耗资5 000万美元。但是，美泰同时又宣布它将提取3 000万～3 500万美元税前费用以消化尚学公司，并且把尚学公司重新定位为“多元化的家庭用品公司”。重组可以在4年内每年为美泰节省4 500万美元的成本。消息公布当日，美泰的股价上涨了8.9%。

尚学公司收购案于1999年5月13日结束。7月，美泰重申公司正在实现1999年每股收益1.5美元预期目标的“正常轨道”上运行。但是，美泰不吉利地表示，芭比娃娃的销售收入再度下降。8月，尚学公司的两名高管、尚学公司被收购前的创始人和主要股东卖掉了手中持有的股份，但仍在公司里任职。

随后，1999年10月，美泰公司宣布，由于尚学公司的问题，其第三季度的每股收益估计值将减少40%～55%。造成亏损的原因包括尚学公司收入减少、广告费用增加、产品退回、注销呆账以及执行许可证转让协议失败等。评论者另加了一条亏损的原因:美泰为收购一家品牌趋于成熟、存在财务问题的目标公司支付了太高的价格，并且令这家公司撤出其熟悉的业务。美泰公司的股价由于预期收益的公布而下跌了20%。

对美泰公司及其首席执行官的批评措辞强烈。“人们觉得被谎言欺骗了。”一名投资管理人如是说。另一名投资管理人说：“我们被搞得晕头转向。在这个问题上，我们对这家公司的管理层非常不满。”[13]巴拉德回答说，她不知道尚学公司的问题有这么严重。她调查了亏损情况，但没有发现欺诈或违规行为。退货、呆账和许可证转让协议等问题在尚学公司总部从马萨诸塞剑桥迁到加利福尼亚诺瓦托以后得到了澄清。10 月底，巴拉德声称，她仍对尚学公司收购案表示满意。[14]

1999 年在不幸中临近结束。第三季度的税前亏损达到 1 亿美元，第四季度又增加到了 1.84 亿美元。11 月，尚学公司董事长和总裁离开公司，每人领走了 520 万美元的解聘费。据一名记者报道，他们直到 10 月公布收购案前 1 个星期才把尚学公司的困境告诉巴拉德。一名机构投资者宣称他将要约收购美泰公司的 1 130 万股股份，旨在获得公司控股权。

2000 年 1 月 4 日，美泰公司宣布，公司财务总监退休。尚学公司的尽职调查由他负责。几乎与此同时，伯纳德·斯托拉(Bernard Stolar)加盟美泰公司，负责人机互动产品部——主要是填补尚学公司原领导人辞职留下的空缺。他花了 10 天的时间做出了必须注销更多不良资产的决定，并且进行了意义深远的重组。这一决定成了美泰公司董事们的最后一根救命稻草。

2 月份的第一周，吉尔·巴拉德宣布辞职离开美泰公司。与此同时，美泰公司披露了 1999 年第一季度每股亏损 4 美分的消息，而 1998 年第四季度还每股盈利 2 美分呢。美泰公司还宣布，2000 年第一季度还将发生与尚学公司有关的重组性费用 0.75 亿～1 亿美元。后来，美泰公司又披露，巴拉德领取了估计高达 5 000 万美元的解聘费(包括 2 640 万美元现金、免除 720 万美元的借款、由免除借款引发的 330 万美元税金，以及每年 70.9 万美元的终身养老金)。[15]与公司在她领导下的绩效相比，这么高的解聘费惹恼了投资者。

2000 年 4 月，美泰公司董事会宣布美泰公司准备出售尚学公司，但不是以现金的形式，而是要求获得某个时期 50%的利润。此举将注销 4.41 亿美元对尚学公司的投资。据美泰公司董事会估计，尚学公司经营情况的好转可能需要 2 年，而他们拒绝等待这么长时间。

从公布尚学公司收购案到 2000 年 2 月，美泰公司的股票损失了 70%的市值。图 11.3 对 1994—2001 年期间美泰和尚学公司股票累积市场调整收益率进行了图示。该图显示，1995 年夏季至 1997 年春季尚学公司的累积市场调整收益率大幅度下降，这足以证明在收购案实施以后尚学公司经营动荡，美泰公司陷入了困境。该图同样表明，收购交易是在美泰公司累积市场调整收益率急剧下跌以后公布的，这与某些评论家认为公布收购交易是想掩饰美泰公司核心业务衰退的观点一致。

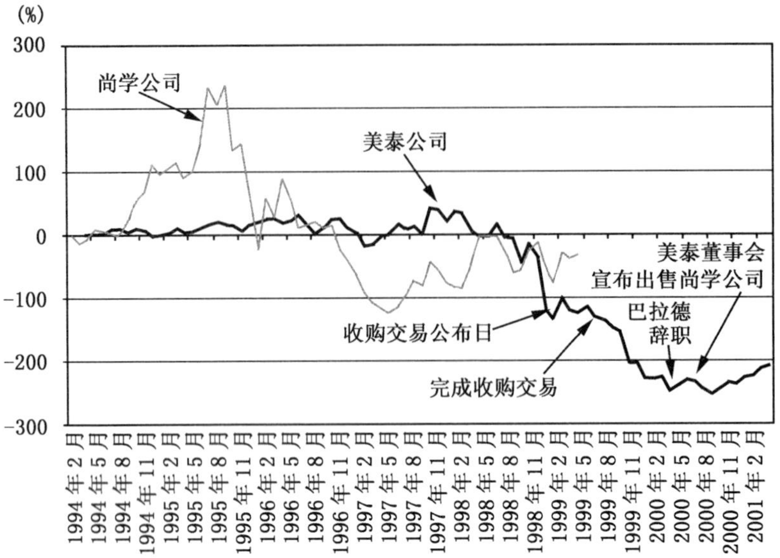

资料来源:数据流。

图 11.3 1994 年 2 月—2001 年 3 月美泰和尚学公司累积市场调整收益率

对照案例:IBM 收购莲花公司案

1995 年 6 月 5 日,IBM 首席执行官郭士纳电告莲花开发公司(Lotus Development Corporation)首席执行官詹姆斯·曼齐(James Manzi),IBM 准备向莲花公司发出敌意收购要约,希望莲花公司不要采取"毒丸"防御计划,并将寄送承诺征求书,以便由 IBM 确定的人选来取代莲花公司的董事。一次这样的攻击,无论是在地点还是时间上,都是闻所未闻的。这种敌意收购要约是一种罕见的战术,大约占所有大公司并购交易的 2%。

在关键资产每天都要离开公司的产业里,从来没有发生过这种形式的要约收购:离开了人力资本,目标公司可能很快就会成为一个空壳,几乎不会有成长前景。敌意收购在高技术和软件行业是极其罕见的。IBM 具有悠久的有机成长传统,而没有靠收购来实现成长的习惯。该公司偏好内部开发新技术,而不是收购新技术。IBM 是美国企业界保守势力的代表,以前从来没有实施过敌意收购。在收购企业方面,IBM 没有什么令人印象深刻的记录。最引人注目的记录,也就是在 1985 年收购罗尔姆公司(Rolm)3 年后又以亏损价格出售。最后,收购价格定得很高——实际现金支付了 100%的收购溢价。现金支付可是富了莲花公司那些持有公司股票期权的员工,而亏了莲花公司的债券持有人——吉姆·曼齐——拥有120万股莲花股份,按照IBM的要约收购价可获得7 300万美元。IBM收购莲花公司的32亿美元出价,无论是从绝对值还是相对于IBM市值而言的相对值的角度看,都是很高的。很多人对此表示惊讶:"不知郭士纳是怎么想的。"

收购莲花公司的动机

郭士纳于1992年以首席执行官的身份加盟IBM,此前曾先后在麦肯锡咨询公司担任咨询顾问、在美国运通公司(American Express)和雷诺兹—纳贝斯克公司(RJR Nabisco)担任执行官职务。在郭士纳加盟IBM的时候,IBM遭遇了向分布式计算法的转变和微软公司、英特尔公司作为计算机产业领先者的崛起——一种"我们知道什么对顾客最好"的傲慢文化以及致力于出售硬件而不是解决方案所造成的伤害,并且正处在衰退阶段。在加盟IBM的头3年里,郭士纳对IMB的经营方式进行了重大改革。

到了1994年,郭士纳明白,要想重振IBM,必须把计算机软件和硬件整合成业务解决方案。他发现:

软件业务庞大,但支离破碎、很难管理,而且被封闭在一个注定要开放的领域里。软件都是为大型机,而不是小型机和更加广泛分散的系统设计的。除了操作系统以外,与硬件捆绑在一起的业务亏损严重。我们必须更加聚焦化。[16]

IBM的软件业务包括4 000种产品,每种产品有不同的名称、名牌和特性。郭士纳重组了软件业务,任命一名经理负责,并且做出了战略再定位,为IBM公司未来的竞争做好准备。战略分析考虑了软件产业的3个市场。计算机操作系统是一个增长相对较慢的细分市场,由少数几个市场主体支配;另一个极端是终端用户可看和可用的应用软件的商务应用市场,同样由SAP、仁科(PeopleSoft)和J. D. 爱德华兹(J. D. Edwards)等几家公司控制;而分析主要聚焦于夹在中间的软件产品"中间件",并把中间件视为具有吸引力的发展机会。中间件主要集中在交易管理、数据库管理以及计算机和用户大型网络化系统管理。关键的发展机会就在于公司内部网络和基于互联网的网络的兴起。郭士纳及其同事预见到了协同计算技术浪潮的出现,并且希望把IBM定位于这个细分市场。

莲花公司可帮助IBM迎接协同计算技术浪潮的到来。莲花公司通常被认为是第一个大销量市场计算机电子数据表程序Lotus-1、Lotus-2和Lotus-3的开发者,并且扩大了自己的产品种类。郭士纳思想的要害,就是能让很多用户共享文件的种子软件Lotus Notes。莲花公司声称它占据了网络化市场34%的份额,位居第二的微软公司只掌握12%的市场。[17]当然,其他大公司也认识到Lotus Notes的重要性,并且可能也正在考虑某种形式的合并。如果 IBM 想得到 Lotus Notes，就必须行动果断。

于是，1994 年和 1995 年初，IBM 与莲花公司接触了几个月，以了解莲花公司对被 IBM 收购的兴趣。曼齐表示，莲花公司可以出售其混乱的台式机应用软件业务（包括 Lotus-1、Lotus-2 和 Lotus-3 以及一种文字处理程序）。但无论如何，莲花公司都断然拒绝整体收购公司的建议。曼齐是如此坚决地反对收购莲花公司的想法，以至于没有把 IBM 的收购要约告诉莲花公司的董事会。[18]这就意味着郭士纳的唯一可选方案就是发起敌意收购。

IBM 实施要约收购及其结果

郭士纳后来回忆说，与曼齐的通话“态度不明朗、冷淡，但不失礼节，而且非常简短”。[19]曼齐随即表示反对要约收购。郭士纳相信，挽留莲花公司员工是成功收购的关键所在，而且应该跟他们在互联网上直接沟通。在郭士纳与曼齐通话后不久，IBM 的网站就发出了一连串的信息，旨在说明 IBM 的动机，表达培育而不是肢解莲花公司的意图，并向莲花公司员工解释他们可能担心的问题。市场上流传着有关包括美国电话电报公司、甲骨文公司和通用汽车公司电子数据系统子公司等在内的可能的白衣骑士收购公司的传闻。不过，这几家公司最后没有一家发出收购要约。

IBM 刚公布收购要约，防御计划就被撤销。1995 年 6 月 11 日，曼齐和郭士纳宣布了一项莲花公司并入 IBM 的协议。IBM 把收购价格提高了 2 亿美元，并且答应把莲花公司作为 IBM 麾下一家单独的子公司保留下来，并且保留它的身份和组织结构。IBM 立刻如数收购了莲花公司全体员工的股票期权。曼齐将担任 IBM 的副总裁。Lotus Notes 的开发工作和由 100 名软件工程师组成的团队的负责人、39 岁的雷蒙德·奥齐（Raymond Azzie）告诉一名记者：“现在，Lotus Notes 需要注入资源，而其中的一个‘求婚者’也许有能力给莲花公司创造财务条件，但不能……就这一点而言，我很有信心。IBM 是一家大公司，有很多值得关注的技术和资源，能给莲花公司带来规模空前的技术和资源。”[20]

收购交易于 7 月 5 日结束。IBM 宣布它将在 5 年里作为商誉注销近 2/3 的收购价款，每季度稀释 15 美分的每股收益。IBM 注销的在这起交易中购买的研发资产，是当时规模空前的研发资产。这样的注销往往可低报资产的账面价值，而高报股权收益。IBM 和莲花公司特地成立了 5 个整合团队，负责规划两家公司的合并工作。到了 7 月底，两家公司与莲花公司的大部分客户取得了联系，宣布合并后推出的新的产品线，并且答应客户设计新的业务流程。新公司将向莲花公司的客户提供一大堆具有莲花公司核心产品 Notes 和 CC：Mail 显著特点的产品。这也体现了莲花公司文化的重要性和可持续性。

尽管IBM成功地留住了莲花公司大部分富有才干的软件工程师，但是，吉姆·曼齐在合并结束3个月以后就辞职离开了公司。曼齐断言，“我不是领导这家位于IBM内部的公司的合适人选”。[21]郭士纳任命2个长期在莲花公司任职的管理人员担任莲花公司的共同总裁，以履行关于保留莲花公司文化和自主权的承诺。

某些观察家认为，1995年年底企业局域网的出现，取代了作为群件工具的Notes。不过，Notes具有很明显的安全、传送信息和协同操作的特点，而这些特点是局域网望尘莫及的。IBM很快就用具有Notes特点的多米诺（Domino）网络服务器做出了回应。这起合并案的很多观察家认为，IBM的文化会导致莲花公司的组织机制失效。雷蒙德·奥齐和其他几个富有才干的软件工程师于1997年初离开了公司。不过，莲花公司仍然保住了自己的自主性和繁荣。IBM的“深钱袋”允许莲花公司加快新产品的开发。在IBM的管理下，Notes在市场上发展势头迅猛，从1995年的200万个“席位”增长到了2001年的9 000万个“席位”，把竞争性产品——微软公司的通信和协作软件（Exchange）——远远甩在了身后。郭士纳认为，“莲花公司掉进了知识管理的‘糖缸’里”，而IBM则成为“网络化计算技术的主导软件公司”。[22]莲花公司的成功，部分是依靠它自己的盈利性，但同时又大大得益于IBM的一般销售影响力。“对应销售Notes获得的每1美元，IBM就能创造4美元的附加硬件和咨询服务收入。”一位分析人士如是说。[23]对于IBM来说，莲花公司收购案仅仅是一系列重大收购交易的开端。1995—1999年，IBM总共斥资80亿美元收购了60家软件和服务公司。[24]

结　论

美泰收购尚学公司案显示了导致合并失败的原因。在这个案例中，尤以收购指导思想的负面影响最为显著。

合并失败的驱动因素

全部6个失败成因导致了美泰收购尚学公司案的失败。复杂性源自美泰公司的大规模收购、软件业技术变化迅速以及跟踪儿童偏好变化方面的挑战。所有这些因素使得吉尔·巴拉德难以了解尚学公司内部和公司合并层面发生的情况。不过，美泰公司没有尽职地对尚学公司进行调研，而且又匆匆完成交易，从而提高了吉尔·巴拉德真正不了解尚学公司风险的可能性。美泰公司支付全价收购了尚学公司，在实现合理的投资收益率方面几乎容不得一丁点失误。巨大的收购费用把运营决策与财务结果紧密地耦合在了一起。在这个案例中，关键的管理层选择——将美泰公司的产品线转向软件业多元化的决策,超越了该公司的专业技能范畴,从有形玩具向数字娱乐发展。虽然数字娱乐是2004年儿童游戏领域出现的一大趋势,但是,美泰公司并没有为评估或经营这项新业务做好准备。正如本书第二章和第三章所指出的那样,收购不太相关的领域的业务是一个导致收购绩效不佳的决定性因素。美泰公司在一个商情并非一成不变的时刻收购了尚学公司。这两家公司都遭遇了产品消费需求和零售商实力方面的巨大变化。互联网发展迅猛,但仍是一个不确定因素。在这样的形势下,理应挽留一个确能做出灵敏反应的管理团队。在收购后的15个月里,董事长和总裁相继离去,说明美泰公司无力保持团队的稳定。最后,吉尔·巴拉德的言行反映了盲目乐观的态度和动能思想,也就是有可能影响应对危机恶化的行动的认知偏差。

导致认知偏差的动能思想

美泰公司和IBM在软件业进行收购交易的截然不同的经历,体现了战略的基本重要性。表11.1比较了这两起交易。美泰公司的收购交易严重受投机行为驱使,而IBM公司的收购交易则由战略规划驱动。美泰公司像其他玩具公司一样,总指望下一次能取得巨大成功;而IBM则寄希望于针对微软公司而在顾客寻求的中间件领域进行有利的长期定位。美泰公司走得太远,远远超过了它的专业技能;而IBM跻身于相关领域,实际拥有了自己的软件分公司,并且可利用软件分公司的专业技能来评判莲花公司产品的质量。

表11.1　　美泰收购尚学公司案与IBM收购莲花公司案比较

	美泰收购尚学公司案	IBM收购莲花公司案
标的	软件,35亿美元价格	软件,35亿美元价格
目的	投机:谋求下一次重大成功掩饰日趋恶化的财务绩效	为IBM进行战略定位;断定“中间件”对于竞争具有战略重要性
方式	谈判成交	试图通过谈判来达成交易,但后来通过敌意收购,签署了合并协议
结果	尚学绩效恶化,发现财务违规行为;巴拉德辞职;美泰出售尚学,造成巨额亏损	留住了人才,培育了业务
教训	投机和粉饰财务绩效的缺陷;不要超越专业技能范畴;尽职调查具有重要意义	战略聚焦和严守规范的好处;涉足相关技能领域

第二个反差表现在尽职方面。美泰公司于1998年秋季委托高盛公司寻找收购目标,并于11月开始同尚学公司谈判,于12月中旬完成交易。种种迹象事后表明,美泰公司草率行事,没有尽到应尽的责任。而IBM跟踪莲花公司至少有一年半的时间,通

过自己的软件运营平台，尽职地对莲花公司的市场地位和运营业务进行了绝佳的评估。因此，IBM 发出敌意收购要约，是比较细致的收购流程的最后环节。

再者，我们看到了截然不同的财务绩效。吉尔·巴拉德宣布，尚学公司收购案将立刻有助于美泰公司增加收益，这似乎是为了弥补美泰公司糟糕的绩效表现而有意安排的；而 IBM 公布莲花公司收购案会稀释 IBM 收益的信息。显然，在 IBM 管理层的观念中，会计粉饰并不是最重要的。美泰公司试图营造一个成长的表象，而 IBM 则对外表不屑一顾，更加看重战略优势和经济增长的实质。

最后，尽管这两起交易定价都很高，但是，IBM（因其本身的规模）有能力消化不利的意外因素，而美泰公司（由于其本身规模较小，而且收益状况不断恶化）没有能力消化不利的意外因素。在公布收购尚学公司的消息时，美泰公司正处在第二个衰退年份。就衰退时间而言，对于吉尔·巴拉德来说，不可能有比这更加糟糕的了：美泰公司从巴拉德出任公司首席执行官的 1997 年开始衰退。她所面临的战略挑战，就是重新使美泰公司走上成长和创造价值的轨道。

以上分析的关键所在，就是美泰公司的机会主义行为。虽然商界都在为能够敏捷回应环境变化的竞争者拍手叫好，但是，机会主义绝不是取胜之道。美泰公司的案例提出了一个永无止境的替代问题：是时尚终究会过时。因此，挑战就在于通过产品或业务组合来营造一个持续的增长轨迹：单个产品或业务必然会走向成熟和衰退。在很多经理人看来，解决这个问题的方法非常简单：寻找一系列具有吸引力的投资项目，并且在时间上对它们进行巧妙的安排，以便各投资项目能提供为构建持续增长轨迹所必需的增长时段。实际上，由于美泰收购尚学公司案例所揭示的以下原因，这是一种风险很大的做法：

（1）时间安排上的投机：对于一切相信动能收益重要性的经理人来说，按计划提供增长时段，是一个不堪承受的负担。在大多数产业里，真正的经济增长率是一个重要的随机成分。因此，营造一个时间上连续的稳定的增长轨迹，要求经理人通过投机性收购、盈余管理或者更卑鄙的欺诈行为填补绩效空隙。经济证据就是：经理人预测其关键业务拐点的能力，充其量只能算一般。正如克莱顿·克里斯滕森（Clayton Christensen，1997）明晰地描述的那样，创新者最终会走向衰落，因为他们往往会听信自己的基本顾客（他们总想要已有产品），而不是“超前”顾客（他们总想要新一代的产品）。

（2）方向上的投机。即使创新者能够听取超前顾客的意见，反馈信息可能含有噪声，并且路径不明晰。几乎没有人愿意简单地复制已有业务线。挑战就在于突破，但从哪里开始突破呢？

（3）增长类型方面的投机。很多经理人似乎相信具有重要意义的增长是收入或收益增长。但是，资本市场的回报是市值的增长。有时，可通过关注收入和收益实现市值的增长;而在另一些时候,价值最大化的路径取决于现金流。

(4)规模方面的投机。通过不断扩大收购交易的规模来弥补现有业务趋于成熟之不足,旨在使收入或资产规模最大化的收购战略由于可收购大企业的稀缺,最终注定会以失败而告终。企业绝不可能无限制地以快于全球经济的速度来实现增长。收购公司最终必须放弃收购战略,或者终止占有全球经济的行为。

(5)目标公司健康方面的投机。想要让收购战略取得成功,目标公司必须真正能够提供新的增长机会。这就是美泰公司犯的大忌:尚学公司不但不能提供增长机会,而且已经开始萎缩。

很多企业在一段时间内能够保持稳定的增长速度。因此,经理人比较容易看到表面上的成功(无论是从内部还是从外部)。榜样的存在会刺激模仿,但是,市场和人类的错误行为会无情地暴露这种方法的功效和缺陷。

注释:

[1]作者感谢肖恩·卡尔和查德·莱恩布兰多(Chad Rynbrandt)在研究方面提供的帮助。

[2]在公布了收购尚学公司的交易以后,美泰公司的股价大跌。股价下跌以后,这起收购案价值 35 亿美元。

[3]Kravetz and Auerbach(1998).

[4]据班农、何钦格和德甘(Bannon,Hechinger and Deogun,1999 年 10 月 8 日)报道。

[5]Bannon(1999).

[6]美泰公司和尚学公司 1999 年 2 月 2 日呈报给美国证券交易委员会的登记报表,第 3 页,2004 年 8 月 23 日登录:http://www.sec.gov/Archives/edgar/data/63276/0000898430-99-000319.txt。

[7]Sherer(1998).

[8]Ibid.

[9]Ibid.

[10]Greenberg(1999).

[11]Kravetz(1999 年 2 月 3 日)。

[12]Kravetz(1999 年 2 月 17 日)。

[13]Bannon(1999 年 10 月 5 日)。

[14]Bannon(1999).

[15]Benjamin Gallander and Benjamin Stadelmann,"Mattel, the Company That Brought You Barbie, Is Hurting and Not Yet a Buy, Our Contrarians Say," *Globe and Mail*, May 27, 2000, accessed on the Internet on August 23, 2004, http://www.contratheheard.com/cth/contraguys/000527.html.

[16]Louis V. Gerstner, *Who Says Elephants Can't Dance?* (HarperCollins, 2002), 140.

[17]Patrick Flanigan, "IBM Positions Lotus Notes as Industry Standard," *Telecommunications*,

August 1995,15.

[18]Laurie Hays,"99 Days:Manzi Quits at IBM and His Many Critics Are Not all Surprised," *Wall Street Journal*,October 12,1995,A1.

[19]Gerstner(2004:143).

[20]William Bulkeley,"Lotus's Star Developer Says He Would Work for a Friendly IBM,"*Wall Street Journal*,June 8,1995,B5.

[21]Hays,"99 Days,"A1.

[22]Gerstner(2002:141).

[23]Bruce Smith,an analyst with Merrill Lynch & Co. in Jeff Angus,Karen M. Carrillo,Justin Hobbard,and Bruce Caldwell,"IBM and Lotus Get Closer,"*Information Week*,July 28,1997,73.

[24]Mark Songini,"IBM's Acquisition Strategy: Shop(Quietly) Till You Drop,"*Network World*,September 20,1999,25.

第十二章　2001 年 1 月:美国在线与时代华纳公司合并案

引　言

美国在线与时代华纳公司在 2001 年实施的合并,创造了两个之最:至此交易规模最大,而且很可能是最声名狼藉的合并案。[1]在交易公布后的几个月里,蒸发掉了将近 2 000 亿美元的市值。这两家公司的首席执行官和其他高管不是早些时候主动辞职,就是后来被解雇。所谓的会计欺诈引发了政府调查,愤愤不平的股东提起了共同诉讼。最终,"美国在线"被从公司名称中删去。从有关这起交易的批评文章中随便抽取几篇,都可读到这样的字眼:"有史以来最失败的合并交易"[2]、"超级灾难"[3]、"有史以来最惨重的失败之一"[4]、"整个公元纪元最严峻、最愚蠢的时刻"[5]、"瘴气"[6]、"财务缺陷……欺诈……灾难"[7]、"犹如游牧民族攻打中原"[8]、"悲惨的灾难"[9]和"美国企业史上最严重的年度亏损"[10]。

2000 年 1 月 10 日,美国在线首席执行官斯蒂夫·凯斯(Steve Case)和时代华纳公司首席执行官杰里·莱文(Jerry Levin)分别发表新闻稿,公布了一项两家公司合并的协议,以"创建互联网时代的世界第一媒体和信息传输公司"。[11]根据所公布的内容,这起交易涉及的合并市值约达 3 500 亿美元,合并采取交换股票的方式。股票交换不设"上下限",以保护任何一方免受股价不利波动的伤害。只有 0.5%的合并交易(和 6%的大规模交易)采取这种保护措施,这也反映了这起交易的策划者不想引发市场恐惧的意愿。美国在线公司支付了 54 亿美元不参加这起交易的"遣散费",而时代华纳公司支付了 35 亿美元。按收购基准价计算,这起交易创造了 1 000 亿美元的商誉,大约相当于合并市值的 30%。合并后的新公司取名"美国在线—时代华纳股份有限公司"(AOL Time Warner Inc.),收入超过 1 400 亿美元。

有意思的是,这起合并案被作为"对等合并"(一种双方共同治理公司、没有收购溢价的典型结构)来宣传。美国在线公司和时代华纳公司的股东分别按 55∶45 的比例来增加新公司的股权。美国在线公司的斯蒂夫·凯斯出任新公司的董事长,特德·特纳(Ted Turner)任副董事长;而时代华纳公司的杰里·莱文担任首席执行官。在新公司董事会的16个席位中,合并双方各占8席。时代华纳公司的理查德·帕森斯(Richard Parsons)和美国在线公司的鲍布·皮特曼(Bob Pitman)出任共同首席运营官。但是,这起对等合并的友好气氛很快就消失了。交易公布后的第一天,《纽约时报》刊登了大字标题《美国在线公司答应以1 650亿美元的价格收购时代华纳公司》的报道。而瑞士信贷银行波士顿第一分行的一名证券分析师随后认为,美国在线公司为收购时代华纳公司支付了670亿美元的溢价[12]——相当于70%的收购溢价。[13]

投资者对这些消息反应不一。2000年1月10日,星期一,时代华纳公司的股票报收于每股90美元的创纪录价格,比前一交易日收盘价上涨了39%。此外,纳斯达克复合指数出现了160点的单日最大涨幅,突破4 000点大关。而美国在线公司的股价下跌了1.5%。这一周的星期五,也就是合并消息公布的第四天,扣除了标准普尔500指数的变动以后,美国在线公司的股价下跌了14.4%,而时代华纳公司的股价在这一周比大盘多涨了30%。正如本书第二章所指出的那样,合并交易收购公司股价下跌,而目标公司股价上涨的情况并不罕见。但是,在这个案例中,股价波动反映了有关这起交易的两种截然不同的观点。

这起交易的支持者看好报刊、广播、电视和互联网媒体集中的前景,而这起合并案就能使这种集中具体化。各种媒体的集中会导致广告商无处不在,并且较之任何单一媒体将占据支配地位。在合并案公布差不多1年以后,贝尔斯登公司(Bear Stearns)的雷蒙德·卡兹(Raymond Katz)写道:

对于我们来说,有关美国在线—时代华纳公司故事的"激情"可在在线分公司看到。在线分公司将成为创造所谓巅峰时期广播网在21世纪的等价物的引擎:一个引领大销量市场的营销者。即便是在它的发展初期,我们也相信美国在线公司正在显示这项战略固有的增长潜力。[14]

S.G.考恩公司(S. G. Cowan)的分析师写道,这起合并案创造了"一种集信息、新闻、影片和音乐娱乐内容、互联网和宽带传输于一体的大批量消费营销的新范式,这起合并具有互补性,因为合并双方采用相似的商业模式……"[15]

这个新媒体的很多许诺以消费者由窄带接口(像电话拨号服务所用的铜线)改用宽带接口(像有线电视所用的同轴电缆或高速光纤)为前提,这样就能够传输更丰富的内容,尤其是电视和电话服务。贝尔斯登公司证券分析师预见到了美国在线在未来2年里,依靠它们的从属关系以及凭借其他服务提供商跟不上趟的慢节奏,不成比例地出现在时代华纳公司有线电视顾客中间的可能性。[16]

这起交易的早期批评者们怀疑美国在线公司股票的基本价值,并且把美国在线的股票比作“魏玛共和国的货币”。[17]互联网公司的股票价格飞涨，从而导致了道德风险问题，也即收购股价高估的公司，把股价纠正以后产生的部分亏损转嫁给收购公司的动机问题。尽管美国在线公司拥有一部分时代华纳公司的收入或者运营现金流，但是，美国在线公司的股东将获得新公司一半以上的股份。这个反映为巨额商誉和配置于无形资产的价值的差距，意味着交易价格的不公允性存在于不确定的增长前景，而不是可靠的得到证明的绩效。其他批评者怀疑印刷媒体的内容可有利可图地输入互联网。[18]最后，另有一些批评者认为，这两家公司的投资者想必会买入其股票，因为他们想分别在互联网和传统媒体上赌一把。这起合并案可能会大大改变投资者所做的产业承诺。

合并的起因

这起合并交易从第一次商谈到公开宣布，总共花了 3 个月。1999 年 9 月，斯蒂夫·凯斯和杰里·莱文作为在巴黎召开的全球商界电子商务对话会议的共同主持人，以一种命里注定的方式不期而遇。在会上，他俩就电子商务的未来广泛交换了意见。1 个月以后，他俩又在中国相遇，并且探讨了企业的社会角色这个一般性问题。

10 月中旬，凯斯打电话给莱文，提出他们两家公司通过交换股票的方式对等合并。在以后的 2 个月里，讨论暂停了 2 次，这反映了双方在索取和给予方面的明显差别。两次都是美国在线公司提高对自己的估价，而时代华纳公司则压低对自己的估价以迫使双方重新恢复谈判。2000 年 1 月 9 日，美国在线和时代华纳公司董事会分别举行会议审议这起合并交易方案，并听取财务顾问的意见。两家公司的财务顾问分别告诉各家公司的董事会：交易条件对于股东来说是“公允”的。两家公司董事会都投票通过了这个合并方案。

美国在线公司

美国在线公司成立于 1985 年，于 1992 年公开上市，并迅速成为主要的互联网服务提供商。美国在线公司的宗旨是“创造一种像电话或电视那样……甚至更有价值的作为人们生活中枢的全球性媒体”。截至 2000 年，美国在线公司在履行这一使命方面一切都很顺利。作为互动式服务、互联网品牌、互联网技术和电子商务服务的世界领先者，它引领着一场新媒体革命。到了 2000 年 1 月，美国在线公司已经产生了令人印象深刻的影响：2 500 万用户和 1.1 亿消费者接受它的服务。另一方面，美国在线公司的股票于 1999 年成为标准普尔 500 指数成分股，这标志着该公司已经成为美国经济中的重要企业。

美国在线公司在其首席执行官和咄咄逼人的竞争文化的驱动下不断成长。20世纪90年代期间，公司内部的口号是“迅速做大”。《华尔街日报》记者卡拉·斯威舍(Kara Swisher)在讲述美国在线—时代华纳公司的故事时说道：

(斯蒂夫·凯斯的)任期目标就是，尽快把美国在线公司建设成为世界最大、最强的媒体和信息传输公司之一。我的第一想法——由于他像那么多我采访过的首席执行官，看上去并不像自大狂——就是他是否真的有病……然而，我很快就听说他总是不停地向很多来访者灌输他那不可能实现的方案。所以，大多数报道过美国在线公司的记者都觉得他思想有点古怪。除了预言他领导的这家小企业必然会成为世界的主宰之外，他似乎绝不会停止没完没了地描绘虚幻的美景，其间会穿插讲述“集中”和“互动”以及各种各样激动人心的计算机技术，并且还把计算机与各种大众媒体的未来联系起来。[19]

美国在线公司关于在市场上建立牢固的竞争地位的机会稍纵即逝的认识，更加加剧了其紧迫感，并且使其野心进一步膨胀。

就如同俄克拉荷马州的地产热一样，如果您第一个到达那里，就能圈到大片土地。这就是罗伯特·J. 弗兰克(Robert J. Frank)和菲利普·J. 库克(Philip J. Cook)所描写的“赢家通吃”，互联网产品或服务领域的先行者将获得居高临下的市场地位。《华盛顿邮报》记者阿力克·克莱茵(Alec Klein)写道：“形势的紧迫性在20世纪90年代初已经初露端倪。办公室的黑板上画满了草图、难以理解的符号和线条。员工们开会迟到，而主管们在会议室里一面讲话，一面来回走动。电话铃响了，他们忙得不亦乐乎。”[20]美国在线公司内部令人眼花缭乱的业务的核心，就是负责通过广告交易创收的业务小组(Business Affaires group, BA)。业务小组因其文化和从对手那里榨取最后1美分的不屈不挠的精神而闻名。这种精神对内滋生了骄傲自满的情绪，对外引发了同行的不满。卡拉·斯威舍把美国在线公司说成是“一场等待时机爆发的灾难”。[21]

美国在线公司的绩效符合其颇具攻击性的行动目标。1995—2000年间，其收入增长了10倍以上，2000年净收益预计超过10亿美元。从1992年1月到2000年1月，公司股价每年以285%惊人的复合比率上涨。公司股票的市值在1999年10月增加到了2 310亿美元。股价的迅速上涨创造了一种收购手段，并且开通了另一条增长路径。与其通过扩展产品和顾客来简单地实现有机增长，美国在线公司宁可通过收购其他公司来“购买”增长。

该公司的一位高管曾经说过：“股价上涨强有力地支撑着我们的公司，因此，合并对我们股东造成的成本趋于下降。”[22]当然，这是一种错误的逻辑：不管美国在线公司的股价有多高，一起收购交易的成本是保持不变的。股价越高，似乎越有吸引力的原因在于：外表越美观，每股收益率的稀释程度就越低；而在交换股票的交易中，目标公司股东要承担接受价格高估的股票的风险。美国在线公司的另一位高管指出："我们都知道我们生活在一个借钱过日子的时代，而且必须大量告贷才能购买某些重要的物品。我们必须购买更贵的东西，而且要快。"[23]但是，在很大程度上，基于这种逻辑，并且本着迅速做大的精神，美国在线公司着手实施一项雄心勃勃的收购计划，1999 年收购网景公司（Netscape）和另外 3 家公司[电影风公司（Moviefone）、斯比能网络公司（Spinner Networks）和纳尔软件公司（Nullsoft）]。尽管如此，美国在线公司的股价仍持续上涨：1998 年 11 月公布收购网景公司的消息时，收购价是 42 亿美元。到了 1999 年 3 月底，按美国在线公司的股价计算，网景公司已经价值 96 亿美元。美国在线公司内部有关股价高位运行不可能持续的认识，导致了一种赶快做成另一笔大交易的紧迫感。"底线就是：只要我们觉得市场被高估，并存在某种狂热，那么总有交易可做。请相信我，我们确信一个互联网的核冬天正在来临。"[24]

随着狂躁的股市所产生的压力不断增大，美国在线公司正面临一种日益危险的发展形势：消费者必然会从窄带转向宽带。美国在线公司在一种因用户需要越来越快和越来越好的服务而必然会趋于衰退的技术方面，是居于支配地位的互联网服务提供商。对拨号上网服务的需求最终必然会趋于成熟，导致成长型业务发展为一个类似于公用事业的稳定产业，或者更加不幸地沦落为为了争夺边际用户而展开恶性竞争的低利润产业。有些互联网服务提供商采用统一费率来制定服务价格，甚至免费提供服务。20 世纪 90 年代末，美国在线公司是"山中大王"。但是，这个"君主"的财富未来会怎样呢？美国在线公司有业务和财务上的动能，但是，采取同样的行动是否能够持续呢？斯蒂夫·凯斯本人直截了当地做出了"不能"的回答。在 2000 年 1 月召开的与美国在线公司 200 名高管见面的会上，他表示，互联网价值被高估的现象很快就会结束，美国在线公司需要时代华纳公司来保存资本。[25]

在互联网核冬天即将来临和公司先行战略不可持续的预见的驱动下，斯蒂夫·凯斯领导全体员工对美国在线公司的各种备选方案进行了战略评估。卡拉·斯威舍解释说，美国在线公司管理层考虑通过有可能扩展到公司产品销售渠道[如亿贝（eBay）或亚马逊（Amazon）]的专业化收购，对互联网服务进行深度挖掘，通过 B2B 收购来扩展企业服务业务，并且多元化于电信业和像迪士尼乐园、贝塔斯曼或时代华纳公司这样的内容提供商。[26]在经过了过程漫长的筛选以后，美国在线公司才把目标对准了时代华纳公司。

时代华纳公司

时代华纳公司创建于 1922 年，原名是时代股份有限公司。20 世纪末，公司通过并购获得了繁荣和发展。1989年的华纳通信股份有限公司(Warner Communications Inc.)合并案,以及1996年的特纳广播公司(Turner Broadcasting System)收购案,把这家出版公司实际改造成了世界最大的传媒娱乐公司。通过与华纳通信公司合并,时代公司得以涉足电影和音乐行业;而通过收购特纳广播公司,时代公司得以增加了宝贵的有线频道和网络。截至2000年,时代华纳公司经营着6种明显不同的业务:发行、电影娱乐、音乐、有线电视网络、有线广播系统和数字传媒。

时代华纳公司首席执行官杰里·莱文原先是作为律师开始他的职业生涯的。后来,他因共同创建"家庭票房"(Home Box Office,HBO)业务而使自己在公司内部作为新星出名。HBO通过向全美有线电视的扩展获得了迅猛的成长。就像互联网的挑战,HBO的成功有赖于对新技术、新产品和新创造能力的重大投入。HBO帮助时代华纳公司实现了自我改造。"他在美国在线公司身上看到了HBO,在斯蒂夫·凯斯身上看到了他自己……他们志趣相投。"一位时代华纳公司的高管如是说。[27]虽然莱文是一个知识分子、一个伟大的战略思想家,并且还是一个讲究实效的企业政治家,但是,他的批评者仍然说他冷漠、"有才气,但成不了气候,他的性格中有相互矛盾的成分,合在一起并不协调"。[28]

虽然与华纳公司的合并和收购特纳广播公司给时代公司带来了新的产品和内容,但也创造了一种与规范严重不符的"封地"文化,它们之间的差距就如同常青藤联盟(Ivy League)报刊记者与暴富的电影制片人之间的差距。虽然各"封地"只被授予与业务关系比较密切的权力,却意味着整合的努力更多地成为一种挑战。据有些人说,合并所造成的文化分歧和仇恨,后来都聚集在美国在线公司的合并交易上。前几起交易没有解决的问题,导致美国在线公司在兼并时代华纳公司时要面对一种相当敌对的环境。

当杰里·莱文在1998年决定进一步对公司业务进行"数字化蹂躏"时,时代华纳公司内部的"封地"也进行了抵制。莱文的意图在于制定一项进军互联网的协同战略,但是,各"封地的男爵"们想保住关于技术、产品和时间安排的关键决策权。因此,莱文只能推迟实施在互联网领域进行转型收购,以全面实现时代华纳公司内部无法实现的目标的想法。

公司内部的社会问题与糟糕的财务绩效交织在了一起。如图12.1所示,在20世纪90年代的10年里,时代华纳公司的股价,除了1990—1992年和1994—1997年初的表现以外,基本能够跟上标准普尔500指数。这说明它的核心发行和娱乐业务已经日趋成熟,并且也反映了它所实施的并购交易产生的稀释影响。不过,杰里·莱文就是不相信公司的股价已经反映公司的真实价值。1999年12月,莱文向公司全体职员发送了一份备忘录:"我们都感觉到了市场不能以接近其最高价值的方式来评价我们公司的程度。”[29]

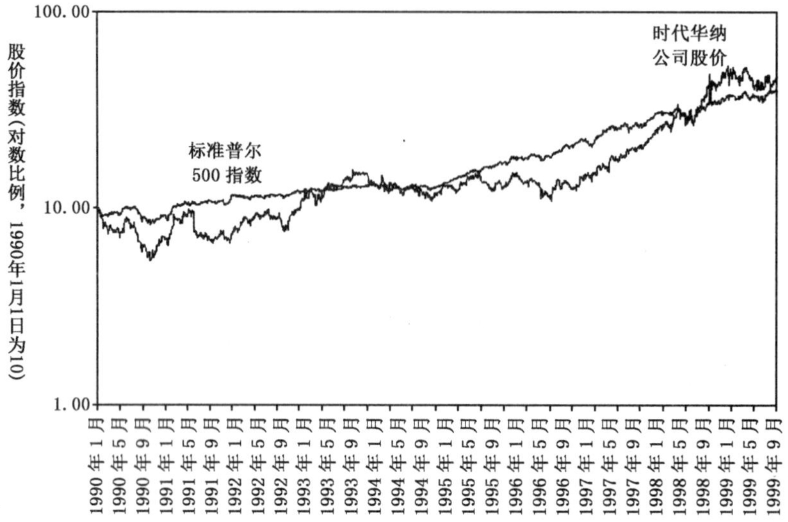

资料来源：数据流。

图 12.1　时代华纳公司股价与标准普尔 500 指数

合并动机

我们之所以要提出这个合并方案，是因为我们相信，我们这两家公司的合并优势能使我们创建世界上最杰出的充分整合的传媒公司。这起合并案将会把时代华纳公司的大批媒体、娱乐和新品牌及其技术上先进的宽带传输系统与美国在线公司广泛的互联网特许经营网络、技术和基础设施整合在一起，以创建一家有能力增强用户最广泛地选择高品质内容和互动服务能力的新公司。通过合并主要互动服务和传媒公司，美国在线—时代华纳公司将会创造比它们各自单独能实现的更大的运营和财务潜力。

——摘自联合合并委托书和说明书[30]

这段话掩盖了对以下方面的展望：两家公司在广告等方面可利用的收入机会和协同效应，通过交叉促销来扩大用户数量，通过不同的平台和分销系统来提高营销效率，通过推出并实施时代华纳品牌的互动扩展来提高成本效益比。据美国在线和时代华纳公司估计，协同效应能为新公司第一年息税与折旧摊销前收益做出大约 10 亿美元的贡献，导致接近 30％的增长率。[31]所罗门兄弟公司（时代华纳公司的财务顾问）认为，从财务角度看，这起交易对于股东来说是公平的。怀疑者用生动的语言来描绘这些合并动机：“一家没有资产的公司在收购一家没有头绪的公司。”卡拉·斯威舍如是说。[32]此前内容提供商与分销渠道之间的成功并购交易,如迪士尼—美国广播公司/首府公司(CapCities－ABC)或者维亚康姆—派拉蒙公司,没能证明这一产业纵向整合的智慧。

结　局

美国联邦通信委员会于2001年1月11日(在首次公布这起交易消息近1年以后)宣布批准这起合并案,交易于同日完成。长时间的推迟是由欧盟和美国反托拉斯当局广泛的监管审查所造成的。美国联邦通信委员会要求合并后的新公司必须在美国在线公司进入时代华纳公司有线系统的同时,向竞争性互联网服务提供商开放其即时通信服务;而欧洲反托拉斯监管机构则要求时代华纳公司终止其音乐子公司与录音和音乐制品发行商EMI集团的合并谈判。

美国联邦贸易委员会于2000年12月14日正式批准这起合并案,条件是新公司必须向美国在线公司的竞争性互联网服务提供商(ISP)开放其有线系统,并且向时代华纳公司有线用户提供美国在线公司的数字环线服务;而且,在可利用和不可利用相关有线宽带服务的时代华纳公司有线业务领域,应该采用相同的服务提供方式和零售价。最后,美国联邦贸易委员会要求指定一名监察托管人来检查新公司执行这项指令的情况。

1月11日营业结束以后,两家公司实施合并。共同首席运营官鲍布·皮特曼着手采取了旨在实现公布合并方案时许诺的10亿美元协同效应的步骤。但是,时代华纳公司内部的各个"封地"则百般阻挠这个步骤的实施。更重要的是,监管机构提出的开放通道的要求意味着时代华纳公司的有线系统分部必然会招来ISP竞争对手,并且为他们的宽带服务提供数字用户环线替代性解决方案,这是时代华纳有线系统分部主管们所不能接受的。由于协同效应的这个驱动因素推迟发挥作用,因此,美国在线公司的收入基础被大大削弱,新公司无法实现其收益目标这一点就变得更加清楚了。

有些证券分析师依据美国在线公司的广大基本用户会流向时代华纳公司有线业务的可能性,对这起合并案做出了乐观的预测,这也是被想象成合并协同效应的交叉销售的根据所在。贝尔斯登公司的证券分析师说:"我们认为,宽带为创造新的在线大市场平台所必需。"[33]卡拉·斯威舍援引别人的话说:"有线业务是一切业务的驱动器;失去了有线业务,这起合并案就失去了很多意义。"[34]但是,时代华纳公司的有线业务主管们抵制美国在线公司涉足其有线系统。这显然是抵制美国在线公司合并前动机(尤其是迫使有线管理层向美国在线公司等在线企业开放其有线系统的企图)的延续,也反映了那些认为美国在线公司想从有线系统抢走用户的观点,以及时代华纳公司保护自己的 ISP 服务“乐摄宝”(Road Runner)的愿望。卡拉·斯威舍断言:“问题的实质在于:新公司没能在美国在线公司连接时代华纳公司有线资产方面取得任何进展,这就是这起合并不可能成功的最明显反映。”[35] 随着用户都由窄带连接向宽带连接的转换,美国在线公司必然会趋向于萎缩。

在这起合并案提交政府监管机构审批的 1 年里,互联网泡沫在美国股市破灭。从 2000 年 3 月 28 日到 4 月 30 日,数据流(Datastream)互联网指数下跌了 41%,而美国在线公司的股价下跌了 18%。大盘继续着下跌的势头:2000 年 9 月至 2001 年 11 月,互联网指数下跌了 81%;而美国在线公司的股价下跌了 39%。2001 年 11 月以后,美国在线公司的股价加速下跌。如果没有为保护时代华纳公司股东规定上下限,那么,美国在线公司的股价一路下跌到结算日,就会使收购溢价化为乌有。

图 12.2 给出了美国在线公司、时代华纳公司和新公司的股价以及标准普尔 500 指数和互联网股指数(1998 年 1 月 1 日为 1.00)这两个股票市场基准。在 1998 年和 1999 年初互联网繁荣的初期,股价大幅上涨了 9 倍。在 1999 年的峰值期,美国在线公司的股价剧烈波动,接着在 2000 年开始下跌。图 12.3 显示,与时代华纳公司的合并开始只产生了一般的股价表现:合并第一年,美国在线—时代华纳公司的股价走势大致与标准普尔 500 指数相同;然后,该公司的股价大幅下跌,走势更加接近互联网指数。

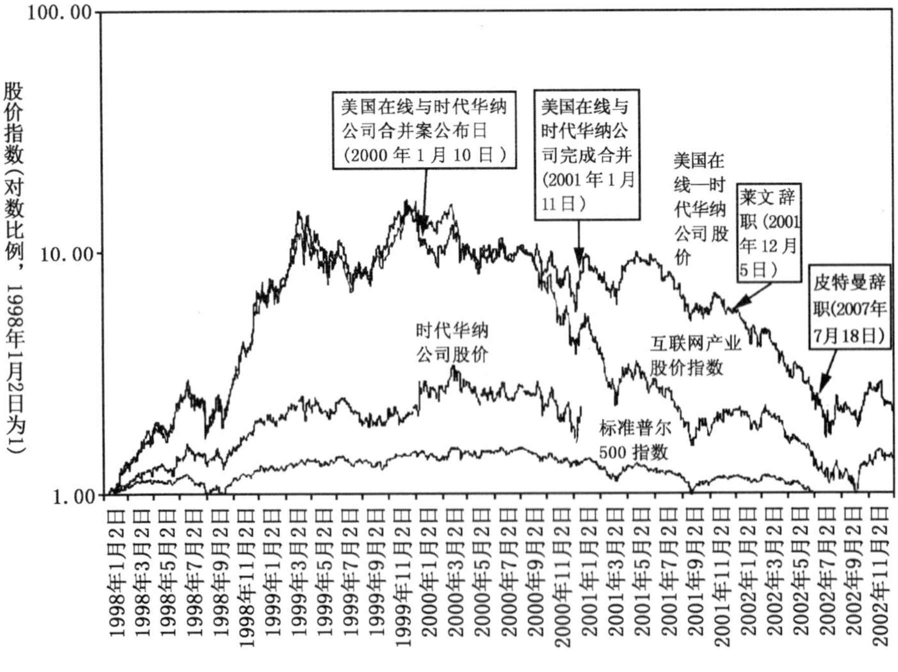

资料来源:数据流。

图 12.2 时代华纳、美国在线和美国在线—时代华纳公司股价

资料来源:数据流。

图 12.3　美国在线—时代华纳公司合并后股价

互联网股的走势疲软，正好伴随着美国经济的衰退。2001 年 1—4 月，美联储 4 次降息，而股票也保持下降趋势。不利的财务消息是公司高级管理层决定变革的先兆，杰里·莱文在打输了旨在收购美国电话电报公司部分有线业务资产和进行财务绩效反诉的内战以后，于 2001 年 12 月 5 日宣布辞职。理查德·帕森斯接任首席执行官一职。2002 年的收益报告没有达到预期目标。2 月，公司采取了新的财会政策，要求把 540 亿美元的费用打入收益(这是公司历史上最大一笔打入收益的费用)，以反映商誉损失。4 月 9 日，公司重新任命美国在线分公司首席执行官，鲍布·皮特曼被派去实施救援:用户人数停止增加，美国在线公司实际上仍在提供宽带服务。

由于广告支出总是对经济周期非常敏感，因此，传媒业的广告支出普遍下降。对于美国在线公司来说，2001 年广告业务的衰退有可能导致公司的崩溃。为了保全合并，美国在线公司硬性强迫广告客户维持原先的支出，以便美国在线公司能够报告目标规定的收入。美国在线公司的业务小组在公司内部向来最具进取性，在当时的背景下则积极推动对报告收益只产生美化影响的广告交易。《华盛顿邮报》的阿力克·克莱茵从 2002 年 7 月 18 日(鲍布·皮特曼宣布辞职)开始发表了两篇描述美国在线公司努力支撑其广告收入的文章。他写道:

美国在线公司把一些法律争端转变为广告交易。它通过谈判把一家分公司的收入变成另一家分公司的收入，以支撑其在线业务，并且代表网上拍卖巨头亿贝股份有限公司出售广告，把亿贝公司的广告收入作为自己的收入入账。美国在线公司在一项与微系统公司（Microsystems Inc.）的交易中拿广告业务换取电脑设备，并且在与拉斯维加斯的采购专家公司（PurchasePro.com Inc.）的交易中把股权算作广告和贸易收入。[36]

在克莱茵的文章发表后不久，美国司法部对美国在线公司的收入展开了财务调查，促使美国在线—时代华纳公司进行内部财务检查。2002 年 8 月 14 日，该公司披露"不适当地确认"了 4 900 万美元的收入。虽然与公司总收入相比，这是一个很小的数目，但是，这则消息的披露彻底摧毁了投资者对这家新公司管理层本来就脆弱的信任。2002 年 7 月，皮特曼也因财务欺诈消息的披露而离开了公司。

这最后一条坏消息，使得这出悲剧的最后一幕提前上演。非常受尊敬的资产管理人戈顿·克劳福德（Gordon Crawford）组织另一些重要股东发起了旨在解聘斯蒂夫·凯斯的游说活动。克劳福德告诉我："我约见了凯斯，并劝他辞职。他接受了我的劝告，但也进行了辩解。我对他说：'您是重塑公司集体精神的绊脚石。'"凯斯于 12 月宣布他将在下一次年会上辞去董事长职务。2003 年，"美国在线"重新从公司名称中删除，这标志着这起合并交易的结束。戈顿·克劳福德说道：[37]

这是一起令人震惊的交易，每个人都为它感到惊诧。但是，它却在不适当的时候以不公平的价格造就了一家不道德的公司。问题的症结就在于莱文先生的自负。如果他能等上 1 年收购雅虎公司，那么人人都会认为他很杰出。雅虎公司居于全球互联网业的核心地位，它是收费搜索的诞生地，您可以通过它来联系买方和卖方。现如今，雅虎公司已经有 300 亿美元的市值，并且还在迅速发展。美国在线公司只是一个厌倦了窄带通信的互联网服务提供商——斯蒂夫·凯斯的严重错误就在于同监管机构谈判：他毁掉了依靠时代华纳公司有线系统提供宽带服务的能力。我本人后来也为宽带业务那么快地衰退而感到吃惊。

莱文沉溺于自我塑造变革性技术主要思想家的形象。他的 HBO 和卫星通信经验很是关键，他在 2000 年就形成了互联网是一种转型手段的想法。

这起交易的管理结构导致了很多遗憾。没有人相信斯蒂夫·凯斯会满足于只担任董事长一职，而不干预经营业务。时代华纳公司的人不喜欢斯蒂夫，他们认为他这个人骄傲自大、缺乏能力、感觉迟钝。但是，如果美国在线—时代华纳公司能够实现其预期的绩效目标，那么，全体管理人员也不会有什么问题。我本人不看重导致失败的文化问题，即使合并双方能够融洽相处，也不可能出现不同的结局。

对于美国在线公司，我们看不到一条明显的成功路径。时代华纳公司可以把自己卖掉，与某个竞争对手合并，或者维持经营并赚取现金。它可稳定地通过大幅度降低成本来保持盈利。美国在线公司的用户从 3 400 万减少到了 2 400 万，用户人数长期趋于减少。

互联网出现了巨大的泡沫，"触网"公司的股价大跌，但是，人们对互联网的希望绝对没有破灭。互联网（如雅虎、谷歌等互联网企业）作为一个大市场推介渠道，将从其他传媒那里夺走巨大的市场份额。娱乐公司没有能力整合新型传媒，它们只能投靠新的技术，就如同它们对待无线电视和有线电视那样。

美国在线—时代华纳公司所遇到的很多问题都是外生的，这并不是两家公司的错。我们也无法预见 2001 年夏天的经济走势，真正的致命失误就是内部人知道增加用户人数越来越难，仍然死死抱住计划不放。

失败的原因

美国在线—时代华纳合并案明显地体现了导致并购失败的 6 个因素。鉴于这两家公司的规模和技术地位，无论是单独还是合并在一起，它们都已经相当复杂。就像 32 年前的宾州铁路公司与纽约铁路总公司合并案，固定的交换比率把两家公司的运营绩效紧密地耦合在了一起。美国在线公司方面没能报告预期季度收益的增长情况，可能是导致交易出问题的一个原因。始于 2001 年的经济衰退和互联网泡沫的破灭（两者都表现为股市萎缩和不同电子商务模式的失败）表明，商情并非一成不变。有关的解释表明，某些非同寻常的认知偏差产生了作用：骄傲自大、动能思想和近因偏差。很多管理层选择增加了风险：时代华纳公司多元化于互联网的决策、接受美国在线公司股权付款的决策以及斯蒂夫·凯斯答应美国联邦贸易委员会不让美国在线公司独家连接时代华纳公司有线系统的决策。最后，美国在线与时代华纳公司之间的文化冲突以及时代华纳公司内部各"封地"之间的竞争，削弱了皮特曼和其他高管整合团队以实现所预期的合并价值的能力。

对照案例：雅虎收购地球村和网上广播公司案

在 20 世纪 90 年代互联网迅猛发展的令人兴奋的日子里，雅虎公司是美国在线公司的头号竞争对手。从顾客的角度看，两家公司具有相似的特征：进入互联网的接口；都在 1998 年获得了不同于互联网领域其他公司的利润。不过，两家公司的相似之处就止于此。美国在线公司是一个拨号上网服务提供商，依靠用户订费和广告费来获得收入；而雅虎公司是一个吸引互联网访问者享用其服务的门户网站，是互联网最大的浏览向导，并且提供一个品牌化传播、购物和信息服务的网络。雅虎公司的收入（1998年2.03亿美元）完全依靠广告，它向终端用户免费提供服务。由于雅虎公司不像美国在线公司那样受制于某种上网方式（如电话拨号），因此早就为宽带和无线通信做好了准备。

在美国在线公司与雅虎公司的故事中，最明显的区别之一就在于收购战略。在互联网迅猛发展时期，两者都是积极主动的收购公司，不过，两者为实现迅猛发展遵循了不同的路径。美国在线公司实施了多元化策略，收购旧经济资产；而雅虎公司则聚焦于互联网领域，并且下赌注于互联网会产出收益的信念。美国在线公司以一项改变其自身的巨大收购案来结束其收购计划，而雅虎公司实施了一系列规模较小，因而不会改变其自身的收购案。

在评论家评论美国在线公司收购战略的同时，也有人在评论雅虎公司的收购战略。莱科恩（Lycos）公司（雅虎公司的竞争对手）的前首席执行官写道：

雅虎公司没能利用它新增的1 300亿美元的市值来创造改造性事件，将被后人视为最严重地错过了一次空前的商业机会。雅虎公司本可以实际收购它选择的任何一家企业，但是，它维持其单一互联网模式的决心使它失去了扩大规模的机会。时间会证明这一切。但是，我坚信，这家公司放弃了一个重要的机会，并且最终也会被某家它理应收购的旧经济公司所拥有。[38]

笔者把比较美国在线和雅虎公司的重点放在1999年雅虎公司实施的地球村（GeoCities）和网上广播公司（Broadcast.com）收购案上。对于雅虎公司来说，这两起收购案都是改造性交易。那年，雅虎公司还收购了三家规模较小的公司——安康派（Encompass，1.3亿美元）、随时在线（Online Anywhere，8 000万美元）和我的空间（Log-me-on，990万美元）。这三起交易在影响方面要小于地球村和网上广播公司收购案。

地球村收购案

1999年1月28日，雅虎公司公布了一项以46.4亿美元的股票收购地球村的协议，收购溢价高达52%。这起交易过了6个星期就完成了。有关美国在线公司也在考虑收购地球村的传闻，也许加快了这起交易的实施。早些时候描述的登陆热促使像美国在线和雅虎这样的集成商都想取得先发优势。前几个月完成的4项关键交易[迪士尼与搜信（Infoseek）、美国在线与网景、居家（@Home）与埃克塞特（Excite）和美国网络公司（USA Networks）与莱科思]威胁着业已加剧的竞争。在成交之前，它们都是地球村和雅虎的竞争对手；而成交以后，将变得更具竞争力。1997～1998年，地球村的收入翻了两番，毛利润增加了 10 倍。同期，雅虎公司的收入和毛利润增加了 2 倍，净收入首次稳固地成为正值。同时，雅虎公司在 1997 年底对地球村进行了一小笔投资，收购了该公司 2.1％的股份。1999 年的收购案巩固了这两家彼此已经非常了解的公司之间的关系。

地球村创建于 1994 年，互联网社区的概念就是由它提出来的。大约 350 万个“自耕农”创建了网站，1998 年 12 月共吸引 1 900 万名访问者，使得地球村成为访问量第三的大网站。互联网用户“自耕农”在 41 个主题地球村邻域网（如个人理财、政治事务等）中的一个，公布了他们的个人互联网网站。这些邻域网向访问者提供了浏览便利，并且为广告客户和商人提供了引人注目的目标。而相关的商业概念，就是利用兴趣相投并对互联网有个性化承诺的用户之间的亲和感。虽然这家公司 1998 年的收入只有 1 800 万美元，而亏损则高达 2 000 万美元，但是，它的亏损随着时间的推移而在缩小。

雅虎公司为这起收购案制定的目标非常简单，就是延伸自己的触角。雅虎公司和地球村公司合并以后，就能拥有 52％的互联网用户，并且在互联网上创建第二大网络。这起收购案将创建最大的互联网社区，并且允许雅虎使用个人发行和编辑工具。在个人发行和编辑工具领域，地球村处于领先地位。雅虎可以在地球村的平台上向“自耕农”销售自己的服务。合并委托书上是这样写的：

> 这起合并案将对规模最大、最受欢迎的互联网服务提供商进行合并。合并后的公司将持有世界最主要的全球性品牌互联网的权益。总的来说，雅虎公司和地球村公司都相信，这起合并将给它们的全体股东创造增加值。不过，雅虎公司和地球村公司提请注意，它们的合并目标要受……风险的约束。

有关这起交易的合并说明书和其他通告都没有披露增加值的来源。

网上广播公司收购案

仅仅相隔 3 个月，雅虎公司于 1999 年 4 月 21 日答应以 47.3 亿美元的价格，采用股权交换方式收购网上广播公司。网上广播公司是一家每天 24 小时、每周 7 天在互联网上播放音像点播节目的公司，其业务覆盖 385 个无线电广播电台，40 家电视台和有线网以及 420 所大学、中学和专业体育团体。1998 年 12 月，该公司拥有 80 多万个个人用户。网上广播公司因多个“第一”而引以为豪，这几个“第一”包括第一个通过互联网来分销商业无线电广播台的实况节目、现场实况转播体育赛事、按季催讨收入和电子股东会议服务。该公司网站的访问人数在全部互联网网站中名列第六。公司创建于 1995 年，1998 年 7 月公开上市。

网上广播公司的主要竞争对手真网(RealNetworks)公司,是互联网播放音像内容技术的先锋,而网上广播公司则是许可证转让和节目分销的先驱。雅虎公司能做图文传输,但没有能力传输音像内容。网上广播公司依靠宽带上网用户的人数来实现增长(窄带上网速度太慢)。1999年,只有4%的家庭采用宽带上网,而宽带上网的家庭比例在未来10年里可望获得快速增长。因此,雅虎公司收购网上广播公司是在赌互联网技术丰富化和顾客需求日趋高级化。

收购网上广播公司的过程与收购地球村公司的交易相似。网上广播公司也是在亏损经营,并被预期仍将继续亏损经营,因为它还在扩大业务。网上广播公司虽然是一家上市公司,但需要比它的扩资能力更深的"钱袋"。因此,该公司的高管们希望吸引可能的买主。全美广播公司(National Broadcasting Company,NBC)和美国在线公司都在考虑收购网上广播公司。不过,网上广播公司更喜欢雅虎公司:雅虎公司曾在1997年对网上广播公司进行过小额投资(120万美元),作为了解业务伙伴的基础。

动机

从当时的美国证券交易委员会文件和分析师报告看,雅虎公司的这两起收购交易体现了如何在一个快速变化的领域里实施其市场地位战略的动机。有些批评者把这些交易看作公司高管通过使投资者当下评价最大化来玩世不恭地抬高股价的伎俩。传统的评价尺度是"眼球"或者网站访问人数。一家亏损的互联网企业根据收购受众最终有可能导致转亏为盈的预期,仍可能受到股市积极的评价。因此,卡伦·安杰尔(Karen Angel)写道:"隐藏在地球村和网上广播公司收购案背后的动机是:扩大雅虎公司的受众,以吸引更多的能够变钱的眼球。"[39]雅虎公司围绕这两起交易做出的正式公关努力,只会令"眼球中心"论者感到气馁。由于有关互联网产品和服务的经济现实开始恶化,因此,互联网产业在1999年处于快速合并状态。雅虎公司的高管们致力于通过并购来构建可防御的市场份额。《有线新闻》的一名记者写道:

收购是互联网产业为吸引尽可能多的注意力而蛮干的表现之一。其宗旨是:无论互联网浏览者如何花他们的时间和金钱,通过提供一种无所不包的服务,来让一家公司攫取全部的收入。就在上周,居家公司在美国电话电报公司的支持下发出了收购雅虎公司的一个竞争对手埃克塞特公司的要约。"这股合并浪潮是由美国在线公司收购网景公司案掀起的,"埃文伦证券公司(Evenren)的一名分析师安东尼·布伦克(Anthony Blenk)说,"您有望从中获得更多的见识。"……雅虎公司通过这起交易有可能大幅度增加其业务量。随着地球村的加盟,雅虎公司在涉足互联网的范围方面将把像莱科思这样的昔日竞争对手甩得更远,并且就在美国在线公司与网景通信公司(Netscape Communications)合并方案提出后不久便着手行动。[40]

地球村公司争辩说，这起合并交易能产生协同效应：

……地球村公司与雅虎公司的合并，会产生潜在的运营协同和成本节约效应，包括消除销售和营销、业务发展、行政管理以及产品开发方面的重复性支出，依靠合并实体来扩大规模，以增强采购方面的讨价还价实力。[41]

由于缺乏上述好处重要性和来源的更详细信息，投资者不可能有能力更高地评价合并的协同效应。

合并后的雅虎公司

雅虎公司的这两起收购交易，在时间安排上要比美国在线公司收购案有利。雅虎公司收购案得益于较短的反托拉斯审批期限。而在当年的日历年末，股票市场继续看好互联网产业。雅虎公司极力要求对发送在地球村私人网站上的全部私人材料收取版税。"自耕农"们对此反应强烈，迫使雅虎公司撤销了它的版税要求。不过，雅虎公司对地球村和网上广播公司两家公司进行了重组。例如，雅虎公司辞退了地球村公司300名员工中的200名。

随着互联网泡沫于2000年春季的破灭，以及这一年晚些时候衰退的发生，雅虎公司开始走背运。图12.4给出了1998年12月至2003年12月雅虎公司的股票价格以及纳斯达克和标准普尔500指数的走势。雅虎公司的股价从1999年年底接近每股200美元猛跌到了2000年底的每股20美元左右，跌幅巨大。在这个过程中，互联网产业的主要分析师玛丽·米克(Mary Meeker)在她的投资建议中降低了雅虎公司的投资级别。

2001年2月27日，雅虎公司董事会召开会议评估公司遭遇的损失，并决定为公司物色新的运营领导。一旦物色到继任者，公司首席执行官蒂姆·库格尔(Tim Koogle)就得辞去这一职务，但出任董事长一职。在公布管理层变更消息的同时，雅虎公司还披露了降低这一季度收入和收益预期的信息。投资者做出了反应：雅虎公司的股价下跌了11%。

"雅虎酋长"、公司创始人和董事杨致远(Jerry Yang)在为公司物色新的首席执行官方面发挥了他的个人作用。他把注意力转向了华纳兄弟公司前共同董事长特里·塞梅尔(Terry Semel)。库格尔与塞梅尔在很多方面都大相径庭：前者懂技术、注重实效、按部就班，而后者不懂技术、不切实际、不拘小节。塞梅尔的上任给雅虎公司的领导风格造成了明显的断裂。卡伦·纳杰尔写道："他几乎在各个方面都与库格尔截然不同。"[42]

资料来源:数据流。

图 12.4 雅虎股价与标准普尔 500 指数复合指数和互联网股指比较

塞梅尔于 2001 年 5 月 1 日加盟雅虎公司,声称一家有 44 个业务单位直接向首席执行官报告工作的公司是难以管理的,而且也缺乏重点。他着手实施一项把公司业务重组为 6 个大的分公司、降低公司收入组合对广告的依赖并推动创收的调整计划。具体来说,他致力于把广告收入来源由简单的接收订单转变为有计划的销售和营销。2001 年 11 月,他宣布与西南贝尔电信公司(SBC Communications)结成主要伙伴关系,以便合并雅虎的内容业务与西南贝尔电信公司的宽带业务。

图 12.4 显示,雅虎公司的股价在 2003 年获得了小幅回升。这在很大程度上反映了雅虎公司收入和盈利性的戏剧性回升。图 12.5 给出了收入、净收益和员工人数的时间序列。同期,雅虎公司的纯互联网竞争对手莱科思、搜信和埃克塞特·居家公司(Excite@Home)的收入、净收益和员工人数等加速下跌,使得雅虎公司在这个竞争领域一枝独秀。

结 论

从各方面看,美国在线与时代华纳公司合并案,几乎都不如其他"地狱之炼"式并购交易,并导致其所在领域的价值大幅缩水。公司的高管解雇或辞职、民事纠纷、刑事调查和"美国在线"被从公司名称中删除,这一切都说明交易策划者缺乏眼光。显然,

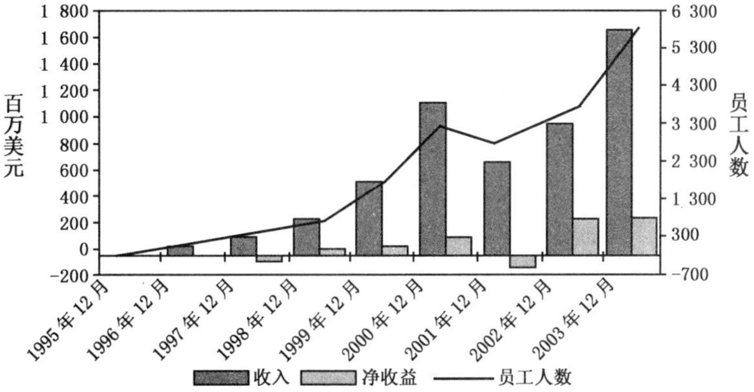

资料来源：胡佛在线(Hoover's Online)。

图 12.5　雅虎公司收入、净收益和员工人数

在评判整个交易的过程中忽略了美国在线公司与时代华纳公司股东利益的不对称性。时代华纳公司方面遭遇了更加严重的损失。凯斯和莱文理应做出什么样的不同表现呢？不要那么骄傲自大、感情用事，而应该多一些冷静，在公布财务报告时多一点诚实，更加尽职，更好地整合合并后的公司，多一点文化敏感性和团队精神，并且理应对收购股价规定上下限。但是，凯斯和莱文的不佳表现，又因这两家公司在1999年所面临的战略性两难窘境而雪上加霜。

对互联网技术变化的回应

对于这两家公司中的任何一家来说，面对互联网技术变化的破坏性影响，无所作为并不是一种选择。斯蒂夫·凯斯清晰地看到了美国在线公司窄带业务不可避免地萎缩以及宽带业务的崛起。杰里·莱文也清晰地看到了新闻和娱乐的数字化趋势，尽管这一切也许没有以1999年的博学者们所预期的速度那样发展。2005年，没有一个消息灵通的观察家对这些趋势坚决不变的进程表示怀疑。公司首席执行官最重要的工作之一，就是为公司的生存和繁荣定位。在美国在线和时代华纳公司1999年所处的情形中，凯斯和莱文没有尽到对逼近的威胁做出回应的责任。从美国在线公司的角度看，与时代华纳公司合并，是它解决宽带威胁的一种方法；而从时代华纳公司的角度看，与美国在线公司合并，有助于它自身实现数字化(尽管早期的尝试遭遇了不体面的失败)。

但是，每家公司下适当的赌注，是否就能够走向趋同？如果您相信有可能把消费者锁定在某个特定的服务品牌或服务组合上，趋同理论在这里就会遇到异议。例如，时代华纳公司在与美国在线公司的合并交易中，看到了在互联网市场上获得重要份额的机会，这有利于该公司销售其新闻和娱乐产品，就像几年前它决定收购有线电视资产，旨在为它的电影娱乐产品开辟诱人的销售渠道。这种类型的垂直整合在并购交易的历史记载中有着悠久的传统，但是，这类并购大多绩效平平。最大一部分收益流向了新内容创作者，而饱受每个创新和竞争新浪潮之苦的分销商只能获得很少的收益。凭借后见之明，我们知道消费者是较不稳定的数字传媒用户（就如同对无线电话服务提供商的要求那样），从而大大削弱了锁住和趋同效应。

雅虎公司揭示了一项替代性战略能为美国在线公司提供的东西：继续投资于互联网领域，以便扩大服务范畴，并丰富用户经验。有关美国在线公司放弃这项替代性战略过程的书面说明，并不像我们所希望的那样详细，尽管显而易见：雅虎的战略风格几乎不可能减弱美国在线公司所面临的日益逼近的宽带威胁。

总而言之，这几家公司在回应互联网技术剧变方面的表现看来是理性和正确的，尽管不一定是最佳的。技术剧变通常预示着相关产业的并购活动将变得活跃起来。美国在线和雅虎公司所实施的并购交易印证了这种解释。而且，技术剧变的趋势仍在继续。2005 年，我们注意到了互联网对音乐娱乐业[纳普斯特（Napster）网站、复制和下载]、电话公司（VOIP 技术）和零售业（亚马逊和亿贝的入侵）的破坏性影响。具有讽刺意味的是，这两家收购公司最终都聘用了旧经济公司的首席执行官，这也许意味着互联网业务的未来取决于它与其他经济部门的整合（或趋同）。有人批评特里·塞梅尔是一个“技术盲”。对此，他本人反驳说，这也是好事，因为“技术通”们导致了如此严重的亏损。

对股市泡沫的回应

本章所介绍的两个案例说明，互联网公司并购活动的时间安排和规模，受其股价异常高估的影响。这也表明有一种玩世不恭的投机行为在影响这些交易的运作。登陆热思想、赢家通吃、先发优势，这一切都反映了一种有准备、有激情和有目的的并购方法，并且被证明是一种如此灾难深重的方式。雅虎公司的战略意图就是留在互联网领域，它那构建可防御市场地位的战略重点在某种程度上扩大了市场覆盖面，但并不足以证明它得到了积极的改造，就像该领域被抬高了的盈利率或者股价反映的那样。不过，雅虎公司在利用顾客由互联网窄带业务向宽带业务转换的过程中仍保住了好于美国在线公司的市场地位。

图 12.6 给出了美国在线公司、雅虎公司、互联网股指和传媒娱乐股指从美国在线—时代华纳合并案公布日到 2003 年的相对市值。我们看到，在合并案公布后的第 1 年里，美国在线的股价还能咬住雅虎公司和互联网股指。简言之，合并案在互联网泡沫破灭时期为斯蒂夫·凯斯和美国在线公司的股东实现了软着陆。然而，合并较不

利于杰里·莱文和时代华纳公司。莱文对美国在线与时代华纳公司合并案一直没有悔意,他向多名记者表示了他本人的信念:事实最终将证明这起交易的智慧。

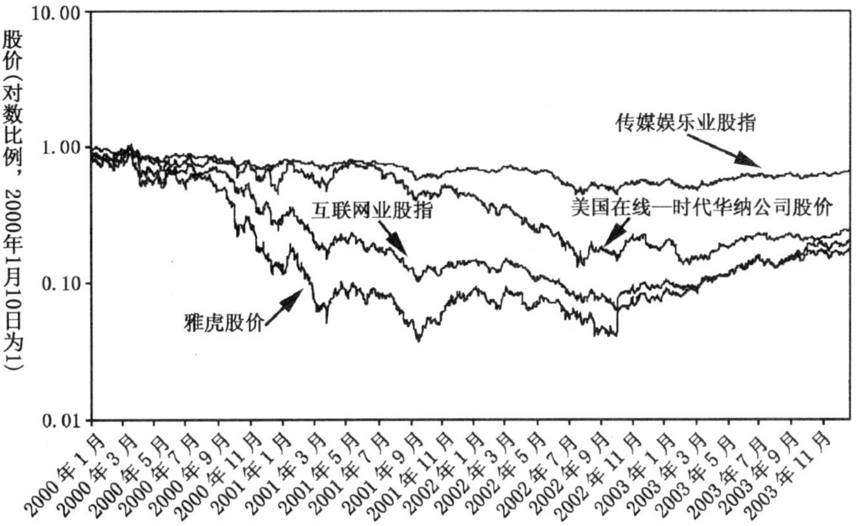

资料来源:数据流。

图12.6　互联网泡沫期间和泡沫破灭以后美国在线—时代华纳公司和雅虎公司股价与互联网业股指和传媒娱乐业股指比较

注释:

[1]本书作者不仅要感谢克里斯汀·希姆和肖恩·卡尔在研究方面提供的帮助,还要感谢戈顿·克劳福德(Gordon Crawford)、雷蒙德·卡兹和塞耶·比格劳(Thayer Bigelow)接受我们的采访。有关这起交易的重要二手信息来源包括著名记者对相关事件进行的像书一样厚的概述。

[2]Swisher(2003),9.

[3]Ibid.,10.

[4]Ibid.

[5]Ibid.,12.

[6]Ibid.,16.

[7]Klein(2003:287—288).

[8]Ibid.,292.

[9]Ibid.,293.

[10]Ibid.,300.

[11]Press release,January 10,2003,filed with the U. S. Securities and Exchange Commission.

[12]Research report,Credit Suisse First Boston,"AOL/TWX"January 19,2000.

[13]"Time Warner:Extracting a Premium,"*Financial Times*,February 12,2000.

[14]Raymond Lee Katz,Katie Manglis,and Michael Kelman,Bear Stearns Research Report,"AOL Time Warner,Inc.,"April 9,2001,1.

[15]Edward T. Hatch,Peter J. Moirsky,and Elizabeth L. Kressel,S. G. Cowan Perspectives,"Time Warner,"January 19,2001,1.

[16]Raymond Lee Katz,Katie Manglis,and Michael Kelman,Bear Stearns Research Report,"AOL Time Warner,Inc.,"April 9,2001,25.

[17]Swisher(2003:146).

[18]J. B. Haller,"AOL:Best—or Worst—of Times?"*ZDNet News*,January 17,2000.

[19]Swisher (2003:3).

[20]Klein(2003:61).

[21]Swisher(2003:19).

[22]Klein(2003:86).

[23]Swisher(2003:128).

[24]Ibid.,128.

[25]Ibid.,105.

[26]Ibid.,129.

[27]Klein(2003:71).

[28]Munk(2003:xiv).

[29]Klein(2003:70).

[30]Amendment No. 4 to Form S-4 Registration Statement,AOL Time Warner,May 19,2000,ii.

[31]AOL Time Warner revised Joint Proxy Statement-Prospectus,May 19,2000,48.

[32]Swisher(2003:2).

[33]Raymond Lee Katz,Katie Manglis,and Michael Kelman,"The Tiffany OSP:AOL Time Warner,"Bear Stearns Research Report,April 9,2001.

[34]Swisher(2003:207).

[35]Ibid.,208.

[36]Alec Klein,"Unconventional Transactions Boosted Sales,"*Washington Post*,July 18,2002,1. © 2002 *The Washington Post*. Reprinted by permission.

[37]源自 2004 年 4 月 21 日罗伯特·布鲁纳和克丽斯汀·希姆对戈顿·克劳福德的采访。

[38]Bob Davis,*Speed is Life*(New York:Currency,Doubleday,2001),181.

[39]Karen Angel,*Inside Yahoo*! (New York:John Wiley and Sons,2002),163.

[40]Craig Bicknell,"Yahoo Gobbles Up GeoCities,"*Wired News*,January 28,1999,accessed August 30,2004 at http://www.wired.com/news/business/0,1367,17595,00.html.

[41]GeoCities Merger Proxy Statement,April 29,1999,43.

[42]Angel(2002:232).

第十三章　2001 年 12 月:戴那基与安然公司合并案

2001 年 2 月 12 日,安然公司(Enron)提出破产申请,这是美国有史以来最大的工业企业破产案。[1]这起破产案一度成为商业报刊的宠儿之一,有关它的新闻热整整持续了 1 年。这起破产申请结束了与安然公司最接近的竞争对手戴那基股份有限公司(Dynegy Inc.)进行的为期 1 个月的发狂般的合并谈判。合并谈判未果,对于安然公司的股东来说,700 亿美元市值的蒸发已成为板上钉钉的事实,并将引发安然公司的部分清算、6 万名员工被裁,以及一连串的民事和刑事诉讼。

戴那基与安然公司合并案的对照案例是 2002 年 AMC 娱乐公司(AMC Entertainment)收购其接近的竞争对手通用影业公司(General Cinema Corporation)案。AMC 收购通用影业公司案在多个方面与戴那基与安然公司合并案惊人地相似:在谈判时,两个相关产业处于急剧收缩阶段;两家目标公司都陷入了严重的财务困境;两家收购公司虽然比较健康,但也艰难地经历了产业动荡。不过,在 AMC 收购案中,合并取得了成功;合并以后,新公司远比合并前强大。对这两个案例进行比较,揭示了领导、市场不稳定、管理者信誉度和主要资产质量在决定合并陷入困境的公司能否取得成功方面所扮演的关键角色。

合并双方:安然公司与戴那基公司

安然公司是由两家管道输气公司,即休斯敦天然气公司(Houston Natural Gas)和总部设在奥马哈的联合北方天然气公司(InterNorth Inc.,当时世界上最大的管道输送公司之一)于 1985 年合并而成。休斯敦天然气公司首席执行官、受过经济学教育的肯尼思·莱(Kenneth Lay)接管了这个合并实体。作为首席执行官,莱把一家管道输气公司改造成美国最大的能源交易商。

莱在对安然公司进行不寻常的变革过程中得益于美国天然气输送和电力公用事业放松监管改革的时间安排。这方面改革的结果自然是形成了更加开放和生机勃勃的能源市场。安然公司抓住这个机会,发展了转轨时期的电力批发业务。安然公司预见并发展了一个买卖双方公开竞价、供电合同可根据用户需要量身定制的能源市场。不久,安然公司就不但做能源买卖,而且从事纸张、钢铁、宽带甚至动态随机存取存储器(DRAM)芯片业务,从而成为一个完全不同的实体。1990 年,安然公司大约 80%的收入来自输气业务,到了 2000 年,它的交易收入已占到 95%。[2]安然公司依靠涉足交易业务连续 6 年被《财富》杂志评为最具创新性的公司。如图 13.1 所示,安然公司的股价暴涨,而其他能源公司的股价只是小幅上涨。

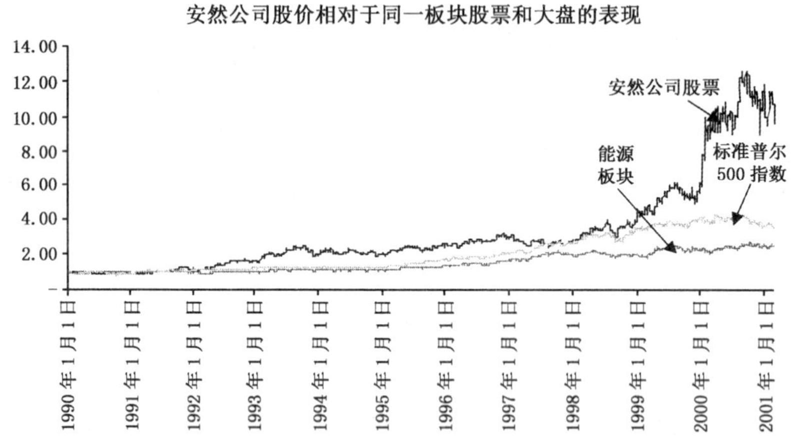

图 13.1　安然公司股票的表现

戴那基股份有限公司从事能源交易、营销和生产以及电力和天然气输送和分销业务。此外,像安然公司一样,它也从事宽带和气象衍生品等其他业务。不过,与安然公司不同,戴那基公司收入构成比较平衡。2000 年,其 53%的经营收入来自电力生产、能源营销和交易活动,30%来自电力和天然气输送与分销,而其余 17%来自天然气液化活动。尽管这两家公司被认为是主要的竞争对手,但是,戴那基公司远远小于安然公司。2000 年,戴那基公司的收入是 290 亿美元,而安然公司的收入则高达 1 010 亿美元;戴那基的总资产是 210 亿美元,而安然则高达 650 亿美元。[3]戴那基公司的最大股东是雪佛龙德士古公司(Chevron Texaco),持有安然公司 26%的股份。

引发合并交易的事件

权威评论者从安然破产事件一开始就不断发表评论。安然公司的股价在 2000 年 8 月 23 日出现了拐点,同时也达到了每股 90.75 美元的最高价。随后,安然公司就开始走背运。1 个月以后,记者乔纳森·魏尔(Jonathan Weil)发表文章对盯市会计

(mark-to-market accounting)及其可能被滥用的问题提出了质疑。一个重要的做空者杰姆·查诺斯(Jim Chanos)读到了魏尔的文章,到了11月大肆做空安然的股票。该公司在以后12个月里的加速衰退,从以下几个平行的方面展开:

安然公司的产品市场动荡日益加剧。2000年秋,美国加利福尼亚州开始发生电力危机,致使一些一流的观察家质疑电力危机可能对安然公司产生负面影响,因为安然公司是加利福尼亚州电力市场的供应商,本可以从与这个市场的交易中获得利益。加利福尼亚州电力危机引发的担忧,导致全国性的能源价格波动。一位人民党州长试图引导舆论反对安然公司和其他能源供应商。当有抗议者在2001年6月把一只馅饼扔向安然公司首席执行官杰弗里·斯基林(Jeffrey Skilling)的时候,针对安然公司的敌对情绪实际在日益加剧。2000年1月,由杰弗里·斯基林揭幕的安然宽带服务公司(Enron Broadband Services,EBS)没有完成预期的交易量。在宽带服务公司开张时,有分析人士估计,它的股价将达到每股37美元。一家与百事达公司(Blockbuster)合资的提供点播电影服务的公司不幸倒闭,安然宽带服务公司于2001年3月1日开始裁员。一个控制安然公司全部公共水务资产的部分分立业务单位阿苏林科斯(Azurix)也没能完成计划。安然公司对各城市抵制水价上涨的影响估计不足。不过,安然公司最大的威胁就是新的竞争对手进入了它的业务领域。天然气、电等核心业务的利润率由于新的竞争对手的进入而趋于下降。安然公司试图开辟纸浆、货运车皮和其他商品业务领域。但是,创办新的业务必须追加资本,而且是一个有风险的方案,就如安然宽带服务公司所证明的那样。

财务绩效日益恶化,特殊目的实体咄咄逼人。市场动荡导致利润率下降,每股收益下降,但却增加了债务。不过,为了保持高市盈率,安然公司精心培育了投资者对快速增长的预期,而支持这些预期就需要增加更多的资本。安然公司财务总监安德鲁·法斯托(Andrew Fastow)利用"特殊目的实体"来筹措(资产负债)表外资金。这种增资方式是合法的(但在美国商界并不常见),并且在1999年由于法斯托的创新性融资方式而成为《财务总监》(*CFO*)杂志称赞的焦点。特殊目的实体可能制造麻烦的地方,就是实体团队的结构,如果特殊目的实体闯劲太大,结果就有可能令人失望。2000年,法斯托创立了3个被称为"猛禽"的特殊目的实体,大约为安然公司冲抵了10亿美元的投资亏损。不过,这其实是虚抵,因为"猛禽"是要计入安然公司的股本的(安然公司的股价在下跌,它的股本也需要"注入资金")。因此,"猛禽"实际不承担很大的风险,它们主要是用来掩饰亏损的。随着"猛禽"名下的资产价值的减少,安然公司不得不动员投资者向特殊目的实体注入新资本。

关于安然公司缺乏财务透明度的异议不断增多。2001年3月,《财富》杂志提出了"安然的股价是否被高估"的问题。安然公司陷入了一连串的复杂业务,它的财务报表令人费解，这就是安然公司股票以这么高的市盈率交易的原因。[4]这篇文章发出了第一个对安然公司财务报告缺乏透明度表示不满的明确信号。然而，华尔街的分析师们尽管承认安然公司的财务报告难以解读，但仍继续极力推荐买进安然的股票。“开发一种在某种程度上可预测这家企业的模型的努力，多半是徒劳无益的。”贝尔斯登公司的一名分析师这样写道。[5]安然公司当时的首席执行官杰弗里·斯基林在回答《财富》杂志时说：“提问的人是一些不甚了解（我们企业），并想往我们脸上抹黑的人。”[6]同时，法斯托在谈到安然公司的业务时，对《财富》杂志说：“我们不会告诉任何人我们在什么地方赚钱。”

管理层更迭。在破产前一年，安然公司对高级管理层进行了重大调整，而且在一定程度上是出乎预料的。2000年12月31日，肯尼思·莱宣布辞去首席执行官一职，并由杰弗里·斯基林担任这个职务。安然公司旗下新业务的全体高管和创始人罗·派（Lou Pai）、肯·赖斯（Ken Rice）和克利夫·巴克斯特（Cliff Baxter）等都在这一年的春天辞职。8月中旬，斯基林出人意料地辞去安然公司总裁和首席执行官的职务。他担任安然公司首席执行官只有半年。斯基林主要是帮助安然公司转型为交易大公司而受到了信任。据他说，他这次辞职是因为家庭问题。他还告诉投资者，安然公司“不存在任何会计、交易或储量问题……我可以诚实地说，公司处于从未有过的最强劲的成长时期”[7]——尽管他后来承认他曾经因公司股价下跌而感到苦恼。

令人困惑的财务信息披露。2001年10月16日，安然公司报告，由于电力零售、宽带电信、技术和水务等业务投资减损10.1亿美元，因此，第三季度亏损6.18亿美元。[8]此外，安然公司把12亿美元计入股东权益，用来回购5 500万股先前发行给一家名为LJM2共同投资（LJM2 Co-Investment LP）的有限合伙公司——由安然公司财务总监安德鲁·法斯托掌管的合伙公司——的股份。

注销这笔资产的决定是因发现安然公司会计阿瑟·安德森（Arthur Andersen）所犯的错误而做出的。安德森不适当地把安然公司与“猛禽”相关的权益账面价值增加了差不多10亿美元。在斯基林辞职以后，肯尼斯·莱在重新出任首席执行官职务时听说了“猛禽”和会计失误的事，并且决定采用把12亿美元计入权益的方式来解决这件事。安然公司解释说，权益的减少导致债务—权益比率由先前的46%提高到了50%。[9]安然公司与几家有限合伙公司，尤其是法斯托掌管的有限合伙公司之间的安排，由于它们的模糊性以及同时担任安然公司财务总监和有限合伙公司合伙人可能引发的利益冲突而受到了投资者的批评。作为对股东批评的回应，安然公司于2001年7月责令法斯托终止与合伙公司的关系。[10]有些分析师希望安然公司报告主要由宽带交易和阿苏林科斯水务业务所造成的损失。10月16日收盘时，安然公司的股价上涨了63美分。不过，到了这个周末，安然公司的股票损失了1/3的价值。这是对《华尔街日报》关于安然公司注销资产(10月17日)、特殊目的实体亏损(10月18日)以及法斯托与特殊目的实体的关系(10月19日)的批评性报道的回应。

这些财务事件被揭露以后，穆迪公司赶紧因安然公司的信用级别有可能降级而核查了它的长期债务。标准普尔公司把它对安然公司前景的预期由"稳定"降低到了"负面"，随后，惠誉国际投资公司也迅速跟进。10月22日，安然公司披露了美国证券交易委员会已经对LJM2和安然公司的其他合伙公司展开调查的消息。投资者担心更多利空消息披露和信用评级下降的影响，因此竞相抛售安然公司的股票。高盛公司的一位分析师告诉《华尔街日报》："……我听到了人们担心'死亡螺旋'的心声，人们对安然公司信誉的担心，必将减少愿意同这家公司打交道的人数，进而恶化这家公司的财务并导致其业务的进一步萎缩。"[11]

股价下跌。如图13.2所示，从2001年1月1日—10月25日，安然公司的股价下跌了80%。

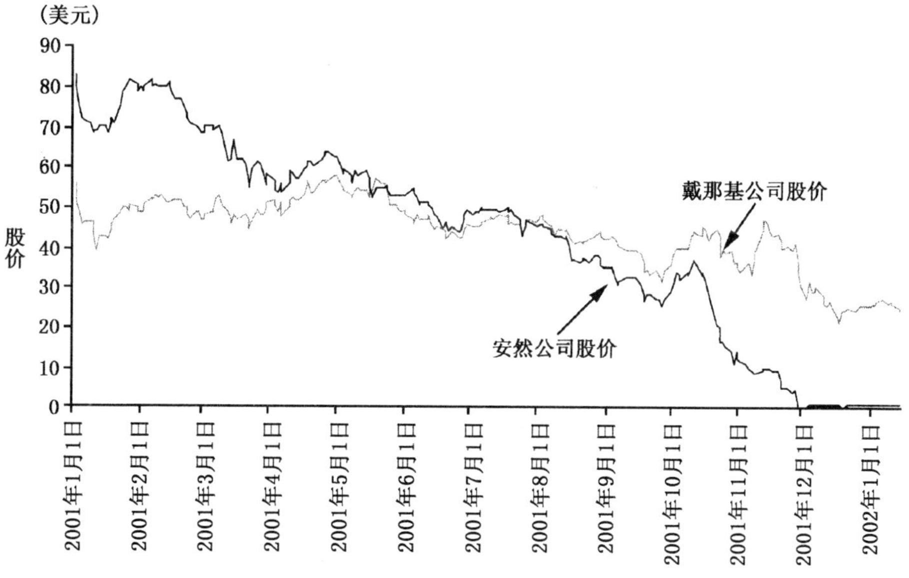

图13.2　安然与戴那基公司的股价表现

为合并安然和戴那基公司而进行的谈判

10月23日晚上，安然公司已经没有能力为自己的商业票据进行再融资了，因此用尽了自己30亿美元的银行备用信贷额度，并且在为申请追加信贷额度进行谈判。

安然公司看起来是急需更多的现金来为其交易业务筹措资金和解决没有盈利的状况。安然公司的交易量开始下降,而交易对手更加提防与安然公司的交易。因此,为了寻求 20 亿美元的追加资本,安然公司开始与收购集团和其他能源公司洽谈。

安德鲁·法斯托是导致公司信誉不断下降的主要人物,他坚持快速解决公司融资问题的立场。因此,10 月 24 日,安然公司总裁格雷戈·惠利(Greg Whalley)解除了法斯托的职务。次日,安然公司就合并可能性与戴那基公司接触。斯坦·霍顿(Stan Horton,安然公司管道输送公司执行官)、格雷戈·惠利和马克·福热富尔特(Mark Frevert,安然公司副董事长)与戴那基公司总裁斯蒂夫·贝格斯特罗姆(Steve Bergstrom)共进午餐。惠利问贝格斯特罗姆是否有兴趣收购安然公司。答复详见贝瑟尼·麦克林(Bethany Mclean)和彼得·埃尔金德(Peter Elkind)的记录:

贝格斯特罗姆大吃一惊。"他们的处境比我想象的还要糟糕!"午餐结束以后,安然公司的高管回总部报告说,戴那基公司总裁对他们的建议做出了积极的回答。[12]

节约成本的潜在协同效应是很大的,大约每年可节约成本 4 亿美元。合并两家公司的交易和分销业务,将会产生巨大的市场势力,并节约大量的公司总部支出。作为二流的能源交易商,戴那基公司渴望征服安然公司,并且使一个日趋动荡的产业稳定化。业内接二连三地传出不利于安然公司的消息,不断损害这家公司的业务,现在以大折价收购安然公司,要比等到安然遭遇了更严重的衰退以后再收购来得便宜。

10 月 25 日星期四晚上,肯尼斯·莱为安排会谈合并条件事宜,打电话给戴那基公司首席执行官查克·沃森(Chuck Watson)。次日,沃森赶紧尽职地对安然公司展开评估调查。据丽贝卡·史密斯(Rebecca Smith)和约翰·埃姆舍维勒(John Emschwiller)报道,沃森没有想到安然公司的宽带或国际业务值很多钱。事实上,他认为这些业务几乎分文不值。不过,他觉得安然公司的交易业务是基本健康的。清理安然公司的资产负债,出售垃圾资产,就能拥有一家很好的公司。[13]

10 月 27 日星期六上午 8:30,莱和沃森在莱的公寓大厦会面。莱要求采取对等合并的结构,新公司采用新的名称,并且任命新的董事长。如同大多数合并谈判那样,他们首先讨论了社会问题(公司治理、权力和控制等问题)。莱希望能给安然公司支付一定的溢价,而沃森只答应支付市场现价。莱做出了让步,而沃森答应立刻安排为安然公司注资 15 亿美元。莱建议戴那基公司收购安然的北方天然气公司油气输送业务,这可是安然公司最值钱的资产之一。因此,即使并购交易"黄"了,戴那基公司也会收购安然的油气输送业务。

从 10 月 29 日星期一开始,双方都忙着准备与并购有关的文件,以便提交双方董事会审议通过,并且向证券交易委员会和各资本市场通报它们的合并意向。莱希望双方能够在 11 月 4 日星期天签署一份协议,并且在星期一公布消息。

11月1日星期四,安然公司公布了从花旗银行和摩根大通银行融到10亿美元资金的消息。这两家大银行被这两家旨在提高合作激励的合并企业选作合并融资的顾问。同日,美国证券交易委员会要求在11月5日之前披露有关法斯托参与特殊目的实体程度的更详细信息(后来放宽到11月8日)。

11月2日星期三,安然公司董事会开会批准了这起交易,关键就是希望注入现金以恢复对安然公司交易业务的信心。恢复信心的方案在公司高级管理层和董事会看来至关重要。根据一项国际评估预测,安然公司在年底以前需要花费30亿美元,明显多于戴那基公司准备注入的25亿美元。这起交易的一个隐含前提就是可利用其他融资来源和/或交易的公布会触发安然公司交易量和利润率的反弹。董事会的会议记录显示,安然公司新任首席财务总监杰夫·麦克马洪(Jeff McMahon)"表示了对不充分的财务流动性的担忧,并且提请注意公司开始推迟支付某些已经到期的交易付款;如果穆迪公司公布的债券评级结果不能维持在投资级,大量的债券立刻就会到期,而公司就会无力偿还"。[14]合并案被认为能够防范这些威胁。

在公司董事会上,公司会计阿瑟·安德森还告知,另有两家特殊目的实体的账目需要重新审定。因此,10月16日公布的12亿美元的资产注销额需要重新陈述。11月5日星期一,安然公司的总顾问班子电话通知戴那基公司合并领导小组,要求披露更改要呈报给证券交易委员会的8-K表的财务内容,以及辞退两名与特殊目的实体有关的高管——其中有在安然公司合并交易小组工作的财务主任本·格里森(Ben Glisan)。同日,惠誉国际投资公司把安然公司的债券评级降到了BBB—,仅仅略高于垃圾债券。

11月7日,一个戏剧性的凶兆勉强得以避免。穆迪公司宣布,它想将安然公司债券级别降低到垃圾级。这会导致特殊目的实体数十亿美元的违约,并且会实际终止合并交易。杰夫·麦克马洪和安然公司合并工作小组发狂地要求与戴那基公司重启合并交易条件谈判,希望能充分安慰穆迪公司不要降低安然公司的债券级别。他们特地下调了股权交换比例,以反映安然公司趋于恶化的财务状况。而且,合并协议增加了"实质性不利变化"条款,以限制戴那基公司退出交易。此外,花旗和摩根大通银行承诺对新公司股本注资5亿美元。穆迪公司表示了宽容,仅仅把安然公司的债券级别降到了BBB—,而标准普尔公司随即就跟进。

公布合并案和向证券交易委员会重述财务报告,正好都发生在11月8日星期四。首先,安然公司披露了合并特殊目的实体和注销前4年5.86亿美元净收益的重述财务报告,以及安德鲁·法斯托从特殊目的实体拿走3 000万美元的消息。其次,11月8日,戴那基和安然公司公布了合并协议。戴那基公司以该公司0.268 5股的股份换取安然公司1股股份,总股本接近90亿美元。此外,戴那基公司将承担安然公司的全部债务。按照戴那基公司股票在合并案公布当日的股价计算，这起交易使安然公司每股价值增加到 10.41 美元，比安然公司股票前一交易日收盘价 8.63 美元提高了 21％。此外，戴那基公司还要立刻对一家拥有安然公司最值钱的油气输送资产的子公司北方天然气输送公司注资 15 亿美元，以换取这家拥有从大湖地区到得克萨斯州 16 500 英里输气管道的子公司的优先股。如果这起合并交易失败，那么，戴那基公司有权追加注资 2 300 万美元收购管道输气子公司。[15]顺便补充一点，拥有戴那基公司 26％股权的雪佛龙德士古公司，将另外给合并后的新公司注资 10 亿美元。[16]如果发生“实质性不利的变化”，安然公司有争议的负债达到 35 亿美元，那么，戴那基公司保留从合并案中抽身的权利。[17]戴那基公司的董事占据新公司 14 个席位中的 11 个。沃森设想合并每年可节约 4 亿美元的成本。他打算关闭所有眼下不赚钱的业务部门，只保留油气输送和交易业务。他认为，这起合并交易能为戴那基公司每股收益做出 35％的贡献。

市场对合并案公布的反应是，安然公司的股价上涨了 16％，而戴那基公司的股价则上涨了 19％。

戴那基与安然公司合并案的失败

尽管有注入新资金的许诺(并且在 11 月 13 日交付)，但是安然公司的状况仍在继续恶化。6 天时间里，安然公司就因为交易伙伴要求更多的担保，或者干脆就投靠其他伙伴而支出了 10 亿美元的现金。“安然在线”(一个基于互联网的能源交易网站)的交易量减少了 50％。

11 月 19 日星期一，为了重新获得银行的信任，格雷戈·惠利和杰夫·麦克马洪向银行家们做了长时间的说明，并解释说安然公司新的领导团队已经认识到所有的问题，并且正在着手解决。这是对安然公司曾经据以大幅度成长的机制的非常公正的批判。这次说明会的主要目的就是想证明：安然公司能够生存到被戴那基公司接管。

但是，同日，安然公司向美国证券交易委员会递交了第三季度财务报告。在第三季度财务报告中，安然公司披露了三方面的坏消息。首先，第三季度亏损 6.64 亿美元，比 10 月 16 日报告的 6.18 亿美元更加严重。其次，安然公司披露，信用级别下降导致 6.9 亿美元少数权益交易项下的债务。最后，第三季度的报告显示，现金供给不足。实际上，安然公司在合并案公布后的 6 天和在过去的 1 个月里分别支出了 10 亿美元和 20 亿美元的现金。[18][19][20]

11 月 19 日，查克·沃森得知这几条消息后，顿时脸色发青、局促不安。尽管仅仅在1个星期之前，他告诉分析师们戴那基公司已经尽职，也已经意识到安然公司的问题，并且已经获得了很好的价格折扣。他对满腹怨气的莱写道，他还没有看到关于这一令人震惊的消息的简报。他说道，要想使合并交易取得成功，安然公司必须就合并交易事宜与戴那基公司进行更好的沟通。令人震惊的消息只会加剧戴那基公司对这起合并的意义的怀疑。安然公司支付的额外津贴、高薪和优厚的解聘费，令戴那基公司感到震惊。

在以后的两天里，安然公司的股价下跌了45%，跌到了每股5.01美元，连戴那基公司收购价的一半还不到。安然公司股价的下跌引发了以下担忧：虽然戴那基公司已经对安然公司注入了15亿美元的资金，但合并案仍可能以失败而告终。随着交易伙伴越来越担心安然公司的未来，安然公司交易平台“安然在线”的交易量急剧减少。

由于安然公司股价大跌，合并交易的股份交换比例需要重新再谈。这起合并交易是否有救还不一定。

安然公司、戴那基公司以及花旗银行和摩根大通银行的合并工作小组，在2001年感恩节后的第一个周末聚集在一起加紧谈判，它们要重谈戴那基公司收购安然公司的股份交换比例，以及更重要的对安然公司业务注入新资本的问题。两家银行确定安然公司需要22.5亿～30亿美元的新资金，才能够平衡它的资产和负债，并为活跃交易提供流动性。在安然公司的会计信息被披露以及股价从11月8日起一路狂跌以后，气氛变得紧张起来。11月24日星期六，戴那基公司、花旗银行和摩根大通银行表示它们愿意注资30亿美元。星期日早些时候，戴那基公司的合并工作小组变得焦虑起来，需要几小时的时间调整策略，谈判因此而中断。仅确定待收购资产的价值和要承担的债务规模这一点，就极具挑战性。关于安然公司的交易账目，不断有新的消息传出，而且都是一些不利的消息。其间，安然公司和它的几家银行讨论了债转股的可能性和重新安排偿债时间的问题。星期天下午，戴那基公司谈判小组重新回到了谈判桌上，并且宣布了戴那基公司准备注入22.5亿美元新资本参与这起合并交易的意愿。到了晚上，计划融资额已经减少到了7.5亿美元。谈判各方似乎就这个融资水平趋于达成一致。戴那基公司谈判小组接受了以0.12股戴那基股份换取1股安然股份的交换比例，这样比先前的交易支付额40亿美元减少了一半多。即便如此，安然公司在关门之前仍需要花旗、摩根大通和戴那基三方不断地注入新的资金。债务偿还必须重新安排在2002年以后；而且，花旗和摩根大通银行必须把它们对安然公司持有的债权转换成权益。在周末快结束的时候，戴那基公司做出了这样的决定。

11月26日星期一，安然公司、戴那基公司以及花旗银行和摩根大通银行已经准备好要签署的法律文件。下午4:00，安然公司方面签署了这些文件。安然公司的首席执行官肯尼斯·莱和谈判小组的其他成员动身去了机场，他们以为戴那基公司已经做出了充分的承诺，并很快就会签署文件。公司的专机“暖流 5 号”已经发动了引擎，并开始向起飞跑道驶去。这时，无线电话的铃声响了，电话里传来了戴那基公司首席执行官查克·沃森的声音。他对这起交易依然疑虑重重，并表示他根本不可能实施这起合并交易。

其间，安然公司、戴那基公司以及花旗和摩根大通银行的管理层约见了几家信用评级机构，想说服它们相信重新谈定的合并条件的可行性。这几家评级机构表达了它们对注资救活安然公司的可能性的严重怀疑，并认为这样的注资水平有可能把安然公司的信用级别降到垃圾级。各方的合并谈判小组试图说服它们约见的信用评级机构，在按重新谈定的条件完成合并交易期间，不要降低安然公司的信用等级。11 月 28 日星期三凌晨 2:00，安然公司与戴那基公司最后一次谈崩。戴那基公司动用合并协议中的“实质性不利变化”条款放弃了拟议中的合并方案。[21] 沃森表示，“我们已经为促成此事尽了力”，但“我不打算让我们的公司陷入危险”。[22] 11 月 28 日上午 10:57，标准普尔公司把安然公司的信用等级降低两个级别，从 BBB－降到 B－，从而把安然公司的信用等级降到了垃圾级。几小时以后，穆迪和惠誉也宣布把安然公司的信用等级降低到垃圾级。信用等级的下降导致 39 亿美元的负债必须立刻偿还。[23] 在这些消息公布后不久，安然公司在线系统的交易立即濒临停止，股票价格又由前一交易日的接近 0.61 美元下跌了 85%，而债券则以面值的 20%买卖。

12 月 2 日，安然公司提出破产申请；同日又以戴那基公司单方面中止合并交易为由提起案值 100 亿美元的诉讼。安然公司诉称，戴那基公司没有权利动用“实质性不利变化”条款，因为“……戴那基公司以它睁大的双眼承诺收购安然公司及其高利润的能源交易业务……戴那基公司知道，安然公司处于财务不稳定状态，它的信用趋于下降到非投资等级，而且它的生存在不小的程度上取决于这起合并的成功”。[24] 次日，戴那基公司对安然公司提起了反诉，坚决要求按照双方最初达成的协议，主张对安然北方天然气公司输气系统的权利。

2002 年 1 月 7 日，安然公司答应在输气子公司的问题上对戴那基公司做出让步，以避免“可观的诉讼费用和分散应对州法院受理案件的精力”。[25] 戴那基公司也答应把安然公司购回输气单位的期限从 5 月 9 日放宽到 6 月 30 日。安然公司必须向戴那基公司支付 15 亿美元外加利息，才能购回输气单位。[26] 再加上戴那基公司须承担该子公司 9.5 亿美元的已有债务，因此，输气子公司的总回购价在 25 亿美元左右。[27]

在放弃了输气子公司以后，安然公司就失去了它最有价值和盈利最高的硬资产。此外，在 2002 年 1 月 11 日作为安然公司破产程序组成部分而举行的一次拍卖会上，瑞士联合银行集团（UBS AG）购得了安然公司曾经实力雄厚的交易业务。尽管安然公司持有交易业务 49%的权益，但是，瑞银集团只答应在 10 年内付给安然公司相当于交易业务税前利润 1/3 的使用费。该集团不必提前支付一丁点现金就获得了这个交易单位。[28]

1 月 23 日,肯尼斯·莱在债权人的要求下辞去了安然公司董事长和首席执行官的职务。安然公司的债权人推荐了一位重组专家斯蒂芬·库珀(Stephen Cooper)接替莱的职位。库珀表示他将围绕输气和发电等较好的业务对公司进行重组。安然公司最后的资产负债表报告了 130 亿美元的总负债,但据几家银行估计,包括(资产负债)表外交易、少数权益融资、预付款和项目债务等在内的总债务接近 400 亿美元。

对照案例:AMC 公司收购通用影业公司案

收购陷入绝境的目标公司,并不一定就会失败。2001 年 12 月 17 日,在安然公司宣布破产后 2 个星期,AMC 娱乐公司首席执行官戴维·布朗(David Brown)宣布了一项收购通用影业公司的协议。由于对安然公司、恐怖活动和经济衰退加剧等的担心,媒体做出了不利于这起收购案的反应。这起收购案值得关注的地方就是:收购对象是一家破产企业,收购公司的财务状况也非常糟糕;而且,这起交易将在一个混乱的产业(大多数电影院大运营商在 2001 年宣布了破产)里创造第二大影院—戏院运营商。大多数投资者想退出这个产业,而 AMC 公司却在这个产业增加了 1 倍的投资。股市低迷,并购活动也处于低潮,这几乎不像是削减交易的时候,或者说,几乎不像是应该减少交易的产业或公司。可是,布朗有着不同的看法。

影院业

AMC 公司在影院业具有暴发户的声誉。1995 年,它通过在得克萨斯州达拉斯建造第一家超级多放映厅影院(megaplex)而掀起了一股建造新影院的浪潮。这家超级影院内含 25～30 个单独放映厅,每个放映厅都配有通常高档住宅区、高流量集散地才有的特大型运动场座位和数字音响系统。这家超级影院的每个放映厅需要 2 000 万～1 亿美元的投资,从而大大提高了影院业的进入障碍。这家超级多放映厅影院给影院业造成的冲击,就如同普通多放映厅影院(multiplex,2～12 个放映厅)给上一代单放映厅影院造成的冲击。AMC 公司的竞争对手于是跟进,而影院业在 1995—1998 年的 3 年里迅速增加了 6 400 个放映厅,增幅达 24%。希望参与影院业的私人权益投资公司流入该产业的新资本,在不小的程度上对影院业的扩展起到了推波助澜的作用。特别是,1998 年科尔伯格—克拉维斯—罗伯特公司和希克斯—缪斯—泰特—弗斯特公司(Hicks,Muse,Tate,Furst & Co.)合作收购了该产业最大的运营商富豪影院(Regal

Cinemas)。

虽然该产业扩大了产能,但是,观看人次仍然保持不变,大约每年人均观看 5.5 次。能够把更多的电视观众吸引到电影院来的大片的缺乏,以及像《1942 年》《天堂之门》《伊斯达》等一系列在票房价值上未获成功的电影,又在一定程度上加剧了产能扩大与观看人次保持不变之间的矛盾。

因此,该产业的绩效从 1998 年起急剧下降,几乎使各主要业者都黯然失色。截至 2001 年 12 月,11 个主要运营商宣布破产,其中包括卡尼克公司(Carnike)、爱德华兹公司(Edwards)、联艺公司和通用影业公司。拥有 418 家影院和 4 493 个放映厅的最大运营商富豪影院,几乎沦落到了哀求贷款人免除苛刻的融资条件的地步。另外一个主要的电影院线洛斯—辛普赖克—奥登(Loews Cineplex Odeon)也陷入了相似的困境。产业分析师们认为,要想恢复该产业的利润率,就必须关闭 20%～25%的放映厅。

对于电影院线来说,提出破产申请是一种废除昂贵的长期租赁契约和关闭无利可图的放映厅的机制。从破产中获得新生的运营商,由于减轻了债务负担,因而具有更强的价格竞争能力,从而导致了一种非同寻常的动态趋势:任何竞争对手都难以避免破产,进而引发了一种导致重组的竞争恐慌。投资机会唤起了"贪婪"的投资者的兴趣,他们收购廉价出售的资产,以期赚取可观的收益。例如,2000 年 4 月,丹佛的一个亿万富翁菲利普·安舒茨(Philip Anschitz)收购了联艺院线 21%的债务,旨在获得该公司的控制权。后来,他还达成了收购富豪和爱德华兹院线的协议,并且一跃成为该产业最大的并购商。

通用影业公司收购交易

AMC 公司是美国第四大电影院运营商,它在美国 21 个州拥有 2 774 个放映厅。为了应对影院业产能过剩的问题,AMC 公司于 2001 年 1 月宣布将在未来的 4 年里关闭 300 个低绩效放映厅,或者说关闭大约 11%的放映厅。2001 年 4 月 24 日,AMC 公司宣布向一家由利昂·布莱克(Leon Black)控制的"贪婪"的投资公司阿波罗管理公司(Appolo Management)出售 2.4 亿美元的优先股。这样,布莱克大约控制了 AMC 公司 60%的股份和 37%的投票权。

通用影业公司是一家于 1993 年由出版商哈考特通用出版公司(Harcourt General Inc.)以分立方式创建的公司。由于死守其多放映厅和单一放映厅策略不变,该公司几乎完全忽视了超级多放映厅影院的蓬勃发展。这个拥有 1 070 个放映厅的影院运营商于 2000 年 10 月 12 日宣布破产。8 个月以后,也就是 2001 年 6 月,两家专门收购廉价债务的公司奥内克斯公司(Onex Corporation)和橡树资本管理公司(Oaktree

Capital)公布了一项以支付3 660万美元现金和接受1.14亿美元债务的方式收购通用影业公司的协议。奥内克斯公司还宣布了一项收购洛斯院线的协议,从而有可能成为影院业最大的市场主体。

美国的破产程序要求以拍卖的方式出售破产公司或资产。实际上,第一出价人只是一匹"掩护马",其他竞买人必须出更高的价格。这是一个有序的过程,要得到贷款人和破产审理法院的认可。行动迅速,不一定是一个需要考虑的因素,除非能够向审理法院证明,拖延有损资产价值。

2001年7月,奥内克斯公司和橡树资本管理公司出价1个月以后,AMC公司发出了支付250万美元现金和接受债务的报价。至少还有两个影院运营商递交了自己的报价。2001年12月,AMC公司和通用影业公司公布了一项提交破产审理法院和反托拉斯监管机构审批的协议。根据这项协议,AMC公司同意以现金、股票和次级债券支付1.7亿~1.95亿美元收购通用影业公司。12月披露的这个较高的报价包括针对通用影业公司的债务主张的决议。根据AMC公司的预测,这起收购案每年能节约成本880万美元,并且能产生300万美元的其他协同效应。在收购协议公布后的1周里,AMC公司在美国证券交易所挂牌交易的股票价格净涨了5%。

2002年3月,AMC公司发行了9 500万美元的普通股,计划利用发行收入来为通用影业公司收购案和其他用途筹措资金。2002年4月,AMC公司宣布以1.67亿美元的总价格完成了这起收购交易。这起收购交易使得AMC公司的银幕总数达到3 520个,并且使它一跃成为影院业的第二大运营商。

戴那基与安然公司合并案失败以及AMC公司收购通用影业公司案成功的原因

戴那基与安然公司合并案的失败反映了6个合并失败驱动因素的特点。安然公司的财务和交易账目极其复杂。正如2001年秋新闻报道所说的那样,安然公司的财务和交易账目的复杂性有增无减。安然公司经济优势的真实状况变得越来越难以确定,而不是容易确定。这在不小的程度上是由已经真相大白的盈余管理所造成的。就像宾州铁路公司与纽约铁路总公司合并案以及美国在线与时代华纳公司合并案那样,固定交换比例以合并交易某种悬而未决的状态将其可行性与两家公司的财务绩效紧密地耦合在一起。这种耦合关系几乎容不得半点失误。在融资和财务报告方面累积的管理层选择失误,严重损坏了安然公司在市场上的信誉,并且在一定程度上败坏了其合并伙伴的声誉。在合并交易的整个发展过程中,管理层表现出一种如此脱离事实真相的乐观情绪，以至于出现了严重的认知偏差。时间紧迫和危机状态所造成的压力，以及 2001 年期间的高管频繁更迭，只会削弱在一线工作的决策者运营团队的能力。然而，最重要的是，肯尼思·莱和查克·沃森试图在商情并非一成不变的时候完成合并交易。沃森由于意外发现安然公司的负债比原先的估计更加迅速地增加，利润却快速减少，而中途退出与安然公司的合并交易。四处流传的不利消息，以及安然公司高级管理层对超前处理不利消息的明显疏忽或厌恶，促成了一种市场"恐慌"或者一次断绝安然公司流动性或扼杀其市场活力的"触礁"，而安然公司此时多么需要"起帆远航"。戴那基与安然公司合并案的失败反映了投资者信心对于并购交易的重要性。而在现实中，这种信心通常被认为是始终存在的。倘若安然公司能够保持或者恢复这种信心，就能赢得重新谈判或者达到另一令人满意的结局的时间。这个案例说明了挫伤股东和债权人信心会造成严重的后果。

表 13.1 对以上两起交易进行了比较。这两起交易在以下几个重要方面存在差异：

(1)市场波动。影院业的市场萎缩持续了多年，最严重的情况已经发生，关于主要需求的稳定性已经达成了广泛的共识(尽管不一定适当)。而且，在合并交易谈判期间，产品市场没有出现不利的意外。收购通用影业公司的谈判是一个比较严肃的过程。相反，安然公司(和戴那基公司)有过一次"触礁"经历(由于消费者担心要承担对方的风险而导致的大规模业务收缩)。这两家公司所在产业如何及何时能恢复均衡这一点并不明朗。这意味着合并双方必须在压力和不确定性的双重夹击下重谈合并条件。

(2)前景的貌似可信性。在通用影业公司的案例中，影院业的票房销售总额相当稳定，各竞争对手必须关闭无利可图的影院，并且把这作为恢复利润率的基础。相反，在整个合并交易谈判过程中，安然公司的经济前景高度不确定。由于其交易额的快速变化，估计安然公司 2001 年年底的现金需求也是非常困难的。

(3)时间压力。通用影业公司所经历的破产程序，对处置破产企业的资产规定了一个有序的程序；而安然公司在其非常害怕的债券评级下降的情况没有发生前提出破产申请，这就意味着安然公司的财务调整必须在合并之前或者作为合并交易的组成部分来进行。而且，鉴于安然公司的现金消耗率，可用于达成交易的时间在不断减少，有关合并谈判的研究表明，草率会导致浪费。时间越宽裕，缔约的概率就越大，交易结构也就越可能被双方接受。[29]

(4)财务资源。查克·沃森不愿让戴那基公司的资产负债表面临风险，因此取消了合并交易，并且承认，戴那基公司为防止出现更加不利于安然公司的意外而耗尽了自己的财务储备。戴那基公司的钱袋并不是很鼓，至少不足以阻止安然公司财务状况的进一步恶化。从事后看，除了给合并交易大量注资以外，很难想象其他形式的防范措施。产品市场的风险大多是很难防范的，这就是消费者不愿与面临风险的企业打交道的原因。防范不利风险的最佳单一保护措施，就是采取保守的资本结构。

(5)个人和公司可信度。当然，如果得不到新资金提供者的信任，那么，即使采取最保守的资本结构，也毫无意义。2001 年 1 月至 11 月发生的各种情况，实际损害了安然公司的可信度，也殃及了戴那基公司的可信度。恰恰相反，AMC 公司依靠利昂・布莱克和阿波罗集团的投资保住甚至提高了自己的可信度。尽管 AMC 公司和影院业的其他市场主体处于亏损状态，它们的资产负债状况也非常糟糕，但是，AMC 公司保住了自己的可信度，并且把它作为未来正现金流的来源。

表 13.1　戴那基与安然公司合并案与 AMC 收购通用电影公司案之间的主要差异

	戴那基与安然公司合并案	AMC 收购通用影业公司案
市场波动	市场在几周内彻底崩溃，交易公布与撤销之间负面消息频传	市场萎缩持续多年；在合并谈判期间，市场没有发生不利的意外
前景的貌似可信度	能源交易前景恶化；核心交易业务的盈利性受到怀疑	票房收入保持稳定；恢复公司盈利需要采取的措施明确
时间压力	时间紧迫，不容戴那基公司从容尽职	尽职、谈判的时间充裕；合并交易要经破产法院批准
财务资源	融资弥补安然公司日益严重的亏损的能力有限	有阿波罗集团的支持；有能力通过股市筹措新资本
个人和公司可信度	意外的信息披露摧毁了安然公司管理层的可信度	AMC 公司管理层保住了自己的可信度

注释：

[1]关于戴那基与安然公司合并案的这部分内容，利用了很多由我的同事塞缪尔・博迪利通过实地采访获得的资料。那项研究的成果是一份数字化案例研究“Enron：1986—2001”(UVA-G-0563-M)，达顿商学院出版社(Darden Business Publishing)有售。这些实地采访的对象包括肯尼思・莱、杰弗里・斯基林、安德鲁・法斯托等人。安娜・布坎南和杰西尔・钱恩对本章的完成提供了力所能及的支持。另外的支持来自善于调查的记者贝瑟林・麦克林、约翰・埃姆舍维勒和丽贝卡・史密斯，他们提供了像书一样厚的书面材料。

[2]Bethany Mclean,“Is Enron Overpriced?”*Fortune*, March 5, 2001, 122.

[3]Company SEC 10-K filing.

[4]Ibid.

[5]Bethany Mclean,“Is Enron Overpriced?”,*Fortune*, March 5, 2001, 122.

[6]Ibid.

[7]John R. Emschwiller, “Enron's Skilling Cites Stock-Price Plunge as Main Reason for Leav-

ing CEO post," *Wall Street Journal*, August 16, 2001, A2.

[8]John R. Emschwiller, "Enron Jolt: Investments, Assets Generate Big Loss—Part of Charge Tied to 2 Partnership Interests," *Wall Street Journal*, October 17, 2001, C1.

[9]Rebecca Smith and John R. Emschwiller, "Partnership Spurs Enron Equity Cut—Vehicle Is Connected to Financial Office," *Wall Street Journal*, October 18, 2001, C1.

[10]John R. Emschwiller, "Enron Jolt: Investments, Assets Generate Big Loss—Part of Charge Tied to 2 Partnership Interests," *Wall Street Journal*, October 17, 2001, C1.

[11]Rebecca Smith and John R. Emschwiller,"Enron Replaces Fastow as Finance Chief—McMahon Takes Over Post;Move Follows Concerns Over Partnership Deals,"*Wall Street Journal*,October 25,2001,A3.

[12]Mclean and Elkind(2003:391).

[13]Rebecca Smith and John Emschwiller,*24 Days*(New York:HarperBusiness,2003),196.

[14]Mclean and Elkind(2003:395).

[15]John Emschwiller,"Enron Agrees to Sell Pipeline to Dynegy Inc. ,"*Wall Street Journal*, January 7,2002,A16.

[16]John Emschwiller and Rebecca Smith,"Dynegy's Enron Deal Faces Uncertainties—Potential Antitrust Worries or New Enron Liabilities Could Upset Agreement,"*Wall Street Journal*,November 12,2001,A3.

[17]Ibid.

[18]John Emschwiller,"Enron Stock,Bonds Receive More Hits Following Warning,"*Wall Street Journal*,November 21,2001,A4.

[19]Rebecca Smith,"Enron Warns of Eroding Profit,"*Wall Street Journal*,November 20, 2001,B16.

[20]Rebecca Smith and John Emschwiller,"Dynegy Deal to Buy Enron Hits Crossroads,"*Wall Street Journal*,November 23,2001,A3.

[21]Gregory Zuckerman and Jathon Sapsford,"Why Credit Agencies Didn't Switch Off Enron—S&P Cries'Junk,'But the Warning Comes Too Late,"*Wall Street Journal*,November 29, 2001,C1.

[22]Ibid.

[23]Rebecca Smith and John Emschwiller,"Running on Empty:Enron Faces Collapse as Credit, Stock Dive and Dynegy Bolts—Energy Trading Giant's Fate Could Reshape Industry,Bring Tighter Regulation—Price Quotes Suddenly Gone,"*Wall Street Journal*,November 29,2001,A1.

[24]"Enron Files for Chapter 11 Bankruptcy,Sues Dynegy—At Least $10 Billion Sought; Wrongful Termination of Merger Is Charged" by Robin Sidel, Thaddeus Herrick, and Richard Schmitt,*Wall Street Journal*,December 3,2001,A3.

[25]"Enron Agrees to Sell Pipeline to Dynegy Inc. "by John Emschwiller,*Wall Street Journal*,

January 7,2002,A16.

[26]Ibid.

[27]Robin Sidel, Thaddeus Herrick, and Richard Schmitt, "Enron Files for Chapter 11 Bankruptcy, Sues Dynegy—At Least $10 Billion Sought; Wrongful Termination of Merger Is Charged," *Wall Street Journal*, December 3, 2001, A3.

[28]Mitchell Pacelle and Rebecca Smith, "Congressional Panel Investigates Andersen's Enron Audit—UBS Emerges as Top Bidder for Enron Trading Unit; Big Obstacles Remain," *Wall Street Journal*, January 14, 2002, A3.

[29]Robert F. Bruner, "Understanding Merger Negotiation, Part 1: Teaching with a Merger Negotiation Exercise," *Journal of Financial Practice and Education*, Spring/Summer 1992, and "Understanding Merger Negotiation, Part 2: Testing Rational Choice and Behaviorism in a Simulated Setting," *Journal of Financial Practice and Education*, Spring/Summer 1992.

第十四章　2002年1月：泰科国际公司收购计划

泰科国际公司的意外消息

多年来，泰科国际公司（Tyco International）股票的每股收益和交易活跃的价格持续上涨。[1]一系列稳定的收购交易充分体现了这个记录。图14.1列示了泰科国际公司的多起并购交易及其规模。2002年1月22日，泰科国际公司首席执行官丹尼斯·科兹洛维斯基（Dennis Kozlowski）公布了一份把泰科国际公司一分为四的重组计划。这份计划涉及三项分立活动。科兹洛维斯基声称，经过重组以后，泰科国际公司将增值50%。“收购将变得很不重要。未来的模式将更加注重有机增长。”[2]证券分析师们为这则消息的公布而感到迷惑。泰科国际公司已经成为美国证券交易委员会会计调查的对象——至此，调查还没有发现任何状况。不过，自2001年秋天以来，又有大量关于泰科国际公司的传闻在流传。有一位分析师是这样说的：

本人已经闻到了一点儿鱼腥味。如果您是一家上市公司，而且人们都用手指向您，我想，您的第一反应不会是分拆，不会去做一些令投资者迷惑的事情。这里明显是要分解一家公司，并且使它成为一家更加复杂的公司……他们的目的是要显示收入和收益动能……第一家分拆公司的收益前景值得怀疑。他们把它（股票）当作货币来从事收购活动，因此，（这次分拆的）时间安排肯定是值得怀疑的。[3]

据另一些观察家推测，泰科国际公司的利润率在下降，该公司故意制造一些问题，试图偿还在实施收购计划时落下的沉重债务。出售运营单位的股权大约可产生80亿美元的现金用于偿还债务。

正好是在1周之前，泰科国际公司宣布，这个季度的收益不可能达到预期水平。这则消息致使泰科国际公司的股票价格下跌了8%。一名记者写道：

做空者们说，昨天的报告提供了新的证据：泰科国际公司通过收购来实现增长的策略不再奏效。做空者关注泰科国际公司已有多年，他们认为它与低增长业务大杂烩没有什么区别。为了表示收益高增长，这家公司已经违反会计准则。泰科国际公司的

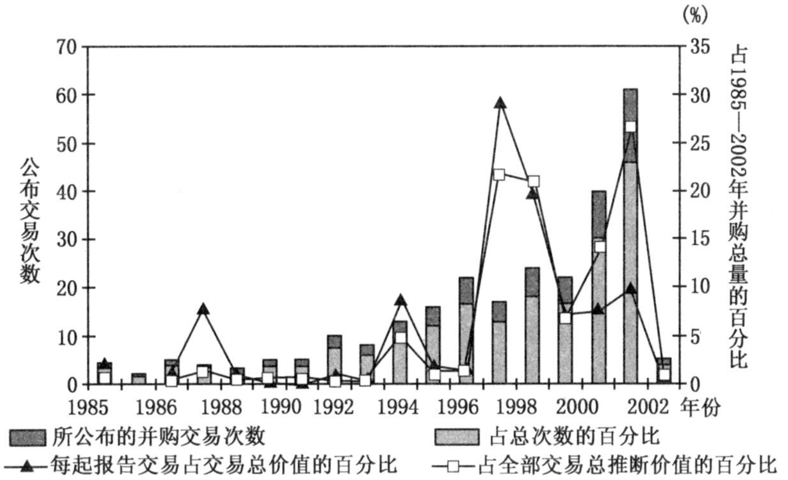

注：相关变量表示：

交易次数，是指汤姆森财务科学数据中心铂金并购数据库（Thomson Financial SDC Platinum M&A Database）每年报告的泰科国际公司公布的并购交易次数。据报道，泰科国际公司没有报告多起并购交易。如果可以假设泰科国际公司没有报告的并购交易次数在时间上呈相似的分布，那么，这个序列大体可作为表示其并购交易总数的一个指标。

占总次数的百分比，是指每年公布交易次数占1985—2002年间泰科并购交易总次数的百分比。

每起报告交易占交易总价值的百分比，是指每年报告交易价值除以1985—2002年报告交易总价值。

占全部交易总推断价值的百分比，是指每年交易次数乘以每年报告交易平均价值的积。每年总交易价值是推断值，而不是实际值；推断值只有在每年报告交易平均实际值是每年未报告交易平均实际值的合理替代的情况下才具有意义。

资料来源：汤姆森财务科学数据中心铂金并购数据库。

图14.1 泰科国际公司1985—2002年间实施的并购活动

销售收入从1998年的190亿美元快速增加到了去年的360亿美元。不过，销售收入的增加部分大多来自收购交易。在于9月30日截止的最近一个会计年度里，该公司的销售收入增加了3%，如果不算靠收购交易增加的销售收入……通过把有形资产价值尽可能做小、把商誉的价值尽可能做大，泰科国际公司就能使其盈余膨胀——一家对泰科国际公司股票做空的对冲基金基尼克斯联合基金（Kynikos Associates）总裁詹姆斯·沙诺斯（James Chanos）如是说。詹姆斯还说，盈余可以增加，因为泰科国际公司可以用与处理实物资产不同的方式来处理商誉。根据会计准则，实物资产会随着时间的推移而失去价值。此外，如果泰科国际公司压价出售产品，在实施收购时就能够做大利润。在过去的三年里，泰科国际公司大约把300亿美元花在了收购上，并且创造了相同金额的商誉。[4]

泰科国际公司的收购策略

泰科国际公司创建于1960年，当时是一家小型专业科研公司，后来在20世纪60

年代通过收购 24 家公司，并且效仿当时流行的国际电话电报工业公司（ITT Industries Inc.）的模式，改造成了一家小型混合经营公司。在经历了 20 世纪 70 年代结束的混合多元化浪潮以后，泰科国际公司重新回归于一种比较聚焦化的战略。但是，通过积极收购来实现增长的做法，对于丹尼斯·科兹洛维斯基这么一个从审计员一步一步升到分公司经理、公司总裁和首席执行官（1992 年）的泰科国际公司终身雇员来说，仍然保持着它的魅力。1994 年，科兹洛维斯基发起了一系列大规模收购案，包括收购生产一次性医疗器械的肯达尔国际公司（Kendall International），从而使得泰科国际公司的收益在 1995 年几乎翻了一番。1997 年，科兹洛维斯基在一次反接管交易中以 113 亿美元的价格收购了 ADT 证券服务公司（ADT Securities Services），以至于把公司总部迁到了百慕大。2001 年，科兹洛维斯基仿效通用电气公司，以 92 亿美元收购了 CIT 集团（CIT Group）。通用电气公司在不久前收购了竞争对手海勒国际公司（Heller International）。

科兹洛维斯基在他的告股东书中诠释了一种持续提供 20%以上年增长率的增长战略。泰科国际公司通过低于两位数的有机增长和收购余额做到了这一点。除了表 14.1 所援引的科兹洛维斯基的致股东书，以及年度报告的其他方面之外，一种基于这些因素的收购战略说明：

表 14.1　　泰科国际公司的收购策略

1998 年 11 月 30 日

虽然我们对过去所取得的绩效感到非常满意，但我们更为未来而激动……在重新投资于厂房设备和新产品开发项目以后，我们将把这（自由现金流）用于收购交易，以增强我们的市场地位，并且对我们的收益产生立竿见影的效果……我们将继续证明“协同效应”一词虽然被严重滥用，但仍然能够在企业界具有意义。我们把某些产品和服务的销售捆绑在一起，把新产品纳入已有的分销体系，并且依靠收购交易来构建开拓以前未被我们利用的市场的桥头堡……到目前为止一切顺利，不过，最好的消息是：我们为保持动能处于非常有利的位置。我们在照管全部业务方面游刃有余，而且会越来越好……我们相信在未来的五年里，通过坚持正确的方向，能够使收入翻一番，收益也会得到相应的增加。

尽管内部增长是公司的核心任务，但是，我们将继续从事战略性收购。我们并没有觉得被迫要这么做，我们只是要寻找那些能够与泰科国际很好地匹配的公司。在任何时候，我们手中都掌握着一长串处于不同评估阶段的候选公司名单。不过，我们并不好战，我们轻而易举地达到了潜在交易的高百分比，因为我们的收购标准非常严格。所有收购案都必须立刻（也就是下一季度，而不是“每起交易完成后的某一天”）有助于收益的增加，并且巩固泰科国际的某项已有业务。

1999 年 12 月 14 日

我们的目标是要以增加收入和提高利润率为动能来持续实现 20%以上的收益增长率……我们花费大量的时间来评估我们考虑的每起收购交易的收益和风险。我们总是自问：怎样才算是最糟糕的情况？每次，我们都能通过恪尽职守来取得理想的绩效；在我们评估的 10 起交易中，我们要放弃 9 起。即使在认定某起交易的收益大大超过风险以后，我们仍会花大量的时间来对整合过程进行规划，以最大限度地减少每起收购案固有的困难……未来是光明的。我们想，在今后的 3 年里，我们能够把收益再翻一番。

资料来源：泰科国际公司致股东书，递交给美国证券交易委员会的 1999 年和 2000 年年报，董事长兼首席执行官丹尼斯·科兹洛维斯基。

(1)致力于每股收益的持续增长。持续保持稳定不变的增长率,就要求每股收益越来越大的绝对增幅。这就意味着用盈利来生更多的盈利,也就是职业投资者所说的"动能"。

(2)随着时间的推移,增加每年的收购次数和价值。

(3)避免每股收益稀释,致力于增长型收购。

(4)严重依赖能产生有利的财务结果的会计准则,如联营会计;如果是收购,就大比例分摊(那时)不能出于财务报告的目的折旧的商誉。特别要关注公司资产负债表上的商誉剩余额。2003年3月31日,泰科国际公司的权益账面价值是253.9亿美元;而其商誉竟高达260.3亿美元。"也就是说,如果不算商誉,那么这家公司的股东权益就呈负值。对商誉的任何实质性注销都会导致股东权益出现负值,有可能导致泰科国际公司不能履行信贷协议。"这种状况促使亚伯拉罕·布里洛夫(Abraham Briloff)教授断定,泰科国际公司"严重高估了自己的商誉"。[5]

(5)低报和不披露。公认会计准则要求公司报告重大事件。泰科国际公司认为,它做的很多收购交易不属于重大事件,也没有必要报告,尽管其交易总额高达80亿美元。

(6)大胆的税收会计。泰科国际公司通过把公司总部迁到百慕大和大量使用隐匿在避税天堂(对公司实行优惠税率的国家)的子公司,将自己的实际税率从1996年的36%降低到了2002年的18.5%。外国子公司可被用来逃避美国税法规定的使用费、利息、股利和其他被动收入。

(7)大胆的投资者预期管理。据一名记者报道,1999年,科兹洛维斯基成功地强迫美林公司首席执行官戴维·科芒斯基(David Komansky)更换追踪研究泰科国际公司的证券分析师。新换的证券分析师将研究建议从"购买"提升到"持有"。美林公司是泰科国际公司证券的主要承销商之一,也是泰科国际公司并购交易的重要咨询顾问。[6]

(8)基于公司规模的执行官薪酬。1997—2001年期间,泰科国际公司收入的年均复合增长率高达48.7%。科兹洛维斯基的总薪酬也随着公司业务组合的增长而上涨:从1997年的880万美元增长到了1998年的6 700万美元和1999年的1.7亿美元。

泰科国际公司收购—增长故事的核心,就是一个创造了高定价收购通货和反馈效应的活跃股市。而高定价的收购通货和反馈效应又合在一起为该公司的财务绩效创造了觉察得到的动能。动能收购增长的反馈效应如图14.2所示。每股收益的实际增长率促使投资者更加高估泰科国际公司,进而提高了泰科国际公司股票的市盈率。泰科国际公司利用收购交易发行(价格更高的)新股。如果相关收购案是收益增长型的

(如果它能够提高每股收益),每股收益就会迅速增长,而每股收益的快速增长又会进一步提高市盈率。这个循环会继续下去。关于这个动能故事,值得关注的是,它会暂时掩饰相当“庸俗”的经济增长率(内在价值增长率)。泰科国际公司的有机增长率很可能符合美国制造业的增长水平——每年实际增长2%～4%。但是,在动能的推动下,低水平的有机增长由收购和盈余管理导致的快速增长来补充。令人遗憾的是,动能收购策略导致了一种“有毒”的非预期麻烦:偏离市场预期的一个微小负偏差,通常会导致股价急剧下跌和管理层的更迭。动能收购几乎不会以投资者预期的逐步调整而告终,结果对于投资者来说往往是突然和痛苦的。

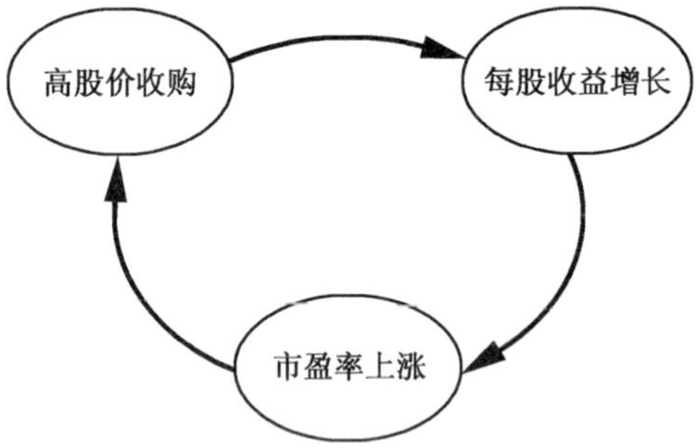

图14.2 动能收购的反馈效应

创造非预期增长是动能循环的基础。动能策略可聚焦于各种不同的动能对象。不过,有两个对象最常被选中。

(1)每股收益动能。每股收益增长是动能收购公司关注的焦点。这些公司相信股票价格是由每股收益变化所驱动的,因此,每股收益持续快速的增长必然会导致高股价(和高市盈率)。在收购计划的背景下,可通过设计收购公司方案来避免稀释每股收益,并且管理每股收益。避免每股收益稀释的心理会驱使收购公司致力于收购市盈率比自己低的目标公司。通过盈余管理和大胆的会计决策,也能够避免每股收益稀释。最重要的是,必须避免发生负收益这样的意外事件,以免降低收购公司的市盈率。这种方法对于高级管理层的核心意蕴就在于制造收购公司的高市盈率,并持续证明其合理性。动能收购公司会通过每股收益增长的途径来发出有关公司价值的信号,而不是向投资者披露基本信息以证明公司股票的价值。

(2)收入动能。在某些产业,动能焦点是收入,而不是每股收益。对于像生物技术、计算机、软件等产业的企业来说,运用传统的方法也许难以评估其价值,因为它们的净收益被大量的研发支出、新产品导入费用,以及与年轻企业或新产品组合丰富的企业相关的其他临时性费用所减少。这些企业的一大部分市值来自其增长期权。这种增长期权一般很难用标准技术(如折现现金流)来评估其价值。有些分析师建议,遇到这种情况，可用收入倍数来评估企业的价值。上述产业的经理人由于认识到这个问题，因此可能会采取提升企业收入并创造动能的收购策略，并且会把借助于收购计划来构建收入动能看作内部增长努力的当然补充。

结局

有关泰科国际公司重组计划进展的解释，说明该公司高级领导人思路混乱。由美国证券交易委员会和检察官办公室发起的不断升级的调查，在不小的程度上揭露了该公司在财会方面的违规行为。据《商业周刊》报道：

1 月 16 日，科兹洛维斯基召集公司董事在博卡达顿(Boca Raton)讨论一项孤注一掷的计划，以便通过把公司一分为四来刺激泰科国际公司低迷的股价。董事们有自己的疑虑，但在 4 天后百慕大举行的董事会上还是通过了这项计划。科兹洛维斯基在 1 月 22 日举行的新闻发布会上略带挑衅地预言，这项计划将"释放价值"。"我们相信，(泰科国际公司的)市值将上涨 50%。"不过，这份草率编造的计划既令担心泰科国际公司短缺现金的投资者迷惑不解，又令他们惊惶不已。在短短的几周里，CIT 集团被实际逐出了商业票据市场，迫使该公司和泰科国际公司申请了 130 多亿美元的银行授信额度。到了 3 月初，科兹洛维斯基"整个像是变了一个人"，泰科国际公司的一个内部人如是说。"通常，他是一个很果断的人，而眼下就像是一只误闯到汽车大灯前的小鹿。"

4 月，当科兹洛维斯基实施另一大转向时，投资者们再次陷入了困惑。泰科国际公司计划出售 CIT 集团。不过，按照他的话说，这不是分手，因此引来了华尔街更多的嘘声。"我们现在知道这是一个错误，"他在一封绝望无助的告股东书中承认说，"由我承担全部责任。"泰科国际公司的大多数董事现在认为，科兹洛维斯基必须走人，而眼下的分歧只是什么时候走而已。到了 5 月初，科兹洛维斯基可能已经感觉到绞索正在收紧。[7]

分拆消息公布以后，泰科国际公司的股价下跌了 58%。不过，这仅仅是收购增长策略戏剧性崩溃的开始。事情经过包括：

(1)2002 年 2 月：泰科国际公司承认，在过去的三年里，它没有向投资者披露总价值 80 亿美元的 700 起收购交易。该公司辩称，这些收购交易单独看并不属于重大事件，而且不值得披露。[8]同月，泰科国际公司从 CIT 集团撤走投资，这起收购案导致 70 亿美元的账面亏损。

(2)2002 年 7 月：当科兹洛维斯基和前财务总监马克·斯沃茨(Mark Swartz)在接受刑事调查后将被起诉的消息传出以后，他俩就遭到了解聘。埃德华·布林(Edward Breen)被任命为新的首席执行官。

(3)2002 年 9 月:丹尼斯·科兹洛维斯基和马克·斯沃茨因涉嫌以领取未获批准的薪酬的形式侵吞泰科国际公司 1.7 亿美元,并以欺诈销售股票的方式骗得 4.3 亿美元而遭到起诉。诉状指控他们经营“犯罪企业”。他俩辩称自己无罪。

(4)2002 年 12 月:泰科国际公司公布了一份内部调查报告,暴露了该公司系统“管理”其会计以使其收益膨胀的行为,并且特别提到了挪用准备金支付不相关费用,把日常费用作为长期支出列支;还提到了泰科国际公司收购目标公司是为了粉饰自己的收购后绩效,在收购前大肆提取准备金的做法。这项由戴维·博伊斯(David Boies)主持的调查没有发现任何“系统或重大的欺诈行为”,并且认为会计实务应该服从而不是违反会计准则。调查者们也承认,他们没有调查所有的交易,可能会有遗漏的地方。

(5)2003 年春季:首席执行官布林继续接受调查。泰科国际公司宣布,它要用费用来冲抵收益,以补救更多的会计问题。因会计相关问题而注销的账款累计高达 23 亿美元,投资界因为泰科国际公司明显没有解决其问题而表示不安。

(6)2004 年 4 月:科兹洛维斯基和斯沃茨的案子因陪审员意见不一而导致未决审判。检察官寻求提起另一诉讼。7 月,泰科国际公司前首席辩护律师马克·贝尔尼克(Mark Belnick)被免除刑事责任。

泰科国际公司在 2003 年的年报中列举了该公司垮台的代价。由于注销商誉减损和运营损失,致使股东权益减少 90 亿美元。公司高级管理层和董事会被集体免职,新的领导团队开始廉价出售部分公司业务(如已经没有多大意义的泰科资本公司)。泰科管理层承诺实施一项依靠改善运营来实现有机增长的战略,并且放弃在科兹洛维斯基任职期间形成的咄咄逼人的收购角色。

对照案例:伯克希尔·哈撒韦公司收购计划

如图 14.3 所示,1990—1998 年,泰科国际公司与伯克希尔·哈撒韦公司(Berkshire Hathaway)的股价,在收购交易的有效推动下获得了大幅上涨。1998 年以后,伯克希尔·哈撒韦公司得以保持其价值,而泰科国际公司的股价则大跌。对这两家混合经营公司的比较有助于区分“良性增长”和“恶性增长”。

1982—2003 年,伯克希尔·哈撒韦公司收购了价值 450 亿美元的公司;同期,泰科国际公司收购了价值 600 亿美元(由于泰科国际公司没有公开披露多起收购交易,因此这是一个较低的估计值)的公司。图 14.4 列示了这两家公司在考察期内公开披露的年均收购支出:伯克希尔·哈撒韦公司的收购交易呈现相当稳定的态势,而又以 1998 年价值 230 亿美元的政府雇员保险公司(GEICO)收购交易为最;而泰科国际公司的收购交易呈现随时间趋涨的一般走势，20 世纪 90 年代末又以数十亿美元的交易为主。伯克希尔·哈撒韦公司的混合收购策略完全取代了动能收购策略。

注：为了便于比较，本图把 1984 年 5 月泰科国际、伯克希尔·哈撒韦的股价和标准普尔 500 指数重设为 1 美元。

图 14.3　泰科国际公司、伯克希尔·哈撒韦公司股价与标准普尔 500 指数比较

伯克希尔·哈撒韦公司创建于 1889 年，原名伯克希尔棉制品公司（Berkshire Cotton Manufacturing），最终发展成新英格兰地区最大的纺织品生产商之一，占据美国棉纺织品生产的 25%。1955 年，伯克希尔公司与哈撒韦制造公司（Hathaway Manufacturing）合并，并且因通货膨胀、技术变化和外来竞争加剧等原因而经历了长期衰退。1965 年，沃伦·巴菲特（Warren Buffett）和几个合伙人收购了伯克希尔·哈撒韦公司的控制权，并且认为该公司的衰退可以逆转。在以后的 20 年里，该公司显然需要大量的资本投入才能保持竞争力；而且，即使这样，财务收益也可能极其平常。1985 年，伯克希尔·哈撒韦公司刺激了纺织业务。幸运的是，纺织业务在最初的几年里创造了充分的现金，允许该公司收购两家总部设在奥马哈的保险公司全美保险公司（National Indemnity Company）和全美火险与海险保险公司（National Fire & Marine Insurance Company）。20 世纪 70 年代和 80 年代，伯克希尔·哈撒韦公司还接连收购了一些其他企业。

投资于伯克希尔·哈撒韦公司股票的每股绩效，令大多数观察家感到惊讶。1977 年，该公司股票年底收盘价为每股 138 美元。2004 年 9 月 30 日，该公司股票收盘价每股高达 86 650 美元，年均复合增长率 27%。相比之下，标准普尔 500 指数同期的年均复合增长率只有 9.6%。

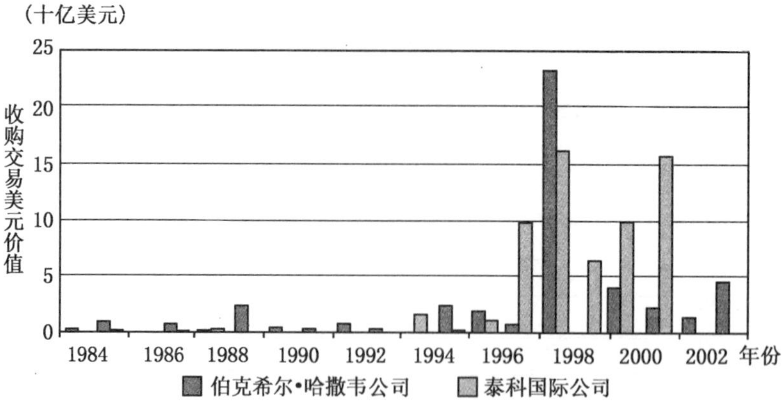

图 14.4 泰科国际公司与伯克希尔·哈撒韦公司收购交易年投资额比较

伯克希尔·哈撒韦公司把自己描述为“一家拥有从事很多不同业务的子公司的控股公司”。[9]它的业务组合包括保险(主要是财产和伤亡险保险)、《水牛城新闻》(*Buffalo News*,发行遍布纽约以北各州的一家日报和星期日报)、费切海默公司(Fechheimer,生产和销售制服的公司)、柯比公司(Kirby,生产和销售家用清洁系统和配件的公司)、内布拉斯加家具公司(Nebraska Furniture,经销家具的零售商店)、喜斯糖果(See's Candies,生产和销售盒装巧克力和其他糖果产品的公司)、儿童工艺与世界图书公司(Childcraft and World Book,出版和经销百科全书以及相关教育和知识性读物的公司)、坎贝尔公司(Campbell Hausfeld,生产和分销空气压缩机、气动工具和油漆系统的公司),以及 3 家生产、进口和分销鞋类的公司[布朗鞋业公司(H. H. Brown Shoe Company)、洛厄尔鞋业公司(Lowell Shoe, Inc.)和戴克斯特鞋业公司(Dexter Shoe Company)]。除了这些企业以外,伯克希尔·哈撒韦公司还拥有一些规模较小的企业,每年大约能创造 4 亿美元的收入。

伯克希尔·哈撒韦公司的收购政策

与泰科国际公司,甚或混合多元化的典范通用电气公司相比,伯克希尔·哈撒韦公司的业务组合扩展了“混合经营”的定义。泰科国际公司和通用电气公司为展示自己的各种不同业务由某个主题或焦点内在联系在一起而做出了一定的努力。巴菲特的收购观在产业焦点方面要折中许多,并且与动能收购观针锋相对,有人把伯克希尔策略说成“反动能策略”。表 14.2 列示了伯克希尔·哈撒韦公司 1994 年年报中包含的某些收购标准的正式陈述。一般来说,该公司的收购政策表达了一种训练有素的收购策略。别的公司采取这种策略不会获得回报,而伯克希尔·哈撒韦公司则通过轻松地单独行动就能得到收益。

表 14.2　　伯克希尔·哈撒韦公司的收购标准

我们很想听到关于符合以下标准的业务的消息:

1. 收购价款高(税后收益至少有 1 000 万美元)。
2. 显示一贯的收益能力(我们对未来计划不感兴趣,对"转好"的情形也不感兴趣)。
3. 在不举债或少量举债的情况下能够产生良好的权益收益率的业务。
4. 管理层必须留任(我们不能配备管理人员)。
5. 简单的业务(如果涉及复杂的技术,我们不懂)。
6. 诱人的报价(我们不想在价格未知的情况下,因为就交易进行哪怕是初步的讨价还价而浪费我们自己的时间或者出让者的时间)。

目标公司越大,我们的兴趣就越浓厚:我们喜欢做价值为 20 亿~30 亿美元的收购交易。

我们不想从事非善意收购活动。我们能够告之全部机密,并就我们是否感兴趣做出迅速的回答——通常在 5 分钟以内。我们喜欢用现金收购。不过,当我们在收购业务中所得的内在价值与付出的内在价值相当时,我们也会考虑发行股票。

我们偏爱的收购形式,就是那种符合我们收购内布拉斯加家具公司、费切海默公司、波仙珠宝店(Borsheim's)和中部诸州保险公司(Central States Indemnity)的模式的形式。在这些收购案中,这些公司所有人—管理者希望创造可观的现金,有时是为了他们自己,但更经常是为了他们的家人或非积极股东。同时,这些管理者还希望留住他们公司的重要所有人,让他们仍像过去那样拥有他们的公司。我们认为我们特别适合具有这样目标的所有人,并且邀请潜在的出让者通过接触过去曾经与我们打过交道的人来考察我们。

我本人和查理(Charlie)经常谈论没有通过我们审核的收购案:我们发现,如果您到处表示自己购买牧羊犬的兴趣,就会有很多人打电话告诉您,他们想把自己的长耳小猎狗卖给您。一首乡村歌曲有一句歌词表达了我们关于风险事业、扭亏为盈或者拍卖式销售的感觉:"电话铃没响,您就知道是我。"

除了对以上介绍的收购业务感兴趣之外,我们还对协议收购大批量但非控股批量的股票感兴趣,就如同我们在首府城市公司(Capital Cities)、所罗门公司、吉列公司(Gillette)、美国航空公司(USAir)和冠军公司(Champion)的持股那样。不过,我们对接受关于可在一般股票市场做的收购交易的建议不感兴趣。

资料来源:伯克希尔·哈撒韦公司 1994 年年报,第 21 页。

巴菲特提到过的一个突出例子,就是伯克希尔·哈撒韦公司 1986 年对斯柯特—费特泽公司(Scott &. Fetzer)的投资。斯柯特—费特泽公司的管理者们面对敌意收购传闻试图杠杆收购这家公司。结果,由于美国劳工部反对该公司采用员工持股计划融资,因此,这起收购交易告吹了。没过多久,该公司引人注目地采用一个自发方案来收购公司,包括套利者伊文·F. 波斯基(Ivan F. Boesky)的一家公司。巴菲特以 3.15 亿美元的价格要约收购了这家公司(该公司的账面价值是 1.726 亿美元)。这起收购交易结束以后,斯柯特—费特泽公司虽然那年只赚到了 4 030 万美元,但还是付给伯克希尔·哈撒韦公司 1.25 亿美元的红利。从 1986 年到 1994 年,斯柯特—费特泽公司的内部收益率是 36%,而同期大公司的内部收益率只有 12.6%。[10]

像投资者那样思考

沃伦·巴菲特是在哥伦比亚大学接受过正式投资训练的第一人。在哥伦比亚大学,他师从本明杰·格雷厄姆(Benjamin Groham)教授。格雷厄姆教授是一本经典著作《证券分析》(*Security Analysis*)的合著者,他开发了一种识别价值被低估的股票

(即价格低于其“内在价值”的股票)的方法。这种方法已经成为现代“价值投资观”的基石。格雷厄姆的方法就在于关注资产价值,如现金、净运营资本和实物资产。最终,巴菲特修改了这种方法,主张还要关注未被市场承认的有价值的特许权。

这些年来,巴菲特在伯克希尔·哈撒韦公司年报的首席执行官致股东书中解释了他的投资理念。这些冗长的致股东书因其洞见以及幽默和自我藐视的口吻而吸引了广泛的追随者。它们概述了像投资者那样思考的核心意思:[11]

(1)关注经济现实,而不是会计事实。会计师编制的财务报表所遵循的准则,也许不能充分反映一家企业的经济现实。巴菲特写道:

……由于常规会计的局限性,合并报告收益也许只能揭示相对较少的真实经济绩效。我和查理两人作为所有人和经营者,事实上不知道这些合并数字……会计结果不会影响我们的运营或资本配置过程。[12]

会计事实是保守、回顾性的,并且受到公认会计准则的约束。而投资决策应该基于企业的经济现实。在经济现实中,像专利、商标、专门的管理知识和声誉等无形资产有可能很有价值。但是,按照公认会计准则,它们只有很小的价值,或者干脆就毫无价值。公认会计准则用净利润来计量经营结果;而在经济现实中,企业的经营结果是它的现金流量。

巴菲特投资方法的一个关键特点,就是从企业层面,而不是从市场、经济或证券层面来定义经济事实。他是一个企业基本面分析论者。他的分析是要评判相关业务的简单性、运营历史的连贯性、长期前景的吸引力、管理层的素质以及企业创造价值的能力。

(2)反映失去机会的代价。巴菲特会拿投资机会与下一个最佳机会,即所谓的“失去的机会”比较。在他的业务决策中,他会拿自己的选择作为二取一的决策,而不是“是与否”的决策。因此,用于检验收购案吸引力的一个重要比较标准,就是投资于其他公司普通股的潜在收益率。巴菲特始终认为,收购整家公司与在股市购买这家公司的部分股票之间不存在根本的差别。所以,对于他来说,一项投资与市场上可获得的其他收益比较,是一个重要绩效基准。

(3)懂得时间就是金钱:关注用现值来测度“内在价值”。在巴菲特的决策中起重要作用的价值是“内在价值”。巴菲特是这样定义“内在价值”的:

……在一家企业剩余寿命中能够获得的现金的折现值。任何计算内在价值的人都必然会提出一个高度主观的数字,但是,这个数字会随着未来现金流量估计值的修正以及利率的变动而变动。尽管“内在价值”这个概念比较模糊,但是,内在价值本身是非常重要的,并且也是评估投资项目和企业相对吸引力的唯一合理指标。[13]……总之,明确无误的是,账面价值是一个毫无意义的内在价值指标。[14]

着眼于未来的现金流量，意味着分析师必须通过现金流量折现机制，把未来的现金流量转换成现时的现金流量。巴菲特写道：

（任何其他方法都不足以决定）投资者是否真能物有所值地购买某个物品，因而真正按照获得价值的原则投资……不管一家企业是否成长，显示其收益波动性或平稳性，以及相对于其当期收益和账面价值而言的高价格或低价格，由折现现金流量计算法显示的最便宜的投资，就是投资者应该实施的投资。[15]

创造价值与破坏价值之间的差别是完全由预期收益率与折现率之间的关系造成的：在创造价值的情况下，预期收益率与折现率之差为正值；而在破坏价值的情况下，两者之差为负值。只有在预期收益率等于折现率的情况下，"账面价值"才等于内在价值。简言之，投资额的账面价值可能无法反映经济现实：我们必须关注预期收益率以及预期收益率与所要求的收益率比较的结果。

（4）要用内在价值增幅（而不是账面利润）来测度内在价值。巴菲特写道：

我们的长期经济目标……就是要使按每股计算的企业内在价值增长率最大化。我们没有用伯克希尔·哈撒韦公司的规模来测度该公司的经济意义或绩效，而是用每股收益或价格来衡量。[16]

内在价值的增幅可被视为一家企业超出资本使用费用的附加值。

（5）风险与收益。承担的风险越大，获得的收益就应该越多。巴菲特指出，他想规避风险，因此应该采用"无风险"折现率。他的企业几乎不做债务融资。他会关注预计有收益和收益稳定的公司。只要他或公司副总裁查理·芒格（Charlie Munger）看中了哪家公司，并且在必要时能够干预管理层的决策，就会在其董事会里任职。

（6）多元化。巴菲特不赞成那些认为投资者应该持有广泛的股票组合以防范某家公司特有风险的传统观念。在他看来，投资者通常情况下会购买的股票种类太多了，而不是瞄准一家不寻常的公司的股票。巴菲特说过：

关注您所了解和注意的企业。多元化是对付无知的保护手段。但是，如果您不觉得自己是一个无知者，多元化的必要性就会明显下降。[17]

（7）投资行为应该受信息、分析和自律约束，而不应该由情绪或"直觉"来驱动。巴菲特反复强调作为投资基础的"意识"和信息。他曾经说过："任何没有意识到市场上存在欺诈的人，多半会在市场上受骗上当。"[18]巴菲特喜欢重复本杰明·格雷厄姆给他讲的一则寓言：

从前有一家很小的私人企业，其中的一个业主名叫"市场"。市场先生对这家企业的价值以及他购买其他业主股份的价格和把自己的股份卖给其他业主的价格每天都有新的想法。市场先生既容易激动又固执己见，他是这家企业其他业主不变的寻开心对象。当他给他们报出非常高的价格或低得令人沮丧的价格时，他们想知道："他知道什么?”其实,这位老兄知之甚少或者说什么也不知道。当他报出高得可笑的价格时,其他业主也许应该高兴地把自己的股份卖给他;同样,当他的出价很低时,他们也应该高兴地买进他的股份。不过,在其他时候,其他业主如果聪明的话,应该根据这家企业的运营和财务状况报告,对自己手中股份的价值有自己的想法。[19]

巴菲特用这则寓言来暗示,股票价格相对于内在价值的可变性。格雷厄姆认为,投资者最凶恶的敌人不是股票市场,而是他们自己。接受过高等教育,并不能补偿投资所必需的性格的缺失。从长期看,股票价格与企业的经济进步有着很强的关系。但是,日常市价严重受贪欲和忧虑的影响,并且是内在价值不可靠的计量指标。巴菲特曾经说过:

我所担心的就是不存在股票市场。股票市场只是一个观察是否有人愿意做什么傻事的参考系。当我们投资于股票市场时,就是投资于企业。我们必须完全按照所谓的理性而不是流行趋势来采取行动。[20]

因此,巴菲特并不想根据市场周期变化预期来买卖股票。他奉行的策略就是耐心的长期投资策略。似乎与“市场先生”不同,巴菲特会表达完全不同的目的:“我们只是在别人贪婪地吃进的时候,尽量谨慎行事;而在别人担惊受怕的时候,大胆地吃进。”[21]巴菲特还说过,“接近于懒惰的无精打采,仍然是我们的投资风格的基调”,[22]“市场就像是上帝帮助那些自助的人,而不会像上帝那样饶恕那些不知道自己在做什么的人”。[23]

(8)代理人与所有人结盟。巴菲特在说明他在伯克希尔·哈撒韦公司持有的重要权益时说过:“我是一个比较好的商人,因为我是投资者;我又是一个比较好的投资者,因为我是商人。”[24]好像是为了解释他自己的观点,他说:

管理层的“愿望清单”不是由股东来埋单的。我们不会通过以不顾对我们股东长期经济影响的控制价格来收购整家企业以实施多元化。我们只会拿您的钱去做我们拿自己的钱要做的事,并且会充分掂量您直接在股市上购买使自己的资产组合多元化所能获得的价值。[25]

在伯克希尔·哈撒韦公司的6个董事中,有4个董事50%的家庭净财富是伯克希尔·哈撒韦公司的股票。伯克希尔·哈撒韦公司子公司的高管都持有该公司的股份,或者根据模仿他们业务单位或总公司和他们业务单位潜在权益收益的激励计划来领取薪酬。

结论:关于动能收购的若干教训

泰科国际公司破产的最终审理结果还得等待科兹洛维斯基、斯沃茨和泰科国际公司诉讼案的判决结果。不过，我们有关这起诉讼案所知道的情况，足以体现导致并购失败的6个驱动因素的影响力。科兹洛维斯基截至2001年9月打造了一个拥有2 431家子公司的混合经营集团公司，一家用任何标准来衡量都堪称复杂的企业。其悬置在资产负债表上的巨额商誉以及对收益增长的深切关注把公司的报告财务绩效与公司股票的价格和收购交易紧密耦合在了一起。公司管理层决定了很多与收益迅速增长目标一脉相承的政策。商誉按照收购案的收购价格入账的规定尤其令人遗憾。万一商誉减少，这项规定就会导致公司面临巨大的意外费用风险。2001年，经济形势恶化，可能会导致所担心的商誉损失费用。在损失费用产生破坏性影响之前，科兹洛维斯基匆忙修改计划以对公司进行重组。但是，债权人和投资者及时发现了他的企图，并加以阻止；美国证券交易委员会的调查威胁到了泰科国际公司每股收益的增长可信度。管理团队在两次大转变中的不适当反应显而易见。不过，在这些全部的原因中，表现为动能思维的认知偏差是这起"地狱之炼"式并购交易的核心原因。

泰科国际公司的经历与伯克希尔·哈撒韦公司的经历正好相反，提供了一个动能收购有害、价值收购有利的典型例子。下面，我们来说明其中的原因。

支持动能收购的重要主张就是股票市场投资者似乎看好动能收购。具有动能的企业似乎要比没有动能的企业能够产生更高的市盈率。但是，动能与市盈率之间具有怎样的因果关系呢？是动能创造高市盈率，还是高市盈率促成动能收购呢？泰科国际公司和其他动能收购公司的经历把动能与活跃或高估的股市联系在了一起。

一种支持这种因果关系的论据，就是股市上存在动能风格的投资者。20世纪90年代出现了基于收益或股价动能投资的职业资金管理人。这种投资者都是一些酷似相信运动员能够在一段时间里持续保持"手气"或运气的体育迷的金融家。但是，动能投资管理人并不是一种能够证明投资特别看重动能、具有说服力的证据。数以千计的资产管理公司、对冲基金和专业基金基于不寻常的题材或策略投资——其中绝大多数没能持续跑赢基准收益率。一种有利可图的动能策略是与理性投资者的存在和有效市场格格不入的。动能投资的任何成功似乎只是靠运气，或者说是由于动能风格是起重要作用的投资驱动因素的代理变量这种可能性或者在股市中发现异常现象的能力，但绝对不是它们能够证明投资者愿意为动能支付溢价。应该由动能投资者来证明动能会支付报酬。

研究表明，动能风格的投资并不能比其他投资策略带来更高的收益，反而有可能带来较低的收益。检验的方法就是要看利用"胜势"的购股策略与利用"败势"的售股策略能否赚取正的α收益（即超过适当基准的收益）。就像其他投资策略一样，动能投资策略也许只能产生很小的正α收益，而税收和交易成本却把这个很小的α收益全部抹光。[26]动能投资带来的正α收益，几乎完全可以用产业动能而不是企业动能来解释。[27]这个结论与其他一些表明投资者看重的不是动能,而是发生了影响整个产业的实际发展的研究相一致。如果真是这样,那么公司首席执行官们就应该不那么关心通过收购交易来创造收益动能,而应该更加关心通过适当回应产业冲击来创造实际经济价值。

我们很难发现一起动能收购交易不是在日后的某个环节或各个环节以股价大跌、投资者和证券分析师预期破灭、公司宣布破产或陷入困境、经理人被解雇而收场。所有这一切几乎是不可避免的。通过一项收购计划来创造稳定的增长率的做法至少由于以下三个原因而最终不可能持续:

(1)年收购量必须不断增加。每年固定百分比的增长目标要求收购量必须逐年增加。不断增长的收购计划会变得越来越难以实施,并且很可能促使去寻找更大的收购目标,这两种结果都会导致企业面临更大的风险。

(2)世界是有限的。任何超过通货膨胀率的收购增长目标,倘若持续充分长的时间,必将造就拥有整个世界经济的动能收购公司。这种结果的出现会遇到巨大的政治和经济障碍。

(3)预防意外。对持续增长固定不变的预期,无法应对可能出现的不利因素,如证券交易委员会对泰科国际公司展开的调查和提出的重组建议。

鉴于以上的原因,看来动能收购公司终究会像玩抢座位游戏的人那样,输掉这场游戏。从理论上讲,软着陆是可以做到的,但是,投资者终究要与动能投资管理人结算。

特别是在并购方面,罗森(Rosen,2002)以及盎格和成(Ang and Cheng,2003)的研究得出了支持动能收益不可持续的证据。罗森发现了一些支持合并动能的证据,也就是说,在并购市场高涨时期,或者股市活跃时期,收购交易公布以后,收购公司的股价出现较大幅度的上涨。但是,这种股价上涨是不会永久的:收购人在高涨市场上公布交易的收益,长期内会趋于恶化。盎格和成发现,收购公司价值被高估的程度往往比其目标公司还要严重。随着被高估程度的提高,这样的情形就更可能发生:一家公司收购另一家公司,而用股票支付的收购公司被高估的程度会比用现金支付的公司还要高。不过,这种高估收益是暂时的。股票被高估的交易,以后的长期收益会变成负值:作为这种交易目标公司的股东,最好迅速抛掉收购公司的股票。动能收益的不可持续性,是与公司往往在货币通货膨胀时收购的证据相一致的,而动能收购有助于制造通货膨胀货币。

动能收购观的核心就是维持每股收益、收入或资产增长的稳定路径。由于维持增长路径会遇到困难,因此,采取会计粉饰的动机也会增强,公认会计准则在报告财务绩效方面允许很大的伸缩空间,这种伸缩空间有可能恶化为盈余管理和虚报公司绩效:是有关利用会计手段来稀释每股收益的决定,而不是经济现实能够扭曲管理层的并购决策。

对动能收购最严厉的批评是：它为评估收购机会的可取性提供了一个有缺陷的基准。例如，动能收购公司会说，决策标准十分简单：接受一切能够创造动能的收购交易，而否决一切减弱动能的收购交易。只要规避稀释会导致一个不同于价值创造的行动过程，那么，这条规则可能会伤害收购公司及其股东。

纠正动能收购行为的方法，就是把收购策略建立在价值创造而不是动能上。价值创造及其相关测度指标——折现现金流量，能够补救以上讨论的动能的缺陷，并且还具有很多长处。价值基础论的主要缺点在于分析过于复杂，很难向新手和忙碌的经理人解释折现现金流量评价法。新的分析师们由于热衷于无止境的量化和敏感性分析而慢慢失去了效率。由此产生的价值本身也是不确定的，并且几乎肯定会被错误计量。

基于价值的收购策略虽然也并非十全十美，但有比其他方法更有效地清除不良交易的终极功效。此外，不管动能收购法具有多大的暂时稳健性，价值法能够更好地识别优良交易，而且创造价值总能更好地促进企业的存续和繁荣。

以上论述的重要教益应该是：动能收购对于公司管理层和投资者来说，都是一条危险的路，它是一项基于"视增长比经济现实更加重要"这一错误信念的策略。这项策略某些必须注意的方面就是：过分看重每股收益（或收入），致力于盈余管理，商誉和稀释操纵，次数相对较多、规模越来越大的收购交易，咄咄逼人地追求绩效。本章的论述表明，价值创造是收购计划比较可靠的基础。表14.3对动能收购策略与价值收购策略进行了粗略的比较。

表14.3　动能收购策略与价值导向型收购策略比较

	动能收购策略	价值导向型收购策略
核心	对收益或收入动能的贡献；所报告的财务结果	目标公司的收购价格与内在价值；收购交易的净现金
隐含假设	所报告的财务结果十分重要；投资者被财务事项所驱动：每股收益重于一切	对于投资者来说，价值最重要；投资者被经济现实所驱动：现金重于一切
方法	估计目标公司对收益或收入动能的贡献；避免稀释和商誉费用	估计目标公司的内在价值；就价格进行谈判；价格不等于价值；向投资者披露有关价值的信息
结果	泡沫破灭	创造价值

注释：

[1]本人非常感谢肖恩·卡尔和杰西卡·钱恩在研究方面提供的帮助。本章参考了很多公开的资料来源。

[2]Sorkin(2002).

[3]Fakler(2002).

[4]Berenson(2002). Copuright © 2002 by the New York Times Co. Reprinted with permission.

[5]Maremont and Weil (2003). *Wall Street Journal* Eastern Edition[staff produced copy only] by M. Maremont and J. Weil. Copyright © 2003 by Dow Jones & Co. Inc. Reproduced with permission of Dow Jones & Co. Inc. In the Format Trade Book via Copyright Clearance Center.

[6]有关所谓的证券分析师压力的更详细材料,请参阅Charles Gasparino, "Merrill Replaced Its Tyco Analyst After Meeting," *Wall Street Journal*, September 17, 2002 C. 1。

[7]Anthony Bianco, William Symonds, and Kanette Byrnes, with David Polek in New York, "The rise and fall of Dennis Kozlowski. How did he become so unhinged by greed? A revealing look at the man behind the Tyco scandal,"*BusinessWeek*, December 23, 2002, 64, Reprinted by special permision © 2002 McGrawHill Companies, Inc.

[8]Moore(2002).

[9]Berkshire Hathaway, Inc. *Annual Report*, 1994, 6.

[10]Reported in *Stocks, Bonds, Bills, and Inflation*, Ibbotson Associates.

[11]这部分内容选自"Warren Buffett, 1995,"by Robert Bruner, and the chapter "Finance,"prepared by Robert F. Bruner and appearing in Robert Bruner, R. Edward Freeman, Robert Spekman, Elizabeth Teiberg, and S. Venkataraman, *The Portalble MBA*, 3rd ed. (Hoboken: John Wiley & Sons, 2002)。

[12]Berkshire Hathaway, Inc. *Annual Report*, 1994, 2.

[13]Ibid. , 1992, 14.

[14]Ibid. , 1994, 7.

[15]Berkshire Hathaway Inc. *Annual Report*, 1992, 14.

[16]Ibid. , 2.

[17]*Forbes*, October 19, 1993.

[18]Michael Lewis, *Liar's Poker*(New York: Norton, 1989), 35.

[19]James Grant, *Minding Mr. Maket*(New York: Times Books, 1993), xxi.

[20]Peter Lynch, *One Up on Wall Street*(New York: Penguin Books, 1990), 78.

[21]Berkshire Hathaway *Annual Report*, 1986, 16.

[22]Ibid. , 1990, 15.

[23]Berkshire Hathaway *Letters to Shareholders*, 1977～1983, 53.

[24]*Forbes*, October 19, 1993.

[25]"Owner-Related Business Principles"in Berkshire Hathaway *Annual Report* 1994, 3.

[26]Lesmond, Schil, and Zhou(2002).

[27]Moskowitz and Grinblatt(1999).

第三篇

如何避免“地狱之炼”式的并购交易

第十五章　结论与意义

并购失败的内涵:失败与成功何者居先

与传统的观念不同,并购不是一种输家游戏。大量的经济学研究表明,通过收购来实施的投资,其收益与其他形式的公司投资相差无几:平均而言,它们能够弥补收购公司的资本成本。这一点不足为奇:市场竞争倾向于收益等于成本。

并购也未必就是一种赢家游戏。收购公司的收益呈现一种围绕均值广泛离散的趋势。这种离散趋势表明,并购导致严重亏损的概率并非微不足道。不过,并购的失败率似乎也并不比从事其他通常受到赞许的业务(例如,创办新企业、导入新产品、开拓新市场、投资于研发和新技术)高。笔者猜想,如果公众能够像我们评估大规模并购交易那样清楚地了解各种类型的公司投资,我们就可以下结论说:并购往往处于可容忍的风险区间内。做生意是有风险的,我们应该致力于更好地管理风险,而不是消除风险。

鉴于并购收益的离散性,笔者要给并购实践者的忠告是:冷静、现实地对待并购收益,精心策划并购交易,特别要避免出价过高,培育规避非经济性交易的素养,认真工作以获得您设定的经济利润,对任何事情都不要想当然。并购交易并不是"印钞机",也不会成就您所希望的职业生涯。唯一的安慰,就是您可以说它实际上与任何其他形式的公司投资相同。平均而言,从长期看,收购公司的股东往往能够在并购活动中收回其资本成本。鉴于并购交易就像其他交易那样不确定,我们必须记住"货物出门,概不退换(买主须自行当心)"这条古训。

并购失败的边界:失败与成功的相邻维度

并购交易的并购方围绕平均收益广泛离散,意味着并购方不能非常相信仅仅通过缺乏技巧的并购交易就能够获得平均收益。并购市场上正在发生的某些事，能够帮助我们了解盈利或者亏损倾向。

任何并购交易都有其特殊性，不能无条件推广。研究表明，并购市场高度细分；关于并购利润率的总体结论并没有多大的用途；最好根据不同细分市场的信息审视并购交易的利润率，而不是根据平均值来思考。

本书第二章根据造成收购公司收益重大差别的 18 个维度扼要介绍了相关的研究结论。对这些维度进行的综合，表明在下列情况下收购公司更可能遭遇失败：

(1)进入一个基本上无利可图的产业，或者拒绝退出这样的产业。任何明智的收购行动都开始于站在投资者的立场上考虑问题这个起点，这就是说，根据预期收益和风险，把赌注下在健康的产业上。

(2)收购与自己的核心业务"相距遥远"的业务。"相距遥远"可以按地理距离来衡量:研究表明外国收购公司要为当地知识支付溢价。不过，这里的距离也可以用战略标准来衡量:在同一或相关产业实施的收购，通常与较高的收益联系在一起。当您在自己熟悉的领域实施收购时，就更可能发现和利用并购的协同效应。不过，企业的核心能力也可用于管理非相关业务组合，因此，盈利的关键性战略驱动因素与聚焦性和相关性关系不大，而与用知识、技巧和能力表示的差距关系更大。您的企业掌握了哪些知识？它们适用于哪些方面？

(3)并购交易不可能创造经济收益。资本市场对并购的系统效益持怀疑态度。这种怀疑态度会因长期经历并购消息公布所导致的高预期而有所加剧。因此，经验丰富的投资者会对协同效应采取一种"要别人出示证据"的怀疑态度。在洽谈并购交易的早期阶段，经理人就应该抑制这种怀疑态度。

(4)收购公司无法谋求到某些经济优势。讨价还价的实力会带来收益，而缺乏这种实力就要付出代价。倘若您的公司想收购某家目标公司，您的公司有哪种优势？或者能否创造优势？这种优势的来源是什么？这种优势的来源是否会被竞争对手复制？著名的"赢家诅咒"与拍卖式的背景相关。研究显示，在通过谈判收购私人公司的交易中，有可能出现"赢家祝福"。关键在于，收购公司必须认真考虑自己拥有哪些特殊资源以及这些资源在什么条件下才能实现最有利可图的配置等问题。

(5)收购公司没有根据具体情况来设计收购交易。对资本市场的多年研究表明，收购交易设计和融资工具方面的量身定制能够创造收益。"一种尺码不会适合每一个人。"您很可能通过巧妙设计收购交易来改善收购公司的并购收益。现金、债务融资、税盾、分期付款、对等合并条款、基于财务绩效的对价条款激励结构的使用，都与收购公司的高收益联系在一起。

(6)收购公司拥有低效的治理和激励体系。避免"地狱之炼"式的并购交易是从董事会和高管的有效监管、决策和激励开始的。

对科学研究进行的考察告诉我们：经理人在深思熟虑以后做出的并购决策，能够使成功的天平朝着有利于他们的一边倾斜。虽然笔者不信收购的成败是命中注定的，但是，选择收购交易的环境（就上述各因素而言）对交易结果会产生重要的影响。

哪些公司会遭遇并购失败：并购失败者和成功者画像

最好和最差的交易彼此明显不同，与交易分布的中间项也有不小的差距。本书第三章得出了有关最成功和最不成功收购公司画像的新结论。这些结论与第二章更加深入、广泛的研究，尤其是有关实施与收购公司的知识相关的并购交易和量身定制交易条件的好处的研究结论是一致的。在典型的成功和失败案例描述中，还应该增加两个有可能导致收购公司失败的条件：

（1）收购公司不能扬长避短。收购公司与目标公司之间的互补，会对收购结果产生巨大的影响。成功的收购公司会在收购过程中带来有助于目标公司繁荣的能力；而不成功的收购公司往往会在收购过程中，通过自己的缺点去影响目标公司。收购交易更可能由于收购公司的缺点（不是目标公司的缺点）而以失败告终。

（2）收购公司"凑热闹"。在冷清的市场和产业里做成的并购交易，往往要比在发热的市场和产业做成的并购交易更加成功。在市场发热的条件下，价格高启，收购公司为数众多，很容易造成头脑发热、盲目乐观，并且出价过高。而在冷清的市场上，收购公司往往比较明智、循规蹈矩。

我们总能在一般情况中发现特例。不过，这样的特例只能证明"任何并购交易都有其特殊性，不能无条件地推广"这条更具一般性的规则。明智的并购实践者应该考虑不同的"相邻街区"，而不是"整座城市"。

并购失败的机理："寓言"

第二至第四章简要考察了与财务和大灾难相关的各种驱动因素。通过这几章的研究，笔者提炼出并购失败的 6 个维度：复杂性、紧密耦合性、管理层逆向选择、商情并非一成不变、与团队运行失灵相关的执行失败和认知偏差。通过用这 6 个维度"多棱镜"观察，10 起失败并购交易的案例研究显示了很多共同点。表 15.1 对这 10 个失败案例进行了简要比较。它们之间具有惊人的相似性，我们可以把它们的相似性概述为以下并购失败的寓言：

一天，一家公司决定收购一家目标公司。由于规模、技术和/或产品或市场范围等原因，每家公司都很复杂，因此，运营经理和高管们都很难知道实际发生了什么问题，或者针对问题迅速采取哪些决定性行动。此外，每家公司内部的业务单位又是互相紧密耦合在一起，以至于其他单位很快就会感到某一单位的变化。因此，每家公司是一个完整的“系统”。所建议的收购方案将进一步提高复杂性。此外，这两家公司和收购交易条款本身的性质几乎容不得丁点失误。不管怎样，收购交易的环境是不确定的，外部因素把交易环境变成了一个动荡的世界。在这个背景下，收购公司的管理层做出了一些看似合理，或许无伤大雅，但实际增大压力和风险暴露程度的选择。也许，更加合理的判断会建议公司放慢收购速度、改变或者干脆就取消收购方案。但是，管理层和公司想法不同，他们十分关注沉淀成本，并且盲目乐观、骄傲自大，还有动能收购的意识和狂热。受权负责整合目标公司的团队没能有效履行职责：疏忽、缺乏交流、争吵和糟糕的计划，使得这个团队失去了解决重要问题的能力。

因此……收购交易完成了。商情并非一成不变，由于计划的原因出现了差错。由于复杂性和紧密耦合性的缘故，差错影响了整个公司，并且还扩散到了市场。顾客怨声载道，纷纷离去，公司的关键员工也是如此。负责整合的团队对这些差错反应迟钝：不相信差错的严重性，行动迟缓，不是力度不够就是过头。于是，差错不断加重、恶化，最终发展到了有目共睹的地步：公司濒临彻底崩溃。负责整合的团队不堪重负而集体辞职。一个新的团队取而代之。但是，情况已经到了不可收拾的地步，以至于新团队的使命就是以收购公司所受伤害最小的方式来剥离目标公司。

除了这些案例之间的相似点之外，我们还能发现它们之间大量的相异之处。这些相异之处能够帮助我们理解导致犯错误的原因。下面，我们就来考察这些案例之间的相异之处：

(1)业务的复杂性使得管理层难以知道并购过程中发生的问题和应该采取的行动。鉴于这些案例都涉及一些大公司和重大交易，因此，复杂性是这些失败案例和对照案例不可改变的事实。就其本身而言，复杂性不是失败的一个预测因素，尽管它很可能是一个必要的先决条件。混淆复杂性作用的一个典型例子，就是宾州铁路公司与纽约铁路总公司合并案。其他案例显示了基于大规模联合企业组织（泰科国际公司）、物流配送（雷夫克药店）、项目多样性（索尼公司）、组织结构（雷诺与沃尔沃集团合并方案）和技术（美国电话电报公司）的高度复杂性。

(2)柔性不足或缺失。由于紧密耦合性和缺乏吸纳冲击的“缓冲”因素或柔性的缘故，危机向整个公司扩散，并导致不同的问题交织在一起。问题是会扩散的，并购交易出价过高或者融资方案过分大胆，大大缩小了管理层应对问题的自由度。尽管杠杆化手段能够激励管理层高效经营公司，但同样也能令公司窒息：雷夫克药店一案就是这方面的典型例子。

（3）商情并非一成不变，公司某个或某些部门遇到麻烦。复杂性和紧密耦合性意味着小小的失误就会酿成严重的问题。商业环境动荡容易滋生失误。在10个失败的案例中，每一个都有环境动荡的特点，包括技术（美国电话电报与全美收银机公司合并案）、资本市场（美国在线与时代华纳公司合并案、戴那基与安然公司合并案）、产业产能过剩（雷诺与沃尔沃集团合并案）、成本上涨（索尼与哥伦比亚影业公司合并案）、竞争对手进入（桂格与斯纳波饮料公司合并案）或政府干预（泰科国际公司、宾州铁路总公司）。

（4）认知偏差导致管理层和员工忽视或否认风险和危机的存在。"地狱之炼"式并购交易通常是并购方满怀着获利的信心和对美好未来的憧憬才发起的。表15.2概述了上述10个案例中的首席执行官们的选择陈述。平心而论，首席执行官们肩负着团结全体员工和其他利益相关者迎接重大挑战的重任，他们会说一些有可能赢得支持的话。但是，从档案资料和通过访谈收集到的证据常常表明，首席执行官们相信这样的观点：大多数失败的交易从一开始就弥漫着一种没有根据的盲目乐观（或者说自以为是的态度）。桂格麦片公司深受近因偏差之苦。威廉·史密斯伯格并购佳得乐获得了成功，因此，并购斯纳波饮料公司并取得成功似乎也是有把握的事。美国电话电报公司饱受承诺升级和沉淀成本意识之苦。罗伯特·艾伦于1984年宣布他们将在电信业与计算机业的融合处创建一个新的业务单位。并且强调要下双倍的赌注来收购全美收银机公司。吉尔·E.巴拉德（美泰公司）和丹尼斯·科兹洛维斯基（泰科国际公司）采纳了符合动能思想的策略。相反，关于公司成功变革的案例研究所得出的证据表明，注重实效的领导人会冷静评价形势，如实把有关机会和潜在威胁的真相告诉员工，在评价变化方面表现出高水平的情绪和智力素养，并且像企业及其利益相关者的仆人那样开展领导工作。

（5）管理层逆向选择会增加并购交易或企业的风险。每起"地狱之炼"式并购交易都要求企业的高级管理层做出有可能导致令人讨厌的意外结果的选择。意外结果的出现并不是什么新鲜事，大多数决策都会导致意外结果。不过，"地狱之炼"式并购交易中，这些决策似乎特别欠考虑。宾州铁路总公司有关加快整合步伐的决定，导致了资本支出增加和运营混乱；雷夫克公司改变销售策略的决定在公司要依靠稳定的现金流时牺牲了盈利性；索尼公司决定把赌注下在两个相对缺乏经验的好莱坞制片人身上。这些决策非但没有提高成功的可能性，而是降低了成功的可能性。

（6）运营团队的缺点妨碍了对危机的回应。"地狱之炼"式并购交易中有一个共同的主题，那就是收购公司与目标公司之间的文化差异。这种差异可能来自国籍（索尼与哥伦比亚公司、雷诺与沃尔沃集团)、业务竞争(宾州铁路总公司)或者不同的产业(美国在线与时代华纳公司、美国电话电报与全美收银机公司)。缺乏坦诚、内部明争暗斗、不正常的领导作风和利用回应窗口失败等,也都反映了运营团队的缺点。

并购失败的原因:"完整意义上的风暴"

并购由于多种因素的汇集(由拙劣的决策、拙劣的执行、认知偏差和不利的外部条件构成的"完整意义上的风暴")而以失败告终。当然,也未必一定要上述各因素都出现或者个个都非常强烈才会导致失败。两家虚弱的公司之间的合并(如宾州铁路公司与纽约铁路总公司),要比两家健康公司之间的合并更可能引发灾难。这是一个很有前途的研究主题,通过更多的经验研究和理论分析,将来有可能证明并购成功和失败的"局部性"或偶然性。不过,"完整意义上的风暴"这种类比,能够帮助经理人了解在哪些地方更有可能遭遇失败的"暴风警报",而且还能带来很多真知灼见。

首先,避免失败的基础就是系统思考,充分明晰地审视失败驱动因素的复杂性,以便对失败进行预测。其实不存在可解释并购失败的某个单一致命缺陷。务请避免片面解释的武断性。无论是案例研究还是大样本研究,都有力地证明了各种原因之间的"关联性"。正如维克多·雨果(Victor Hugo)所说的那样,"严重的错误就如由多股纤维拧成的粗绳那样交织在一起"。

其次,导致并购失败的许多驱动原因不但是共有的,而且是商界普遍存在的。例如,"商情几乎绝不会一成不变"。大多数公司和并购交易都把决策者淹没在复杂性中。行为经济学家告诉我们,认知偏差是一种规律,而不是什么特例。因此,失败怎么可能是一种特例,而不是规律性的东西呢?答案就在于构成"完整意义上的风暴"各因素之间的"关联性"。异常失败的可能性,取决于这些因素同时发生的联合概率。只是为了说明起见,我们假设收购公司与目标公司都是复杂公司的概率是75%,两者紧密耦合的概率和商情一成不变等的概率也都是75%。因此,联合概率是$(0.75)^6$或者18%。有人可能会争辩,现实生活要比这个小小的例子复杂得多。不过,即使经过细化,其一般思想还是站得住脚的。不同的失败原因也许普遍存在于企业环境中。但是,要到"老虎机"显示全部6个因素时,您才会真正面临风险。

最后,各种失败驱动因素可能是相互增强型的。例如,像盲目乐观或者动能思维这样的认知偏差有可能促成拙劣的管理层选择,或者妨碍运营团队的应对能力。企业外部的危机条件(商情并非一成不变)有可能分散高管和运营团队对并购交易管理任务的注意力。复杂性也许会促成虚假的安全意识,从而维持认知偏差和错误的管理层选择,如此等等。只要各主要的失败驱动因素之间存在某种相关性,以上阐述的失败概率就会上升。

以上这些真知灼见的重要意义,就是我们能够通过破坏失败系统、6 种驱动因素的相互增强性及其在某一时点上的聚集来提高并购成功的可能性。正如前面计算概率的例子所表明的,我们能够破坏 6 种驱动因素的个体概率及其之间的相关性。这就是"高可靠性组织"法,这种方法就如同医院的急诊室、重症特别护理室和航空母舰飞行甲板的地勤工作团队。本书第四章已经指出了高可靠性组织的某些属性:

(1)对失败的重视。高可靠性组织会时刻不忘出错的潜在可能性。

(2)不愿简单化。这个品质有利于防范"粗心大意",杜绝生搬硬套决策准则、备忘一览表和过去的经验。

(3)保持长期不懈的业务敏感性,警惕偏离计划或基准的变化。

(4)致力于适应力的培养。高可靠性组织总认为意外事件随时都有可能发生,并且会做好应对意外事件的准备。

(5)尊重专家意见。高可靠性组织相信,只有那些掌握信息最多的人,才能够做出最佳决策。通常一线人员掌握的信息最多,因此,决策应该分散化。

虽然据我所知,没有一个组织能够明确把高可靠性组织的条件和观念应用于并购活动,但是,本人对连续获得成功的收购公司进行的实地访谈证实了高可靠性组织的精神和观念所起的作用。

更深层的思考:是否存在一个没有失败的并购世界?

每个首席执行官都希望自己的企业能够避免"地狱之炼"式并购交易。但是,我们真的希望存在一个并购失败全无的世界吗?构建和维持一个这样的世界,需要付出难以想象的代价。任何保险都是有成本的,我们必须对管理者控制范围内外的很多因素进行保险,公司内部负责安全的职能部门("不犯错误,绝不可能")很可能也会阻碍成功。经济学原理告诉我们:对于任何无风险业务,我们最多只能希望获得无风险收益率。人类精神就是要在追求更美好的生活的过程中努力发挥独创性,并且敢于冒险。我们是否会满足于无风险收益率?

抓住机遇。人类文明的巨大进步,就是依靠那些以奉献个人财富和舒适进行冒险的人获得的。我们希望企业经济也能够冒险。新药,环保经济型住宅和交通,舒服的服饰,更便捷的通信手段,以及营养更丰富、味道更可口的食品,这一切都是对企业家冒险精神的回报。但是,要想获得这种回报,就必须容忍一定数量的试错。失败是为了进行能实现突破的实验所付出的代价。

那么,我们必须容忍严重到什么程度的失败?正如本书第二章所概述的那样,在并购领域,严重的经济失败相对较少,某些方面的交易比另一些方面的交易更加有利可图。不过,平均而言,并购能带来收益。

本书所介绍的公司所采取的各种愚蠢行为,可用来衡量我们容忍公司冒险的程度。当发生这种规模的并购失败时,我们作为消费者、投资者和纳税人也会遭受损失。与其组织大规模的并购,我们倒不如通过采用更加完善的管理体系降低失败的风险。凡事都开始于设定公司最高的预期,如果我们本着行为方式会对结果产生重要影响的精神,那么,这些预期应该聚焦于过程,而不是结果。例如,我们应该期望:

(1)公司及其咨询顾问采取道德的行为,没有信任,公司就会失去公众的支持;

(2)治理体系必须忠诚于利益相关者,并且关注并购方案的细节;

(3)并购策划要充分考虑交易的延期实施,乃至允许对正常商情的适当偏离;

(4)并购整合体系应该采用计划、信息和执行方面的最佳实践;

(5)执行团队应该同心协力,允许不同意见的存在,并且促进高可靠性;

(6)在履行每起并购交易的职责时,务必不要自以为是,并且努力避免其他认知偏差。

以上 6 个过程导向型期望并不能阻止全部的失败。但是,本书的研究表明采纳这些实践能够降低失败概率。控制而不是消除失败概率,应该是我们的奋斗目标。

总而言之,我们对公司所持的态度真的非常重要,让我们把不容忍失败的态度用于鼓励采用好的方法,而不是用来阻止冒险和伴随着冒险的回报。

表 15.1　　失败案例比较

案例名称	复杂性:导致难以知道正在发生的情况	紧密耦合性:缺乏柔性,导致危机扩散到整个组织	商情并非一成不变:企业内部一个以上的部门遇到麻烦	认知偏差:心理"过滤",导致决策者轻视风险和危机	管理层选择:做出增加企业或交易风险的决策	并购团队的执行:团队工作方法或构成方面的缺陷妨碍了对危机的回应
宾州铁路公司与纽约铁路总公司合并案	·两家非常复杂的公司;横跨 16 个州的物流系统;2 万英里长的铁路线;9.3 万名员工 ·极难对付的整合挑战	·固定的交换比率要求两家公司齐心协力地完成合并交易 ·规模小而且不断减少的财务准备使得财务柔性消失殆尽 ·合并保护协议导致裁员可能性消失殆尽	·铁路运输业衰退 ·监管行动缓慢,充满不确定性 ·通货膨胀 ·利率上涨 ·经济衰退 ·气候恶劣	·盲目乐观 ·为完成合并交易而"执迷不悟" ·行骗,表现为盈余管理,乐观地公布绩效	在没有详细计划的情况下,决定加快合并整合的速度	·"绿队"与"红队"之间存在巨大的文化差异 ·高管之间的冲突 ·中层管理人员跟与顾客接触的一线员工的纠纷和士气问题 ·缺乏培训

续表

案例名称	复杂性：导致难以知道正在发生的情况	紧密耦合性：缺乏柔性，导致危机扩散到整个组织	商情并非一成不变：企业内部一个以上的部门遇到麻烦	认知偏差：心理“过滤”，导致决策者轻视风险和危机	管理层选择：做出增加企业或交易风险的决策	并购团队的执行：团队工作方法或构成方面的缺陷妨碍了对危机的回应
CSX 公司、NS、BNSE 和合并，铁路公司分立	·非常复杂的公司 ·大型物流系统 ·极难对付的整合挑战	这些并购交易定价过高的趋势限制了实现高收益率的能力	·利率趋于下降或低利率 ·经济活跃	存在骄傲自大、盲目乐观的倾向	合并决策	·由于这些合并交易把一些前竞争对手合并在了一起，因此在其中的大部分合并交易中，管理团队之间存在敌意 ·总体来说，高层领导有力，整合计划周密，但仍存在整合问题
雷夫克药店公司（杠杆收购）	·一个拥有 1 400 家药品连锁店的系统，需要物流配货支持以及价格和成本协调 ·高度复杂的财务结构	非常低的财务柔性导致失误容忍度下降和低估生存概率	·1987 年 10 月股市崩盘 ·清淡的假日销售季节 ·公司改变零售重点 ·新的竞争对手进入折扣药零售业	·盲目乐观，具体表现在现金流量预测上 ·利益冲突	·决定改变销售策略 ·批准资本结构方案	·杠杆收购发起人缺乏经验 ·权力斗争 ·员工忠诚分歧 ·管理层明争暗斗 ·在 3 个月的收购交易期间撤换首席执行官
艾克特公司（杠杆收购）	·一个拥有 1 500 多家门店的系统，需要物流支持，以及价格与成本协调 ·财务结构比较复杂	·财务柔性有限 ·生存概率较高	·1987 年 10 月股市崩盘 ·清淡的假日销售季节 ·新的竞争对手进入折扣药零售业	比较乐观	没有改变销售策略	·杠杆收购发起人经验丰富 ·管理团队稳定
索尼与哥伦比亚公司合并案	·影片生产：项目型业务复杂 ·项目间隔时间长 ·支出巨大 ·在发展业务和提高上座率方面存在明显的风险	·高价格降低了实现可接受收益率的失误容忍度 ·资本需求大 ·重新启动条件高 ·哥伦比亚公司需要索尼公司的资源支持	·哥伦比亚公司的影片供给已经“枯竭” ·公司已经“患病”，并且需要整顿 ·电影业转向“大片”战略 ·发生了昂贵的技术变革	·盲目乐观 ·动能思维，表现为匆匆达成交易 ·相信“一次性”机会 ·索尼公司新任“专家”	·收购价格过高 ·决定聘用居贝和彼特斯 ·决定多元化于电影娱乐业	·不适当的激励结构 ·首席执行官的冒险行为 ·母公司在文化和地理上相距遥远：工程师文化与好莱坞文化；日本与美国
联合利华收购最佳食品公司案	产品营销与分销体系比较复杂	零售层面捆绑销售产品的机会	·两家健康的企业 ·改善经济气候 ·产业融合与提升食品多元化	基于隐性产业知识的逼迫性方法	扩展相同产品线的决策	相似文化间的跨国交易

续表

案例名称	复杂性：导致难以知道正在发生的情况	紧密耦合性：缺乏柔性，导致危机扩散到整个组织	商情并非一成不变：企业内部一个以上的部门遇到麻烦	认知偏差：心理“过滤”，导致决策者轻视风险和危机	管理层选择：做出增加企业或交易风险的决策	并购团队的执行：团队工作方法或构成方面的缺陷妨碍了对危机的回应
美国电话电报公司收购全美收银机公司案	电子计算机制造业高度复杂	高收购价降低了实现可接受收益率的失误容忍度	·放松监管 ·计算机技术转向开放式体系结构 ·技术变革迅速 ·价格竞争激烈 ·电话电报公司计算机业务陷入了困境 ·全美收银机公司成功引入了新的产品线	·盲目乐观 ·沉淀成本意识 ·承诺升级	1984 年进入计算机产业的战略决策	明显的文化差异
默克公司收购美大康公司案	·技术复杂 ·产品开发期长	价格高，在实现财务收益方面只允许很小的变化空间	·前景广阔 ·政府监管变化 ·研发速度快，导致已有产品被替代	·骄傲自大 ·盲目乐观	无视明显的利益冲突，做出锁住分销渠道的决定	
雷诺与沃尔沃集团合并方案	·汽车制造业高度复杂 ·车型和消费者需求不断变化	·在提出合并方案以前，两家公司之间就存在复杂的合资结构，把它们紧密耦合在了一起 ·绩效差异导致伙伴关系紧张	·产业产能过剩 ·竞争对手间合并频繁 ·新产品开发成本急剧上涨	·骄傲自大 ·盲目乐观 ·沉淀成本意识 ·承诺升级 ·路径依赖	·交易方案复杂 ·沟通不够	·明显的文化差异 ·整合团队因合资企业已经陷入困境
惠普与康柏公司并购案	·产品系列与细分市场复杂 ·技术迅速变化	·交易简单 ·固定交换比例把两家公司的财务绩效耦合在了一起	·经济衰退 ·戴尔公司攻势逼人 ·技术变革迅速	·可能存在盲目乐观情绪	决定奉行“公司客户解决方案提供者”的新战略	惠普公司管理团队实现了紧密的内部协调和有效沟通
桂格收购斯纳波公司案	物流和分销问题导致合并整合成为复杂的问题	分销商和合同制造商通过价值链与桂格公司紧密耦合在了一起	·消费者需求转向“健康”饮料和快餐 ·可口可乐和百事可乐公司进入健康饮料市场	·近因偏差：桂格公司有过成功收购佳得乐品牌的经历，以为能在斯纳波公司身上重复 ·盲目乐观	决定把独立经销商由超市转向便利店，决定由合同灌装方式转为内部工厂灌装	·桂格与斯纳波公司之间存在明显的文化差异 ·尽职和整合未果

续表

案例名称	复杂性：导致难以知道正在发生的情况	紧密耦合性：缺乏柔性，导致危机扩散到整个组织	商情并非一成不变：企业内部一个以上的部门遇到麻烦	认知偏差：心理"过滤"，导致决策者轻视风险和危机	管理层选择：做出增加企业或交易风险的决策	并购团队的执行：团队工作方法或构成方面的缺陷妨碍了对危机的回应
J. M. 斯马克公司收购吉富和科里斯克业务案	分销和营销比较复杂	品牌化营销和分销协调有序	转向健康食品和途中消费食品	长期的理性战略思想	决定聚焦于公司产品线	斯马克公司强有力的管理团队
美泰收购尚学公司案	教育和娱乐软件业务复杂	高价格降低了实现合理收益率的柔性	·芭比娃娃等传统产品需求下降 ·儿童的电脑需求增加 ·软件技术和消费需求迅速变化	·动能思维：通过收购来掩饰核心业务衰退的窘境 ·机会主义行为	决定利用机会实施跨技能领域收购	·未能尽职 ·目标公司与美泰公司管理层之间缺乏坦诚的沟通 ·巴拉德行动迟缓
IBM 收购莲花公司案	商业应用软件复杂、快变	高价格降低了实现合理收益率的柔性	·组件需求增长 ·合并与技术变革迅速	·具有战略思想 ·理性	决定把 IBM 定位为解决方案提供商	保留关键软件开发商的地位
美国在线与时代华纳公司合并案	·两者都是多分部大公司 ·技术系列复杂	没有规定上下限的复杂交换比例，硬是把两家公司的运营结果紧紧耦合在一起	·电子商务优势迅速发展，后又急剧衰退 ·股市发热 ·监管不确定，且滞后 ·经济开始衰退	·过分自信 ·动能思维 ·近因偏差	·美国在线公司决定在互联网领域以外实施收购，而时代华纳公司则决定进入互联网领域 ·伙伴选择	·美国在线与时代华纳公司之间存在明显的文化差异 ·时代华纳公司的内部因素制约了两家公司的协调和整合
雅虎收购地球村和网上广播公司案	新兴的互联网经济复杂，导致价值评估和市场定位变得困难	高价格降低了实现合理收益率的柔性	·电子商务优势迅速发展，后又急剧衰退 ·股市发热 ·监管不确定，且滞后	过度自信	决定在互联网领域实施收购	收购公司与目标公司具有文化相似性 ·首席执行官虽然发生了更迭，但新的首席执行官给企业带来了经商之道
戴那基与安然公司合并案	交易、手段和财务报告极其复杂，导致难以了解投资于安然公司的风险和潜在收益	固定的交换比例和稳定安然公司的资本需要，制约了两家公司的财务柔性	·在股市和信贷市场上依靠银行度日 ·特别是安然公司遇到了信任、能源交易危机 ·成为多起调查的对象	·骄傲自大（安然公司） ·厌恶亏损（戴那基公司）	·缺乏诚意 ·投资者工作滞后	·谈判期间，安然公司撤换了管理团队 ·压力太大
AMC 收购通用影业公司案	影院业务和融资复杂	与阿波罗公司的关联关系，充其量提供了适度的财务柔性	·产业产能过剩 ·合并浪潮 ·通用影业公司破产	·合并战略合理 ·关闭低绩效单位	选择了渐进策略	运营团队与财务支持者紧密协调

续表

案例名称	复杂性：导致难以知道正在发生的情况	紧密耦合性：缺乏柔性，导致危机扩散到整个组织	商情并非一成不变：企业内部一个以上的部门遇到麻烦	认知偏差：心理"过滤"，导致决策者轻视风险和危机	管理层选择：做出增加企业或交易风险的决策	并购团队的执行：团队工作方法或构成方面的缺陷妨碍了对危机的回应
泰科国际公司收购案	非常复杂的多元化结构，导致难以了解价值和现金流来源的基础	巨大的商誉资产掩盖了泰科国际公司资产负债表中的其他项目，导致该公司几乎没有报告亏损的余地	长期经济繁荣和咄咄逼人的收购计划，后又发生衰退、股市低迷和证券交易委员会调查，导致投资者失去信心	·骄傲自大 ·动能思维 ·投机专营	决定奉行动能增长战略	被诉有打劫之嫌和发生利益冲突，6个月以后撤换管理团队
伯克希尔·哈撒韦公司收购案	复杂的多元化结构和比较透明的财务报告制度有助于价值分析	只有很少的商誉资产	适中的收购计划	·谦虚 ·价值取向	决定奉行价值投资策略	收购公司高管团队和被收购公司管理团队稳定

表 15.2　　首席执行官出言不逊及其补救

在公布并购消息时		财务损失	最终
宾州铁路公司与纽约铁路总公司合并案	·"……根据本人在铁路业45年的从业经验做出的判断是，合并后公司实现有效管理的可能性，将远远大于几年前两家独立经营的公司。"(阿尔弗雷德·珀尔曼) ·"……由于宾州铁路公司与纽约铁路总公司的地理位置、设施和服务重复，以及业务上的相似性，因此，就合并业务以较低的成本来大幅度提高运营效率和改善服务而言，美国再也找不到比它们更加合适的公司了。"(詹姆斯·赛姆斯) ·"在我们这个新组织里到处洋溢着一种卓越的合作和进取精神。我们坚信，未来几年，我们拥有一个才华横溢、经验丰富、素质优良的管理团队。我们把这视为一项非常重要的资产。"(斯图亚特·桑德斯，1968)	股东损失18亿美元，美国政府后来又损失7亿美元	"这是美国有史以来实施的最大合并案，不要认为一夜之间就能够完成——我们说需要8年时间。如果没有发生经济衰退、通货膨胀和银根紧缩，5年时间就能完成这起合并案。我们实施了这起合并交易，但似乎没人注意到这起合并案的复杂性。这是一个巨大的工程，要跟那么多的人打交道，得解决那么多的问题，这是一项多么复杂的工程。如果能找到管理这么一家公司的人，那么倒也不用我操心了，但就是做不到。"(斯图亚特·桑德斯)
雷夫克药店公司杠杆收购案	公司管理层认为，每年的运营资本通过运营，足以提供为支付利息和维持公司存续的预期资本支出所需的资金……公司管理层以为，这起收购交易和信贷协议限制，不会对公司的继续扩张和改造计划产生负面影响。(1986年12月18日)	提出破产申请，额外需要14亿美元	"雷夫克公司从私有化之日起就陷入了混乱。销售和收益计划完全不切实际。"(证券分析师)

	在公布并购消息时	财务损失	最终
索尼与哥伦比亚公司合并案	•“你们不懂怎么做电影，我们懂。你们必须给我们很多钱，然后放手让我们自己去做。”(居贝和彼特斯观点解释，1989) •“最重要的就是树立哥伦比亚公司的形象。最好一上来就能够取得巨大的成功。”(大贺典雄，1989) •“我以为正在取得进步……已经克服了所有的负面影响，或多或少与软件和硬件整合有关。”(迈克尔·舒胡弗)	1994 年注销 27 亿美元的坏账	•“很难说，在过去的 5 年里，我们对制片业务的管理是完全成功的……你们也很清楚，制片业务管理并不容易。制片成本在继续上涨，而我们的责任就是对它们进行有效管理。”(出井伸之) •“在盛田昭夫和大贺典雄的领导下，我本人有过辉煌的 20 年。每个时代有新的一代管理人员，重要的是给予他们为采取自己的行动和掌握自己的命运所需的空间和灵活性。”(迈克尔·舒胡弗)
美国电话电报公司收购全美收银机公司案	“我本人绝对相信，美国电话电报公司与全美收银机公司合在一起，将实现这两家公司单独都无法实现的增长和成功水平。我们将在未来履行我们的诺言。”(罗伯特·艾伦)	亏损 30 亿美元	“管理这些截然不同的业务的复杂性，开始超过整合优势。世界不同了，市场也发生了变化。”(罗伯特·艾伦)
雷诺与沃尔沃合并案	“沃尔沃集团——和瑞典——承担的风险就是我们国家将缺乏竞争力；其次是在单干的备选方案中缺乏保护机制。而新公司以它的优势和支撑实力也许能够缓和任何短期负面效应。同时，法国正在瑞典进行最大的对外投资，而且是在眼下的危机时期。这个合并方案表明了法国对沃尔沃集团和我们国家的高度信任，几乎没有任何通过摧毁基础来侵蚀投资资本的风险。这种规模的合并案都非常微妙。我们在构建新的共同组织的时候必须保持一定的动能和速度……如果我们这样的小国想要通过参与欧洲建设来做成任何事情，就必须明白这样的事业既需要索取又要求付出。”(佩尔·吉伦哈马尔，1993)	在取消合并交易之前，损失了 10.6 亿美元的股票市值	•“我认为，结论就是：如果您得不到全体员工的支持，就不可能取得合并的成功。”(索伦·吉尔，沃尔沃集团，1993) •“(他们)背对欧洲和世界……这个联盟不可能保存下来，它将被失去沃尔沃集团信任的雷诺公司管理层所肢解……沃尔沃集团现在完全是一家受到伤害的公司。”(佩尔·吉伦哈马尔，1993)
桂格收购斯纳波公司案	“斯纳波公司在提高渗透力、扩大分销渠道和增强国际扩展能力以后将产生巨大的增长潜力。”	亏损 15 亿美元	“在审视了所有的选择机会以后，我们决定为了股东的利益而转移斯纳波公司给业务组合带来的财务负担和风险，并且更加聚焦于价值驱动型业务。”
美泰公司收购尚学公司案	•“这不是下赌注于互联网，而是对技术和我们与顾客沟通的方式进行投资。”(吉尔·巴拉德，1998) •“我们对这起收购交易非常满意。我们将向你们证明，我们能够释放这些品牌的价值。”(吉尔·巴拉德，1999)	损失 30 亿美元	“从感情的角度看，这是一项很难做出的决策，也是一项必须做出的业务决策。她明白这一点，我也明白。”(美泰公司董事对吉尔·巴拉德辞职的评论，2000)
美国在线与时代华纳公司合并案	•“新闻是一种讲故事的形式。我认为，我们应该做大，以便成为真正具有创造力的公司。而在娱乐业的增长水平对于一家没有……的广告公司来说也很重要。长期以来，我一直认为，我们需要我们常说的‘改造型交易’，因为我不认为，我们没有能力依靠我们自己来构建这个新世界。”(杰利·莱文) •“通过合并主要的互动性服务和传媒公司，美国在线和时代华纳公司将为取得比这两家公司单独能够达到的更好的运营和财务结果而创造潜力。”(合并委托报告，2000)	合并案公布 1 年以后，损失市值 2 000 亿美元；2002 年把 540 亿美元的费用打入收益，以反映商誉亏损	“当经济复苏，人人都想解决如何合作的问题时，他们会重新想起我的。我过去相信，现在还是相信互联网。当然，我也信赖凯斯、皮特曼和凯利。我不相信他们是在行骗。”(杰利·莱文，2003)

	在公布并购消息时	财务损失	最终
戴那基与安然公司合并案	·“我们相信，这起合并案从战略和财务的角度看有利于戴那基和安然公司。”（查克·沃森，2001） ·“合并案既能证明安然公司的核心特许权，又将突出戴那基公司正在执行旨在加快两家公司增长的交易战略，同时又能使股东、合作伙伴和顾客获得短期和长期利益。”（查克·沃森，2001）	安然公司损失700亿美元的市值，并且彻底崩溃	·“我们失去了交易能以不影响信用等级的方式完成的信心。安然公司的资信和生存能力在继续下降。”（标准普尔公司罗恩·巴恩，2001） ·“戴那基公司首席执行官说他为安然公司在收益报告中披露的信息感到震惊。他就在报告公布前几小时才收到这份报告。”
泰科国际公司收购案	·“在过去的5年里，泰科国际公司股票价格的上涨幅度是标准普尔500指数的4倍……我们将继续执行使我们取得……的战略。我承诺将继续瞄准最重要的业务目标：抓住机遇，开拓新的收入来源，增加收益和现金流，最终增加股东价值。未来是光明的。”（丹尼斯·科兹洛维斯基，1999） ·“我们希望能够成为下一个‘通用电气’。”（丹尼斯·科兹洛维斯基，2001）	2003年运营亏损和注销商誉亏损90亿美元	·“泰科国际公司前执行官丹尼斯·科兹洛维斯基、马克·斯沃茨和马克·A.贝尔尼克被指控涉嫌欺诈。三人对在他们任职期间没有披露从其他公司借来的数千万美元低息和无息贷款都负有责任。科兹洛维斯基和斯沃茨辩称，他们未经适当批准就把数千万美元的贷款用于同公司的其他秘密交易。”（SEC，2002） ·“这些指控是确切的——但只是指控，没有得到证实。当它们被完全揭示以后，将会被证明是没有根据的。”（科兹洛维斯基证词，2002）

第十六章　首席执行官备忘录：关于增长的结语

亲爱的首席执行官：

本研究与相关案例说明了您和您的组织应该如何避免并购失败这个问题。对此，我还想补充最后一点信息，它涉及您作为主要策划者实施的并购活动的一个重要方面、您关于贵公司年度增长目标的选择。

增长目标推动并购活动。有两种方式能够实现贵公司的收益增长目标：有机增长（如通货膨胀、经济实际扩展、市场份额扩大和生产率提高）与无机增长（并购、合资等）。对于大多数成熟企业来说，有机增长是一个具有相对适度的“数字”，而不是某种您能够很容易做成的事。这意味着并购应该用来填补设定的目标与核心业务能够实现适度增长之间的缺口，结果就是业务开发员工被赋予能为每股收益创造更多美分的购买委托权。

这是一种值得怀疑的并购观。它会驱使您的组织把注意力集中在粉饰收益上，而不是集中在创造价值上。所报告的每股收益是回顾过去某个时期的测度指标，譬如说，贵公司今年所做的一切，会对未来几年产生多大的影响，而无法测度增加收益需要多少资本，也无法表示很多对投资者来说很重要的资产（如品牌、专利、创意资本），却会引发投机行为，通过选择不同的会计方法积极地管理盈余。但最糟糕的是，它意味着：只要做成能增加每股收益的交易就行，哪怕这些交易会破坏经济价值（就如负现金流净现值所表示的那样）。

能做成旨在创造内在经济价值，而不是为了实现某个武断规定的每股收益增长目标的并购交易，则要好得多。这样的交易每一笔都可以作为根据某个创造价值的严格基准进行的独立投资。可以想象，业务开发员工可能会帮您做成能为股东创造实际经济价值，但会稀释当年每股收益的交易。您应该直率地征求这样的建议。

增长动能文化

很多首席执行官抵制这种做法的原因，是因为他们赞成遍布全球企业界的增长动能文化。动能思维会驱使人们采取谋求连胜动能的策略，如投资收购过去的赢家，并出售以往的输家。如能追随左右逢源的职业高手，当然令人兴奋。

证券分析师总是通过扩大季度收益略好于预期的意义来制造刺激因素；董事会总根据收益和股价的动能确定经理人的薪酬；首席执行官总是推动自己的公司去实现增长，有时候是通过系列收购交易或者是孤注一掷式的投资；会计人员和财务总监可能会拿自己的职业生涯作为赌注，为制造可接受的盈利而管理盈余。所有这一切都显得那么自然。

令人遗憾的是，我们不可能预测运气的变化。殊不知，运气会引发反应性行为；依靠上升动能活命的人，必然会死于下降动能。鉴于资本主义的剧烈性质——熊彼特式的创造性破坏过程，高增长率是极难长期保持的。

例如，从1998年1月到斯蒂夫·凯斯宣布与时代华纳公司合并的2000年1月，美国在线公司的股价以285％的年均复合增长率上涨。同期，世界经济大约每年以7％的速度增长。如果两者都以这样两个不同的增长率增长，那么大约5年以后，美国在线公司就将拥有世界经济，这样一个令人吃惊的结果能否实现？企业史告诉我们，企业随着自身的壮大，会趋于成熟，增长会逐渐趋缓；而且，强大的经济和政治力量会对企业的支配倾向产生抑制作用。

不过，动能对于决策者来说，是一种有效的致幻剂。毒瘾是很难戒掉的，而且由于毒瘾的早期增长曲线呈指数形式，因此会产生越来越强烈的毒瘾，并最终导致企业崩溃。

我和塞缪尔·博迪利在2000年和2001年对安然公司高管进行的采访表明，安然公司在20世纪90年代初确实是实现了经济增长，但是，由于竞争日益激烈、大笔投资亏损，以及难以为传统的交易模式开辟新的市场等原因，安然公司的增长速度不断减缓。安然公司——为了保持高增长率——采取了一些现在受到谴责的过分行为。

当股市低迷，据以继续执行通过收购来实现快速增长的战略的高市盈率不再时，泰科国际公司也就彻底完蛋了。世通公司（WorldCom）把费用打入了资本支出，以努力维持其收益增长率。企业史提供了众多其他有关动能思维的例子：20世纪20年代的英萨尔公用事业公司（Insull Utilities）、60年代的凌—特姆科—沃特公司和自动喷淋装置公司（Automatic Sprinkler），以及90年代的波士顿炸鸡公司（Boston Chicken）和美国办公用品公司（US Office Products）。

安然公司、泰科国际公司、世通公司和其他公司悲剧的共同之处，就是它们就像彼得·潘（Peter Pan）那样拒绝成长，拒绝坦率地向股东和自己承认其每股收益增长率是不可持续的。